东方红拖拉机与农业机械化的中国想象

◉ 本书插页照片由中国一拖集团工会提供，特此鸣谢。

1953 年 7 月，第一拖拉机厂筹备处成立
（代号 081，设在洛阳市贴廓巷内）

1955 年 10 月 1 日，七万人参加了第一拖拉机厂奠基仪式
（王铭 摄）

1955 年，第一拖拉机厂开挖地基（王铭 摄）

热火朝天的土建工地（王铭 摄）

1956年1月20日，第一拖拉机厂苏联总专家列布柯夫与夫人抵达洛阳，
第一拖拉机厂厂长兼党委书记刘刚、
副厂长兼党委副书记杨立功到车站迎接（王铭 摄）

苏联专家在一拖建设工地（王铭 摄）

1958 年，发动机车间生产出第一台发动机

1958 年 7 月，底盘工人在装配第一台拖拉机

1958 年 7 月 20 日，第一台拖拉机开进唐屯村（王铭 摄）

1959 年建成的厂区铁路（全长 44 千米）

拖拉机装配线正式启用

时代的微笑：女子冲压"三八"组（王铭 摄）

1959 年 11 月 1 日，第一拖拉机厂落成典礼大会
谭震林副总理、河南省委书记吴芝圃出席（王铭 摄）

1959 年 11 月 1 日，谭震林副总理为一拖投产典礼剪彩（王铭 摄）

以苏联哈尔科夫拖拉机厂为原型建成的第一拖拉机制造厂（贾克智 摄）

1959 年 10 月 12 日，国务院总理周恩来视察一拖（王铭 摄）

1960 年 4 月 21 日，国家主席刘少奇视察一拖（王铭 摄）

20 世纪 50 年代的优秀班组：红霞姑娘组（王铭 摄）

20 世纪 50 年代的优秀班组：卢福来小组（王铭 摄）

2010 年 6 月 10 日，国务院总理温家宝在河南省许昌县陈曹乡
后孙汪村高产小麦示范区内驾驶东方红拖拉机

2010 年 9 月 28 日上午，东方红动力换挡重型轮式拖拉机在一拖下线

东方红拖拉机：种粮大户的最爱

2013年，第100万台东方红拖拉机下线（焦俊强 摄）

一拖努力开拓国际市场，这是在吉尔吉斯斯坦展销的
东方红（YTO）拖拉机

成为外国人游行彩车的东方红（YTO）拖拉机

总装线上的东方红拖拉机

驶向四面八方的东方红拖拉机（贾克智 摄）

新中国工业建设口述史

丛书主编 周晓虹

周晓虹 周海燕 朱义明 主编

农业机械化的中国想象

第一拖拉机厂口述实录（1953—2019）

商务印书馆
创于1897 The Commercial Press

本丛书受
南京大学"双一流"建设之卓越研究计划
"社会学理论与中国研究"项目
资助

"新中国工业建设口述史"丛书

编辑委员会委员

（以姓氏拼音为序）

编辑委员会主任

为新中国工业化的宏大画卷补齐一角（总序）

2019 年,是中华人民共和国成立 70 周年的重要历史时刻。70 年来,尤其是改革开放 40 年来,原本一穷二白的古老中国发生了巨大的历史变化,GDP 总量从 679 亿元上升到 90 万亿元,增长了 1324 倍;人均 GDP 从 119 元上升到 6.46 万元,增长了 542 倍;人均可支配收入则增长了 59.2 倍:中国已成为世界第二大经济体。在新中国经济 70 年来的高速发展中,历经艰难曲折的工业化建设发挥了巨大的砥柱作用。伴随着新中国工业化进程的步步推进,70 年来我们这个原本以农业经济尤其是小农经济为主导的国家,工业经济的比重大幅度提高,城镇人口占总人口比重也大大超过了农村人口。工业化的发展不仅推动了中国经济的腾飞,也为中国社会的现代转型打下了丰厚的物质基础。

一、 新中国工业化的基本历程

中华人民共和国成立于 1949 年 10 月 1 日,但新中国的工业化建设实际上略早于此。1948 年 2 月 19 日,东北人民解放军解放鞍山;4 月 4 日,在原鞍山钢铁公司的基础上成立鞍山钢铁厂,同年底改为鞍山钢铁公司。1949 年春,毛泽东发出"鞍山的工人阶级要迅速在鞍钢恢复生产"的电令,经过修复,当年 7 月 9 日鞍山钢铁公司举行了盛大的开工典礼,中共中央、中央军委送来"为工业中国而斗争"的贺幛①,由此开始了最初的工业化尝试。

不过,一直到 1953 年围绕工业化和经济领域的社会主义改造,党和国家实施第一个五年计划的时候,大规模的工业化才算正式拉开帷幕。同新中

---

① 参见鞍钢史志编纂委员会编:《鞍钢志（1916—1985）》上卷,人民出版社 1991 年版,第 14—15 页。

国的成立相比,大规模工业化步骤的滞后,固然与编制和通过计划需要时间有关①,也与1950年爆发的朝鲜战争及随后的抗美援朝运动有关,同样,还与因国共战争而导致的几近崩溃的中国经济的恢复需要时日有关。如果我们从新中国成立之后的70年所实施的13个五年计划/规划②入手,大致可以将新中国的工业发展分为下述几个时期:

1. 起步阶段,即第一个五年计划(1953—1957)的实施阶段。这一阶段的主要特点是:(1)新中国工业及经济的起步主要依靠的是以苏联为首的社会主义国家的外部援助,因此核心是落实苏联援建的156项大中型工业项目,包括新建的长春第一汽车制造厂、洛阳第一拖拉机厂、洛阳矿山机器厂等,以及通过对原有企业改扩建而来的鞍山钢铁厂③等,苏联的援助使新中国工业建设的起步成为可能。④(2)"一五"计划的实施伴随着工商业的社会主义改造,到1957年,在国民收入中,社会主义所有制工业经济的占比提高到了33%,在农村成立的农业合作社经济的占比提高到了56%,公私合营

① 严格说来,"一五"计划由中央人民政府政务院财经委员会始编于1951年春,1954年才成立由陈云担任组长的编制五年计划纲要的小组,至1955年7月才由国务院通过并提请全国人大一届二次会议审议通过。另外,与从计划经济向市场经济的全面转轨有关,从"十一五"起,"五年计划"改为"五年规划"。

② 在过去的70年中,除了新中国刚刚成立的几年外,1958年由于"大跃进"的冒进错误,以及当时面临的自然灾害等主客观原因,国民经济的正常运行遭到了严重的破坏,整个国家的经济发展遭遇严重的困难。面临这一局面,中共中央和国务院决定实行"调整、巩固、充实、提高"(1961)的八字方针,由此在第二个五年计划(1958—1962)之后,延迟第三个五年计划的实施,进入国民经济调整时期(1963—1965)。因此,在新中国成立至今的70年中,有两段时间共五六年未编制五年计划:前一段(1949—1952)为国民经济恢复时期,后一段(1963—1965)为国民经济调整时期。

③ 鞍山钢铁厂前身为1918年日本修建的昭和制钢所,位于辽宁省鞍山市铁西区。1950年3月27日,在毛泽东首度出访莫斯科归来不久,中苏两国政府即在莫斯科签订《关于苏联给予中华人民共和国在恢复和改造鞍山钢铁公司方面以技术援助的协定书》。以鞍钢"三大工程"——大型轧钢厂、无缝钢管厂和炼铁7号高炉——为主要标志的新中国第一座大型钢铁基地建设,是"一五"期间苏联援建的156项重点项目中的第一批项目,又是中苏之间确定的第一批50个重点援助项目中的第一个项目,被视为第一个五年计划的重中之重。

④ 根据我的博士生、来自俄罗斯新西伯利亚大学的凯琳(Karina Hasnulina)小姐考证,有关苏联援助的研究近来在俄国学术界也多有述及,其中主要包括玛马耶娃主编:《苏联对中国的援助及在两国工业化156项基础重点工程新建与重建方面的合作》,全球出版社2018年版;阿列克桑德罗娃:《20世纪50年代中国东北的经济与苏联对中国的援助》,载《中国在世界和区域政治中的地位:历史与现代》,俄罗斯科学院远东研究所出版社2013年版;菲拉托夫:《苏联对华科技援助的经济评估(1949—1966)》,科学出版社1980年版;等等。

经济的占比提高到了 8%，而个体经济的占比由原来的 71.8%降低到 3%，资本主义经济的占比则由原来的 7%降低到 1%以下。[①]（3）"一五"计划实现了开门红，1957 年工业总产值达到 783.9 亿元，比 1952 年增长 128.5%；工农业总产值则达到 1241 亿元，比 1952 年增长 67.8%：这为新中国的工业化奠定了基础。

2. 挫折阶段，这一阶段从 1958 年开始实施第二个五年计划、1963 年进入国民经济调整时期，再到 1966—1970 年和 1971—1975 年的第三个、第四个五年计划，前后长达 18 年（1958—1975）。（1）从总体上说，1958 年开始的"大跃进"和人民公社化运动，使得新中国的工农业建设陷入盲目冒进的泥潭，而 1966 年爆发的"文化大革命"更是使中国的经济几乎到了崩溃的边缘，国民经济发展的秩序被打乱，大规模的工业化建设甚至被迫停止。（2）尽管遭遇到极大的挫折，总体经济发展水平不高，但在这 18 年中，还是建立起了比较完整的工业体系，在国防工业方面也取得了诸如"两弹一星"等成就，但因各种政治运动绵延不断和发展思路有误，与人民生活有关的农业和轻工业发展严重滞后，人民普遍贫穷、生活困难，及至 1978 年改革开放前人均 GDP 不过 385 元。[②]（3）因为与苏联及整个东欧社会主义阵营在意识形态方面的分裂与冲突，同"一五"计划期间向苏联模式的"一边倒"不同，中国工业的发展开始显露出鲜明的去苏联化甚至抗苏联化倾向。比如，鞍山钢铁厂在 60 年代以"两参一改三结合"的"鞍钢宪法"替代了苏联"一长制"管理的"马钢宪法"[③]；又比如，60 年代大庆油田的石油大

① 参见钱津：《论新中国的工业化建设》，《经济纵横》2019 年第 3 期。
② 韩保江、杨丽：《新中国 70 年工业化历程、成就与基本经验》，《改革》2019 年第 7 期。
③ 在鞍山钢铁厂的改扩建过程中，原先苏联专家执行的管理模式来自苏联马格尼托哥尔斯克冶金联合工厂，其特点是实行"一长制"管理：通过搞物质刺激给予工人激励；企业运作依靠少数专家和一整套烦琐的规章制度；不搞群众性的技术革命。自 20 世纪 50 年代末起，鞍山钢铁厂开始摸索实行与之对立的民主管理制度，包括实行干部参加劳动、工人参加管理（两参），改革不合理的规章制度（一改），工人群众、领导干部和技术人员结合（三结合），简称"两参一改三结合"。1960 年 3 月，毛泽东对鞍山钢铁厂的经验做了批示，并分别称两种管理制度为"马钢宪法"和"鞍钢宪法"。

会战①,也是在中苏交恶的背景下加速上马的,以便打破帝国主义和修正主义的封锁;再比如,1964 年启动的三线建设,虽有在东南沿海防范美国和蒋介石政府"反攻"的考虑,但更主要的备战目标也是交恶之后的苏联。

3. 恢复阶段,这一阶段时间也比较长,从 1976 年开始直至 2000 年,历时 25 年,跨越第五到第九共计五个五年计划。② 其主要特点包括:(1) 1978年 12 月 18 日召开的中国共产党十一届三中全会,制定了改革开放和"以经济建设为中心"的伟大方针,新中国的工业化也由此得以迅速恢复和发展。(2) 改革开放后,外资的引进和一日千里的特区建设,不仅为新中国的工业建设带来了富裕的资金,也带来了先进的理念、技术、装备和市场;同时,外资企业、包括乡镇企业在内的民营与个体企业的兴起,更是改变了原先单一的所有制形式,使得中国经济和工业化的发展更富有活力,也极大地推动了90 年代后农村劳动力的外流和中国的城镇化。(3) 最为重要的是,在这一阶段中一步步实现了社会主义计划经济向市场经济的转变,这一转变为新中国的工业化在下一阶段的腾飞提供了制度基础。③

----

① 大庆油田是我国最大的油田,也是世界上为数不多的特大型陆相砂岩油田之一,位于黑龙江省大庆市。油田于 1959 年被发现,1960 年春即投入开发。时任石油部部长余秋里,调遣了包括"铁人"王进喜在内的石油系统 37 个厂矿的工人和院校科研人员、国务院相关部门以及退伍和转业的解放军官兵,组成规模庞大的石油大军随后进入东北松嫩平原,展开了石油大会战。仅用三年半的时间就探明了面积达 860 多平方公里的特大油田,达到了年产原油 500 万吨的生产能力,生产原油 1166.2 万吨;甚至在"文革"后期一枝独秀,实现了持续 28 年(1975—2002)年产原油 5000 万吨的世界油田开发奇迹。

② 也有人认为,这一时段应至第十个五年计划的中期,即 2002 年左右。他们通过研究提出:"1995年,中国工业化水平综合指数为 18,表明中国还处于工业化初期,但已经进入初期的后半阶段。到 2000 年,中国的工业化水平综合指数达到了 26,这表明 1996 到 2000 年的整个'九五'期间,中国处于工业化初期的后半阶段。到 2005 年,中国的工业化水平综合指数是 50,这意味工业化进程进入中期阶段。……在 2002 年,中国的工业化进入中期阶段,工业化综合指数达到了33 分,如果认为从工业化初期步入工业化中期,具有一定的转折意义的话,那么,'十五'期间的2002 年是我国工业化进程的转折之年。"参见中国社会科学院经济学部课题组:《我国进入工业化中期后半阶段——1995—2005 年中国工业化水平评价与分析》,《中国社会科学院院报》2007年 9 月 27 日,第 2 版。

③ 商品经济地位在中国的确立经历了近 30 年的曲折过程,其中重要的时间节点包括:1982 年党的十二大提出有系统地进行经济体制的改革;1984 年提出"发展社会主义的商品经济"的设想;1992 年邓小平在南方谈话中强调"市场经济不等于资本主义,社会主义也有市场。计划和市场都是经济手段";再到 1992 年党的十四大将"建立社会主义市场经济"确立为我国经济体制改革的目标;最后到 2013 年召开的十八届三中全会,认定市场在资源配置中起着"决定性作用"。

4. 腾飞阶段，进入 21 世纪后，新中国的工业化踏上了腾飞的跳板。从 2001 年起一直到 2020 年，整整 20 年历经第十到第十三共四个五年计划/规划，进入了实现工业化前的冲刺阶段。其主要特点包括：（1）在进入 21 世纪之后的 2001 年，中国加入世界贸易组织（WTO），这是中国经济进入腾飞阶段的助力器，也是新中国真正实现工业化的重要保障，它使得中国的工业化跳出了国内市场的狭隘空间，不仅市场规模扩大，而且伴随着技术的引进、效率的提高、成本的下降，中国工业至少在规模上已经成为全球工业化的领头羊。① （2）如果说在前一个时期，新中国的工业化还处在劳动（力）密集阶段，主要体现为加工制造业的迅速发展，那么从 21 世纪开始，中国工业中的高技术和高科技成分快速增长，而正是"整个经济中的高技术汇集决定了工业化建设的腾飞"②，也为到 2035 年全面实现工业化奠定了坚实的基础。

二、 国家叙事与个人口述：历史的补白

有关新中国工业化建设的历史叙事即使不是汗牛充栋，也可以称得上应有尽有。但是，除却近年来围绕三线建设出版了一批口述史研究的著述外③，总体上说大多有关新中国工业建设的研究依旧停留在自上而下看历史的阶段。这使我们的全部努力有可能无法逃逸这样的危险：因为在宏大的国家叙事之外，每一个体的鲜活历史和深邃感悟并没有得到应有的重视，以致那些本该栩栩如生流传下去的历史无法显示自己内在的纹理。其实，如果历史的记述者能够考虑到底层的或自下而上的视角，你就容易体悟到：不但每当宏大的历史车轮在每一个体的生命历程中驶过的时候，都会留下或

---

① 据统计，2014 年，中国的工业生产总值已达 4 万亿美元，超过美国成为世界头号工业生产国。

② 钱津：《论新中国的工业化建设》，《经济纵横》2019 年第 3 期。

③ 有关"三线建设"的口述史研究，是一个反映新中国工业建设的十分独特的领域，已经出版了相当多的著述，其中包括《归去来兮：一部亲历者的三线建设史》（唐宁，上海文艺出版社 2019 年版）、《多维视野中的三线建设亲历者》（张勇主编，上海大学出版社 2019 年版）、《三线风云：中国三线建设文选》（中国三线建设研究会选编，四川人民出版社 2013 年版）等，甚至也有口述历史涉及各省市的三线建设，如《口述上海：小三线建设》（徐有威主编，上海教育出版社 2015 年版）、《乐山三线记忆》（政协乐山市委员会编，天地出版社 2018 年版）等。

深或浅的辙印,并由此埋下他或她未来人生走向的草蛇灰线,而且更重要的是,无论是宏大的国家叙事还是悲壮的民族史迹,虽说不能简单地被还原为个人的欲望和努力,但也缺少不了芸芸众生的生命历程的交相编织。因此,可以毫不夸张地说,在宏大的国家叙事的画卷上,如果缺少了形色各异的个体补白,所有的历史都将是灰色的。

从单纯的国家叙事,转向对个人表述的兼容并蓄,与 20 世纪 50 年代以来口述史学的发展密切相关。口述历史在当代的流行,既归因于历史学的转向,也归因于现代技术手段的便捷。就前者而言,如保尔·汤普逊所指出的那样:"口述史意味着历史重心的转移。"①所以,虽然几乎有关口述史学的历史追溯都会提及阿兰·内文斯 1948 年在哥伦比亚大学创建口述历史研究室的壮举,但口述史的真正动力却受益于英国社会史学倡导的自下而上看历史的传统,它使得从 50 年代起从事口述史研究的前辈们对记录普通劳动者的经验产生了浓厚的兴趣。②就后者而言,不仅最初的口述史学的流行有赖于 20 世纪录音设备和技术的进步——由此使得从中国社会代代相传的说书人到现代社会学的田野访谈者所进行的类似工作有可能获得方便的记录③,而且当前"新的数字技术(也)正在改变我们记录、解释、分享和呈现口述历史的方式"④,并因此引发了口述史学领域新的范式革命。两厢相加,以致唐纳德·里奇会说:"口述史就是通过录音访谈来收集口头回忆和重大历

---

① 保尔·汤普逊:《过去的声音:口述史》,覃方明、渠东、张旅平译,辽宁教育出版社 2000 年版,第 7 页。

② 社会学家的工作也是导致这一转向出现的重要力量之一。比如波兰社会学家埃利·兹纳尼茨基在选编《身处欧美的波兰农民》一书时,曾评论说:包括托马斯与兹纳尼茨基在内的改革者们所做的一系列奠基性工作,促成了"社会史学家寻求'自下而上'地书写历史,换言之,就是去理解由普通的男男女女——奴隶、农民、工人——进行的种种斗争在历史上留下的形态",而"社会史学的发展,使上一代人对美国历史的理解发生了革命性的改变"。参见托马斯、兹纳尼茨基:《身处欧美的波兰农民》,张友云译,译林出版社 2000 年版,第 1 页。

③ 就包括录音机在内的现代技术对口述历史的推动而言,汤普逊写道:在电话与磁带录音机的时代,"交流沟通方法的变化终将给历史的面貌带来与过去的手稿、印刷出版和档案同样重要的改变"。保尔·汤普逊:《过去的声音:口述史》,覃方明、渠东、张旅平译,辽宁教育出版社 2000 年版,第 68 页。

④ Alistair Thomson, "Four Paradigm Transformations in Oral History", *The Oral History Review*, Vol. 34, No. 1, 2007, pp. 49 - 70.

史事件的个人论述。"①

在口述史学中，"口述"（oral）和"历史"（history）这两个概念的并置，既标明了口述者与传统历史记载的隔离性，同时也揭示了当这两个概念组合在一起时可能产生的颠覆性意义。尽管包括《荷马史诗》和《诗经》在内最早的历史是以口述的形态流传下来的，但在历史学或职业历史学家出现之后，普通的口述者或亲历者就被正统的历史排斥在外，后者关注的是帝王将相或国家和民族的宏大叙事，而包括贩夫走卒在内的普通人则成了历史研究中的边缘人或弱势群体，在传统的历史中他们几乎占不到任何有意义的叙事空间。

从这样的角度来说，口述史学对传统史学的颠覆性意义起码表现在两个方面：其一，因为口述史学自出现之时即将普通人的生活及经历作为关注的对象，由此使得国家历史的宏大叙事获得了个体体验的具体补充；其二，口述史学也给了原先被忽视了的下层民众、妇女和少数族裔表达自己的意见、感受、荣耀甚至不满的可能。在口述史学诞生之前，不仅恩格斯在《英国工人阶级的状况》的调查中使用过口述资料，欧洲最早的一批经验社会的研究者也都是口述资料的娴熟使用者：以研究伦敦的贫困著名的查尔斯·布思广泛使用了来自访谈的口头叙述②，而撰写《欧洲工人》的法国人勒·普莱更是收集了大量的口头资料，他甚至懂得从工人对上层人物的闲言碎语中推论当地社会的疏离程度。③在口述史学出现之后，不仅收集口述资料被用来训练学生们的历史感④，而且在劳工等中下层民众的研究方面取得了相当的进展：这类研究不仅使原本默默无闻的普通劳工成为历史叙事的主体，并且通过社会认同的激发，"导致某些大型厂矿和钢铁基地中集体性的传记写作群体的形成"⑤，这也是我们今天同类研究的前导。其实，宽泛一点说，即

---

① 唐纳德·里奇：《大家来做口述史》，王芝芝、姚力译，当代中国出版社2006年版，第1页。
② 周晓虹：《西方社会学历史与体系》第1卷，上海人民出版社2002年版，第148页。
③ P. Lazarsfeld, "Notes on the History of Quantification in Sociology: Trends, Sources and Problems", *ISIS*, Vol. 52, No. 2, 1961, p. 330.
④ Marilyn Geary, "Hooked on Oral History", *The Oral History Review*, Vol. 29, No. 2, 2002, pp. 33 – 36.
⑤ 保尔·汤普逊：《过去的声音：口述史》，覃方明、渠东、张旅平译，辽宁教育出版社2000年版，第18—19页。

使在较为封闭的 20 世纪 50—70 年代,对革命传统的片面强调或对基层劳动者的斗争实践的过度关注,也激发了相似的历史学尝试在中国以"忆苦思甜"或编撰"新四史"的方式予以呈现。①

我们无意于用个人口述取代国家叙事,但我们相信个人口述起码可以起到为国家叙事补白的作用,它使得我们的历史不仅全面,而且更为生动。我们知道在有关口述史的讨论中,最具争议性的议题常常集中在口述史的真实性或口头资料来源的主观性上,这也常常被人们认为是口述史与传统史学最大的区别。持实证主义立场的批评者坚信,人们的记忆不可避免地会"受到耄耋之年身体的衰弱、怀旧情感、采访者和被访者双方的个人偏见,以及集体的影响和对过去的回顾性叙事等诸种因素的歪曲"②。更为尖锐的批评甚至认为,口述历史正在进入"想象、选择性记忆、后期抛光(overlay)和完全主观性的世界"③。

站在建构主义的立场上,口述史既然是个体的生命过程、社会经历和情感世界的叙事,就一定充满了主观性、不确定性和变动性。一句话,体现了个体对自己的生命历程、生活事件及其意义加以主观建构的能动性。我们可以从这样两个方面讨论口述历史材料的主观性问题:其一,口述资料的主观性并非天生就是缺陷,有时它甚至具有某种独特的历史价值;其二,那些在客观上可能"不真实的"陈述,在主观的心理上或许恰恰是"真实的",它从另一个侧面反映了亲历者在社会表征和个体认同两个方面的交织作用下,是如何对个人生活史中的重要事件加以理解和记忆的。如此,刘亚秋研究

---

① 汤普逊所说的"新四史"(new four histories),指的是村庄、工厂、家庭和人民公社的地方历史,这一编撰运动始于 1960 年,在 1964 年以后趋于停止。参见 Paul Thompson, "Changing Encounters with Chinese Oral History", *Oral History*, Vol. 45, No. 2, 2017, pp. 96 - 105。不过,即使是"文革"期间,类似的工作其实也在继续着。1972—1975 年,我高中时学工、学农及其后的插队(1975—1978)期间,都为所在的工厂或大队做过类似的工作。比如,当时刊行的《虹南作战史》(上海人民出版社 1972 年版),就是以上海县虹南乡(现属虹桥乡、华漕乡和七宝镇)七一公社号上大队为原型出版的一部反映农村两条路线斗争的小说,它以编年史的手法,从互助组一直写到人民公社后期的"农业学大寨"。能够理解的是,其间的伪作肯定多之又多。

② Alistair Thomson, "Four Paradigm Transformations in Oral History", *The Oral History Review*, Vol. 34, No. 1, 2007, pp. 49 - 70.

③ Patrick O'Farrell, "Oral History: Facts and Fiction", *Oral History Association of Australia Journal*, No. 5, 1982 - 1983, pp. 3 - 9.

的知青①，以及我们现已完成的洛阳第一拖拉机厂、洛阳矿山机器厂和贵州三线建设的亲历者们口述叙事中大体相似的"青春无悔"的记忆，虽然未必是陈述者贯穿一生的全部感受，但却常常能够"比实际准确的描述揭示出更多的东西"②。

　　当然，承认口述史及集体记忆的主观性和历史价值，并非要否认其历史真实性或客观性。口述史的客观性最浅显的表述，是任何个体的口述史都在一定程度上反映了被访者所亲历的时代进程和社会状况，以及亲历者本人在时代及其变迁下的个人经历、体验与反省。虽然受社会、政治和当下处境的制约，口述者存在掩饰或歪曲个人行为或事件意义的可能，但这几乎是所有社会科学的定性研究资料都可能存在的问题，绝非口述史料一家的独疾：显而易见，就口述史与传统史学所依赖的史籍、档案而言，普通的亲历者有意掩饰或歪曲个人生活史或生活事件的可能不会大于统治者、权贵阶级及其代言人；就口述史与社会学通过各类访谈获得的资料相比，你也不能想象一个人对过往的叙事会比对当下的叙事具有更多的掩饰或歪曲的动机。进一步，有鉴于口述史的采集常常涉及同一群体的不同成员，这也为我们比较、对照和核实历史细节与生活事件的真伪提供了可能。

三、 研究计划，或我们的设想

　　自 2018 年末，南京大学"双一流"建设之卓越研究计划批准当代中国研究中心③设立"社会学理论与中国研究"的重大项目之后，我们就一直在思考如何能够将社会学理论的探索与当代中国社会的研究相衔接。为此，一进入 2019 年，借中华人民共和国成立 70 周年之际，我们就在当代中国研究领

---

① 刘亚秋：《"青春无悔"：一个社会记忆的建构过程》，《社会学研究》2003 年第 2 期。
② 保尔·汤普逊：《过去的声音：口述史》，覃方明、渠东、张旅平译，辽宁教育出版社 2000 年版，第 171 页。
③ 南京大学当代中国研究中心成立于 2001 年，为更好地开展南京大学"双一流"建设之卓越研究计划"社会学理论与中国研究"项目，2019 年 5 月 25 日已正式易名为南京大学当代中国研究院。

域推出两项研究计划:其一,新中国工业建设口述史研究;其二,新中国人物群像口述史研究。

就后一个主题而言,有鉴于在中华人民共和国70年的风雨历程之中,涌现出了无数可歌可泣的社会群体,他们用自己的青春年华和辛勤汗水缔造了中华民族今日的辉煌,我们立志用10年的时间,收集他们的口述历史资料,为他们雕塑值得留存的人物群像。这些群像包括但不限于劳动模范、女兵(战士)、知青、赤脚医生、"铁姑娘"(三八红旗手)、工作队员、工农兵大学生、77级人、个体户、农民工、企业家、知识分子(学者)、海归、白领(中产)。我们以为,正是他们的个人生活史,建构了我们民族的当代奋斗史。

有鉴于2019年正逢中国社会学重建40周年,而20世纪50年代被取消了的社会学学科与改革开放同步,在过去的40年中取得了有目共睹的成就,我们决意以社会学家为知识分子或学者的缩影,通过他们的口述历史来反映这一学科的重建艰辛与知识精进——自6月22日首访美国加州大学洛杉矶分校周敏教授、7月4日接访美国杜克大学林南教授始,到12月26日访问香港中文大学原校长金耀基教授和社会科学院原院长李沛良教授止,我们顺利完成了40位社会学家的口述史访谈,《重建中国社会学:40位社会学家口述实录(1979—2019)》正在整理编撰之中。与此同时,我们还开启了知青和女兵两项口述史研究,包括60年代中国知青的旗帜性人物董加耕、1968年以切·格瓦拉为榜样加入缅共游击队的10余位云南知青(其中还有几位巾帼英雄),都在我们的研究中留下了他们宝贵的口述史料。

就前一个主题即我们现在讨论的新中国工业建设口述史研究而言,几乎是在踏进2019年的门槛之际,我们就以古都洛阳两家著名的国有大型企业为研究对象,开启了这项极富意义的口述史研究。2019年1月3日,新年假期一过,南京大学口述史研究团队即前往古都洛阳,入住第一拖拉机厂(一拖集团)青年公寓。在接下来的10余天时间里,我们分为两个工作小组,分别访问了一拖集团和洛阳矿山机器厂(中信重工集团)两家企业的130余位不同历史时期的亲历者。其中最年长的几位是90多岁的老人,他们自20世纪50年代初起,便从上海、长春等老工业基地及河南各地市动身,挈妇将雏、义无反顾地奔赴洛阳涧西，参加在第一个五年计划期间开启的第一拖拉机厂和洛阳矿山机器厂的建设。在那些天里，新中国工业建设的第一代亲历者及他们的后代，向我们讲述并分享了与国家的宏大历史经纬编织在一起的个人的生命历程，或长或短，或波澜壮阔或平淡自得，其中有自豪、欢乐、惊喜、满足，也有泪水、委屈、失望甚至痛楚……我们尊重他们的叙事，体认他们的情感，理解他们的选择，同样更感激他们的付出。尽管我们知道，无论我们如何努力，能够记载下的都不及他们丰富人生体验之万一，但我们依旧执着于做好每一场访谈。我们希望能够用他们每一个人丰富多彩的口述叙事，为新中国工业化的宏大画卷补齐一角。

以第一拖拉机厂和洛阳矿山机器厂作为新中国工业建设口述史研究的开篇，自然与这两家企业都是"一五"期间苏联援建的156项国家重点建设工程有关，也与2010年9月我担任南京大学社会学院院长期间，带领社会学专业的四年级本科生去洛阳毕业实习、做社会调查有关。鉴于学生们的社会调查大多数情况下都是由教师们带着去农村①，那次我决意要带着学生们去企业，尤其是大型的国有企业看看。正巧，学生李雪梦的老家在洛阳，她的母亲、总后勤部刘红敏大校自小在涧西工业区长大，便为我们联系了时任洛阳市委常委、秘书长的尚朝阳先生。尚朝阳秘书长和时任洛阳市委统战部部长胡广坤先生非常热心，为我们联系了第一拖拉机厂和洛阳矿山机器厂。于是，便有了那年9月的洛阳之行。

记得当时一起去的还有时任社会学院党委书记方文晖、南京大学团委书记王靖华，以及陈友华教授等10位教师和45位学生。在洛阳矿山机器厂即现在的中信重工集团的支持下，我们建立了南京大学社会学院的教学实习基地——后来我的学生陈勇、周东洋、方莉琳都以此为依托，完成了他们的博士或硕士学位论文；同时在第一拖拉机厂暨一拖集团宣传部的支持下，

---

① 南京大学社会学专业本科学生的毕业实习，去过地处浙闽赣三省交界、素有"枫溪锁钥"之称的文化飞地廿八都；也去过电影《菊豆》《卧虎藏龙》的拍摄地、安徽黟县西南风景如画的南坪古村。当然，因为地利更因为学科的缘故，去的次数最多的是费孝通先生1936年调查的江村暨吴江的开弦弓村，并于2015年在七都镇人民政府的支持下，在那里建成了现已成为长三角社会学论坛（联盟）永久盟址的群学书院。

和关树文、卢福来、高世正、梁铁峰、张成周、张小亮、文海舟等7位老干部、高级工程师、老劳模做了一上午的访谈,算是一个不那么正式的焦点组访谈(focus group interview)。虽然因为时间有限,访谈难以在细节上铺陈,但所有学生都列席参加了,听老人们谈一拖的建设和自己的个人生涯,也因此形成了许多共鸣——现已在美国纽约城市大学攻读博士学位的李雪梦,还据此完成了自己的硕士学位论文;而于我而言,一定要找个机会将这两家企业好好研究一番的想法,也因此就牢牢地生下根来。

感谢南京大学"双一流"建设的实施为我们实现长期以来的研究愿望提供了可能。2018年底,几乎在学校将"社会学理论与中国研究"项目纳入"卓越研究计划"之时,我们即确立了"接续传统,开拓新域,以微明宏,淬炼新知。全面梳理社会学理论的基本脉络,面对全球化的挑战,以本土化的眼光尝试理论创新;深入分析70年来的中国道路,以紧迫的历史责任感和丰富的社会学想象力,锻造中国研究的国际化平台"的学术宗旨。为践行这一宗旨,我们推出了"新中国工业建设口述史"和"新中国人物群像口述史"两项研究,并希望在不远的将来能够有机会推出"新中国农业建设口述史"研究,并由此形成当代中国研究大系。

2019年寒假,我们完成了第一拖拉机厂和洛阳矿山机器厂两项口述史研究;紧接着,2019年暑假,我们完成了包括贵阳、遵义、六盘水、安顺、都匀、凯里6地市在内的贵州省10余家企业的三线建设口述史研究。按我们现在的想法,我们将在自2019年起的10年时间内,完成10家或10种类型的工(商)企业的口述史研究。从纵向的历时态角度看,如果顺利的话,我们将选择鞍山钢铁厂(集团)、第一拖拉机厂(一拖集团)、洛阳矿山机器厂(中信重工)、大庆油田和三线建设企业(贵州011、061和083三大基地的10余家工厂)这5家(类)著名的企业,作为毛泽东时代新中国工业建设的代表;选择苏宁集团(江苏民营企业)、义乌小商品市场(浙江个体企业)、福耀玻璃集团(福建乡镇企业)、富士康集团公司(广东台资企业)和宝山钢铁公司这5家(类)同样闻名遐迩的企业,作为改革开放后新中国工(商)业建设的代表。

在上述选择中,我们的基本考虑是:(1)同毛泽东时代所有制形式单一的国有企业相比，改革开放后的 5 家企业不但考虑了地域上的分布（尤其是中国经济最为发达的东南沿海），而且考虑了各种有代表性的所有制形式，这不仅是改革开放后经济制度变革产生的最富象征性的结果，更是中国经济富有活力的表征所在。（2）改革开放后的 5 家（类）企业很难说都属于严格意义上的第二产业范围内的工业企业，有些企业（比如苏宁集团或义乌小商品市场）还具有鲜明的商业甚至现代"云商"性质。我们选取它们作为口述史研究对象的原因，不仅在于现实的国民经济中产业形式常常混合在一起，第二和第三产业未必泾渭分明（比如义乌小商品市场常常采取"前店后厂"的经营模式，义乌千家万户的"后厂"就是轻工业商品的加工基地），更在于包括苏宁、京东甚至淘宝在内的依靠现代网络技术异军突起的各类企业，不但构成了中国经济的新增长极，而且它们所打开的市场也在相当程度上促进了中国工业的快速发展。（3）如果出于各式各样的原因，我们的研究未能获得相关企业的应允和支持，或者简单说，如果我们的口述史访谈无法"进入"既定的企业并顺利完成的话，我们也可能调整研究的计划，选择同样或类似的企业推进我们的研究。

我们的读者在阅读这些由亲历者口述而成的著作时，可能会发现，在亲历者有关个人的生命历程的口头叙事中，叙事者自身的生命时长及叙事时点不仅影响到其叙事的欲望和动机，还影响到其叙事的风格和饱满度。尽管没有人规定口述史的访谈对象只能是年长者，但显然包括我们在内，从事口述史研究的人都有过这样的体会，即尽管年长的亲历者有时存在语言的障碍、理解的困难、体力甚至认知的缺陷，但他们对待访谈的认真、细节的"较劲"和过程的铺陈程度却常常超过年轻者。在中国这个特定的历史国度，除了有时会因为某些特殊原因而迟疑外，年长者通常是口述史采集最好的对象。

比如，在我们 2019 年完成的几项口述史研究中，年长的亲历者给出的口头叙事常常比年轻者更具细节和故事性。在"新中国工业建设口述史"的采集中，无论在第一拖拉机厂、洛阳矿山机器厂还是在贵州的十几个三线企业，几百位年长的亲历者们一旦消除了对访谈者的身份疑虑，他们即会主动开始绵延不绝的口头叙事,有些老人甚至来到我们的住地相约一谈再谈。但与此同时,参与同一主题口述叙事的年轻人即使"回答"(注意这里的用词)认真,也缺乏临场的"既视感"。我以为,产生这种差异的根本原因在于,一个人的晚年不仅因为其生命的跨度较长和经验的饱满性使得叙事更有意义,同样也因为个体的终极思考使得叙事更为紧迫。他们通过讲故事维持记忆、复述过去、激活以往的体验,同时建构与修复终其一生的集体认同。这样的解释不仅在一定程度上说明了为什么老人更有叙事的欲望(用单纯的个体孤独来解释这种欲望,不仅简单肤浅,而且本质上是一种还原主义逻辑),更重要的是它同时表明了普通的民众不自觉地参与历史的复述与建构的浓郁兴趣。从这样的意义上说,在中华人民共和国成立70周年之际,在参与新中国工业建设的第一代亲历者们都已进入耄耋之年的时候,我们的工作比任何时候都更显紧迫和富有意义。由此,帮助他们复述并重构其生活事件的历史意义,就是包括社会学家在内的研究者的基本使命。

　　是为序。

周晓虹

2020 年 2 月 14 日

新冠病毒肺炎肆虐之时

写于南京溧水卧龙湖畔百合花园

目 录

蔡金根
红色劳工成长史

亲 历 者:蔡金根
访 谈 人:周晓虹
访谈助理:常江潇
访谈时间:2019年1月8日9:00—12:00
访谈地点:第一拖拉机厂老干部活动中心
访谈整理:赵超越

亲历者简介:蔡金根,男,1928年生,上海人。因家庭经济困难,年幼起便在江南造船厂、法商水电交通公司(1949年后更名为沪南水电交通公司)做工。1949年前参加地下党活动,1949年后任沪南水电交通公司新民主主义青年团书记。1955年为支援新中国工业建设,自上海前往长春学习俄语,并参加苏联专家开设的技术培训班。1956年转入第一拖拉机厂,任冲压分厂车间主任,后任生产计划处科长,长期从事生产管理工作,现已离休。

蔡金根(前排左二)等亲历者
在访谈前与访谈人合影

一、 在上海我参加了地下党

我家在徐家汇路。徐家汇路那块有一条大河,经常有船开过,我家就在河的南边。河南边是华界,过了这条河就是法租界,法租界再往北就是延安路。延安路有大块的租界线,南边是法租界,北边是英租界:租界就是这样划分的。

小时候,我父亲调到法国总会工作,就在法租界那里。① 法国总会就是一个活动室和俱乐部。他在那主要负责管理公园、修整花草,说白了,露天的操场都是他管的。下雨的时候,他就披着棕衣进行管理。穷人都这么穿,有钱人就穿雨衣了。因为家里没钱,所以我就没有上学,而是到法国总会的网球场帮忙捡球,可以说我很早就出来打工了。

我家里一共八口人。除了我和弟妹之外,哥哥、姐姐也都干活。哥哥是很早就出来干活的,啥活都干。他跟我一起在江南造船厂干了一年多,之后就进了法国总会。要知道,那时候进厂都是要给工头钱的。我母亲帮他送礼,一共给了二两金子。姐姐大概在 10 岁或 11 岁的时候在商场当童工。外婆家住在法租界,她把房子和土地都租出去,收租金。母亲在外婆家边上的菜市场摆摊卖菜,那时候菜市场都有摊位,非常正规,多一个摊位就多标一个记号,而且交了管理费之后,你的是你的,我的是我的,不能随便抢。那个时候菜市场是法国人管的,虽然很严,但管得确实好,比如楼上不能乱摔东西、乱倒水。

1941 年,我来到上海江南造船厂。当时江南造船厂归日本三菱公司管。② 日本人主要造商船,而且造得很快,一艘七八千吨的船两个月就造出来了。我主要搞焊接和冷作,因为我想哪个行当挣钱多就干哪个。由于当时没有师傅教我,所以这些活全部都要自己学。我经常背着工具箱,从大船脚手架那边一点一点爬上去。当时工钱容易贬值、价格变动大,相对来说发粮食更可靠,所以厂里就给我们发大米、豆子之类的,粮食的多少则是根据

① 法国总会始建于 1904 年,原先位于南昌路 57 号,称法国总会俱乐部。1931 年,法租界公董局(法租界最高行政当局)在雁荡路买下土地,并由法国建筑师赉安(Alexandre Leonard)设计,扩建为法国总会,供在沪法国人进行体育锻炼。新中国成立后为卢湾区少体校,并于 2006 年落成科学会堂连接工程。2010 年成为上海科技发展展示馆。
② 1938 年,江南造船厂被日本侵占,改名为三菱重工业株式会社江南造船所。

一天干多少活来算的。另外，如果哪天不回家，在厂里上夜班的话，厂里会多发几两大豆、大米，这个是算到总工资里头的。

我在江南造船厂干到1946年，抗战胜利后进法商水电交通公司。这个水电公司在法租界，后来归日本管过，不过没有多长时间。那个时候日本人轰炸，法国人就挂上法国国旗，以免被炸。后来日本跟法国闹翻了，就抢了租界归日本管了，不过两三年之后日本就投降了。当时我进这个法商公司是需要考试的，内容包括能不能干这个活、级别多少、给多少工资等等，反正在考试这块法国人很认真。当然，除考试以外，同样是要给工头钱的。这个事情他们法国人不知道，也根本不会去管。我和哥哥进厂的情况差不多，当时我母亲也花了二两金子。单单进去还不算，过年过节还要给工头送礼。被录用以后，我在公司里头主要搞焊接，因为刚开始不太会，所以就跟几个中国老师傅学。那个时候的公共汽车都是法国雪铁龙，铝制的，我的主要工作就是把铝板焊接起来。这个厉害啊，公共汽车的横梁都是铝的！不过后来上海机械厂把它们都弄成铁的，那是我们自己轧成的骨架。关于管理工作体制方面，他们法国人也非常厉害：第一，你干一年给你升一年工资；第二，不犯错误可以，犯错误就不给你升，而且责任大的话就会把你开除。

解放前，我们的地下工作也蛮厉害。我参加过1947年的"九二七"上海大罢工①，那个时候我们地下支部都听香港的广播，包括黄炎培的谈话②。我们管的这段路是法租界，后来扩大到华租界。那时候地下党员互相都不知道，比如我哥哥，八十一二岁去世的，他搞地下工作比较早。那时候，我们弟兄两个都不知道对方是地下党。快解放的时候，在开展地下活动的过程中，支部跟我说了之后，我才知道哥哥是地下党。地下活动是在我们家进行的，我们住在一起，在二层楼的三间房里头。这房子是我父母亲自己攒钱并在自己的土地上造的，不过现在这房子都拆掉了。拆房子的人我去年回去

---

① 这里蔡金根的回忆可能有误。抗日战争胜利后，美国资本家接收上海电力公司并准备裁员。1946年1月，上电厂发生大罢工，共持续九天八夜。后面提到的王孝和也在同年4月担任上电厂工会杨树浦发电厂支会干事。此时蔡金根还在江南造船厂，与后面提到的"发动厂里工人罢工"内容吻合。另外，该时间点也与后来蔡金根进入法商水电交通公司的时间衔接上。

② 这里蔡金根的回忆可能有误，黄炎培是1949年离开上海，取道香港去的北京。

没联系上,那个人曾经当过上海市交通局副局长,也是个地下党,大罢工的时候就是他发展我的。当时敌人一直在抓他,后来他跑了。大罢工发动的人多,一个区一个,那时候叫"一车间""二车间"。当时只要用喇叭一叫,哪怕手头有工作、活动,所有人也都放下活跑过去,结果导致了整个厂全部停产。工人当中也有几个地下党,其中一个叫陈龙祥,是他动员我参加的。另外他还找了当时的厂工会副主席——也是地下党的负责人之一,跟他一起。那个负责人在解放以后当了工会主席。蒋介石还接见过他,称他为优秀国民党员,实际上蒋并不知道他其实是地下党。不过,因为敌人厉害,大罢工持续了八九天之后还是失败了。

大罢工期间,我印象比较深的是杨树浦发电厂出事了。像《铁窗烈火》①主人公的原型王孝和,在当时任杨树浦发电厂的工会理事,和工会主席差不多,也是个地下党。到1948年,国民党抓到他后污蔑他,把国民党自己搞的破坏说成是他搞的,但他坚决不承认;国民党又说他是共产党,他也一直不承认,但最后王孝和还是被国民党枪毙了。那时,地下党真的搞起来,是可以让全市停电停水的。刚开始搞的是交通,比如罢工时电车不开了,国民党就叫人开,但只要他们把车开到马路上,我们就把车推翻。那个时候都是提着脑袋做这些事的,但我们根本不会去考虑什么脑袋掉不掉、死不死之类的后果。那时候国民党里面有个蓝衣社②,他们往我们厂派过一个特务,表面上装成工人和地下党,到解放一年以后才被我们给揪出来,揪出来之后就把他枪毙了。现在我们才知道他的背后有军统、中统,但当时我们不太了解,只知道这个家伙是坏人。

快要解放的时候,我们都不住家里,都是白天工作,多遛遛路,只要发现不二不三的人进厂了,我们马上就溜到厕所、围墙,再不行翻出去就跑。原来说解放军22号进上海,实际上是浦东先解放,两天之后全上海解放。当时解放军是从浦东进上海的,我们坐中吉普去迎接他们,车里有积极的群众,也有地下党。我们和解放军白天都不联系,晚上靠手电筒联系。我们在手

---

① 《铁窗烈火》(1958)是由王为一执导、柯蓝编剧的一部战争题材电影,主人公张少华的原型就是王孝和。
② 蓝衣社,也叫三民主义力行社或力行社,是国民党内部的核心组织。

电筒镜片上贴个五角星,照明的时候看到这个五角星图案就知道是自己人了。解放军不是从浦东过来嘛,我们就叫他们从一个码头跑过来,然后把他们接进来,并给他们带路。现在的卢浦大桥桥头的地方就是当年我的家,卢浦大桥过去那个桥头叫黄浦江滩。解放军在普通的门板上摆着机枪,通过渡江漂过来。他们身上没有漂亮的衣服,有的连裤腿都没有了。解放军一进来说要休息,就坐在地上,而且说睡着就睡着,一点都没有影响到老百姓。我们公司的人去迎接他们的时候,给他们东西吃,但他们累得都吃不动了。而且,他们在马路上睡,不进老百姓的家。他们说睡下就睡下,但听到命令以后嗖地一下就又起来了,而且起来后连声音也没有,纪律相当严明。不过这个时候上海还没有解放,因为当时上海还有不少国民党的军队。我们按照上级命令,弄了三辆公共汽车,让解放军坐在车子里面,随后公共汽车通过四川路桥大统路,把他们直接送到上海火车站,不让国民党军队跑掉。当时苏州河对面都是国民党军队,比如四川路桥(白渡桥西边的第二座桥)北边的邮政局四楼上都摆了机枪往下扫,解放军一直没有突破。突不破,没有办法,我们只能先把他们接回来。后来解放军离开了,准备利用天黑的时候再进行突破。另一方面,解放军从西边,也就是虹桥路那里也打过来了,我们就想办法把桥的两边有多少碉堡、碉堡从哪里开的门、离开岸多少距离等信息给推算出来。当时地下党的地盘很大,我们就多请了点人组织联络,把这些信息都传达给解放军。其实那边最后也没牺牲多少人,因为解放军早就掌握了谁是国民党、堡垒里面有人没人,即便有人也早就控制了。

等到解放军占领上海之后,我就回到公司给周围的警察局发信,把信件发到徐家汇、静安寺等地区。警察局里有一些是国民党的,我们就通知他们要老老实实待着,不能再去搞破坏,于是他们就在警察局里面不出来了。但是这批人结局都蛮好,新中国成立后都成了离休干部。② 他们算解放以前参

---

① 离休即离职休养,是中华人民共和国对 1949 年 10 月 1 日以前参加中国共产党领导的革命战争、脱产享受供给制待遇的及从事地下革命工作的老干部,设立的一项比较优越的社会保障及退休制度。简单说,即基本政治待遇不变,生活待遇略为从优。

加革命的，投降后反而变离休了。解放以后，他们转为共产党的警察，还负责交通管制，接下去又招了一批积极分子到警察局去工作。

大上海里的红色"小开"①

后来，我们公司成立了上海第一个工会，全国最早的工会就是我们法商工会，成立仪式我也参加了。当时我主要负责周围的交通安全，关键时候做保卫工作。陈毅市长也参加了这次成立仪式。第二年，我们工会里的一半队员都成立了新民主主义青年团，这也是上海第一个成立的青年团，我还当了沪南水电交通公司的团委书记。成立之后，我们青年团一直组织活动，经常出去郊游。法国人条件还是比较好的，

他们对待员工也说得过去。后来在我家里开了支部会。那个时候我的党员身份没有暴露——还没有明确，不过我哥在那个时候已经是党员了，所以我要入党的话理应好办。但是他们开会居然没有叫我！我当时就有点火了，我吼道："当时都是一起来干的，你们都是党员，我哥也是党员，为什么就我不是！"我一恼火，就啥会也不参加了。不过，最后他们还是帮我弄清楚是谁发展我进来做地下党的。1949 年，陈龙祥正在参加世界青年大会，等他从苏联回来以后才证明是他发展我入党（地下党）的。但是这时候已经晚了，快1952 年了，这就是 1952 年以前我一直没能入党的原因。等到 1952 年陈龙祥回来以后，单位就找他问发展我的事，他立即证明当时已经发展了我，接着就是填表、开支部大会，喊大家征求下意见，结果是全部通过。之后就在上海震旦学院（现在叫复旦大学）鲁班路的东边大操场开"七一庆祝大会"，我在这个会上宣誓入党。我们当时有两个人入党，除我以外，还有一个是交通部的。

---

① "小开"在上海话中的意思类似于"公子"或现在所说的"富二代"，一般指没有自己独立打理的一桩生意或赖以作为主要生活来源的专业，只恃着老爸或老家财势的富家公子。不过，蔡金根老人完全是工人阶级出身，这里只是因为年轻时代的他受海派文化的影响举止潇洒，故而我们戏称其为红色"小开"。

二、从进拖厂到"文革"

　　原来我以为我们这批来拖厂的基本都是自愿报名的,我并没有去报名,但是三天后单位出通知并宣布了去拖厂的名单,我的名字在名单上。这时候我才知道单位已经明确把我分到了拖厂的冲压分厂,所以到那里就是在冲压车间当主任。当时我 27 岁,已经结婚了。我爱人比我小两岁,她在 2008 年去世了。她原来在纱厂工作,后来沪南水电交通公司把她招进去当仓库保管员,1957 年的时候到拖拉机厂职位不变,一直做到退休。我们有三个孩子。我大儿子出生于 1950 年,1957 年从上海到这里(洛阳)来,在轴承厂工作,去年去世了;老二比老大小两岁,1952 年出生,是总厂的;老三是姑娘,1955 年出生,也是 1957 年来我们厂的。

　　当我知道要离开上海的时候,我根本没有去想经济问题、度蜜月啊什么的,说走就走了。到 1955 年 7 月要出发的时候,上海还开了欢送会,好多人,包括我母亲在内,都敲锣打鼓地把我们从家里送到火车站。就这样,支援建设的几百人直接坐火车先到了东北长春一汽。我们单位一共两个人去那,我一个,沈兆祥一个,我属于拖拉机厂,他属于汽车厂。本来我们还计划要到苏联去学习的,不过最后并没有去成。我们先到长春汽车厂俄训班学俄语,大概学了半年吧。那时长春第一汽车制造厂正好要生产第一批汽车,当时国家规定,一共要出 50 辆。但是问题来了,生产过程中,电焊机经常碰不到驾驶室的顶棚上连接的接触点,那怎么办?我那时不是学了半年俄语嘛,而且之前也干过技术活,所以厂里就觉得我技术好,把我借过去了。技术科有三个专家,都是苏联人,我就和他们一起讨论,互相协作。我虽然学了点俄语,简单的生活问话还是可以的,但是工业名称、技术类的术语还是不懂,所以交流仍然需要翻译。在合作过程中,虽然我不懂理论,但实际上这些人当中就我一个人懂实际操作,苏联人就通过翻译给我讲接触焊的理论。就这样,我把生产中的那个问题给解决了。

　　等到第一批 50 辆汽车生产出来了以后,我就被调到汽车厂冲压分厂——过去叫冲压车间,专门进行培训、选调职工。冲压厂那时候招初中毕业生,一共招了 20 来个,我就白天给他们讲课,把苏联专家跟我讲的内容再跟他们讲。那时候厂里还给我教学经费,按小时计算的。

　　在长春待了一年多之后,我于 1956 年 12 月又回到拖拉机厂。我当时担任车间主任,指挥工人做工。当时我爱人和孩子不都来了嘛,我们就住在单位分的房子里。我们分到的是两间 16 平方米的房间。刚开始我们住一间半,我岳母住另一间半,后来我们就住两间。到 1980 年的时候换房子,才换到现在住的地方,61 平方米左右。那时候我们厂正好要生产拖拉机,就是后来的德特-54。但是要出拖拉机的话,会面临几个难题:第一个是水箱,厂里要求即使设备未到也要把水箱造出来。水箱不是一个个关着的嘛,我们就用筷子或者竹签子搞水箱观测(水位监测),大概观测了几百个之后才自己做出水箱来。那时候我是冲压党委的委员,厂里叫我组装这个,要把这个弄出来,所以我即使几天没睡觉也想把水箱弄出来。第一批汽车、第一台拖拉机也都是这样造出来的。第二个就是柴油箱,我们这里没有冲床,所以只能到东北汽车厂冲。但是从那边拉回来的只有小型的,所以想把两个合起来变成大型的。合起来的话就需要焊接,但是焊接设备又没来,这怎么办?于是我想了个办法,我自己不用动手,直接到上海找来了一个五级工。现在想来,那时候我指挥得真好。具体怎么做呢?油箱黏合以后不是需要把两个缝隙部分焊接起来嘛,具体做法就是首先加热,加热以后锻压,这样就可以把两个黏在一起。但是这个设备又没有,那又该怎么弄呢?结果我用锡焊解决了。第一批拖拉机是我亲自指导制造的,油箱焊接还是我自己焊的,而且焊上了之后根本看不出来区别。就这样,第一批水箱、油箱都搞出来了。其实刚开始造拖拉机的时候还是有点生疏,究竟怎么搞不太知道。后来一搞就突然明白了,哦,原来是这样子!于是觉得其实自己也会。

　　当时有一个苏联专家叫陶琴科(音译),他经常过来看看,问问生产情况,他知道我在的时候就很放心。后来中苏关系紧张了,我们就把苏联专家送回去了,之后我们再也没有通信。其间厂里还叫我写信给他,要我们做工作,但还是没有回信。

　　其实我在汽车厂的时候并没见过拖拉机,但是在学俄文、实习以后,我就留心了。什么流水线啊,特别是全自动的电焊机,我都会留意。当时我只懂锻造、如何加热,后来就懂熔化的时候怎么锻造,最后再怎么锻压,我是按这个原理接触的。实际上在这个事情上我是老把式。我给学生讲课的时候就结合了电的冲击原理、电压、电路什么的。比如讲焊接,当原理懂了,当然也就会怎么电了,比如讲焊接的时间问题,哪个时间长,哪个时间短,可以根据时间进行调整,这个好明白。所以这批学生当调度工,就是去学这个原理。只要懂这个原理就能明白,板厚的话可以通电时间长一点,板薄的话时间就短点。铜、铁锻压的时间长短是不一样的。我对这块理解得比较深。我到了拖厂以后,工具厂里的锻压机他们调整不出来,甚至专家也不行,因为专家是拿库存的设备,他们也不懂,调不出来,但我早在汽车厂跟着苏联专家学会了。

第一台拖拉机造出来以后,我就一直从事生产管理工作。刚开始的管理制度很严格,只要是苏联人定的,谁也不能动。比如讲,工业规划确定好了怎么搞,你要改动的话,就要通过总厂批准——即使有人不听也不行。还有,生产必须按照工艺规范来做,怎么定就怎么办。技术上解决不了的,的确可以动,但是这里面也要通过技术科。这里有技术科,有专门负责我们车间的工艺员。工艺员解决不了怎么办?科长就叫我来管理,我说不行,要等工艺员报了之后我再反馈给他;你科长改了,工艺员不改,那么就是他负责,跟我没关系。那时候我在生产处总调度室当主任,有阵子生产两班停产了,你班里的谁在家里睡觉,值班人把他叫醒了就回来了。那时候也可以旷点的。但是对于我来说,你叫我不按制度干的我不能干,得严格按制度执行。到苏联专家撤走以后,整个管理制度开始不严格了。

20世纪60年代,我三个孩子都已经在小学和托儿所了。我两个儿子都在拖拉机厂一小,我姑娘在托儿所。这点还是不错的,如果在厂里老老实实干,领导还是比较重视的,各方面比较照顾一些。而且他们也知道我说话算数,说行就行,说不行就不行,从不拖泥带水。那个时候岳母还在我这里,也在这里带孩子。我就在厂里学"鞍钢宪法",就是"两参一改三结合"。当时虽然我在当车间主任,但基本都是在厂下面办公,不坐上面办公室的。我既管理工人,又和工人同吃同住同劳动。在冲压和装配成立分厂以后,如果装配线上的工人不够,我自己还要去顶。那时候管理车间的关键位置有三个:一个主任,一个工艺员,还有工长,也算半个干部。我就是这样当车间主任一直当到"四清"的时候。

我当车间主任的时候,还有一件事情印象比较深,就是刘少奇主席考察拖拉机厂。① 当时刘少奇来的时候,厂里只是叫我做好讲解的准备,但并没有说是谁。来了我才知道,噢,是刘少奇主席!当我讲解完了之后,还看到他拍拍手说:"好!这里组织得好!"我还和刘少奇合了影呢,跟他的合照我到现在还留着。前年或者大前年,咱们厂电视台把我邀请过去,我就把照片拿出来了。拖厂的人看到了就说:"老蔡,你怎么会有这张照片?"我家里人也是稀里糊涂,多少年到现在也没有人关心,只有我一个人知道这张照片。

"文化大革命"爆发前,我有好长一段时间都给洛阳市那边借去了。那时候洛阳市政府挑人。我那时候在拖厂的冲压厂,因为我家庭出身等各方

1960年国家主席刘少奇视察一拖时,蔡金根
(刘少奇右侧第二人,右侧第一人为时任厂长杨立功)
参与讲解

---

① 1960年4月20日,时任中华人民共和国主席的刘少奇与妻子王光美抵洛。在接下来的三天里,刘少奇分别视察了第一拖拉机制造厂、轴承厂、矿山厂、洛北麻袋厂和敬事街小学等。

面都比较可靠,所以他们把我借过去。刚开始我在洛阳市"四清"总团,在洛阳制造厂"四清"工作队当队员,后来就在洛阳建筑机械厂当工作队分队长。那个时期乱,市里也乱,而我什么事情都不管,就是天天听半导体收音机——即便这样子也不会受到市政府的人批评。大概在市里待了一两年,拖拉机厂里要造 665 汽车①,就把我叫回来了。刚开始我在生产处当调度室主任,每天发生的事都有记录。每天早上到厂里就看看昨天晚上有几个电话、有什么事情、事情怎么处理的,每天装配下面的电车开到订货厂、入库,要了多少,按标准进度完成了没有,等等。调度室主要就是管这些事。后来厂里让我当计划科科长,科长当了一年后,厂里成立军工科,我又当军工科科长。当了几年以后,厂里成立工会了,我又当工会主席,后来一直干到离休。

三、 我们对毛主席的态度没动摇过

20 世纪 70 年代的时候,整个拖拉机厂的生产还是不错的。"75"②装配线两班倒,不停的。在生产线上,几分钟就可以出一台拖拉机。具体怎么出的? 就是每道工序都能自己往下做。本来解放前也好,解放后也好,我一直都想不明白:我们国家就不能自己造出车来吗? 金属件还是比较复杂的,比如讲,咱们的车架是铁的,法国的车架全是铝的,下面的油箱是铸铁的,所以我总是不清楚我们为什么做不出来。到了冬天,铁皮要裂开,怎么办? 这个钢铁件就做不上去。其实怎么搞焊接我都会,关键在掌握它的温度——所以我当时搞不懂。不过现在感觉我们能自己生产出拖拉机了,而且市场也很需要我们的拖拉机,想到这个我们就很有干劲。

我们厂大门口不是有个毛主席像嘛,看到毛主席像,总能想到咱们过去是怎么变的,又是怎么过来的,假如没有毛主席的话,我们的命运不可想象。这一点是真的扎根在我们心里。没有毛主席,啥都没有。我们解放前没有自由,人家要揍你就揍你,要干你就干你。那时候都是靠地下党、小弟兄组

---

① 即东方红 665 军用越野载重车。
② 东方红 75 型拖拉机,是东方红 54 型拖拉机的改进版。

织起来的，要欺负我们那不行，咱们组成一帮，我们解放前就是这样搞的。我们对毛主席的态度没动摇过，想到这个也是很有干劲。改革开放刚开始，我对当时搞的东西还是感到有点别扭，换句话说就是改革得好多事情适应不了，不过现在觉得离休待遇这方面还可以。我本来一直弄不清几级干部，上面给我发十七级以上的各种购物券，但是我没看到过有写离休就是几级。到离休以后我才明白，一直算我是十八级待遇。① 我离休的工资比一些副厅级的还多，统统加一起是 8000 块钱，另外护理费也有 2500 块钱。但这个干部级别要是在上海的话，那待遇要高多了。他们在上海离休的，工资都涨了十几次，我们离休的到现在没涨过。我要是不从上海出来，那高多了，洛阳这里低。有时候想想还是有些后悔。但是我不去刻意比较这些事，只要我生活过得去就行了。

1995 年参加长春第一汽车制造厂俄语专修班上海籍一拖学员 40 周年合影

现在离休了，厂里啥事我都不管了。讲句实话，现在有些东西我看不惯，比如现在厂里有些人我就看不惯。我接触过不少劳模，印象比较深的有两个：一个上海来的，模具搞得好，结果调走了；另一个是广西人，不怕苦不怕累，节约得很。像这样的人，节约一分钱是一分钱，该干的就干，而且不光考虑浪费问题，还考虑到成果。坦率地讲，私下里我觉得这两个人还是可以

———————————
① 　关于十八级干部的工资及待遇，见本书高玉明老人的口述《沧桑浮沉自逍遥》中的注释。

的。有的劳模说实话不怎么样，关键就是和领导关系好。另外比如说冲压的季维康，我们都是一列火车从上海出来的。解放后私营厂里面成立工会，他们这些人推荐工作，他就是这样子出来的。我记得他小时候还给人家私营厂的老板写了生死合同①，属于穷苦人家出身。他后来也在冲压，我离开以后，他到冲压分厂当厂长了。不像那些靠关系上去的人，他都是靠自己干起来的。他说你这个模具搞好了，冲出来，要达到这个要求。有的达不到，模具要休整，这个就要靠经验了。这方面的工人，南方人，尤其上海人多。设备的修理，南方来的人也不少，我们一起来当机械师；但是东北过来的也有。东北人机械方面懂得多，上海人聪明，会改进。

这么多人从全国各地来到一拖，有些地方会闹矛盾。派系就是从这里出来的，这种事情对外都不让说的。我们在上海都没有派系的，这里的派系就很厉害。我经常看不惯有些东西，所以我和爱人经常叫很多人到家里来吃饭，来的还是上海人多点。在这个地方，其他人又不敢歧视上海人，因为上海人有的是技术，要是嫌上海人做得不好，上海人会反过来说："你行，你做给我看看！"就是硬在这个地方。像空气离心器这种，很多人解决不了，工艺员也搞不了，后来我们自己解决了。

最近听一些老干部说起厂里时会发脾气。发什么脾气呢？就是对厂里有些人有意见，觉得有些领导主持不合理，而且下面的小班长都很有权，都是一层一层往下管的。那个小科长才刚毕业不久，厂里就叫他当科长了。另外像这里原来的老干处，有处长等六七个、七八个人，现在经常只有一个人在，所以说毛病就出在这里。不过，对这种事情我一般都不提意见，也不吭气。你要是去参与吧，厂里就会说你现在对厂里情况不了解，你还能说啥？所以我啥事都不管。我就是这样，在岗的时候老老实实做好我的工作，其他一概不管。级别也好，工资也好，我都不想投机取巧。有时候他们说我身体这么好为什么啥也不管，我就说："叫我管的我管，不叫我管的我不管，我去管它干啥？"厂里很多人都知道我的脾气。我也不想当官，厂里有好几次叫我去分厂当厂长，我都不干，我说我就当这个科长，所以党委对我恼火

① 详见本书季维康口述史《奈何迁客洛阳城，回首萧瑟念平生》。

啊！党委最后一次叫我去当厂长的时候还发脾气了："那你不去你干啥?!"
我说："干好我自己的业务啊,我知道这个厂里的情况,我为什么还要过去?"
结果最后也没去,我哪也不去。其实我要当官的话,条件会好很多,和现在
情况完全不一样,就像在市里干到我们现在离休的这种,但是我就一直在生
产处,老老实实一个人干。我是觉得只要把我负责的工作干好就行了。

高玉明
沧桑浮沉自逍遥

亲　历　者：高玉明
访　谈　人：周海燕　杨弋枢
访谈助理：彭圣钦　陈仲阳
访谈时间：2019 年 1 月 9 日 14：00—16：30
访谈地点：高玉明家
访谈整理：周海燕　张亦然

亲历者简介：高玉明，1930 年出生于陕北，抗日战争期间以放羊娃的身份为掩护，在黄河两岸为八路军送信，之后参军，加入解放战争和抗美援朝的洪流之中。抗美援朝后，高玉明被沈阳军区动员到北大荒开荒，不久转业成为工人。1958 年，高玉明被调到洛阳第一拖拉机厂园林科工作，之后又到福利处分管食堂。"文革"的时候，他被挂上牌子游街，罢官、撤职、开除党籍。但是高老生性乐观，被罢官之后躺在地上怡然自得地吃桃子，成了"逍遥派"，最终恢复原职。

高玉明接受周海燕、杨弋枢访谈

一、 从延安到上甘岭

我老家是陕北的——延安北面的佳县。过去旧社会土改以前,我们很穷啊。小时候家里很苦,没有地。我们家弟兄仨,我是老二,8 岁就给地主家放羊,没上过学。有人要雇放羊的,我爸说:"高玉明你放羊去吧,你哥不能走,农活他会干啊,你哥走了我半拉劳力就没了。"我就放羊去了,从 8 岁放到 14 岁。

1944 年的时候日本鬼子打得厉害,打了东北打华北,打了华北以后要打到陕西。那时候我六姨夫是我们县里面游击大队的大队长,专门配合八路军。彭德怀是我们的司令,打日本鬼子就是他顶着打。我六姨夫就说:"你不要给地主放羊了,你看放一年两块钱啊,你干活还总受气哩!你跟我去当通讯员,专门配合八路打鬼子,守着黄河,不让鬼子过黄河。"我就跟我六姨夫到游击队给他当通信员去了。当通信员要过山西送信,过黄河以后我还牵着四五只羊假装放羊,实际是到敌后送信去。

我姨夫教我:第一个信是啥,第二个信是啥,第三个信是啥——就三个信,多了记不住——到了以后找到谁谁,这三个信一说,任务就完成了,我就回来了。过了黄河,日本鬼子看到了我,就说:"过来,过来,小八路!"我说我不是八路,我是放羊的——我啥都不穿啊,就穿个裤头,裤头也给你脱了检查,啥也没有。你不能拿信——拿信他给你抓住就麻烦了,就靠脑子记事。鬼子踢了我一脚:"走吧!"我就牵着几只羊去了。

去了以后,我就找我们地下工作的人员,一、二、三,我就把三个事一说,牵着羊回来了。就这样,我来回干了两年,从 1944 年干到 1945 年,成天就是这样跑。到 1945 年,日本鬼子投降了。

1946 年,解放战争开始。我姨夫说干脆这一个大队一起带着参加八路军,叫三五八旅五七九团一营——我们一起参加的八路军。[①] 1946 年一打打到 1949 年,打了四年,西北、华北都跑遍了。1948 年打洛阳,我们一个连

---

① "中国人民解放军"的称谓首次出现于 1946 年,1948 年 11 月 1 日中央军委发布《关于统一全军组织及部队番号的规定》,将团以上各部队均冠以"中国人民解放军"之名。

就剩了九个人。1949年挺进北京，解放了北京，我们扭头就打太原，扛着枪大摇大摆地过来，就看到国民党兵到处跑。我就对他们说："你赶快跑！回家！他们都败了。"

后来我们步行到了西北。解放军进到陕西以后，咸阳一仗打的是马鸿逵，三个半小时就给拿下来了。干掉他的部队以后，马鸿逵撤到宁夏去了。马步芳在兰州，我们四个半小时就拿下来了。兰州解放以后，我们到了宁夏——这是1949年了——那以后就和平了，我们就去开荒种地。

到1950年，抗美援朝开始，我们是彭德怀的第十九兵团六十五军。① 杨得志司令员是我们第十九兵团的司令，彭德怀直接领导我们。9月就出国，我们出国换了朝鲜人民军的衣服、帽子，去了算人民军。仗一打以后，美国人说："老人民军来了，这么厉害！"美国燃烧弹烧得厉害，燃烧弹一扔，遍地都是火，你救都来不及——越救烧得越旺。但是有个办法——我们前面阵地上从损失里边总结出来经验：我们发的雨衣是方块的油布，一眼看到他们扔燃烧弹，你就赶快往下一躺，把雨衣布往身上一盖，不要动！你的手上油布感觉都热了，着火了，但是人没事！要是没雨衣的，躲都来不及躲。我们打了四个战役，就把美国打垮了。咱们伤亡也挺大，伤兵下来，都来不及往下背。美国顶不住了，就要谈判。

1957年胸前挂满军功章的
志愿军军官高玉明

抗日2年，解放战争4年，抗美援朝4年，1958年我才回来——打了10年。1946年我们一起当兵的24个，到这个时候，只剩2个，22个都没了。

我死过9次。有一次，飞机打了，咱就扎了个"刺"，一摸是一个炮弹皮子——就在这儿（比划）——进去一半，一半在外边，我就说："不要动，让卫生员来！"卫生员来了，赶紧用毛巾堵住了，给包扎了。还有一次，解放

① 第十九兵团于1950年5月撤销番号。

内蒙古,吃完饭我去解手,刚提上裤子,国民党重型轰炸机来了! 我一看不好,就没动,结果被埋到地里面去了,那时候我才17岁。飞机走了,我们连长指导员说:"小高哪去了?"踹到我这:"哎! 这儿有冒气,这儿有人!"就把我拔出来了。拔出来后,大伙儿说:"是不是小高?"——毛巾一擦,就是我! 这以后我休息了几个月。

1952年以前我们没飞机——飞机厉害!——咱一直打,老吃亏。最后毛主席就到苏联找斯大林:这朝鲜战争,美国飞机我治不住。斯大林就说:我人不能去①,你驾驶员到我这学习,学好以后开着我的飞机出国。

原来我们不知道,这下一看上边空战了嘛! 咱们的飞机是苏联喷气式的! 我们原来白天都不敢出来,晚上太阳落了,天黑了,才敢出来。咱们空军大飞机出来了,我们高兴了:咱们有空军就快胜利了,是不是?

解放战争都是小米加步枪,抗美援朝以后我们都变了,苏联给咱们机枪、步枪、炮,这些都是苏联的,武器是关键。

1958年我回来,是最后一批,平壤欢送我们:金日成接见,老百姓欢送我们胜利回国,然后跨过大桥,跨过鸭绿江,就回来了。

我们那批回来的12 000名干部,都是排以上师以下的。

二、停战之后进了北大荒

停战以后我就不在部队——撤回国后就转业了——国家成立了个军官学校,上课学习,实际就是扫盲了。我们去学习拼音字母——之前我也确实没念过,没上过学。我当排长的时候,领导给我个名单,我不认识字,叫不上来。我说:"这个排长,我不当了,我干不了。"但是领导说:"你还跟着你哥哥一辈子? 就锻炼锻炼,以后还叫你干大事! 你去你们班里边找个识字的教你。"我们一班长识字,我说:"来,你教我。"一个排是36个人,那时候我20多岁,脑子好使,教我不到两小时,我就都背下来了。

---

① 苏联没有公开参加抗美援朝战争,因此采用了提供飞机、大炮、枪支等武器和代为培训飞行员的方式为中国军队提供帮助。

　　在这个学校学习不久，沈阳军区叫我们去北大荒，但不说是北大荒，说是黑龙江省密山县中苏友谊农场，是苏联老大哥建的。结果我们去了，一下拉到密山县虎林镇，咱们距离虎林镇还有 20 公里。我们 4 点钟到那，管事的人说：“下来，要到站了，下来。”我们下来，汽车就走了。我说：“啥也没有，连房都没有，都看不见人，这大草原上哪有家？”对方回答说：“这就是咱的家。”给我们一人发一把锹，砍树的砍树，平地的平地，割草的割草。4 点钟到那，8 点钟就住进“房子”里——“房子”盖好了。啥“房子”？就是一平地，下边也是草，两边木棍，上边全都是草，连那个门也是草，铺的也是草——我们就这么住那去了。4 月份，东北还冷呢。

　　那时候我们划归农垦部管，王震是农垦部部长。他原来在陕北是三五九旅的旅长——那时候我们是三五八旅，他是三五九旅，我们好多人还认识他。划到农垦部后，我们成农民了，要编成大队、小队。我们联名给王震写信说：“王部长，你好！我们抗美援朝回来以后，一汽车拉到大草原里边，现在我们吃的是高粱米、野菜，其他啥都没有，住的草棚子！这到底是咋回事？”

　　信送到以后，这些老同志连夜就坐飞机到哈尔滨，第二天就到我们这了。王震一下车，我们围了一大堆人，跟他说：“你看我们住的啥？我们吃的啥？住的这草棚子。”我们说：“为啥叫我们来？谁叫我们来的？”他说：“我不知道。”我们就问：“你是农垦部的部长，你都不知道？”他说：“真不知道。这么着，既然来了就先住下，我回去以后问问到底是咋回事，谁叫你们来的。”

　　第二天他上午就来了，说：“清楚了，你们回来正好 12 000 人，沈阳军区下放干部正好缺 12 000 个，你们就顶着来了。”我们说：“这对不对？”他说：“这是完全错误的，下放的干部不是你们。学生什么的去北大荒，你们这些同志还要好好安排，不是下放对象。你们先住着，我回去会尽快给中央汇报一下，尽快把你们调出北大荒。”

　　这是 4、5 月份的事。到 9 月份，我们一个大队一辆车给我们拉到富拉尔基，有万吨水压机厂。打这以后我就从农民变成工人了。厂里叫我开拖车，开了一个礼拜，我说这个腿抗美援朝时得了关节炎，这车太高，我上不去。又去烧电气焊，大火一起，200 多度，还挺暖和。我又干了几个月，组织部的王部长把我叫去,他说:"你去洛阳,行不行? 洛阳有个拖拉机厂,也是苏联老大哥帮咱建的第一个大厂,也是十几万人。"我说:"洛阳我去过,中原气候。为照顾孩子——东北冷,她气管炎老咳嗽——干脆洛阳就洛阳。我来过洛阳,离陕西也不远了是吧!"

三、 福利处

1958 年 9 月 28 号我在洛阳报到,老大那时候才 6 个月。来了以后,这厂里边的生产技术我啥也不懂,不会干别的,就管拖拉机厂园林科,管树。挖完坑栽树谁都能干,是吧? 我就去了园林科。厂里要绿化,可没有树苗,于是我带了两个人到南京去买树。买不到树,我就转悠,看见一个人穿的黄衣服,我就想:"是不是当过兵呀?"我就问他。他说:"我当过兵。"我说:"你在哪当兵?"他说抗美援朝。我说:"咱俩战友!"他一下把我抱住了。

我说:"我是洛阳拖拉机厂管园林的,但是就是买不着树苗,咋弄呀?"他说:"我给我们处长说说,你给我钢材,我给你树苗。"我说树苗要 500 棵,他说:"你给我 2 吨钢材,我给你 1000 棵树苗。"我打电话给我们福利处处长说:"南京树苗不好买,我找我老战友,他们盖厂房要 2 吨钢材。"处长说:"3 吨都行!"——3 吨钢材,给我 2000 棵树苗。

福利处就是吃喝拉撒啥都管,食堂科管吃饭,房产科管房子,还有全厂的劳保福利;行政科管行政事务;工人啥也不管,光管生产。

保教科管全厂的孩子,叫"天下第一科"——500 多号人呢! 这厂可大了,从东边到西边,十几

20 世纪 50 年代一拖的 10 号幼儿园

个幼儿园。最多的时候孩子上千了,我的四个孩子都是从哺乳室出去的。早上 8 点上班,6 点半就送去,晚上下班以后到七八点才去接孩子——天亮就送走了,天黑才接回来。孩子从小都养成习惯了,时间长了就不哭了。教育有学校,有一小、二小、三小、四小四个学校,孩子从哺乳室送到幼儿园,从幼儿园送到小学,再上初中、高中。

房产科管全厂的房子,所有的房子都是房产科来管。一般职工的住房都是十几平方米,一间一间的。我 1959 年来,带个孩子,给我两间,我说:"我三口人,你给我两间是浪费了,你给我一间算了。"后来他们说:"你傻不傻? 别人要房要不到,给你,你倒不要!"我那个时候刚下来,还不了解这个情况,就在 6 号街坊给我一间平房,一下住了 16 年。我大姑娘来的时候 6 个月,16 岁才搬到这儿。

后来我管食堂。拖拉机厂这儿原来有厂里的食堂,生活、生产都一起管。后来,要把生产、生活分开,厂里边所有的食堂都交到福利处,厂里不管生活,光管生产,我这儿就管整个拖拉机厂的食堂。食堂的伙食,早上稀饭,中午面条。困难时期,干部粮食 26 斤,工人多点,30 多斤粮食,能吃饱——干部一天赶不上 1 斤。最困难的时候,食堂还能正常供应。但外面就不一定了,像信阳饥荒就饿死过人。

当时"整风""整社",我被派去整社,这就是最典型的搞形式。我去一个大队一看,粮仓里全是红薯、山药。我说:"哪来的这么多粮食?"管仓库的说:"可不敢胡说……上面是粮食,下面埋的是麦糠。省里面来开会了,可不敢乱说!"

我回来给我们拖拉机厂的书记汇报。我说:"都搞浮夸! 现在市里面开会,粮仓里面,上面是红薯,下面是麦糠!"他直摆手说:"可不敢胡说啊……"其实我们都知道,就是害怕说了找你麻烦。

四、 罢官以后我躺地上吃桃子

"文革"开始后,"造反派"起来了,领导都靠边了,从我们总厂的书记到我们这——我是党支部书记——一个不落。我们的牌子都是"支持刘少奇反动路线""发动群众斗群众的罪魁祸首"。我当支部书记时,有个人也是我的骨干,结果他成"造反派"了,反过来斗我。我说:"你们几个都最了解我,我也了解你们,你们打不倒我。"

我是"走资派",两边都斗我。我管过行政科,搞过基本工资加奖励——那是原来的科长搞的,还不是我搞的,我后面去了也不能改——"造反派"说,你这是搞物质刺激,正是刘少奇的反动路线!他们说我是"走资派",给我挂个牌:"刘少奇反动路线、罪魁祸首、挑动群众斗群众"——我是"反革命"!

事情弄不清,你就不能下楼,要老老实实交代。我就想不通,我十几岁就干革命!

我说:"你看我档案去,我档案里面最清楚。"

他说:"你好好交代,你都干过啥?"

我说:"我当过兵,打过仗,扛过枪,过过鸭绿江,转业拖拉机厂,管食堂。"

他说:"食堂有吃有喝,你贪污!你好好交代啊!"

我说:"我是科长——不管财务!你干吗的?"

他说:"我大学毕业。"

我说:"大学毕业?你贪污——你喝了多少墨水啊——你也贪污。"我俩就吵起来了。①

工作队队长过来了,说:"咋回事?咋回事?"

我说:"毛主席讲实事求是,有就是有,没有就是没有,没有就不能瞎说,一查最后没的事情,欺骗组织也不能这么干呀!"

他说:"对,对。有就好好交代,没有就好好学习。"

我就是想不通。我就抽烟,一天两盒,后来得了支气管炎。我到医院,医生说:"你现在气管都黑了!一天抽三盒的时候再来!气管炎再发展就是肺炎,再发展就是肺癌,没法治!"我打仗死都不怕,但是我三个孩子咋办?

---

① "喝墨水"是当时对知识分子的比喻,高老在这里机智地借用"喝墨水"来指责对方也"吃喝"了。

"文革"风暴来临前的高玉明(第二排左四)

老伴说:"下定决心戒烟,买点糖放在包里。他们吃烟,你吃糖。"从此我不抽烟不喝酒。

我检查了五次,还不行。最后我说:"我不想吵了,毛主席和周总理都说了'支持刘少奇反动路线'的,检查三次就行了——我都检查五次了。我再检查,还是老样子,我不检查了!"他们就给我挂牌游街,周围人一看就笑了。他们笑,我也笑。"造反派"说:"你笑啥?你不丢人?"我说:"丢啥人,刘少奇的人丢得越多越好。"这下下面笑,"造反派"也笑。我说:"你们'造反派',你们不能笑!"

我不委屈,我想得开。我们总厂书记杨立功那么大的干部都被批到跟我一样,我们党支部书记有啥?我就不害怕。

他们关了我四个小时,四个小时就在那斗啊,最后罢官、撤职、开除党籍。罢官、撤职,谁都不管我了,我就往地上一躺——我种的果树我知道,哪个桃好吃我吃哪个。运动我也不怕:我死过多少次,挨炮弹多少次?这算个啥?我就不在乎——我度量大。

当时我们"总结经验",分厂的书记到我这儿说:"早罢官撤职好,你不罢,他天天斗你,挺难受。站四个小时,有的还打你呢,打耳刮子、用脚踢、跪地上磕头。'造反派'脾气都不好,顶他,他就生气了。你罢官撤职,他们就不找你了,你就没事儿了,你挂着官职他就成天批斗你,把你批来批去,你安静不了。"

那天晚上我就不检查了——他们确实把我开除了。开除以后我想不通:20多年的党龄就这么没了——我1949年参加太原战役,立了三等功入党——我去找这个配件厂的书记。他说:"你去找我们总厂的书记,你去拍他的门。左边轻轻拍三下,可不敢向右拍啊!"我在左边轻轻拍三下,门就开了,我就进去说:"书记,其他的我都想通了,我罢官、撤职都不说什么,但我这20多年的党龄,你大笔一挥就没了,这个我想不通。"书记说:"我要不批你,他们揍我呀,好汉不吃眼前亏,让你干啥就干啥,这是假的,不是真的。"

一派垮台了,另一派又起来了——到这个时候,厂里已经都没法弄了,领导都不管事儿,"造反派"就光抓革命,"抓革命、促生产",实际生产就不行了,停了,瘫痪了。斗得厉害,生产受到很大影响。

解放军的江师长来了一查,把我的档案看了。他看我当过兵,把我叫到厂里去,说:"罢官这事啊,不算数,过去都不算数,你还是上来。"我说:"我不来了,这个科长、书记,我也不当了,你们找别人去。"他说:"你不当谁当?"然后我又上来了。

最后我就官复原职。造反派垮台了以后,我当工会主席——工会主席级别比科长还高,我升上去了——升上去后原先的"造反派"说:"老高说的就是对呀,咱没打倒他,他又升上去了!"在这之前,有个叫叶志远的,参加"造反派"——本来他啥也不是——这两派斗,他说人家打败仗,人家说他破坏生产。厂里锅炉要爆了,两派汇报到我们处,我们处就找我,说叶志远是个破坏分子,要把他抓起来,问叶志远为啥要破坏生产锅炉。我说:"先不要抓,我看看到底是咋回事。"我去调查,最后回来说:"两派弄的不是真的,锅炉没有爆。"另一派要抓叶志远,我说不能抓,我说:"班长就不要他当了,让他到园林科去劳动,以后再说吧。"最后他跑到"造反派"那儿去了,反过来斗我。

等我成工会主席了——工会主席就是要帮困难职工救济,给他补助嘛——叶志远家里困难,又想:"高书记当工会主席了,我家有困难,他要报复我咋办?"——他怕我报复。我到叶志远家问他咋回事儿,他不敢说,直摇头。我说:"你不要摇头了,我知道你咋想。两个事儿,我跟你说说。一个事儿,你家有困难,有总工会,下面还有各个分会,科里面报到我处上看看,可以评了就给你评,你放心,绝对不报复你——你斗我也是形式。第二,那个时候为啥要把你调到园林上,就是另一派要抓你,我不让抓,我跟处里面说,给你换换地方。"那时候抓"反革命",可厉害了。他听了就跪下来给我磕头:"过去简直对不起你!"我说:"你起来,过去不能跟你说,现在跟你说,你知道就行了。"

2019 年接受洛阳电视台采访时的"戎装"高玉明

说起来现在的干部就有距离了,常常为自己。我来拖厂,先后让过三级。1958 年我从部队下来,就已经十八级了。[①] 1984 年——工人一般才38.3 元——一个科就 8 个升级指标,占比 25%,我说那我不升了,下边就多升了一个。最后我一共多让了三级——我如果不让三级,现在我的退休金就 8000 多快了,而现在才 5000 多快,不过也够了。现在有的干部思想跟不上,光顾自己。思想变了,光顾自己,怎么玩得好?

---

① 1956 年后,国家实行了共分二十四级的新的干部职级体系及工资标准(工人是八级工资制)。高玉明老人所说的十八级系军队的营级干部或地方的科级干部,在军队工资为每月 102 元,在地方为每月87.5 元,以体现"血比汗值钱"的原则。这个工资,大致相当于工人七级工(每月 89 元)的水平。

季维康

奈何迁客洛阳城,回首萧瑟念平生

亲 历 者:季维康
访 谈 人:邱　月
访谈助理:张　继
访谈时间:2019 年 1 月 8 日 9:00—12:00
访谈地点:第一拖拉机厂老干部活动中心
访谈整理:赵超越

亲历者简介:季维康,1933 年生,江苏海门人。1947 年在上海利达印铁制罐厂当冲压工。1955 年经组织动员前往长春汽车厂培训,一年后到洛阳

季维康(左)和梁铁峰接受访谈

第一拖拉机厂冲压分厂当工人。1959 年担任冲压厂团委书记。在"文革"初期曾遭游街批斗。之后分别在 1971 年、1978 年、1983 年和 1985 年调至装配厂、冲压厂、生产处和供应处担任基层领导。1993 年退休。

一、　童年遭遇与"卖身"进厂

1947 年，我到上海利达印铁制罐厂当工人。关于怎么进这个厂，我这还有个卖身契呢。这要从小时候开始讲起了。

我出生在江苏省海门县朝阳村的一个贫苦农民家庭。从我记事开始，家里就穷得叮当响。我家是租种地主的地，打下粮食一交租，就不落啥了。为了一家八口人的生活，父亲经常出去打短工、捕鱼，母亲则给富人家里纺线织布。我家住的是破草屋，东倒西歪，房屋漏雨。到冬天，我还要冒雪到野地里拾稻茬回来烤火取暖。我 14 岁那年，日子实在过不下去了，家里只能让我去上海利达印铁制罐厂当学徒。

介绍我进厂的是我堂兄季维沁。他本人由于生活所迫，在这个厂已经做工很多年了。进厂那天，他让我买几盒糕点给制罐厂老板送礼，说是到资本家工厂当徒工的规矩。我就揣着"礼品"跟着堂兄去见老板。老板姓胡，浙江宁波人。老板的办公处是一所精致的小洋楼，楼里墙上挂着五颜六色的字画，水磨石的地板，办公桌油光发亮，桌面上铺着绿莹莹的玻璃板，靠墙

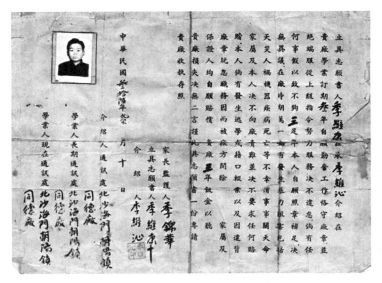

1947 年季维康入制罐厂时立的"生死由命"的"志愿书"

一边还摆着一排漂亮沙发，还有许多东西我连名字都叫不出。见了老板，堂兄向他介绍了我的情况，老板打量了一番，答应让我进厂干活，但他随即拿起两张印好的表格，也就是"志愿书"，撂给堂兄，叫我们填写。那时，我上不起学，不会写字，而堂兄识几个字，所以他就代我填好了表格。因为我没有手章，所以就在名字下面画了个"+"号。这样手续就算办好了。其实当时我不知道那张纸是干什么用的，堂兄说是进厂的合同，只要签了合同，就得听老板的，老板叫我做什么，我就得做什么。我这才知道，这哪是合同，分明就是一张卖身契。我就这样子成了工厂的工人，当的是冲压工。

在厂里干活那时候，我有一段时间肚子上长了一个块。因为这个块，我差一点被老板开除——如果被开除了就没有今天了。那个时候医疗技术不发达，所以不知道是什么问题，只知道肚子里长个块。块硬邦邦的，开始一直痛，睡觉也痛，严重的时候都起不了床。那个时候医学哪有现在这么好，所以也不知道生的是什么东西，良性的、恶性的也不知道。后来通过我的介绍人去看了中医，吃中药吃好了，后来就没什么反应了。在厂里，我过着旧社会里工人的凄惨生活，可以说是人间地狱。老板和工头逼迫工人们在旧设备上从事繁重的体力劳动。1949 年初夏的时候，上海解放了，老板和工头想破坏工厂并逃到台湾去，我们就组成护厂队阻止他们。这些我都有资料的，《河南日报》一个版面还登过这个消息。我这个不是文章，也不是什么回忆录，而是根据我的经历写的，为的就是对后代有一个交代。

二、想象的落差：离沪抵洛

冲压工当到解放以后，我就参加工会组织，当工会委员，后来当工会主席。那个时候厂里也有 100 多号人呢。上海的厂很多，但一般都是小厂，几十个人以上的厂很少。所以这个厂在上海的话算是大厂了，而且直接属于上海市领导。我们有三个厂，一个总厂，两个分厂，反正三个厂我都管。

前面讲了，我上不起学，所以文化程度很低，小学还没毕业。当工会主席的时候，我就边工作边学习。解放以后，上海成立了许多职工业余学校，各个区基本上都有这种形式的夜校。为什么要办这个学校呢?像我们这种年纪的人,都是旧社会参加工作的,而从旧社会参加工作的人,基本都是没文化的。别说大学了,就是高中毕业的都没有——小学毕业的都没有。所以家里是农村的、比较困难的人,很小就到工厂里当学徒工了。我就是 14 岁参加工作的,按照现在来讲就是童工,是不允许的。所以当时肯定没文化,文化都是业余时间学的。工作以内不能学,工作以外可以学。因为共产党领导,生产是不能影响的。解放以后,不是要恢复生产嘛,所以我白天工作,晚上学习。我们过去学习都不占工作时间的,不像现在开啥会都在工作时间。

　　我 1952 年 12 月 10 日入党。1952 年,上海开展了"民主整风""三反五反"运动。民主整风是整顿工人阶级内部组织的。解放以前,混入工人阶级队伍当中的也有一些坏人,整风就是来整顿工人阶级内部、纯洁组织的一个运动。国营企业、机关是"三反",私营工厂是"五反"。在"民主整风""三反五反"这两个运动当中,我原来在厂里是工会主席、带头的,所以我是负责配合厂里开展这个运动的。之后,区委党组织觉得我表现积极,推荐我入党,我是在这个基础上入党的。过去入党不像现在,当时入党很难的。我厂里的 100 号人没有一个党员,我是第一个党员。我的介绍人现在还在,95 岁了。关于我的情况,他比较了解。他在上海,是离休干部,也是地下党,是我们民主改革工作队的队长、支部书记。当时入党介绍人有两个,不过另外一个后来没啥联系。1952 年共产党很注意培养工农干部,所以那时候我参加过上海市总工会干部学校,不过学的时间不长。我还去过市委党校。解放初期,学习班我也参加的不少。入党以后,我白天在厂里工作,但主要精力却不在厂里。上海解放初期,党员力量很薄弱,而且一开始共产党还不是公开的。你不要看上海好多厂,但厂里都是空白的。什么叫空白?就是没一个党员。我在区里面参加了区委组织部兼职组织员,搞建党工作和发展党员。上海小厂特别多,比如说五六个厂有三个党员,三个人可以建立一个临时党支部。我们三个单位还带了好几个单位,通过日常工作发现哪个单位里面有积极分子、是培养对象,接下来就培养他们入党。几个单位发展到有三个党员,就划出去单独成立一个支部。我们就这样逐渐扩大党的队伍。

这些也都是在业余时间搞的,白天还是不能影响生产,因为解放初期要恢复生产,区里抓得很紧的。这个时候哪里有自行车?都是步行的。所以我晚上吃好饭,拿着本子,步行到人家单位参加会议——就是通过这样的工作方式培养和发展积极分子。可以说,我那时是建立党支部的重要骨干。

1953—1954年的时候,国家一直号召参加重点建设。那时候区委要动员一部分人参加,我看到报纸上有写,也有同志跟我说。说实话,这名义上是报名,实际上是内部定的,国家号召嘛,其实领导已经找好(人)了。我们这批来的都是技术工人,都是实干家、技术骨干,文化程度不高,理论知识不多。东北来的一批(人),知识分子比较多。南阳这批来的,行政干部比较多。当时洛阳那边三个同志到上海来动员我们,把洛阳说得好得不得了,好得像一朵花,还是九朝古都。那时候我年轻,没离开过上海,也没乘过火车。当我知道要去拖厂的时候,高兴得不得了。第一拖拉机厂那时候多吃香啊!是全国有名的重工业。当时我成家了,父母、老婆都在老家海门;有一个小孩,那时候还小。她知道我要去拖厂,她又管不了我,父母也是我后来通知他们才知道的。

我们这批人是作为技术骨干动员出来的,要求还和别人不一样。政治要求特别严格,要经过审查批准,下到派出所,上到公安部,从支部到组织部再到中央组织部。这在上海还是保密的,你到我们这边去查,我们这批人都有厚厚的一摞档案,档案里面都有这些单位盖的章,历史上如果有一点小问题就通不过。上海我们这批一共300多人,陆陆续续出发。我们来的时候不是直接到厂里,而是到长春一汽学习了一段时间。大概100多人到第一汽车制造厂,五十几人到轴承厂,七十几人到拖拉机厂。1955年7月18日,我们先在劳动局集合并训练五六天,随后开来六七辆公交车,人人挂了大红花,还有乐队送行,还有一个东西写"光荣参加组织"。公交车穿过市中心,直接把我们从劳动局送到上海火车站。到了火车站以后,市里领导还讲了话。那个时候隆重得很啊!

前面讲过了,我们这批要求特别严格,95%以上都是党员、团员。为什么这么严格?因为原来我们这批准备去苏联实习的,是第二批。那时长春汽车厂出国的人比较多，拖拉机厂出去一小部分。开工生产比较早的，就出去了。我们这边准备工作都做好了，结果后来没去。为什么没去？当时公开说"反浪费"，国内能解决的就不去苏联了。说实话，名义上是反浪费，实际上是中苏关系（开始）紧张了。虽然当时不是那么公开，但是我们也意识到这个问题了。那时候还发表过评论谈到苏联修正主义，所以我也知道了一些，但是就是跟着中央的调子走，反浪费。就这样我们坐火车去长春，通过铁道部包了一列火车，都是卧铺，而且中间不停，直达长春。一列火车把我们拉到长春汽车厂之后，我们就在那学

1954 年季维康收到的支援一拖建设的通知书

习，先是去俄训班学习了半年多，结束之后又到汽车厂冲压车间实习了半年。1957 年实习结束之后，我们分批回拖厂。我这里是五个人一起回来，现在两个人调出去了，恐怕不在了；还有三个，一个不知道，一个在洛阳死了，还有一个在新疆——他也是老同志，跟我同龄，关系像兄弟一样好，我们到现在还经常来往。我们当时就一起在长春汽车厂实习，都在冲压厂。白天在厂里工作，晚上在宿舍学习文化，主要是数理化。那时候也没有专门的老师教，所以能者为师。

　　从 1947 年以来，我从来没出过大城市。一说城市，总觉得繁华得很，什么高楼大厦，马路也很宽。结果一到洛阳，一下火车，就看到到处都是破破烂烂的，马路高高低低的，就觉得洛阳还不如一个县城。不过看到这个情况的时候也没有打退堂鼓，因为我们还没有这想法，就是觉得重点建设是光荣的，而且第一拖拉机厂是全国有名的。但是，当知道工资还降了 10% 的时候，思想就有点动摇了。拖拉机厂也是精得很啊，上海劳动局不是集中训练嘛，开始不说，到临走前一天才宣布工资政策。上海工资高啊，所以工资政策一宣布，大部分都比上海工资低。那有啥办法？一切关系都转出来了，工

资关系、粮食关系、户口关系、档案关系统统转出来了,你想打退堂鼓都不行了,来也得来,不来也得来。到了洛阳,我们自己找了一辆车坐到拖厂,找人事处报到,人事处就在4号街坊。进厂之后,我被分到冲压分厂当工长,我在长春汽车厂实习的时候就是工长。在冲压,没有师傅带我们,因为我们自己就是老师傅,带新招来的工人。我不是当工长嘛,那个时候是一个工部,那一个工部不多,只有二三十个人。工部上面就是车间,过去的工部相当于现在的车间,过去的车间又相当于现在的分厂。工部下面,有的时候是工段;人少的话就不是工段,变成班组。所以每个工段不等,有大有小。

　　刚来拖厂的时候,我很不适应洛阳这边的饮食和生活。在上海一般是大米饭、四菜一汤;到这里只有红米、馒头,大米饭很少见;在长春汽车厂的时候吃的则是高粱饭。(在拖厂)早饭吃稀饭(在上海稀饭是早饭),稀饭都看不到几粒米。在上海,10点多肚子饿了就到店里买个馒头吃,不当饭吃的;在这里早上馒头,中午馒头,天天都是馒头,也没啥别的菜。在长春汽车厂的时候,白菜、萝卜、豆腐还是蛮多的,这里也没有啥菜,只有萝卜和白菜。肉菜很少,哪有肉菜?现在是丰富了,过去看都看不到。除生活饮食外,工作中也有很多困难。开始建厂是白手起家,我来的时候,冲压厂房盖起来了。厂里1958年生产第一台拖拉机的时候,设备也没有。怎么办?只能手工敲打零件,比如说拖拉机后面的柴油箱,所以第一台拖拉机都是靠工人们手工敲打出来的。拖拉机刚刚造出来的时候是工作时间,我们都在上班,还不能去看。冲压和装配是挨在一起的。一进大门,左手那一边的第一栋厂房就是冲压,第二栋就是装配,中间隔一条马路。等下班以后,我们就去看。看到第一台拖拉机的样子,当然很高兴。

三、 在拖厂初期的艰难生活

　　1959年,我担任分厂里的团委书记,搞青年工作,包括搞突击队什么的,也有一些给党组织的献礼活动,一星期举行一次。那时候厂里大炼钢铁,搞得好像轰轰烈烈的,但实际上就拿一些渣子烧烧。我记得清清楚楚,原来冲压的西边有一个空地,那里建了一个土高炉,弄点铁渣子烧,这叫炼钢铁吗?虽然厂里有很多工程师,但有一些也不敢说,说了(有可能)马上把你打成"右倾"。那段时间也闹饥荒,粮食不够吃。要说现在的话,26斤粮食可能还吃不了,那时候肚子里没有油水啊。一个馒头一两口就没有了,稀饭稀得连大米都看不到。

后来老婆和两个孩子都来洛阳了,老婆在配件厂工作。拖厂里有家属生产部,就是专门组织家属参加工作的。在厂里,本身工作就不轻松,而且光靠男的挣点工资的话,有的家里经济很困难,根本不够用。所以,为了照顾这部分家属的生活,厂里就把她们组织起来加入家属生产部。厂里的一些零件就交给她们生产,她们就是靠这个挣来的钱给家里发工资(减轻负担)。其实我在上海的工资是100多元,刚来拖厂的时候是五级(工),变成90.06元。后来工作调动升级嘛,但升级不增值,保留了好长时间,好多年了,直到"文革"以后才调的工资。

我和老婆当时生了三个孩子。第一个孩子是女儿,1955年出生在上海,9岁的时候到一拖的子弟学校读书。1958年生的那个孩子没有养活。"大跃进"嘛,厂里工作紧张,我们白天黑夜都在厂里边,孩子有病也顾不上,结果没有及时去看病。厂里也不是没有正规的医院,结果赶到

1961年季维康获得了红旗手称号

9号街坊三层楼上的医院去看时,已经晚了,孩子从发烧转为肺炎了。当时医生说要赶紧转到第二医院(现在叫洛阳中心医院),在那住了三四天,但是最后还是没有救活。1959年在洛阳又生了一个儿子,生这个孩子的时候啥也买不起,我们吃饭也只能去吃大锅饭,因为办人民公社,就是那个涧西区人民公社,有大食堂。孩子刚出生不久,产假时间不长,只有几个月。一般

这几个月是这样的：家里有人带就带，没有人带的，经济条件好的就托人家照顾。我们家经济条件不好，而且儿子出生的时候还没有哺乳室，所以就把这个儿子送回老家，等到六七岁的时候再接回洛阳，也在一拖的子弟学校念书。这大概刚到"文化大革命"时期。

四、 我的峥嵘岁月

实际上，"文化大革命"的时候，只要是有一点职务的人，都要靠边站。当领导的，包括工厂里的头头都要下去当工人，所以那个时候我已经靠边站了。"文化大革命"期间，我原来是工部主任和支部书记，那时候把我支部书记的权力也剥夺了，接下来的两年多，整天在厂里边，顶在岗位上劳动，主要还是干冲压工。白天工作，晚上组织学习。像读报小组，有学《毛泽东选集》，还有学习了解政治、时事，比如读《人民日报》《拖拉机报》等，我还组织过呢。读报嘛，譬如讲，一个小组十个人，我念你们都听着；听了以后，大家就这篇文章有什么看法，讨论讨论。读报小组一般都在业余时间、下班以后，规定一个星期学习一两次。那个时候，星期一到星期六排得满满的，星期一搞党日、团日活动，其他没有活动的回家，星期二或者叫安全生产日，星期三是学习《毛泽东选集》。整个小组都要进行政治学习，整个班组都要参与，这是一种选择。还有一种呢，厂里实行"三同"：同吃、同住、同劳动。我也是不在家里吃饭，而要在食堂吃饭，和大家一起劳动；同住我也去，冲压的集体宿舍，原来在9号街坊嘛，也在那里住。晚上组织他们去学习，找工人谈心，按照现在的讲法是交流思想。除了劳动以外，还有一个，不是那时候在挖防空洞嘛，14米深的防空洞我们天天挖，大概挖了三个月。

这两年当中还涉及武斗。那时候我们也是死心塌地地护着工厂，叫保卫工厂。拖拉机厂一进厂门，左面的厂房是冲压车间。冲压车间南面有一个梯子，直上直下的。那时候晚上吃过饭，车间主任啊，支部书记啊，我们一大批人就爬到屋顶上面睡觉，这样做主要是怕有人到厂里来捣蛋。虽然实际上没有人来过，但我们都是在预防。我们车间有人参加过武斗，我倒是没

有，但是我挨过斗。你们知道，"文革"有两个派，一个叫"造反派"，一个叫
"保守派"，两派的斗争是很严重的。我是"保守派"，按照过去的话，一般党
员、团员、先进的都是"保守派"；一般捣蛋的人大部分都是"造反派"。在过
去，也就是"文化大革命"运动以前，那些人（"造反派"）（觉得自己）是受压
的，现在"文化大革命"运动开始了，他们（闹）的机会来了。不管哪个单位，
大单位、小单位，只要是头头，没有一个不挨斗的。我那时虽然还只是一个
支部书记，也不是什么多大的当权派，但"造反派"说我是走资本主义道路的
当权派。当时我是支部书记、车间主任，我是为人民服务，是为国家干的！
他们还说我是镇压造反派的刽子手，又说"工头"什么的，帽子在他们手里，
任由他们戴，他们说你是啥就是啥。所以"文化大革命"，我受伤倒是没受
伤，但是挨过斗。

　　当然工作时间也不能干别的，就是老老实实地干活。所以批斗什么的
都是在业余时间进行。我有三个时间点记得清清楚楚，最严重的三次分别
是 1968 年的 6 月 8 日、6 月 10 日、6 月 30 日，三个晚上。这三天下班以后，
除了开全车间的批斗会之外，还要到办公室写检查。那个时候不写也不行
的，你不能抵抗。当时在办公室写检查，中间时刻会来人检查，问我写好
了没有。他们要是不让你过关的话，你写得再好也是通不过的。所以来的
人看都不看，就说我写个屁的检查（质量很差）。大概是 6 月 8 日那天，检查
的人用钢笔刺到我腿上，那个紫色的印就露在腿外面。还有一个是 6 月 10
日晚上，我也是被叫到车间办公室写检查。中间来了两个"造反派"，气势汹
汹地拿着手枪对我说："老实说，不老实就毙了你！"这个我知道，就是吓唬
人，其实就是叫我老老实实写。最后他们动手打我，其中一拳打在我肋骨
上，使我很长时间都喘不过气来。脑子清楚，但透不过气，好长时间才缓过
来。再一个是 6 月 30 日，我批斗结束后回来，三个"造反派"又叫我到地下
室的一间房间去写检查。写什么检查呢？是让我交代我和厂长的关系。因
为厂长是"保守派"，他们就是想找厂长的事，要找他的毛病，就是有什么牵
连，说过什么话。其实我没有说过什么话。当时不管造反不造反，生产总归
要搞上去，因为生产基本上已经瘫痪了。而我们厂长主要是管生产的，所以

我只是在生产方面提了几个建议,别的什么话我都没说过。几个造反派就说我不老实,叫我把头顶到墙上,脚趾头踮着,整个人呈弓字形。同时,他们用很粗的棍子往我的屁股上打,打了有几十棍子。打完后回到家一看,屁股上的肉像猪肝一样。如果睡觉的话,没有办法平躺在床上,因为屁股太痛,只能趴着睡。这件事我到现在还没有跟家里人说。打完后的第二天,我找了"造反派"头头,我说昨天晚上,谁谁谁干了这事。但实际上,告他们也没有用。不报告还好,告了更厉害。造反派就会说"昨天晚上批判你,你还到我们头头那去告我",说了一些威胁的话。

另外,挂牌子、游街我也经历过,但是游的路程不长。拖拉机厂不是有东大门、西大门嘛,从冲压的西边大门出来一直到那里的三层楼(现在叫洛阳银行,那时候叫三层楼)。那时候蛮乱的,都是组织"造反派"抓人,抓起来就关在里面。当时"造反派"就叫我到三层楼那里去。我挂了牌子,他们到那边弄个凳子,叫我站上面。我那时候老老实实的,站起来就站起来呗。不过,那天运气也好。正好碰到大游行,从东边过来到西面方向去,而且有好多辆汽车在路上开。(车上被批斗的人)戴着高帽,高得很,所以那些"造反派"就只看大的不看小的了。他们看到我这里就叫:"走走走!"意思是叫我下去别挡道,我就下去了。其实在"文化大革命"当中,对我冲击最大的、触及灵魂的就这么几次,其他的批斗都是小事了。

那时候,我在厂里有点名气。我原来车间里的一个支部书记,是车间主任提拔的,很精的一个人,他就要打我主意,要把我调到装配厂的齿轮车间。要知道齿轮车间这个单位是两派势力斗争最激烈的,总厂里有几个"造反派"头头都来自这个厂。齿轮车间十几个党员,有一个"造反派",所以两派斗争很激烈,生产也就上不去。生产上不去,思想比较乱,两派斗争又很厉害,所以总厂那里就要找我谈话,叫我到他那里去。我其实真不想去。前面讲了,我在"文化大革命"中受过冲击,所以说句实话,我都不想当干部了,当当工人也蛮好的,况且我本来就是工人出身。他(那位原支部书记)现在叫我去。我呢开始不肯去,但他一直在做我工作。我记得清清楚楚,就在总厂的第一会议室开动员会议,我本来想听听民主整风是怎么搞的,所以我当时就参加了。一去总厂，副书记向书记齐文川一介绍，说这人（季维康）就是从冲压调到齿轮去的，（他知道有关）齿轮（方面）的（知识技术），齐文川就说到他那去，就这样把我将住了。后来，也就是1971年，我调到了装配厂。①

　　刚到那的时候，工作还是蛮困难的，两派斗争也很激烈。当时正在开展民主整风，市委组织部专门派了个干部到这里来蹲点，很重视。搞了一段时间以后，班子调整了一下。班子里有"造反派"，有"保守派"。"造反派"里有一个人比较捣蛋，还有一个人，大家都叫他"策略派"，有文化，蛮讲究政策的。再有一个，原来和我们一起的，又调去了一个，我们关系都不错。民主整风嘛，那叫"司令部闹革命"，就是你不要找下面的错误，先在自己的班子里看看有什么问题。先解决班子问题，用现在的说法，就是打铁还需自身硬。自己不硬，怎么搞下面的工作？民主整风搞了一段时间以后，效果不错，我们的班子配合得也不错。班子里面有一个副主任，是个技术干部，他是"造反派"，在领导班子开会的时候，他说："有些工作你们做方便，有些工作你们做不方便，但是我可以打第一炮。"所谓"打第一炮"就是"造反派"的工作，他做比我们做要方便得多、好得多。这句话我到现在还记在脑子里。那个副主任叫陈泽华，到现在我和他关系还不错，每年至少吃一顿饭。所以说我们这个班子通过民主整风，整体比较团结。那时候叫"推墙解疙瘩"，就是把"造反派"和"保守派"中间这堵墙推掉，把疙瘩解开，这个团结工作做得还可以。后来让我总结总结经验，除了在厂里介绍以外，还把我请到全市干部会议上做过一次经验介绍。

五、"工作辛苦点，但是思想上还是蛮愉快的"

　　说实话，拖拉机厂对中国工业的贡献还挺大的，而且呢，东方红拖拉机在全国来说还蛮吃香的，这个名气蛮大的。不过后来不行了，像这几年就不行了。这个厂最辉煌的时候就是一九七几年，那个时候我就在装配厂。我

———————

① 装配厂最初叫底盘厂，后来改成75型拖拉机装配厂，再后来改成第一拖拉机装配厂。

在这个厂的时候辛苦得很啊！我一辈子最辛苦的时候就是这八年（1971—1978）！我在装配厂里当的是革委会副主任，放到现在来说就是副厂长、核心小组副组长、党委副书记。其实我既主管行政又兼管生产，光生产这一块，大概就要管七个生产车间、九个职能科室、上千台设备吧。我跟你们讲，这个单位是产拖拉机的，也就是拖拉机最后出成果的单位。别的厂哪怕生产得再好，维持得再好，拖拉机完不成那就等于零，所以国家靠的、国务院靠的是拖拉机。譬如说，这个1500台、1000台拖拉机完成了没有，没完成就说你没有完成计划，其他分厂超额得再多，也不算你完成计划。所以，由于行政和生产都是我管，那时候厂里面领导都知道我。而且虽然说我自己也是领导干部，但那时候领导干部不像现在，自己不带头干不行。我本来100多斤，瘦到九十几斤。我前胸贴后背，整天穿了个破工作服，劳保鞋子后跟换了一个又一个。不是我吹，工人身上有多少油我身上就有多少油。有一次，我穿了平时的中山装，洗干净点，换了一套中山装回去，可一到车间又脏了。带头干，有时候工作紧张的话就不一定回去了，很少在家里边，有时甚至几天几夜不回家，就睡在厂里的办公室。工作的时候有时是吃了饭再干，有时是干完了再吃饭，真是哭不得笑不得，抓了东头跑了西头，抓了西头跑了东头。最后弄得没有办法了，把科室全部关门，都顶到岗位去了。哪怕是办公室只剩两个人，装配线上没有人了，也得把办公室关掉，两个人顶工位去。总之，装配线上几十个工位，少一个工位都不行。其实这不总是需求紧急的缘故，那时候"无政府主义"，加班也没加班费。你要叫他们（工人）延长时间，他们就说饿了干不了，干不动；有的人就说家里有事情，要回去。这样的话厂里就没人了嘛。没人的话，办公室的人就不得不下去了。

那个时候拖拉机的故障率特别高，国务院考核拖拉机是考核合格率。装配线下来以后，不一定能够全部合格，他是考你合格品。譬如说一两千台拖拉机挪到仓库里，要复库，要挪到仓库才算完成计划。假设装配线上2000台下来了，还有好多故障你查不了，那就算不了生产量，不能算完成计划。我一直在查故障，最多有八九十个故障。哎呀，检查下来基本上都是有故障的。故障原因也是多方面的，有的是零件不合格，有的是工人操作不当，螺丝该拧紧的没有拧紧，还有的是水箱漏水，所以除了检查之外还要排故障。厂里面专门有一个排故障的设备，而且分厂里每个车间都有检查员，都有十几个人。一个是，生产部门出来的零件都要由检查员检查合格了才出厂；另一个是，拖拉机检查下来不合格的话，就马上送到故障间，等故障排除以后就开到停放场。基本上毛病不是很大，就像前面举的例子，水箱滴答滴答漏水的话，把螺丝拧紧不就好了；有的比如说打火打不着，换一个活塞就好了呗。所以总的来说损失不是很大。

到1978年，装配厂生产基本上差不多上去了，接着总厂又来打我主意了，叫我回到冲压。我说我不想去，我是从冲压出来的，原来在冲压不是有点矛盾嘛，就在这里（指装配厂）做做就可以了。总厂非得叫我去，理由有几个：第一，他说我是冲压的，对冲压熟悉，所以总厂觉得我去还是比较合适的；第二，冲压这几年换了八九个领导，但生产效率一直都上不去，老是拖装配厂的后腿。装配厂这边八个小时完不成计划，在很大程度上都是受冲压影响。总厂的党委副书记唐瑞阶给我做了好多次工作，最后他说到什么程度呢？他说："你要求也说了，工厂里上面也研究了，你暂时不去也可以，因为你是从副职提正职的，它这个东西报到市委，我们再去和市委打个招呼，可以缓期执行。"我想我又不是判死刑，怎么叫"缓期执行"呢？实际上他的意思是说，冲压厂（生产）上去了，我就不用去了；但是冲压上不去的话，我还得去，这中间有所谓的"缓冲余地"。但是谁知道过了一段时间，大概五六个月吧，冲压还是上不去，所以他又来找我谈话了。他说："你看，冲压还是不行，上不去。"我接班的那个人是油泵厂的书记，是个"造反派"，造得蛮厉害的。原来油泵厂有个宣传科科长，是个女的，广东人，她就是"文化大革命"当中被逼死的，后来在厕所里上吊吊死的，所以这个人（油泵厂的书记）在全厂人印象里不太好。他来冲压，但他对冲压的情况不太熟悉，他不是工人而是行政干部。后来总厂说我还得去，接他班去。谈了几次之后，我就想，我不去也不太好。他说到了什么程度呢？他说："现在冲压班子里面有几个领导，（可决定）谁上谁下。你去当书记，叫谁当厂长？张德祯当厂长，你当书记。"我们两个人过去在一个单位工作，关系也不错。他说："其他的副厂长、其他的领导,哪些人能留下来,你觉得行的就留下来;不行,就叫他走人。"就是这样自己组的班子,这是一个。再有一个呢,如果冲压班子里面成员一个都不理想,那么在全厂范围内,只要我认识的、觉得合适的,就随便挑。你看总厂话都说到这个程度了,作为一个党员来说,还是有那么一点组织观念,所以我还得去。

1983 年季维康担任一拖冲压
分厂党委书记的通知

刚调回冲压的几年也是相当困难的。生产上不去,全厂乱得一塌糊涂。有些拖车很大很大的,拖拉机厂根本生产不了。那时候生产 75 型拖拉机,但是销路开始有点滑坡了。不过那时再困难,也没有现在困难,现在厂里都不像话啊。过去厂里还有流动资金,现在是负债经营。啥叫"负债经营"?就是拿着人家的零件,但不给人家钱。过去都没有这种现象的。

1983 年之后,厂里经济状况稍微好点。经过一段时间整顿,冲压厂生产上去了,老大难的帽子基本上摘掉了。总厂又来打我主意了,又把我调到生产处去了。生产处是一个很重要的责任单位,我也知道。过去总厂副厂长是兼任生产处处长的,它是代表厂长发布生产命令的单位,全厂所有的生产任务它都管的。下的生产任务、哪里有问题去解决等等,生产处管这个事的,要保证全厂生产的。这个单位部门比较重要,一般配备的干部级别也比较高,所以一般都是总厂副厂长兼任的。生产处整顿以前,总厂共有十个分厂,冲压也是十个分厂之一。(后来)整顿领导班子,总厂领导就来找我谈话。我记得总厂找我谈话的时候,第一天上午,我接到通知,冲压领导班子整顿完,任命谁当书记、谁当厂长。我刚接到通知,那边总厂就通知说总厂书记周华岳下午在接待楼,叫我4点钟到那边。书记叫我去嘛,我不能不去。我到那去,他很早就坐在那里等我了。我问:"书记,你找我有事？是工作上的事吗？"书记说:"也是工作上的事,也是人事上的事。第一批整顿领导班子的时候,没有考虑到后方、处室的领导班子,现在整顿到生产处了。"其实整顿的原因,是因为领导不力,生产上不去。"总厂常委研究,把你调到生产处。"我说:"谢谢,我是工人出身,把我调到生产处,我能干得了吗？我干不了。"很重要的一个职能处室啊,我干不了。后来他再三说,说完之后,我一听(生产处)领导班子还可以,因为几个副处长我平时都熟悉的,还不错,后来我勉强就去了。

我从冲压调到生产处,属于平调。因为我在冲压当的书记也是正处级,那生产处也是处长。不过,虽然级别上是平调,但是这个岗位当然要比冲压重要得多。冲压是管分厂,这个是管全厂的,要管六七种产品、五万多人啊,这个拖拉机厂的"吃喝拉撒"都要管。到了生产处之后发现非常困难,整个厂那么大的一个单位,统统都要管。有时候电不够了,也要管,要跑到市里面要电去。协作单位跟不上,还要跑到协作单位去。另外,困难还在组织上,不过动手不要你亲自动手的。反正在生产处,到处室里是找不到我的,我整天都在下面的。不管在冲压也好,装配也好,一般来说是8点上班,我至少7点半到。我不是先到办公室去,而是先到车间里转一圈,看看换班的情况怎么样,看看交班有什么问题,看看哪一些会影响今天的装车,先到现场去看。

我在生产处待了两年,后来又调到了供应处。供应处负责全厂各个部门的供应,这个摊子也很大,我主要负责采购钢材,往各大钢厂跑,什么武钢、鞍钢、大冶钢厂、抚顺、宝钢等,我对这些钢厂都蛮熟悉的。钢厂对我印象挺好的,每年钢厂开订货会,一般我参加得比较多一点。每次开会,其他钢厂都要叫我坐主席台的,甚至不但让我坐主席台,还让我讲讲话。记得我在钢厂订货会发言的时候,当然现在说好多话是没用的,感谢钢厂对我们的支援,我们厂的情况怎么样,希望今后怎样怎样,还得要说一套。为啥叫我坐主席台讲话？因为拖拉机厂是大厂,是用钢材的大户。讲话时也说拖拉机厂形势不错,既没有内债也没有外债,说到这里下面都鼓掌,钢厂的处长说我们一拖现在是财大气粗。特别是武钢的处长,架子大得很,我们厂长去,他也不接待,但我跟他很熟悉。处长是湖南人,我是上海人,我一去他就学着用上海话跟我讲话,这大概是 1987 年的时候。拖拉机厂也大,人家武钢厂订货要先付款,拖拉机厂是货到付款。反正那时候拖拉机厂形势也好。形势一好嘛,到外面说话也硬了。像中国一样,中国实力强了嘛,在世界上说话也硬了呀。反正虽然工作辛苦点,但是思想上还是蛮愉快的。

我从冲压厂到装配厂,从装配厂又回到冲压厂,接着从冲压厂又到生产处,从生产处又到供应处。我们上海来的七十几个人当中①,厂里调动岗位最多的恐怕就是我。不像有些人在一个单位闹矛盾,闹得不可开交,就要帮忙调换一下工作,我这个调动工作不是自己要调的,是哪里有困难就把我弄到哪里去。虽然有些岗位刚开始不太想去,但我是党员,就还是会有自己的身份和使命。响应国家号召参加重点项目建设,本来就不是为了享受,就是为了早点生产出拖拉机,早日实现农业机械化的目标。

---

① 长春俄语班中直接分到拖厂的有 65 人,后又从一汽调入 22 人,共 87 名当年的"俄语班人"先后来到一拖。而后,因支援三线建设调出 14 人,实际长期在一拖工作的共有 73 人。

臧广臣

热血男儿得凯旋,筚路蓝缕再建功

亲 历 者:臧广臣
访 谈 人:周晓虹
访谈助理:董方杰
访谈时间:2019 年 1 月 7 日 14:00—17:00
访谈地点:一拖老干部中心
访谈整理:董方杰

亲历者简介:臧广臣,男,1933 年生,吉林榆树人。1950 年参加抗美援朝,归国后考入长春机械工业学校,1955 年毕业后分配至第一拖拉机厂。

1956—1957 年前往乌克兰哈尔科夫拖拉机厂学习,后历任 665 分厂革委会副主任(副厂长)、检查处副处长、标准零件厂副厂长、计量处处长等职,1994 年退休。

臧广臣(右)接受周晓虹访谈

一、 从白山黑水迈向平壤汉城

　　我 1933 年 11 月 26 日出生,属鸡,祖籍是黑龙江,出身贫农。土改时,我们兄弟六人加上父母还有奶奶九人共分到了两垧(公顷)多地,原来我们住的地主家的房子,也分给我们了,两间小土房,算起来最多 20 平方米。1949 年 4 月 1 日我入团,虽然榆树已经解放了,但入团还是不公开的。1950 年 10 月,我在吉林省榆树县榆树中学念书,是学生会的副主席。那时正当美国侵略朝鲜,整个形势很紧张的,已经打到鸭绿江边,在辽宁都能听见炮声,家里门窗都弄纸条贴十字了。在县人民代表大会上,组织上动员一批青年参军,作为中学生代表,我很激动,也上台讲了话,说:"我是贫农出身,我们家已经翻身了,过去没有房子也没有地,是共产党救了我! 我要参加志愿军抗美援朝,到前线打鬼子去,保家卫国!"我也咬过手指头写血书,那血书后来都在学校里头展览过。因为我有很多同学老乡,我一参军,他们也陪着我一起,最后榆树中学去了 11 个人。1950 年 10 月 3 号,我一参军就去了整编二十二团,训练一共不到一个月,扔了三个手榴弹,打了三发子弹,都打空了(笑),后来就编入中国人民志愿军四十军 118 师。因为我还会点文艺,就到了师政治部宣传队当宣传员,实际还是战士。10 月 25 号①我们是第一批进去的嘛,当时就是 38 军、39 军、40 军嘛,我是 40 军的,每个人都发了炒面,我们拿的是苏式的轮盘枪,有 200 多发子弹,经过安东(丹东),就这样跨过鸭绿江大桥,雄赳赳气昂昂的,还唱着歌呢,就到了鸭绿江对面的新义州。一进去就是炮火连天,当时害怕,因为那个炮火太厉害了! 结果接下来几天一看都是这样,怕也没用,反而习惯了。从新义州(出发)就来一个急行军,经过清川江,打了第一战役和第二战役,第二战役就把平壤解放了,第三战役打到汉城,我也进了汉城,后来得亏命令叫我们撤,再晚回来就晚了,有些人没回来(牺牲了),就这样撤回汉江。

---

① 　这里臧广臣老人可能将抗美援朝纪念日与 40 军入朝的时间混淆了。40 军是第一批入朝的部队,1950 年 10 月 19 日黄昏由辽宁安东跨过鸭绿江进入朝鲜作战。10 月 25 日,在朝鲜战场西线的 40 军,与向北进犯的南朝鲜军遭遇,从而揭开了抗美援朝战争的序幕,因此 10 月 25 日后来也被定为中国人民志愿军抗美援朝纪念日。

我在部队主要是搞宣传工作,收集资料,编快板啊,唱啊,就干这个,我还拉二胡,有时候唱大鼓书,反正宣传嘛,都是英雄事迹。三次战役之后,大概是1952年1月份,部队经常也不洗澡,身上都是虱子,头发里也都是虱子。有时候好几天都吃不上饭,就一把炒面就一点雪这么吃,后来连炒面都没有,有的就饿死了,有的人冻死了。天很冷,我突然得了猩红热,连续发烧40度以上,迷迷糊糊的,我们宣传队长,叫李吉(音),他说:"小臧啊,你病得这么严重,是不是回去治病?"我说听从组织安排,最好把我治好,我还来继续(战斗)。后来他就写了个条子,送出去以后,担架就(把

1953 年第一批入朝
参战的臧广臣

我)送上火车到了吉林通化,但病比较重,又转到昌图的第19陆军医院医疗四队,到底怎么住的我也不知道。那时候还继续发烧,原来我这个头发挺长的,因为身上都是虱子,给我剪掉变成光秃了。经过一段治疗,大概就是个把月时间吧,基本不烧了,然后一直在那疗养到1952年7月份左右,慢慢就恢复了。因为我是文艺兵出身的嘛,医疗队里也驻文艺小组,我们有一个张指导员领着我们排练节目,春节他们去演出我还跟着去呢。我也不知道(部队)是叫我回去还是怎么办,突然(部队)决定这些人都要复员,因为基本上(大的)战役算完了,但离停战协定还有一段时间嘛。(复员)后我希望继续念书,当时复员都是给小米,就是粮票,有几百斤,可以吃一年了,回到当地再兑。我一回去,当地还举行了隆重的欢迎仪式,反正就活着回来了。我们榆树中学去了11个人,回来就三四个,牺牲了七八个,可难受了。

二、 从文艺骨干进阶技术专家

回来以后我继续到榆树中学学习,因为我已经念过两年,还没念第三

年，就插班。我7月份左右回来，8月份就要考中专，但我没有经过考试，9月份就到了长春机械制造学校。进去以后我们分两个专业，一个是技术切削，另一个是技术制造，我是309班技术切削专业的，当团支部书记。1953年7月1号我就第一批入党，在学生会礼堂举行了入党仪式，宣誓了嘛。（因为）学校知道我搞宣传（出身）的，后来我也是学校团委的宣传部长。我中专读了三年，1955年8月份中专毕业，通过各种审查，就把我分配到了一拖。我在学校和抗美援朝的时候，都没有见过拖拉机，想到要造拖拉机，我当时的心情是非常高兴的，全国156个（大项目），能参与这个非常自豪啊。（到一拖）我们来了35个人，我带的队。当时厂都还没建嘛，8月30号，我们一下火车，车也热，又吃的面条，更热，把我们接了住在建筑学校，就在老城的东北角，现在体育场那边，因为这边还没有（宿舍），后来才盖的，慢慢就（搬）过来了。回来以后呢，我就被分到总厂发动机车间——那时候叫车间，现在叫分厂——（在）技术科当技术员，实际上也在车间里干活。

后来我们又被组织调查，选了一批人到苏联去学习，我也去了。1955年10月份左右，我们一拖100多人，有老工人，有刚毕业的技术员，还有咱们厂的领导干部，到长春第一汽车制造厂进修（俄语），在那突击学习了八个月俄文。那时候分两批嘛，一批是到大连俄专学习，另一批是在长春，我们是第一期，在俄文班652，苏联老师教我们。1956年8月份副厂长马捷带队，我们108人坐火车经八天七夜到了莫斯科，一下火车，就到大使馆去。后来大使馆就领我们去红场参观，列宁墓、斯大林墓我们都去了。我当时俄文学得还可以，咱们厂长虽然有专门的翻译，但有时候反应比较慢，不是那么流利，从火车上到下面联系（的）都是我，参观完了斯大林墓，（我们）直接乘火车到了乌克兰哈尔科夫拖拉机厂①，它长得跟我们一拖基本差不多，我们一去就是学习一年，从1956年8月到1957年8月。这一年我的俄语水平还有提高，每次演出经常和主持节目的人说得很熟，我还拉二胡，（有一次）拉的《步步高》，突然一根弦断了，单弦

①　乌克兰哈尔科夫拖拉机厂成立于1931年10月1日，是乌克兰乃至独联体境内最大的生产轮式及履带拖拉机的企业，在当时苏联农业机械化的进程中扮演着重要的角色，第一拖拉机厂作为第一个五年计划期间苏联援建的156个重点项目之一，实际上是将哈尔科夫拖拉机厂作为自己的样板。

了,我上下滑音也给它对付了,所以不简单啊!

那一年学到的东西真多,我在那里学习特别认真。我就待在轴瓦车间,一去就是当工人,机床都操作了,我非常愿意干这个。苏联人对我们特别好,那时我的老师是技术科长,弗拉基米尔·艾维奇·吉斯科夫(音),他是我的老师,给我定的计划,第一季度干啥,第二季度干啥,第三季度、第四季度干啥,先是实际操作,然后就是按照工艺原理编制工艺,完了以后就是写总结。我每个阶段都写总结,写了十来本,比如机床是一本,工艺是一本,道具是一本,平衡图又是一本,都比较细。白天就到工厂,晚上我们都住老百姓家里,后来才住在中国实习生集体宿舍。一年以后也就是1957年8月底才回来,经过哈尔滨时正好发大水,先到北京,到北京以后再回一拖。

我继续在发动机车间当技术员,等于是调整工,先把机床都调整好(工人再干),在车间干了很长时间。我在苏联学习的时候认识一个工程师叫贝特洛夫,比我大不了几岁,他叫我瓦利亚(音),1957年苏联专家要来一拖,(来的)正好是他,还在我们车间,我就一直跟着他,做助手,也翻译。后来他去西安、武汉参观,也是我陪着当翻译,好多学习资料都是他给我的。1957年9月份的时候,咱们拖拉机厂办"业大"嘛,我经过一个多月的复习就考上了,当时考的人还不少呢,进去后我是机械加工专业,还是班长,机械加工有两个班,一个班四五十人,总共(那届)有五六个班。学习很紧张,每天早晨6:30—7:30上一课,然后就工作去了,每个礼拜六和礼拜天全天都要上课,平常晚上学两节嘛,到9点,这样一直到1963年12月,总共读了六年多,中间用了半年时间写毕业论文,论文指导老师都是西安交大的,苏联人(这时)

1962年臧广臣(右二)与发动机车间
焦联星总工程师(右一)等讨论技术问题

早已经走了。我写的论文是《铝合金轴瓦的制造》，因为我们在实习时铜合金多，后来才变成铝合金。铝合金加上低碳钢经过轧制变成铝合金钢板，然后不断切割变成片状，再用机器加工一次成形变成瓦，原来铜加工轴瓦需要三十几道工序，铝合金（只有）十几道工序，所以我的毕业论文就是它，7万多字。最后录取的200多人，毕业了14个，我也毕业了，机械专业有7个人，铸造专业7个，（毕业的时候）厂长、总师都在厂门口（和我们）照相。

三、 筚路蓝缕只为玉汝于成

我1955年来一拖，到1994年退休，在一拖参加了近40年工作，对一拖的感情那是非常深。我们来的时候，都是一片荒地，1955年10月1号我参加了奠基典礼，完了以后盖厂房，1959年的11月1号建成验收，我都参加了，对拖拉机厂的感情可想而知。

在我上业大的这六年里，正是"大跃进"的时候，大炼钢铁，（大家）就到车间门口去炼，反正各个单位都搞嘛，搞啥都是垃圾，哪能炼出来呢？虽然心里是明白的，但当时大家都不敢说。铝合金轴瓦的制造是我自己编的工艺、找的材料。因为我们没有轧钢机，我又亲自到西安交通大学，它的加工厂有轧钢机，（于是）轧出了轴瓦的毛坯。我又设计了一些模具，经过机器加工，给它加工成形，变成轴瓦，完了以后装到发动机里实验，（最终）实验成功。那个发动机也都是我们自己制造的，经过实验，铜铅轴瓦统统采用了铝合金轴瓦。我们最早的拖拉机——东方红-54型的发动机开始是用铜铅合金，1967年以后才变成铝合金，也是我们造的。那时苏联人都不在了，感情上我们（和苏联人）都是很深的，毕竟在那儿待了一年，他们后来又在这儿待。一九六几年阿尔巴尼亚派了一个实习小组共十几个人到拖拉机厂来实习，其中有一个总工程师到发动机车间，都是我接待的，因为那个总工懂俄文。他们的地拉那拖拉机厂①就是我们中国帮他们援建的，主要是配件厂，

---

① 地拉那是阿尔巴尼亚首都，第二次世界大战后，地拉那先后在苏联和中国的援助下进行了大规模扩建，中国一拖参与了援助阿尔巴尼亚，建成了地拉那拖拉机配件厂。

我们给他们拖拉机，配件坏的时候他们自己配。

1958年到1963年，我先是在发动机车间当技术员，1964年4月就第一批提了工程师，工资是63块5毛，提之前是54块，还算不少的呢！8月份就提为了发动机技术科副科长。1965年底，工艺处需要一些人，从发动机车间以及其他单位抽了一批人到工艺处，这个工艺处专门负责工艺，（有）冷加工工艺、热加工工艺等。我到工艺处的冷加工工艺科去当科长，还当过工艺处实验科的科长。1965年一机部要成立一个电解加工小组，叫我们拖拉机厂派人，就叫我去了，我在北京内燃机总厂待了八个月。电解加工就是盐水通电嘛，经过腐蚀来加工作业成形，当时我们的连杆、曲柄头都实验成功了。回来以后是1965年底，我就在工具分厂成立了一个电解加工小组，搞了一些机床，将电解加工连杆实验做成功了。1965年底到1966年初，拖拉机厂成立了665汽车制造厂，制造越野汽车，用来拉大炮的，就把我调到665汽车厂当技术科长，后来665汽车制造出来了，我还亲自到海南岛去参加实验、编写说明书等等。

后来"文化大革命"嘛，我是技术科长，当时也被批斗。我的罪行是"镇压群众运动的刽子手"，因为我们的厂长、书记都挨斗了嘛，我们经常一起工作，我就变成了"打手"。虽然被批斗，但没有被关起来，还能天天回家，我的群众关系都挺好，如果明天要斗我，"造反派"有人会悄悄通知我，让我把抽屉里的东西都拿出来（藏好）。斗我的时候，我就站在小方凳上，斗了好几次，也斗厂长，斗我们总师，我们都得陪着。

这个时候工厂基本都停产了，那咋生产啊，完了以后，1967年底就把我下放到车间当工人。原来（当技术员）是29斤粮食，一当工人还好了，多了5斤粮，吃得还好，在下面干得多轻松，我还和工人打成一片，搞了几项革新，我说干脆一辈子当工人算了。做了两年多工人，一直到1969年左右。这两年虽然一拖还在生产，但拖拉机的产量肯定是低了。后来解放军"支左"，又把我提升了，从技术科长提为665分厂副厂长。当时"支左"、算"三结合"的时候，班子里面有老干部、工人，还有军人，老干部就算我，那个军人叫陈鹏，是一个团级干部，是革委会的主任、军代表，那个工人是一个老工人，技术好,而且既不是"造反派"的观点也不是("保皇派"的观点),比较有名。我是革委会副主任,负责生产技术。我还去过市委党校,(当时)就是"五七干校",厂长、总师都到那儿,(进行)劳动改造,种地,实际就是种菜,反正劳动时间不长,三个多月吧,完了以后就抽回来把我调到检查处当副处长。

当时,正好板桥水库半夜(被)冲垮了,厂里组织了一个救灾队,代表拖拉机厂,叫我带队,去了二十几个人,派了两个汽车,里面装了配件,在那搞了一个多月。当时我们走了十几个公社,修了好多拖拉机。救灾回来就是1975年底了,又给我从检查处调回工艺处了,还是副处长,完了以后到标准零件厂当党委副书记、副厂长、总工程师。1982年又调到计量处,我们当时三个人,没有办公地方,到一汽调研一下就把机构做起来了,总厂分了一个房子,在机器厂二楼。1983年我就当处长了,一直到1994年,在这期间我主持计量整顿,把我们拖拉机厂变成了国家一级计量单位,我也被聘为国家一级计量评审员,都有证书的。从最初的3个人发展到220人,一拖整个计量工作是我做起来的,我还是河南省计量管理委员会副主任委员。

一拖的精神,对我们来说就是奋斗与创造,从履带拖拉机到轮式拖拉机,我们是奋斗、革新、创造过来的。它对中国的(农业)机械化做了很大的贡献,几百万辆的拖拉机啊,从履带一直到小轮拖,从中轮拖到大轮拖,从54马力一直到200马力,咱们没有大拖拉机能行吗?

四、 从苦中作乐到安享幸福

从长春机械制造学校毕业时,我很想留长春,因为我的女朋友(在长春),我俩同学嘛,但不是一个班的,她是一班的,也是团支部书记。她喜欢我,我也喜欢她,就认识了嘛,还没有订婚,她分到了长春一汽,我分到了一拖。后来她想考长春业大,就是业余工业大学,没考上,正好我刚(从苏联)回国,我说干脆到我那儿去吧。因为男女朋友嘛,她就调到拖拉机厂工艺处了,搞工艺设计。1958年7月1日我们结的婚。

后来我们俩都念业大的嘛,她念了四年得病了,肝硬化腹水。那时候还没有出租车,我推着架子车给她送到火车站到北京治疗,在北京也没治好,又到了武汉,还到上海,我都给她送过去又马上回来,(因为)还得工作又得念书。她比我大5岁,现在91岁了,30多岁得的肝硬化腹水,下病危通知就有好几次,中间都服安眠药想自杀,她觉得身体这么不好,(怕)连累我。但现在寿命比我还大,都说是奇迹。她治好了,就到油罐厂当技术科长直到退休。我们俩都是高级工程师,我是1988年评上的,她是退休以后搞的。退休以后她又在油罐厂技术科返聘了五年,在这个时候搞了几项科研,都是上了报的,还是跨世纪专家,辞典里都有她的,进步不小。

1998年臧广臣(右一)率队参加洛阳老职工太极拳比赛获得第二名

(虽然)她现在身体也不是很好,但早晨和我一起打太极拳。我从1984年打太极拳,已经打了34年了,现在我是咱们拖厂太极协会的顾问,我领着15个人,参加过市里比赛,得了洛阳市老职工太极拳比赛第二名,第一名是我的老师,我是他的徒弟,他们拿了1500块钱奖金,我们拿了700块,还挺不错的呢!

裘约克

逃婚少女投身革命,耄耋老者以诗托情

亲 历 者:裘约克
访 谈 者:黄　菡
访谈助理:常江潇
访谈时间:2019 年 1 月 7 日 15:00—17:00
访谈地点:一拖生活区 23 号社区
访谈整理:常江潇

亲历者简介:裘约克,1930 年出生于浙江嵊县,16 岁时只身一人逃婚到上海,1949 年 5 月参加革命,入华东军政大学学习,毕业后在华东军区司令部做文书工作。1952 年服从部队安排,前往长春汽车制造学校学习,1955 年毕业后分配至一拖齿轮厂负责质量检查工作。在 70 年代末国家

推行的质量管理改革中,她带领齿轮厂质检处的工人创下了国家级质检五连冠的纪录,获得市三八红旗手、省质量管理工作先进个人等多项荣誉,后任高级工程师。老伴去世后,72 岁的裘约克以诗托情,已出版多本诗集。

裘约克(右一)给访谈人黄菡看她写的诗集

一、 我的名字是革命革出来的

1930 年,我出生于浙江嵊县,父母早逝,我是跟着大娘一家长大的。我从小喜欢学习、喜欢读书,但在我 11 岁上小学的时候家里就给我定了亲,当时我很不愿意。少年时代我很喜欢读国内外名著,巴金的《家》让我在思想上受到很大震动,深深震撼和启迪了我。《家》里面有一个人物角色叫觉民,思想比较进步,他为了逃婚偷偷离家出走了。还有一个女性人物叫淑英,他们俩有相似的胆识和经历。这部小说对我影响很深,我当时想,他们能做到的事情我为什么做不到? 我要冲破这个束缚! 于是在 16 岁的时候,我离家出走,瞒着家里人偷偷跑到了上海。当时家乡人都震动了,一般村民都不敢跑这么远。

我那时候碰到很多贵人,改变了我的一生。我去上海是受到我的好朋友高停云的帮助,她是我在嵊县读初中时候的同学,家在上海。我出来的时候不敢让家里人知道,什么都没带,她告诉我怎么走,给了我钱,然后我就去找她,到了上海之后也是住在她家。她父亲是工程师,工资很高,给她的生活费也很多,她把其中的一半都给我了,让我继续上学。她告诉我:"只要有姐一碗饭吃,就饿不着你。"在她的帮助下,我在上海新昌中学继续念书,校长知道了我的情况也很支持,经常鼓励我。大概半年后,不知道家里面怎么找到我了,跟我谈条件,同意我继续上学,不结婚。我想这怎么办,不能老是靠同学,得有工作的能力之后再出来,我就先回老家了。上了一年学之后初中毕业,家里变卦了又让我结婚,于是我又不干了,再次偷偷跑到上海,还是待在我的好朋友家,在嘉兴师范学校继续念书。停云是我生活道路上的第一个战友、朋友,那种友谊热情、真挚,让人难以忘怀。在我冷酷的童年生活里,她像是光照亮了我的生活,让我仿佛是严寒中的野草呼吸到了春天的气息,是我记忆中最赤诚美好的一部分。

在上海待了一段时间后,我想找工作,但是找不到。这个时候我碰到了人生中的另外一位贵人，这个人姓竹，名可羽①，是一位小有名气的青年作家，他是我认识新社会的启蒙者，也是我投入革命队伍的引路人。我经常参加他办的沙龙，老师和同学在一起谈论新思想。他对解放军、新社会的事情比较了解，有很多新知识和新论点，也同情我的遭遇，经常给我通信，告诉我新社会怎么怎么样，以及他对解放区的憧憬和渴望。受他的影响，我在华东军区军事政治大学来嘉兴师范招生的时候就报了名并通过了考试，在 1949年 5 月份的时候参了军，在华东军政大学继续学习。我的名字是革命革出来的，我原来不是这个名字，老名字是裘菊琴。在报名军政大时，为了与原来的地主家庭划清界限，我给自己重新取了个名字，这个名字来自罗曼·罗兰的《约翰·克利斯朵夫》。这本书对我影响很深，主人公坎坷勇敢的一生我非常喜欢，也非常受感动，所以我取了"约翰"和"克利斯朵夫"前面各一个字做我的名字。我还把学习这个主人公的决心记在了我的日记本上，我记得篇名是《我不是腐朽，我要燃烧起来！》。

在南京的华东军政大学读书期间，国家经济比较困难，生活水平也不是太好，但我们这些学生还是受到了很多照顾，吃得很好。读了一年半之后，那个时候要培养建设人才，华东军区司令部需要一个人，我就去了。司令部就在过去蒋介石的那个总统府，我在部队给首长抄写、保管文件，就是缮写员这么一个角色。我们科长是师级干部，处长是军级干部，都是大干部，最小的都是团级干部。我们有一个女生大队，我也不知道具体共有多少人，这个不能打听。如果有男性到我们部队来，人家还要问三问四，问得可仔细。我去的第一天，我们的科长就跟我讲，一个字，一片纸，都要把它们烧毁，不能留下来。部队里面，让你干啥你就干啥，保密性都特别强。像我们要出去看电影，要求我们衣服上所有的纽扣都要系好，当时我们穿的是苏式黄色连衣裙，不扣好不能出去，这是军纪。出去不能东张西望，不能跟人家说话，要

① 竹可羽，1919 年 8 月出生于浙江嵊县，1938 年加入中国共产党。抗日战争时期，长期在国统区的桂林、重庆从事文化教育工作，唤起民众抗击日寇侵略；新中国成立后，在中共中央华北局宣传部出版科工作；后调入人民出版社《新观察》工作；1959 年"反右"斗争后被下放到怀安县，在县文化馆工作 30年。"文革"之后恢复党籍，竹可羽放弃回北京以及担任领导职务的机会，将全部心血和汗水倾注在怀安县的围棋文化事业上。

求可严了。一个人是不能出去的,必须几个人一块儿出去,我们都是集体带出去,集体带回来。和外面也不能通信,我不通信倒无所谓,因为我是跟家里闹掰了出来的,但有些人不是的,也不让他和别人通信。假如我们要写一封信,要有人审查了才能寄出去。寄来的信,要检查了才能交给我们,非常严格。那真是一段豪情满怀、梦幻纷飞的好时光。我印象很深的是分配到司令部后参加的第一次军训会议,放映了"无脚飞将军"马列西耶夫①的电影,那天晚上看电影回来我好久都睡不着,马列西耶夫坚强勇敢的形象徘徊在我脑子里,他遭遇的困难是非常巨大的,看起来好像完全不能克服,但却被这位同志奇迹般地克服了,失去了双腿还能继续保卫苏联的天空。为什么他竟能克服这样巨大的困难? 是因为他具备着对苏维埃祖国的无限忠诚和热爱,坚强的意志是战胜一切的力量。我在 1951 年 12 月 15 日的日记里写下自己的这些感悟,告诉自己要永远记住这个故事。

在华东军区工作一年半之后,国家不打仗了,需要建设人才,各方面都缺人,我是司令部唯一的年轻人,他们那些人都是团级以上的老革命,学不动了,1952 年的时候就派我出去学习了,在长春汽车制造学校学习汽车制造工艺的检验专业。当时国家一五计划的 156 个大型项目开始建设了,需要人。原来四年的功课要求我们三年学完,是硬指标,所以我们那个时候赶在三年半完成就出来工作了。这里插一段儿,1953 年我在长春汽校期中实习的时候,还去北京《新观察》杂志社看望了竹可羽先生,他热情地陪着我游遍了北京的大小景点和公园,带我第一次吃了西餐,当时我拿着闪闪的刀叉不知所措,他告诉我如何一手拿刀切牛排,一手用叉子送嘴里。竹先生陪我游玩 11 天后我假满返校,直到 1955 年调一拖工作时又一次去北京看望他,却被杂志社的守门人拦住,告知竹先生被停职审查,没想到上次一别竟是一生。

---

① 阿列克谢·彼特罗维奇·马列西耶夫,苏联飞行员、苏联英雄、苏联(俄罗斯)老战士和残废军人协会副主席。1942 年 4 月 4 日,在俄罗斯西北旧鲁萨的空战中,他驾驶的歼击机被击中。他跳伞落在敌人的后方,落在冰雪覆盖的森林里,救回后被截肢。同病房伤员们的顽强精神鼓舞他渡过了难关并被医疗委员会鉴定可继续从事空军所有工作。1943 年 7 月,马列西耶夫驾驶战机参加了俄罗斯南部库尔斯克弧形地带的激烈空战,他又击落 7 架敌机,完成了 90 次战斗飞行,并因而荣获军人的最高荣誉——苏联英雄称号。

二、累不知道累，苦不知道苦

1955 年 11 月我来到了洛阳，我们班上有三四个人分到一拖，其中有我老伴。当时不存在选择的问题，分配到一拖也不存在高兴或者不高兴，反正哪里需要就去哪里。洛阳建设的晚，来了之后感觉这儿跟老家不能比，一个天一个地。洛阳什么都没有，都是黄土地，没有车，没有房子，也没有人家。我们从市区走路走了大半天，背着背包到了一拖。当时拖厂已经初步建成了，我来了之后先是在筹备处，待了一段时间之后到齿轮厂搞质量管理。齿轮厂那个时候还不叫齿轮厂，是跟装配厂一起的，那分得不要太细哦！装配厂有齿轮车间，齿轮供应量比较大，需求量比较大，后来就扩大了，一个车间扩大成一个新厂，即齿轮分厂。

我们是 8 点上班，最晚 7 点半就要到，要早点去开半个小时的会，把当天的工作说一说、讲一讲。我是搞技术工作的，从来不坐办公室，整天都在厂里，也没有凳子，有也不坐。厂里有很多车间，我需要一个一个地去看，哪个点要出问题了，要开质量分析会。厂里有一个地方是可以休息的，但是我从来不去。没想过要坐，也没时间要坐，到了哪个点就去解决哪个点的问题。

那个时候大家也都不讲究报酬，累了也不知道累，苦了也不知道苦，傻乎乎干着，拼命干工作，有多少力量就使多少力量。白班连二班，二班连三班，有时候三班连着白班干，那都不知道啥时候回的家了。领导说"你们回家休息吧"，赶都赶不回家，都在那里干，有的人在边上睡着了，醒来又接着干，也不回家。那时候任务非常艰巨，领导自己也忙得要命，搬了床铺住在厂里不回家。"大跃进"的时候搞得很紧张，很多人不敢上班，怕自己被当成反革命抓走。他们不上班我也得去，到最后，那么多人不上班，检查组就我一个人顶下来了，为了检查要把东西搬上去搬下来，我手都肿了，后来坚持一段时间之后，再干手就不痛了，锻炼出来了。一开始我的实践操作差一点，倒是在那个时候练出来了。

那个时候奖状挺多的，一张奖状把大家的积极性调动起来，奖状特别大，跟现在的不一样。我年年都得奖状，太多了都放不下了，专门搞个柜子都放不下，退休好多年以后，我把主要的留下来，其他的一般奖状都给处理掉了。有省里面的，也有市里面的，省里是我搞质量管理以后得的，市里的奖状是三八红旗手。我为什么会得省级先进的奖状呢？70年代末的时候，国家推行了一个重要的质量管理项目，叫作TQC①，要求质量工作的事后把关，向预防为主的创新改革，是一种新的质量管理模式。当时国家很重视这个，省里和市里组织技术攻关项目，一拖作为被寄予厚望的国企，在厂里搞技术攻关、质量攻关，各个分厂都搞得很红火，经过现场验证、上级检查，再从市里报到省里，最后到全国一级审核。你要是攻下来了，就有奖励，为此我们齿轮厂拿了不少奖金。

1984年被评为三八红旗手(像这样的奖状裴约克有很多)

　　质量把关就是我们搞检查的要做的，检查了如果不合格，就不能出厂，出去会造成事故。齿轮分厂的质量管理基本上是我一个人抓的。当时新的质量管理模式要用图表，机床边就挂着管理图，需要工人拿笔将质量的随机波动记录下来，但工人们不习惯这种工作方式，一支笔的重量在操作工手里比几十斤的齿轮还要重，他们宁肯多干几个产品，也不愿拿笔做记录。所以

①　TQC，英文 total quality control 的缩写，即全面质量管理，是一种综合的、全面的经营管理方式和理念。以产品质量为核心，以全员参与为基础，其根本目的是通过顾客满意来实现组织的长期成功，增进组织全体成员及全社会的利益，代表了质量管理发展的最新阶段。中国在 1978 年以来开始推行 TQC。

我针对工人们的特点,把难以读懂的理论编写成了一本深入浅出的质量管理教材,大面积组织工人学习基础知识,在产品项次合格率明显提高后,工人们尝到了这种质量管理模式的甜头,由被动进入主动状态。其他兄弟单位看到我们分厂日益顺利推进,也纷纷采用了这种办法和我编的教材。从1987年到1991年,我们齿轮厂的质量攻关小组连续五年都是国家级的先进。我个人在1987年的时候也获得了省质量管理先进工作者的称号。所以齿轮分厂为啥在整个厂里名声比较响呢?就是人家知道我们连续五年获得了国家级的先进,这个是比较少见的,我们是国家级五连冠的唯一单位。到1991年的时候,我就退休不工作了,但是我带了一个徒弟出来,带不出来徒弟我是不会走的。

1981年裘约克就晋升为机械工程师

我是搞技术搞到头,在技术工作里面评职称,一直做到了高级工程师。我付出的太少,得到的太多了,报纸报道、电台报道太多,我都很不好意思。工作的时候我拼命干活,厂里领导也很感动,所以厂里对我真的非常好。记得1965年12月我的腿摔伤了,在医院吊水五六天,饭也不能吃,动也不能动,腿一直痛,生活不能自理。齿轮厂工作那么忙的时候,厂里面还给我派出来两个很好的师傅和我老伴三班倒照顾我,不怕脏不怕累。厂长跟两位师傅说,工作再忙也要把我照顾好。我知道后特别感动,所以下了决心,恢复了之后要给厂里面好好干。厂里对我太好了，我也不能让别人白白对我好，也得做一些事情。所以抓质量管理那几年也是非常拼命、埋头苦干的。

三、 以诗托情，伉俪情深

我老伴是福建人，家里条件不好，是拿奖学金上的学，如果不是有奖学金，他就上不了学了，所以成绩非常优秀。后来他参了军，也是派到长春汽车制造学校学习，跟我一个班，他是班长，我是组织委员，我们俩平时接触比较多，到快毕业的时候就好上了，所以一起分到了一拖。他在质量管理处，我在齿轮分厂。1955 年春节我们简单办了婚礼，因为我跟家里闹僵了，没有人来，他家太远了也没有人来，就单位的十几个人参加了我们的婚礼，一位领导主持，那个时候也不兴吃饭，关系好的朋友间送礼还是会送的，有七八个同事一起给我买了床单，那时算是大件了，有些是送了小礼物表示表示。

刚结婚的时候我是技术员兼工长，我和老伴工作都太忙了，也没有时间自己做饭，都是在厂里吃。生了孩子休完 56 天产假后就把孩子放到厂里哺乳室，再大点儿就送去幼儿园，什么都不用担心，幼儿园很负责任的，老师实行三班倒。到孩子再大点，上学的时候不管就不行了，没有地方吃饭，老伴就先回来做饭，他骑车快嘛，我呢就光回来吃，吃完再上班。算不上好饭，比较简单，开水煮面条，天天都那么吃。一边吃饭还要一边学习，之前学校学习的都用不上，我们国家一穷二白啊，工业基础薄弱，什么都要重新搞，重新建，还要自己学，我们这些学生什么都不懂，你自己学习之外，底下还有一帮人，还要教要带，告诉他们怎么弄，理论、实践操作都要讲。我们在厂里面没有时间备课，回家还要各自备课。一边学习一边工作，晚上都是一两点睡觉。那个时候厂里有露天电影、有俱乐部，我也很少去，没有时间，哪像现在整天逛公园散步。我们这代人过年过节放假的时候是最忙的，忙着串门，自己的组员都要家访一遍，一家一家都要跑，我要管 20 多个人，所以要跑 20 多家。他们也会来我家串门，所以过年过节我连吃饭时间都没有，还没吃饭人家就过来了。那个时候风气好，大家互相关心，邻里关系非常好，我们最初在一拖住的"多家灶",五家住一起,关系不是一般的好,比现在沾亲带故的还要好。我们下班晚了邻居就会帮忙把孩子接回去,甚至直接睡在他家。夏天天气热的时候,家家户户晚上开着门睡觉,哪像现在要把防盗门装起来。

裴约克古稀之年学会了用电脑写作

我跟老伴有"十六同":(1)同是军人出身;(2)同班同学;(3)同是班干部;(4)同时满分毕业;(5)同专业;(6)同时分到一拖工作;(7)同是年年先进;(8)同是河南省先进工作者;(9)同样进过中国科学院培训;(10)同在河南省农业展览厅展出过个人业绩;(11)同在农业机械部创办的工程师进修大学学习;(12)同是高级工程师;(13)同是中国共产党党员;(14)同有多项省市级得奖成果;(15)同进一拖业余大学学习;(16)离休后,同是返聘原单位工作,我继续工作六年,他十年。

我现在住的房子,是我老伴去世之前我们一起选的房,一起交的钱,2002年元月份他走了,2002年9月份我搬到了这里,这是我们一起选的家,我会一直住到我走的时候。我把他生前所有的专著和论文汇总成了一本书——《农机文集》,又编写了《李启明专辑》,他一生的东西全部归在这个里面了,我最了解,别人都不了解,编完这个我心里才稍微好了一点。当时我也开始写诗了,把对老伴的思念写成诗,写了100多首,汇总起来去印刷。我这个手不行了,写字会有点抖,为了写诗我72岁时学了电脑,走进电脑学习班时,老师和同学都非常惊讶,我就悄悄坐在教室的角落。在报名电脑班之前,我已经自学了基础知识,熟记了五笔输入法的要领,不到一个月就基本掌握了盲打、修改、编辑等必备技能。

出第一本书的时候,印刷厂的一名女同志把我的书拿去印刷,两个礼拜后她告诉我，工人们在印刷的过程中，一边工作一边念我的诗，100 多首从头念到尾，有时候念着念着就哭了，影响很大。我知道这个情况之后，就到印刷线上去了，很多工人都安慰我，我当时听了之后很感动，工人们那么感兴趣，我想把书以最低的价格、最好的质量、最好的纸张印出来。后来这件事情反映到报社了，有记者来采访我，写了一篇文章，就有更多的人知道我写诗了。老伴去世后，我开始写诗，但也不能多想，多想不行，还没有完全走出来。我本来没有继续出书的计划了，但是很多人让我感动，有小姑娘看到报道问我："你的书什么时候出来？我们想买。"看到她们非常感兴趣，我就想把书印刷出来，让更多的人能看到。从 2003 年至今，出版了《一路芬芳》《风轻云淡》等十本诗集了，我现在是河南省作家协会会员、洛阳市文学艺术研究会的研究员。

我给你们念一首诗吧：

孤　雁

孤雁在哀鸣，杜鹃在啼血/昨天我俩还相依相伴，形影不离/日子沉浸在阳光雨露里/今日是孤雁一只，形单影孤，生命变得苍白无助/时光在倒流/想起我俩从相识到相知/曾有过多少美好的憧憬/追求过梦幻般的未来/多少个日日夜夜/我们手拉手，共同追寻拼搏/风风雨雨，坎坎坷坷都一起勇敢地越过/你的业绩里，有我的欢笑/你失意时，有我柔弱的支持/你同样/用你坚强的臂膀时时支撑着我、关注着我/进入晚年/我俩陶醉在夕阳中/悠闲的生活，淡薄的心态，开朗的性格/加上相互间的真情/带给你满足和欣慰/人生真是一瞬间/你的一切都那么的亮丽，人却已远离/属于我的人已不再存在/你带走了我的心/我不再理智跟刚毅/成了人世间最软弱的人。

写于 2002 年 2 月 12 日

高世正　陈素琴
出身名门大户的红色工程师

亲 历 者:高世正　陈素琴
访 谈 人:周晓虹　杨弋枢　朱义明
访谈助理:常江潇
访谈时间:2019 年 1 月 5 日 9:00—12:00;2019 年 1 月 12 日 15:00—17:00
访谈地点:第一拖拉机厂老干部活动中心、高世正家
访谈整理:周晓虹　常江潇
文本表述:高世正(宋体)　陈素琴(楷体)

亲历者简介:高世正,1937 年生,山东曹县人。1962 年毕业于清华大学土木工程系,随后被分配至洛阳第一拖拉机厂工作,"文革"中曾遭游街批斗。改革开放后历任第一拖拉机厂修缮处处长、基建处处长、设计院院

高世正(中)接受周晓虹(右)、
朱义明访谈

长,至总厂副总工程师,现已退休。陈素琴,1935 年生,江苏无锡人,高世正妻子。1956 年入第一拖拉机厂设计处任描图员,绘制了大量的苏联哈尔科夫拖拉机厂提供的图纸;"文革"时设计处解散,任子弟小学教师;1980 年重回拖拉机厂修缮处,现已退休。

一、 从破落大户入现代清华

我家说起来也算得上是名门大户,当然也可以说是书香门第。说名门大户是从我父亲家往上说,你们看看我家的家谱,我是第 17 世孙。从我第 11 代祖父、绿营千总高沛坤起就传了下来,你提一提它有多重? 整整 6 公斤! 你再看为我家家谱题词的这个人,你们虽然不认识,但一定都知道,马英九! 我怎么有这套家谱呢? 这是最近完成的"九续"啊,第九次续家谱。台湾的亲属找我联系,我就跟他们联系上了。原来我见过家谱的"七续","七续"上没有这么多东西,突然在现在的"九续"上多出来这么多人和事。现在高家的族人很多了,世界各地有两万多人,头面人物不少,有些亲戚们地位是很高的,我最近正在整理家谱里的一些资料。

第一次修谱大概是在第四代,那是高家从山西洪洞迁到鲁西南以后的事。第四代就开始有家谱了,以后就一代代收集资料啊。前四代人都是怎么一回事? 当年都是穷苦人,后来发迹的就是我们这一支。我们山东曹县高家这一支到 1939 年,开始走下坡路了,所有的资产都支援了抗日战争。也可以说,所谓"名门大户"其实和我是没有关系的。我是 1937 年生人,我出生后不久,鲁西南一带因为日本人侵入,非常乱,国民党、土匪、皇协军,还有日本人……我家的所有资产都支援了八路军鲁西南支队的发展。开始是一口袋粮食换一个参军的,后来参军的太

儿时的高世正(左一)
与母亲、妹妹合影

多了不够,变成半口袋粮食换一个参军的,也做了新棉衣,然后向微山湖转移,我们也背井离乡来了洛阳。经过这一败落,我后来对财产就形成了比较超然的态度。

再从我母亲家往上说,你们可以在网上查查徐继儒,他是我姥爷,清末入选翰林院。颐和园佛香阁的三个字就是他写的,那原本是一流书法家写的,但慈禧觉得上面小下面大,不好看。后来请我姥爷写,他是最差的书法家,但他上面的字写得大,下面的写得小,看上去就可以了。就这样一直挂到今天。

我姥爷是咸丰三年的进士,后来"点了翰"①之后,在陕西省当过主考,在河南省相当于当过教育厅厅长(河南学政),最后在山西潞安州当代理知州②。由于太原教案,奉毓贤的命令,他杀了七个洋人——七个德国传教士。他本人非常迂阔,因此常常有些天真。不过,这件事因是毓贤的命令,后来毓贤顶了罪,我姥爷先是在河南新乡百泉后山藏了几年,辛亥革命以后就回曹县老家去了。1916年山东发生骚乱,他因为德高望重,被推举当民办的团练,但后来叫土匪打死了,那是1917年,他正好60岁。

我是1956年上的清华,土木工程系工业与民用建筑专业,如果到1957年"反右"后估计就没有这个机遇了。我记得进清华那天是8月24号,1956年的头一学期很正常,上课。现在真没有人关心我大学是怎么读的,虽然应该是有很清楚的资料的,但是没有人敢正面面对这个东西,不然就否定了17年的高等教育。③ 其实就是上了一学期课,到了第二学期,劳动节我们到天安门游行,看到《人民日报》党中央发表整风指示,党外人士可以提意见,帮助党整风,5月26号清华园就乱了。那个时候开始贴大字报了,即后来所谓的"右派"攻击党的大字报,当然清华大学的右派"质量"不高,"右派"比较有名的有北京大学的谭天荣、人民大学的林希翎,清华没有,有的只是一些家庭出身不好哇,或者看见什么不顺眼了说了两句哇,都是这一类的"右派"。清华抓的最大的"右派"是钱伟长,我去的时候他是教务长,没过一年他就是副校长,"反右"时候的副校长。在大操场开他的批斗会,当然当时还是让他坐在那里的,连续开过三次。其他"右派"比较著名的,比如黄炎培老

①　古时入选翰林院被称为"点翰林"。
②　徐继儒(1857—1917),或名徐继孺,山东省曹州府(今山东曹县)人,清朝政治人物、进士出身。
③　指1949—1966年即新中国成立后至"文化大革命"前的17年。

先生的大儿子黄万里。另外还有很多"右派",教师里面像孟昭英教授啦;也有几个没有划的,比如马约翰先生,他在清华资格最老;还有杜庆华教授,是原来中央电视台的播音员杜宪的父亲。这几个人光被批判了,但没有被划为"右派"。"反右"一直反到1957年底,1958年初"反右"补课,一直"补"到1958年春节才算告一段落。

不过,我在清华没有受到影响,原因是当年的清华大学图书馆馆藏丰富,不仅仅有理科的东西,还有大量文科的书籍。当时北大的图书馆都不及清华的,我喜欢看书,但是太多了,看不过来呀。所以那个时候我什么都没参加,就是一门心思在图书馆看书,看了大量的书,我的基础可以说就是这个时候在清华图书馆打下来的。班里的有些同学,算是积极分子吧,他们去动员老师,说:"你给党提提意见吗?"比如刚才说的杜宪的父亲杜庆华老先生,学生动员他说:"杜先生你有啥意见?"他说:"我不敢乱说,我是有家的人,不过我看还是教授治校好。"就说了这个。"好嘛,你住在清华园,你有

高世正与清华大学工民建专业1956级同学的毕业照

家,你们家有黑旋风李逵①,你还要跟党分庭抗礼,你还要教授治校……"就这样到"反右"的时候他被狠狠批了一顿。我的材料力学课就是杜先生教的,他是留美的博士,长得非常端正。你看他姑娘,80年代那个时候选播音员都是以杜宪为标准来选的。

就这样,我在清华读书一直读到1962年1月28日,前后整整五年半。其实,也没好好读多少时间书,"反右"以后整天各种活动,一会"红专辩论",一会去天安门广场、民族饭店、革命历史博物馆、工人体育场的工地做义务劳动。在工人体育场工地劳动,李瑞环还当过我们组长。总之,很少有时间上课,所以后来就补了半年课,读了五年半。等我毕业时,同学当然都愿意去大学、大设计院、研究院,或者到解放军的单位里去,谁愿意到河南的工厂来,对吧?都不愿意到河南来,更不愿意到工厂来。最后,我到了河南的工厂,自然是最差的指标。当时,我们的党总支书记叫方惠坚,后来当过清华大学党委书记。② 他对我说:"洛阳拖拉机厂要一个指标,你去吧。""需要人"这是真话,但后边的话是给我戴高帽子:"这个工厂过去、现在,从来没有我们土木系的毕业生,你去了,要代表我们土木系的水平。"就这样,我就一个票(指派签证)开过来了。那个时候大多数同学分配得都很好,许多人去了解放军的机构,我知道自己的家庭出身有问题,所以就无所谓了,去哪都一样。

二、 初来洛阳的苦与甜

在这样的背景下,同学们大都分配到国家的大单位或解放军的机构里去了,我分到洛阳的工厂,心情自然一点也不激动。第一拖拉机厂当然是大企业,但无论它怎么好,反正我觉得我跟其他同学比起来差远了。我们毕业的时候没有人愿意到河南来,更不愿到工厂来,全系100多个人,到工厂的

---

① 暗指杜庆华先生不安分。
② 这里高世正的回忆可能有误,1962年高世正大学毕业时,方惠坚应为校团委副书记,可能因对口负责分管母系学生工作之故,会参与高世正的毕业分配动员。

只有 3 个人:天津拖拉机厂一个,第一汽车制造厂一个,还有我一个。我毕业的时候是 1962 年,困难时期待遇也不高,43 块钱一个月。当然,虽然我的分配单位和同学相比不好,但当时的一拖在洛阳的地位还是蛮高的,"拖老大"嘛。那时候,不光我们自己说拖拉机厂是"拖老大",洛阳人说是"拖老大",就是全国人民也都说是"拖老大"。

现在拖拉机厂多了去了,但那个时候就只有我们一家能生产拖拉机。我们拖拉机厂的产品,最早叫东方红-54,是根据苏联的技术设计生产的。最初,我们的设计年产量是 15 000 台 54 马力的拖拉机,定员 15 000 人。因为我们的对口支援单位是苏联乌克兰的哈尔科夫拖拉机厂,他们为我们做了这些规划。在苏联,这个型号的拖拉机叫 дт54,里面有俄语字母,到我们这就改为东方红-54,基本上完全按照人家的图纸制造的。我们拖拉机厂应该算 1955 年动工,1959 年正式投产,建厂时间 4 年。后来呢,虽然第一台东方红-54 拖拉机 1958 年就生产出来了,但还没有真正批量投产就开始"大跃进"了。从型号上说,"大跃进"后的 1959 年就开始试制一个新产品,叫东方红-75 拖拉机。当然,东方红-75 也不是什么新玩意,是根据苏联的斯大林-80 型改进而来的,也是哈尔科夫拖拉机厂设计的。这样,后来就主要生产东方红-54 和 75 这两种马力的拖拉机。从产量上说,"大跃进"时期,第一拖拉机厂也提出来产量要翻 5 番,要翻到 75 000 台。后来我们厂又试制了一种更大马力的拖拉机,160 马力,但这种东西最后没有真正投入生产。

1958 年扩建了很多厂房,比如说冲压车间。冲压车间现在属于我们拖拉机厂重点保护单位,冲压车间原来是 4 跨,一跨就是一个 12 米,或者 18 米、24 米,24 米的很少,都是苏联援建的设计;后来又扩了 5 跨,变成了 9 跨,就是后来的 5—9 跨。"大跃进"期间也没搞得很大,就是扩为 9 跨,当然原来的屋架是角钢焊的,后来改成钢筋混凝土,那时候钢材少,所以就改成钢筋混凝土。

我 1962 年清华毕业后,在家里待了 10 天吧,2 月 8 日就到洛阳来了,别人还在春节放假,我就在旅馆住了一夜,第二天到拖拉机厂报到了。我报到以后就分配到基建处设计科。我一上班,科长就交给我一个叫"加固"的任务。一开始我不知道什么叫加固,原来是1958年的建筑质量有问题,现在要处理。1958年工人上班上糊涂了,把六六粉当成水泥倒进去了,那房子能不塌吗?所以要加固。搞了整整四年加固,我在加固上还是有点真本事的。我后来主要的工作都是加固,一直到现在(退休后)都在吃加固饭。

不过,在政治上我就比较惨了,改革开放前总是挨整。拖拉机厂为啥整我呢?我的大奶奶死的早,我爷爷后来又续了一个姓李的妻子,她的弟弟就是李文斋,我叫他舅爷。李文斋是第一任山东省党部主任、国民党立法委员,后来到台湾去了。我还有个小舅爷,叫李益智,国民党55军军长。① 他也很迂阔,他的警卫员是共产党,轻易把他给俘虏了,1963年才放出来。他一直觉得很不服气——还没打就把他俘虏了。

这些事情对我的影响会怎么样?当然不用说了。尤其是1962年蒋介石要反攻大陆,叫李文斋他们这些人都给大陆亲戚喊话。舅爷并不知道我父亲1949年就患胃癌死了,他就喊话。我父亲叫高圣坦,他就喊:"圣坦,你还活着没有?共产党把你给杀了没有?你要配合王师北定中原啊。"这些情况我并不知道,但公安局知道呀,等到1968年,他们到我家去抄国民党电台。

好在那时候我已经成了家,不然可能就要等到改革开放才能结婚了,谁敢嫁给你呀?我来一拖的时候25岁吧,我老伴那时候27岁了。她长得漂亮,年轻时是有名的美女,拖厂一枝花。我们都是一个单位的,拖拉机厂基建处,还在一个科室——设计科。我在设计科做设计,她在设计科描图。本来她有男朋友的——海军军官,后来人家不知道为什么不干了,把她气得够呛,也很痛苦,正好我来了,这就让我钻了空子(大笑)。别笑呀,我跟我老伴不般配,什么不般配?样子不般配。我这个人虽然出身名门,但谁看我都像贫下中农。有一次春节聚餐,秘书科长到我家去通知我,他上楼我下楼,他问我:"高总住在这儿?"我说在这儿,他就敲门,敲门我老伴出来开门,他说:

① 这里高世正的回忆似有误,应为师长。具体说,国民党第55军原下辖第74师,开始由军长曹福林兼任师长,1944年后由李益智担任师长。1946年国民党军队进行整编,该军改为整编第55师,第74师改为整编第74旅。1947年3月,第55整编师的师部及所辖第29旅、第74旅被人民解放军全歼。1948年9月,国民党军队进行整编时,该师恢复第55军番号。原整编第74旅恢复第74师番号,由李益智继续担任师长(注意,第55军的74师和国军五大主力之张灵甫任师长的整编74师不是同一个军队)。1949年,李益智在厦门战役中被俘,后入战犯改造所,1963年获特赦。

"高总在不在?"(老伴说:)"在你身后啊,这个人就是。"

那时候爱看热闹,说处里分来一个大学生,大家都去看,我就认识他了。那时候处里女同志也少,就我一个人没结婚了,其他都结婚了,这下又分来一个大学生(笑)。我不正好失恋了吗,都是一个单位的,在食堂吃饭也在一块,吃完饭又一块回到办公室,星期天两人就约好出去一块玩。接触多了,慢慢就在一起了。我觉得,有知识的人总比没知识的人强,是不是?就这样,到了1962年10月,不,11月吧?我们就登记结婚了,先去行政科开的证明,行政科反正知道我们俩,都是一个单位嘛;然后去登记,登记完了就回家了,也没有办什么结婚仪式,我就结过婚了。挺简单,那时候没有钱啊! 我每个月拿35块钱,他拿54块钱,还要给家里他妈妈寄20块钱。除了他母亲外,那时候他还有两个没有工作的弟弟,都在开封。

我老家是无锡郊区的,我从小就跟着父亲种菜。哥哥原先在上海出租汽车公司工作,因为年轻,解放后也跟着别人来支援洛阳,到了洛阳机器厂,后来转到汽车修配厂。他帮我报了名,我就到洛阳来找他,参加拖拉机厂的考试,800多人考上了60多个,基本上都去了长春一汽,就我们几个留在了拖厂,我分到了设计处当描图员。那时候苏联来的图纸多,总是描不完。苏

高世正和妻子陈素琴

联铸钢、铸铁的图都是我们描的,还有厂门口那些建筑,第一拖拉机厂厂门就是我放大的。

我从小跟着后妈长大,后妈总是逼我干这干那,所以我什么都会干。我会用缝纫机,在家里还为百货公司绣枕头、绣花,连他的中山装我都自己做。刚结婚那会一边工作那么忙,一边还要回家干家务活,俩孩子呢,还累得晕倒了两次。你想,他"文化大革命"十年,成分不好,总是头一个去上班,最后一个回来,那不是所有活都在我身上? 其中他还挖了两年防空洞,也是上班头一个,下班最后一个,到家那还不是累倒了?

所以说,我刚来洛阳的那些年,是半苦半甜。甜的是找了这么个贤惠的大美女,当然,现在就是一个老太太了;苦的是成分不好,尤其是"文革"那十年,除了挨批斗、游街以外,就是挖防空洞。我挨批斗还是因为家庭问题。挨批时我站在中间,包括我老伴在内的群众围在边上;游街的话,我在前面游,她在后面跟。规定她必须参加,她说要给孩子喂奶,人家都不让。当时那些起劲批斗我的积极分子现在也都是好朋友了,前几年还常在一起喝酒,我也不怨他们,他们也是听上面的。谁叫我们一生下来,就注定生活在政治的旋涡里?

三、 塑造主席像

"文化大革命"开始不久,洛阳就搞"武斗",虽然死了几个人,但不严重,起码没有动枪。后来不久,先是我的母校清华大学把校门推倒,做了一个4米高的毛主席像,《人民日报》头版头条发文《红太阳普照清华园》,庆贺毛主席像落成。以后,先是北京,后是全国,就开始攀比,做大像,越做越大。再后来北京钢铁学院造反兵团来了四个学生到洛阳串联,鼓动我们也做毛主席像。那个时候"造反派"管事儿,革委会就成立了一个塑像办公室,把这个任务交给了我们基建处。其中毛主席像的结构设计和施工组织是我一个人负责的。

拖厂门口的毛主席像是 1968 年初夏决定做的,不久开始动工,国庆节前夕基本落成。其实一开始我并没有参与,我那时候既不是干部,出身又不好。不过,两个主要塑像人也都是我们基建处的:一个是蔡嘉谷,天津大学建筑系毕业的,油画、素描的基本功都很好,塑像的脸是他塑的;另一个是岳西岩,他画画水平也很好,想考美院,但发现他社会关系不好,就没考上,后来就到了拖拉机厂打杂,一会儿在工会,一会儿在基建处。一开始,他们和几个工人在厂中楼先做了三个小像,1∶1 的比例,1.8 米高,叫厂领导来挑。然后把这三个像的优点集中在一个像上,做了一个泥像,把这个泥像分成 9 段,然后再放大,做一个 9 米高的。为什么做 9 米呢? 刚才说了,清华的 4 米,北京最高的 12.26 米,纪念毛主席 12 月 26 日生日。为了迎接 1969 年九大召开,我们一拖做的是 9 米的。为了塑好这个像,先在我们的 665 分厂制模,模子里面是木板钉的,然后在上头涂泥,泥上好了就塑,哪里不对了老蔡、老岳他们就修理,塑完了以后,这就算成了泥像,那个泥像和厂门口现在的塑像是一模一样大的。然后表面再涂石膏,刷隔离剂,再弄上石膏,石膏再分成这么 9 段,从头顶开始把泥巴从里头都掏出来,最后把这 9 段模子再拆下来,一段一段地拉到厂门口浇铸。

一直到这时候为止,我都没有参与。但从把这 9 段模子拉到厂门口开始,原先负责的人没这么多点子弄这个事了,就由我接手了。我这人就喜欢搞非正常的事,不喜欢按部就班。一般做这件事要考虑毛主席像有多重、重心在什么位置,但在我眼里,这些问题都不是问题,很简单。我把那 9 个断面画成 9 张图,隔了 9 块硬纸板,吊住一个点,画一个垂线,再吊住一个点,画一个垂线。这两个垂线的交点就是这个断面的中心。这样第一个难题就解决了。第二个难题:这个脚里面的插筋怎么放? 按照钢筋混凝土结构的原理,你不能把它靠得太里,靠里它使不上劲了;也不能放在太靠外的地方,靠外它容易锈蚀。我们现在的保护损失是 2.5 公分,这 2.5 公分的碳化时间就是 50 年。所以钢筋混凝土结构的寿命是 50 年。我必须保证每一根钢筋都离模子 2.5 公分,谁敢保证?! 我钻在最底下那一层模子里头,找个人用五合板盖住我,我在里头用粉笔画个印,割两块同样的钢板。然后都按那个位置钻

40个窟窿,两个一合,中间一个插一根20圆的螺纹钢,插进去固定死,模子抠了都是2.5公分。完后就是这个模子用什么拖拉机拉,哪个司机开,拖拉机后的平板上放什么东西垫着再放模子,还都是问题。因为那时候谁都怕呀,碰坏了咋办?

　　到具体浇筑的时候,先放毛主席像的第一个模子,现场指挥起重工的师傅叫范瑞宝,他担心刮破怎么办,我说刮破算我的。他说你懂个屁!我说你不管我懂不懂,你就往那儿放。他就指挥开吊车的司机肖永林——那是我们洛阳开吊车的一把手——慢慢放到位置上。那个时候吊车不像现在是液压的,就全靠一只脚操作,要踩住刹车一点点慢慢地松。范师傅叫他松,肖永林再松。等模子都放好以后,范师傅说:"小高,你高我一招。怎么算的,弄得放上去都正好?"呵呵,这诀窍我没跟他说(笑)。

　　接下来就是一截一截地浇铸。那个时候缺少白水泥,白水泥很珍贵的,所以毛主席像外头是白水泥,里头还都是普通水泥。几块模子用一些白切钢板隔起来,有时候能抽出来再重复使用,有时候抽不出来就留在里面了,所以现在里头还有好多白切钢板。这浇铸用了整整一个星期的时间,大概是1969年的夏天,我一个星期没有下架子,吃饭、睡觉都在架子上面,水泥就是现场和的。所以下来后吃顿饱饭,弄得我胃痛得受不了。你们现在看到的毛主席像最外面的白色石子,那都是一点点淘出来的,像淘米一样要把里面发黄的石子捡掉。塑像100多吨,要用的白石子量太大,都是全厂工人一批批来淘的。今天这个分厂来淘,明天那个分厂来淘,来多了广场上塞不下那么多人呐。

　　塑像竖起来后,里面是112根12圆钢筋,最中间的从双脚到双肩是两根24号工字钢,到肩膀后再横一根,再出来一个16号槽钢到头顶。头顶安一个不锈钢圈,那叫截闪器,就是你们说的避雷针。塑像的胳膊里头是空的,如果胳膊是实的就太重了,两个手指头上有两根不锈钢。不锈钢用钢筋焊起来,一直到地上,用来避雷的。除了9米的塑像,塑像基座2.5米,象征两万五千里长征;底座高5.16米,纪念1966年5月16日中共中央政治局通过"文化大革命"的指导性纲领——《中国共产党中央委员会通知》(即"5·16

通知"）；两者加起来正好 7.1 米，寓意中国共产党 7 月 1 日成立。塑像后头还有 8 根 11 米高的旗杆，代表八届十一中全会；原先中间还有一根棋杆，现在变成一个灯，旗杆没有了，在广场正中央，旗杆高 23 米，象征"四清"时期的"二十三条"。

　　到第二年 3 月份举行了落成典礼，参加的有几万人。当时的花样比现在多得多。厂门口建设路西侧，有两个红旗语录牌，是两面用砖垒的红旗形状，上面写的啥我记不清了；建设路的南侧有两个语录塔，是方的，多高我也记不得了，四个面写的都是毛主席语录；中州路的北侧有两个八字墙，是过去衙门留下的，西面画的全是毛主席。

第一拖拉机厂门前的毛泽东塑像

　　除了我们拖厂的毛主席像，洛阳轴承厂在 1968 年国庆节前也塑了一个。他们塑像的模子用的是西安火车站的，不是他们自己做的，那个姿势是行走的姿势，咱们这个主席像是站立的姿势。它那个更高，12.26 米，寓意毛主席的生日。我"文革"前吃尽了苦头，但我觉得对共产党、对毛泽东的评价都要客观，不能掺杂个人的感情。我也是共产党员，"文革"后我当了处长、入了党，算是红色工程师吧？

四、 一拖的困境与我的后半生

到了改革开放,我就又回去搞设计。那个时候我老伴因为基建处解散了,一直在厂办小学里教了9年书。到了1980年10月,我记得天都凉了,10月底吧,就提拔我当修缮处副处长了。原因嘛,总厂这时候要成立修缮处,分管的副厂长陈阳平找到我说:"怎么样,到修缮处来吧? 我答应你两个条件:第一,职务给你提一提;第二,把你老伴调回来。"那个时候调个人简单,不就是养一个人嘛,当时我们拖拉机厂养的人多了,有4万多人,现在是8000人,到今年底要削到5000人。这几年就眼看着这个厂慢慢萎缩了,你们来得太晚了!

当然,拖拉机厂的危机也不是今天才有的。在改革开放以前虽然是国家的重点企业,但因为运动太多,并没有把力气好好花在研制拖拉机上。那时候,真正养活第一拖拉机厂包括家属在内的10万父老的,我觉得反倒是大家瞧不上的那个用拖拉机改装的推土机。它其实并不是推土机,只是一个可以推土的履带式装置。这大概是1958年工人技术革新做的产品,当然有技术人员参与,但恐怕不是主导。工人们把马力提到60,把铲子装在拖拉机的两个轮子中间,就算成了。那个时候靠人工平整土地很困难,要买到一台60马力的推土机更是难上加难,所以这个特别畅销。"文化大革命"期间能做到工资照发,也要靠这个玩意,因为需要量太大。

等1978年改革开放以后,其他地方都发展得很快,拖厂反而陷入了困境。1984年是我们最困难的时候,我记得当时何泽民刚刚接任厂长,那个时候全国不都是分田到户嘛,每家每户单干了,拖拉机的需求量大减,从一年20 000多台降到2000多台,没有人买了。这样一来,拖厂就陷入危机了。它太大了呀,养不活人,于是就开始采取"找米下锅"的策略,也就是说化整为零,各个单位的领导都可以各显神通到外面去挣钱养活自己的单位。那时候我已经从修缮处调到基建处任处长了,我就领着我们的五辆汽车,从茅津渡北渡黄河到山西开发钢结构工程。自己揽活,你有钢结构工程我就给你搞,因为我是搞结构出身的嘛!挣几个钱,大概一年6000多块钱,起码能够给大家发个年货过年。有好几年发年货都是我挣的钱，而且人家常常问我："你要不要发票？你不要发票我就给你钱，是你的；你要发票就是公家的。"我当然说："要发票。"所以，那几年一拖没有不知道我的，都当故事讲，但是见到我这个人后还是很奇怪："这个人就是高世正？你们看像不像？"我看也不像，不像是那样的家庭出来的嘛！

这样一干就收不住了，从1987年开始，我一直在承揽钢结构工程，有一个钢结构国家铸造标准还是我起草的。虽然基建处长当完后又去当设计院院长，最后又干了8年副总工程师，但我的工作都跟基建和技术改造有关，所以一直到退休都在为一拖给外面需要做钢结构的大大小小的个体户"打工"，退休以后还自己在外面发挥余热干了7年，不过现在基本上没有人找我干了。你看，最近龙门高铁西边的长途汽车站要竖八块牌子，牌子的架子生不了根。先找的我，我搞了50天，做了四个方案，人家还是没有用。想来想去，还是嫌我老了。80岁的人，不要说没有营业执照，过几天出了事怕是找人也找不到了（大笑）。

除了为外单位做钢结构工程，我在一拖还干过很多事情。比如，我做修缮处副处长、处长的时候，整天在疏通下水道。当年在规划涧西工业区时，我们一拖的厂址正北向西偏19度，门朝向原来老洛潼（洛阳—潼关）公路的方向，那条公路的旧址，现在就横在我们厂门口。那个地方原来有一个大明渠，是排雨水和生产下水的，现在覆盖起来，变成一个暗渠了。苏联人最初设计的拖拉机厂是年产15 000台，一万名工人，但最多的时候我们弄到了四万人！这样一来，严重超标的澡堂和食堂的生活污水排起来根本无法承受。原先设计的下水系统挺先进，有两套系统：一个是雨水系统，直径800毫米的钢筋混凝土管；一个是污水系统，直径是400毫米的不说，还是缸瓦管，经常堵塞。一旦堵塞了，你就很难疏通。加之洛阳的地形本来就是南高北低，我们正好又在北边，水从南边倒灌到北边，越积越深，到了大明沟竟有13米！在13米深的地方，一旦堵塞只有一个办法，就是跟雨水管打通，这样一来雨污分流就没办法实现了。所以，我当修缮处处长时就整天在疏通下水，后来还买了个下水疏通车，一个喷头向前，四个喷头向后，利用前面喷头打开堵

20 世纪 50 年代修建大明渠的女推土机手

塞的垃圾,后边的喷头像喷气式一样往前推,用一个钢丝绳,周围绑上很多破鞋底、破布,用拖拉机往外拉,常常都是我在那儿亲自带着拉。

当然,现在想来,80 年代转型的时候可能还不是最糟糕的时候,最糟糕的时候估计是 90 年代以后。按理说,80 年代后期由于开发了适合于家庭用的小型轮式拖拉机,一拖的情况有了好转,1995 年后甚至带动了大中型拖拉机的销售。不过,形式一好,把心气弄得很大。为了在香港上市,厂里开始大量收购外边的小企业。1997 年真在香港上市了,倒拿回来了 16 个亿,但没有用好,现在肯定变成垃圾股了。当时徐工(徐州工程机械厂)整个厂还不抵我们一个车间,现在人家年销售额 6000 亿,我们一拖却不到 100 亿。我觉得现在国家给多少钱也难以救活这个企业了,钱多了拿来就会乱花。

一拖现在陷入困境,我觉得主客观原因都有。从客观因素来看,拖拉机毕竟不是畅销品。比如说,一家可以买两三辆汽车,但一个农民家庭还不一定能买一台拖拉机,得种田大户才需要,或者说才买得起。从主观因素来看,一是我们的厂风有问题,"能人"太多!你出个主意,大家都反对;我出个主意,大家也反对:这就搞不成事儿。二是一直没有摸准市场的行情,不知道究竟哪个产品能够砸出去。就死守着"东方红"三个字,认为这三个字能救命。其实,"东方红"的牌子是当年政治挂帅时候的产物,你不能永远指着它救命,不从市场和企业的根本上着手不行。把写《东方红》歌词的李有源的孙子李锦鹏请到厂里来过,把第一个女拖拉机手梁军也请到厂里来过,但这都不是办法。改革开放以后,应该说也很努力,也很投入,总希望高大上。比如,现在大轮拖拉机是主导产品,300 马力,但这个东西能有多少人要? 现在据说又在研究无人驾驶,拖拉机为什么要无人驾驶?有人驾驶能费多大劲?中国又不缺人。包括小四轮拖拉机,就15—40马力的畅销了一阵,因为农民搞运输需要,但拖拉机不能上马路,你上马路国家不愿意,人家汽车厂家也不愿意,所以长不了。我们还生产过自行车,也叫东方红,你看洛阳的"东方红",什么都包!

　　一拖辉煌过一段时间。比如,二轴,也就是拖拉机的动力输出轴,当年就很难买,喷油嘴也很难买,那都是我们一拖生产的。一拖是"一五"期间苏联援建的156个大型项目之一,中国人有了拖拉机,终于进入了耕地不用牛的时代,当时确实挺骄傲的。但是现在我们落伍了!我有时候想,包括我刚才提到的徐工,更别说上海的江南造船厂,现在全世界的港口设备90%都是他们做的,他们怎么能够不辉煌?!但回头想想我们一拖,就有些难受。我不是指我个人,我个人挺好的。虽说最初分到这里不是我的愿望,但这一生我做过两个处的处长、做过副总工程师,也算干了一点事。我觉得我生于这个时代,这算是最好的结果了。如果我不生于这个时代,没有毛泽东领导的人民革命,我恐怕就不是这个样。那就可能变成坏人,尽管可能官做得更大(笑)。

姬海堂
在拖厂的风风雨雨

亲 历 者：姬海堂
访 谈 人：曾迪洋
访谈助理：原璐璐
访谈时间：2019 年 1 月 9 日 14：30—16：30
访谈地点：洛阳一拖老年活动中心
访谈整理：曾迪洋 原璐璐

亲历者简介：姬海堂，男，1934 年生于河南濮阳，1954 年从濮阳专署地区
水利队分配至洛阳第一拖拉机厂，曾任职于一拖党委宣传部、拖拉机学
院、总厂组织部。现已退休。

姬海堂（右）接受曾迪洋访谈

一、 从搞水利到搞宣传

我是 1934 年 4 月 18 日生人，到现在已经 85 岁了。

初中毕业以后，组织上派我到河南省水利厅治淮指挥部办的技术干部训练班，我在那学了一年技术，1952 年开始在濮阳专署地区的水利队参加水利工作。水利队当时有两个任务，一是疏通河道，二是搞群众打井。后来濮阳专署（水利队）撤销，一部分人划归安阳，一部分划到新乡；而干部一部分到焦作，另一部分到了郑州，当时这叫"优秀干部转工业"。什么叫优秀干部呢？就是年轻、政治可靠、有一定文化的干部。当时专署专员做动员时，说去古都洛阳转工业跟参军一样都是很光荣的事。我在家里最小，有三个姐姐、一个哥哥，父母都是农民。因为离家远，父母当然舍不得我，但他们当不了家。来一拖是服从组织分配，是党的纪律、组织的纪律，没啥商量，不像现在想到哪里到哪里，你想干就干。我反而很高兴，那是支援工业，组织的信任、党的信任，哪还有不想来的呢？我们的档案经过审查，报到省委组织部批准后就算通过了。一起来的有六七十人，有很多单位，是整个专署抽调，不止水利队，好多人都彼此不认识。1954 年，过了国庆节，我到了一拖。

我初到拖拉机厂时，厂里还在搞基建，国家就把洛阳老城西北邙山脚下的洛一高、洛一中和洛阳师范作为拖拉机厂办公的地方，当时拖拉机厂的建设本部和党委都在那里。我被分配到拖拉机厂党委机关，主要负责审查干部。拖拉机厂筹备期间进来了大量干部，我们的审查任务就是帮助组织从政治角度了解他们的情况，包括家庭情况和个人情况，都要历史清楚。审查过后，组织部如何使用、派不派出，我们就管不着了。一般干部不会过问组织上的事情，我们都有组织纪律的。

当时的干部来源主要有几个：一部分是参加过抗日战争或解放战争的；有一部分是上海老工人，他们被送到苏联实习，回来后是做领导工作的；1954 年厂里还来了一批高中毕业生，有一部分送到清华大学、东北哈尔滨工业大学里去深造学习技术；还有一部分是学过俄文的青年学生，当时派他们去大连的俄文训练班学习俄文,由苏联人的家属当教员。轴承厂、拖拉机厂和矿山机器厂都是苏联帮助设计的,建厂的图纸需要翻译,所以就培养了这一批人。他们在大连学了不到两年,苏联人撤走之后又转到河南开封学习。

审查工作干了两年,我转到党委宣传部从事政治工作,从 1956 年到 1965 年,一干就是九年。刚开始,我只是宣传干事,1960 年后被提拔为党委宣传部宣传科的副科长。宣传部的工作主要就是宣传党的方针政策。

在党委机关时我成家了,媳妇是当时的直属上级介绍的,也是拖拉机厂的。她是焦作修武人,开始是郑州幼师统一分配到这,后来在福利处搞人事、组织工作,和我一样搞政治工作和人事工作。我和媳妇见了面后就谈起来了,因为都是领导介绍的,不需要了解,接触一段时间就可以,不像现在那么复杂。我们结婚也没有提前通知家里,就自己说了算。那时实际上由领导说了算,甚至可以说领导包办(笑)。结婚时我们分到一间 10.5 平方米多家灶的小房间①,就在 5 号街坊,只能放一张床,没有其他啥东西。那时结婚很简单,两个人东西往一起一放,买点糖搁家里,别人来家里坐一坐看一看,吃点糖就完了。家里老人也没来,那时交通不方便,我们(也)没时间接他们过来,来了也没地方住。当时没钱请大伙吃饭,只是请了两个领导,因为他们是我俩的介绍人。厂里其他机关干部和我的情况差不多,基本都如此:一经介绍,觉得这个人不错,谈一谈就结婚了,几乎没有什么结婚仪式。我倒也当过主婚人,就集体宿舍几个人在那坐一坐,买上几个糖,不买也没关系,一起热闹热闹就行,不像现在一请客几十桌,那时没有这样的事。1960 年,我们生了第一个孩子,从 10.5 平方米的房子换到了 14 平方米的房子,有一个大床一个小床。孩子不吃奶了以后,就送回了老家。孩子是在厂里医院生的,那时候都是公费医疗,自己基本上不掏钱。

---

① 多家灶是指在筒子楼中许多户共用一个厨房的住宿格局。

二、　激情岁月与困难时期

　　我在党委宣传部工作时,经手了两件值得一提的重要工作。头一件事就是办工人培训班。那时厂里的工人绝大多数是放下锄头来到了工厂的翻身农民,他们初到城市,成为拖拉机厂的工人,积极性很高,可是从农民变成工人却需要一个过程。拖拉机在过去是天方夜谭,但我们要开始向苏联集体农庄学习,要搞社会主义集体化和生产机械化。实现"点灯不用油,耕田不用牛",农民是很高兴的,但农民在家生产时,日出而作,日落而息,下雨天一般不出工。所以到了拖厂,下雨了,他们照样在职工宿舍不去上班。你叫他上班,他说:"下雨啦,还上班?"当工人不能那样,这样的农民意识需要转变,要进行教育。新工人也不懂技术,大部分是文盲,所以党委宣传部就要办工人学习班,不仅要提高文化和业务水平,也要提高政治觉悟。

　　全厂的各个分厂都办有文化学校、配有文化教员,从上海、天津等大城市来的生产骨干也负起一部分培养新工人学习技术的责任。当时厂里还筹建了拖拉机学院,里面有技校、专科班和本科班。我们总讲生产拖拉机,但拖拉机是什么样子却不知道。什么是平面布置? 什么是布局? 什么是热加工、冷加工? 什么是铸造、锻造? 什么是机械加工? 开始就

从农民向工人的转变:一拖的职工培训

是学习这些东西,那个时候都跟听天书一样。多数干部还要学习技术设计,学习拖拉机厂的设计图纸。总厂领导会把拖拉机学院教师叫到办公室,进行个别上课,而我们就是集体学习。我一开始上拖拉机学院,后来也上工学

院的中专班①，但后来"大跃进"时期没有时间学习，上了一年后就没有坚持到底。60年代厂里原本要让我去吉林工大学习，但后来成家了，又有两个孩子，条件不允许，也就没去成。但那时全厂学习气氛都非常高，从总厂领导到下边工人，工作结束后就是学习文化、技术和图纸，人人都要学习，人人都在学习。

我的另一个主要工作，就是宣传、办刊，丰富工人的文化生活。拖拉机厂建成后，进行生产了，从一开始的"工人参加管理，干部搞技术革新"，到后来"工人、技术人员、干部三结合，一起搞革新"，大家的积极性都非常高，学习技术的热情也很高。那时厂里大量设备都是苏联进来的，刚开始大家不懂，出现很多生产事故。为了避免事故，工人们就要尽快掌握技术。除了工人自己学习，技术干部、领导干部也要下车间，和老工人互相结合，来帮助提高，搞技术革新、搞创造。那个时候技术革新的东西很多，我就和工会的同志一起把工人创造的东西、革新的内容在俱乐部进行展览，鼓励大家参观和学习，这样的展览隔一段时间就会办一期。我们还收集那些工人发明创造的材料，编成小册子铅印以后发到班组，鼓舞别人。那时文化生活很丰富，各个分厂都有宣传队，每个车间、小组都有板报和壁板。群众创作的积极性很高，不仅对技术革新和发明创造进行宣传报道，还进行诗歌朗诵，篇幅从几十个字到几百个字的都有。有的宣传队还谱成歌曲，甚至编成戏剧来表扬好人好事。有个分厂就创作了歌唱八大员的歌曲②，有人作词，有人谱曲，再上台演出，大意就是歌颂工人当家做主。我们会把办得好的板报、壁报弄到厂门口进行展览。我的主要工作就是把大家创作的东西，包括黑板报上登的东西和文艺作品集中起来，办了一个《东方红》杂志，铅印出来再发到车间。这对写小说的、搞发明创造的、被表彰的都是个鼓舞。这个杂志虽然只办了一年多，仅出了七八期，但这一时期拖拉机厂确实出现了一批诗人。有一个叫李清廉的工人，他的诗还发表在其他杂志、报纸上，后来还出了诗集。

---

① 这里的工学院指的是现在洛阳科技大学的前身。
② 1949年以后，各行各业劳动群体的称呼有了变化，八大员一般指售票员、驾驶员、邮递员、保育员、理发员、服务员、售货员、炊事员。但此处所提及的八大员，应该是一拖工厂与生产相关的八大员，应该包括生产管理员、宣传员、调度员、班长、小组员等。

工人住在集体宿舍,百分之七八十的人是单身。为了生产拖拉机,这些人节假日甚至是春节都不回家,是很枯燥的。为了丰富他们的文化生活,除了分厂建立文艺队伍以外,总厂还建立了十个团队,包括豫剧团、曲剧团、舞蹈团和曲艺团等等。其中有个话剧团,凝聚力很强,很有影响,演出过好多相当不错的剧目。俱乐部还有两个放映队,都归工会管,一到节日就到职工宿舍区放电影。电影大部分在广场上放,有时也在俱乐部里放,都不收门票。那时放的片子有两种:一种是技术教育片,讲拖拉机生产或汽车生产的,过程比较枯燥;另一种就是电影,比如《新儿女英雄传》。那个时候不像现在,电影很少,文化娱乐只有这些东西,所以无论是技术教育片还是电影,人们都去看,也都爱看。俱乐部里大部分是演出文艺节目,除此之外,在4、6、9号街坊还有三个舞台,4、9号街坊单身职工多,6号街坊属于家属区,加上俱乐部,等于四摊子,都有职工演出队去演出。这些事情我都参与管理,有时候也跟着剧团参加活动。

我在党委宣传部印象深刻的事,就这两件,都是发生在"大跃进"时期。当时工厂里大部分宣传口号也都是我来拟定的,根据报纸上发表的社论和厂里领导的工作报告内容,我先拟定,经领导通过了再发下去。那时宣传"大跃进"、好人好事、党的方针政策、"三面红旗",口号和标语会被写在条幅、横幅和厂里的黑板报上,这些工作也基本上是经我的手。

河南省豫剧团在一拖演出

"大跃进"到1960年后就不搞了。我刚来拖厂时工资每个月37块,粮食一天一斤,够吃,不紧张。真正紧张是在1960年以后,那个时候粮食定量,干部粮食最低时每月只有二十四五斤。工人当时是45斤一个月,有的重体力劳动是50斤,这一点上,干部不如工人。工人他要出力,吃不饱咋搞生产?干部如果愿意参加劳动的话,也可以给点补助。我当时粮食每月只有24斤,工资 50 多块钱,是吃不饱的。

那时厂里也很重视这方面的工作,领导会从四川、广东买点木薯面,还有海藻生产成的小球藻来做补充。你要说好吃那肯定不如白面好吃,但我是从旧社会过来的,草根、树叶、树皮都吃过。10 岁左右时没饭吃,家里人都逃荒出去了,家里就剩两三口人,靠我挖野菜过日子。有的草根挖出来,身上一擦就直接吃了。像茴茴菜、竹竿菜,这都是比较好的菜,树上的杨树叶、柳树叶、榆树叶,这是最好的,都是靠我上树钩下来。后来还吃臭椿叶,那可不是香椿叶,那些东西回家煮一煮,搁水里泡一泡、锤一锤,去毒捞出来就吃,吃多了弄不好就鼻青脸肿。要说起受这个苦,拿困难时期跟旧社会比,要好得多,因为我还能吃到粮食。旧社会没粮食吃,日本鬼子管着呢,家里的棉套他收走做炸药,他给你的几斤粮食,夜里却被土匪给抢走了,你啥吃的都没有,死亡是随时都有可能的。当然,困难时候跟现在也没法比,20 来斤粮食是吃不饱的,人还会浮肿。那会儿,一进办公室几个同事先按按头、按按腿,彼此看看浮肿了没有。而且,那时候还流行肝炎,我也得了,被隔离起来几十天,实际上是给你补充点吃的,增加营养。所以没有比较不知道,那个时候国家还是关心的,跟我小时候比好得多,我没有怨言。

老家的情况更糟,还不如我吃得好。当时我回去过一趟,但没啥可带,回去住了两三天就赶紧回来了。父母也很困难,他们吃的是集体食堂,吃的是红薯汤,但他们也熬过来了。这些事情老人们也没啥怨言,他们讨饭出身,经历的旧社会比我苦得多。我们家那是地没有一垄、房屋没有一间,就住在庙里边,我是在庙里边长大的。后来是共产党来解放了,通过土改分到土地,才逐渐好起来。所以对我们这些穷苦人来说,没啥怨言,无所谓,挺一挺就过来了。我的父母都活到 80 多岁,他们一辈子受苦都挺过来了。不像有些人,人家(旧社会)过好日子,没受过苦,到困难时期倒有些怨言。

最困难的时候也就两三年,到了 1962 年、1963 年,慢慢就好转过来了。那时候生产还一直进行,农民非常渴望拖拉机,有的人还走后门从内蒙古过来要拖拉机。但那时是计划经济,国家统一分配,个人是买不到的。但这个事解决不了,拖拉机厂无权给你个别销售,有钱也买不到。

三、 边办学校边挨斗

1965 年 9 月,我从党委宣传部调到了拖拉机中学①。当时只有这一所学校,仅十来个班。由于 60 年代出生了大量的孩子,一年几千人地增加,学生越来越多,一个年级扩展到二三十个班级,所以又建了二中。1975 年我又从无到有筹备了拖拉机厂第三中学,那个时候一边办学,一边建校,成天搞基建,在学校我是书记校长一肩挑。三中办了 8 年,就和二中合并起来,在南边选定校址,成为拖拉机技校。后来技校叫我继续干,但我年纪大了,不想干了,想换个安安生生的工作。1983 年,把学校交给技校后,我就离开教育系统,到总厂工会组织部当部长,干了 11 年,一直到 1994 年退休。我在拖拉机厂工作了三个地方,党委、学校和工会,在基层生产单位只是搞调查研究、学习技术,所以我虽然是在拖拉机厂工作,却没有真正从事过生产。

拖拉机中学处于初建阶段时,新建的学校需要人。当时中学归党委宣传部管,中学需要干部,就派我去当副校长,算工作需要,也算基层锻炼。初到学校,我什么也不了解,也管不了教学,只管行政工作。过了一年,"文化大革命"就开始了。学生开始成天搞批斗,也批斗我们。

校长先被停止了工作,我接触不到他,但替他说过话。那时厂里有派军宣队在学校里,我就给他写了封匿名信送到厂里。大意上是讲校长执行的是上边的命令,怎么能算到他头上呢? 你说他是走资派,走反动路线,但这不公平,哪个下级不是服从上级领导的命令,他有多大本事? 校长知道我为他写信的事,但我也不是求人家感谢。我写这封信时也有顾虑,但最后还是写了,是因为为人要讲公平。上头的命令你让下面承担啥责任? 谁办学,谁在那个岗位上,他都要追求升学率呀。那个时候办初中,以升洛第一高级中学为目标,看你升学有多少,你升不上去,学校咋能办好? 你办得好,升学率高了,老百姓、家长都满意,厂里边也高兴。那他不抓教学怎么行? 要让老师拼命教好书,学生才能学习。可是这个工作还没怎么开展起来,"文化大

---

① 当时的拖拉机中学就是后来的拖一中,也是现在的东方中学。

革命"就开始了。校长的出发点是对的,没啥错误,所以我当时想的是说点公正话,不能乱批。

后来随着运动的深入,军宣队把这封信交到学校,交给了"造反派",一下子就贴到了墙上。当时我还害怕呢,但后来还真没出事,因为得到了老师们的同情,大家都知道,但只是不说。我的信贴出来,也有好作用,人家理解,相信多数人认为我说的是对的。但从"造反派"的角度来说,这叫和革命对抗。

当时没有哪个领导不戴高帽、不游街,总厂、分厂的好多领导都受批判。我工作时间虽然不长,也不是走资派,但也跪过地板、挨过批斗、游过街。记得我们学校校长、副校长、副书记、团委书记四个人,两个人一辆车,在整个涧西区游街,理由是一把手都是走资派。游街时我没戴帽子,但戴了个牌子,上面写"镇压造反派的刽子手",其他校长、书记写的是"走资派""保皇派",路两边是拿着红缨枪的学生。

游街无所谓害怕不害怕,只是一开始没有心理准备。我到学校时间不长,对工作也还不熟悉,没啥对立面,没想到自己会被拉去游街。那时帽子满天飞,又是"保皇派",又是"造反派的刽子手"。我根本不参与那些事,但也被扣了帽子。老师和学生搞在一起,他们说啥就是啥。

后来老师也有挨批斗的,我记得有个挨批的老师,被学生抄家时翻出来好多乱七八糟的东西,结果那些东西都不是人家的,也不知道是从哪弄的。我就在会上站出来替他说话,和学生发表意见说:"咱们都得讲政治,你批他的思想可以,但是那些都不是人家的东西,你硬戴在人家头上,这怎么能行?"多数学生和老师都是通情达理的,但是挨批斗的老师仍不在少数。

当年"文化大革命"一开始我就不理解,后来也没想到越来越深入,搞了十来年。我想搞搞运动,搞个几个月、几年就过去了,谁知道它搞那么长时间呀。斗我狠的时候,学生经常拿着红缨枪跑到家里找我,为此我还躲出去一段时间,跑到外地去了,就留爱人一个人在家。她怕,但怕也没办法,如果我在家里的话,那些学生成天老找我,日子更不好过。当时我爱人在福利处做人事和组织工作,并不算领导干部,但党委机关里说她是"保皇派"。她那会儿怀着孕呢,但也挨批斗。

学生里各种思想都有,有没有人出来帮我们说话这个不知道,但相信大部分人是通情达理的。"文化大革命"是个形势,形势之下肯定会有些过激的行动,这避免不了。你没有任何过激的行动,反而不正常。那是个运动,群众起来以后就控制不住了。游街的时候我没受伤,但我们几个领导里有受伤的——开着车整个涧西区绕一圈,车上站着红卫兵,架着你。路上的群众大部分是同情你的,那时对"文化大革命"有几个人能理解?还是不理解的多。真正闹的是少数,这得看到。我是难受过,也有过思想斗争。毛主席在《湖南农民运动考察报告》里边讲过,搞土地革命和造反那是对地主。我想不通,我是个穷苦孩子,不当地主也不当恶霸,却也来斗我。但想不通有啥用,正确对待群众运动呗,想不通也得想通。哭是没用处的,全国都是这么一个形势,你不理解也得理解。

我虽然挨批挨斗,但基本没停止工作,游了街、批了斗以后,又继续工作了。因为我当时没有多少对立面,学校里边不能把干部都打倒,还是得有干部,这是政策。我们几个领导里,就我一个恢复工作,其他领导都是"走资派",所有工作都给停了,都调去了别处。校长改了,"造反派"当了头头,最后只留我一个。1967年革委会成立后,我当了副主任,行政工作基本上是我管着,有时开家长会也都是我来给他们讲一讲。当了革委会主任以后都不批斗了,都平静下来了。我在"文革"十年里基本没停止工作,挨斗是挨斗,工作是工作。学校里的批斗会也不是天天批,有时还要上课。毛主席讲得不错,还得上课学习,学生以学为主,没文化怎么能行?拖拉机中学的课在"文化大革命"期间一直上,就是上得不正常,学生有的想听,有的不想听;有的正经学习,有的不学习。学校教学受影响,但课还得上,至于学生,学成啥样是啥样。厂里头再批斗,也还得生产,生产的形势不是那么好就是了。那个时候厂里批"五一生产理论",造反派还提"用生产压革命"的口号,但厂里其他事情我就基本不接触了,我只在学校里边管我该管的事,只有学校需要钱了,才找厂里要钱去。

1970年,为了响应知识青年下乡的号召,学生们一批一批下乡到农村里去。这也是个形势,不需要更多的动员,领导干部也没有啥特殊,子女都要下乡,不管是谁都是如此。要说愿不愿意,我相信很难说他愿意去,但是形势所迫,你不去也得去。有家庭因为困难找到我,说不愿意送孩子下乡,但我也没办法,这是政策,我做不了这个主。不过也有那么一两年的时间,学生中三分之一下乡、三分之一参军、三分之一穷困的学生安排工作。下乡锻炼,在当时那个情况来看,也是有必要的。当时那个情况下,学生年龄越来越大,却就不了业,在城市里越积越多,得给他找个生活的出路。不然都弄到城市里边,你没饭吃咋办?到一定的时候生产发展了,再安排回来。

学生下乡回来,那是到十一届三中全会邓小平主持工作以后了,一是工厂需要人,二是厂里也想办法给安排就业。拖拉机厂当时在生产扩建,生产量增加需要工人,因此安排了一批。各个分厂搞劳动服务、搞集体企业,为生产服务的企业,这样也安排了一大批,把就业都搞起来了。

四、"卖给"拖拉机厂的一辈子

粉碎"四人帮"时报纸、广播都有消息,后来是通过文件传达,召开政治会议——往下转达。不像现在都是通过电子媒体,那时都是通过干部会议一级一级传达。知道这个消息,老百姓在大街上敲锣打鼓地庆祝,非常高兴。我自己也高兴,因为"四人帮"是瞎闹。我和媳妇没啥讨论,也没参加庆祝活动。我是学校领导干部,哪能参加那狂欢呢!心里高兴就是了,拥护党中央决定,跟中央保持一致。就现在也是和中央保持一致,天天看报纸、听广播,学习中央的方针政策。我们受过这么多年的党的教育,在政治上一般不会犯错,也不会狂欢。粉碎"四人帮"之后,以生产建设为中心,生产发展了,人民生活水平提高,特别是现在。

新中国成立之初我们一穷二白,全国的钢铁大概也就是几吨。那个时候我们没有生产拖拉机的,没有生产汽车的,啥都没有,没有任何工业基础。新中国一成立,毛主席跟苏联签了156项工程,一下子把国家工业基础的架子搭起来了。以前好些人还埋怨,好像对毛主席还很有意见,但我的看法是没有毛主席就没有新中国,没有毛主席打下的工业基础就没有现在。现在钢产量十几亿吨,"大跃进"时候的口号是"超英赶美",那时候钢产量是1700万吨,搁在现在根本不算啥。现在河南省一个安阳钢铁厂,或者湖北省一个武钢都超过这个目标了。那时候我们就一个鞍山钢铁厂,没有啥东西。拖拉机厂建到洛阳那是毛主席批准的,他勘察了三个地方,开封、郑州和洛阳,最后定在洛阳。听到拖拉机厂最后确定在洛阳时,我是很羡慕、很向往的。1953年平原省还没撤销的时候,我见过小四轮拖拉机,省里边开一辆拖拉机到专署所在的地里耕作,就是让大家看看未来我们的社会就是这个样子。那时还听到农村很多访苏参观农庄回来的劳动模范做报告,讲拖拉机耕地、联合收割机如何先进。我从小受的教育就是苏联是社会主义的榜样,有集体农场,有拖拉机,我们也要造拖拉机,那时候感觉到非常高兴。我没想到,我也能有幸来拖拉机厂工作。进厂的许多工人也很高兴,因为那是制造拖拉机,给社会主义建设出力,要改变农村几千年来依靠锄头种地的生产方式。

20世纪50年代的宣传画:《苏联的今天就是我们的明天》

周总理来过洛阳,有一次是1959年10月拖拉机快交工验收的时候,那次我见到他了。当时我在厂区院子里站岗,做保卫工作,他坐在汽车里向我们招手。其他国家领导人也来过厂里。中国第一拖拉机制造厂,是促进中国农业机械化、现代化的,中央领导怎么能不来呢? 那时拖拉机厂是中央直属领导、毛主席亲自批准建厂的,国家多重视呢。

拖拉机厂是很有名气的,以前在大厂里工作就感觉很满足了。你对外一说是在拖拉机厂工作的,那个人感觉到十分荣耀,别人也会高看你一等,工人们都很骄傲。那时工人的社会地位比现在高,工厂里生产小组里有"八大员",生产管理员、宣传员、调度员、班长、小组员等等。你即使是生产管理员,和工人一样也是主人翁。但对我们干部来说,没有那么多骄傲的心思。我们和战士一样,"哪里需要哪里搬"。那时候很多干部被调到青海西宁、贵州贵阳,支援内地、支援三线建设,叫你去你就得去,也没啥说的。作为干部,一切服从组织需要。在这个地方得服从需要,在别的地方你也得服从需要。

我这一辈子就卖给拖拉机厂了,没啥不满足的。过去在工作上做出一点成绩,觉得也算无愧于党和人民。做出点工作和贡献,这是幸福的事。我在拖拉机厂工作了 40 年,从建厂初期一直到退休,对拖拉机厂怎能没有感情呢? 我觉得我尽到自己的力量了,人总有能力大小,我觉得组织对得起我,我也尽到了自己的责任。共产党解放了我,我才有今天。"东方红,太阳升,中国出了个毛泽东。"感谢毛主席,也感谢邓小平。

退休以后,我对厂里头生产、就业形势还是关心的。厂里固定的《拖拉机报》,我经常看。现在厂里效益没有以前好了,我当然会担心,但担心没有用。后来厂里工人下岗了,这也让人心酸,但这也是形势。过去计划经济时代,我们"拖老大"是独一家,现在的话,一般的个体户人家也可以生产小型拖拉机。所以机械化发展那么快,是因为全国都搞起来了。有时候跟老同志在一起谈论下岗,谈拖拉机厂咋这样了、形势怎样,我说你不能光这样看,应当看到全国机械化光靠拖拉机第一制造厂是搞不起来的。但是拖拉机厂必须跟上形势的发展,必须革新、创新,创新是第一生产力,不创新就跟不上形势,跟不上形势就没法发展。我们不能埋怨改革开放,个人要自己找出路,要创新,不创新是不行的。

朱光甫
我跌宕起伏的一生

亲 历 者：朱光甫
访 谈 人：陈昌凯
访谈助理：秦　彧
访谈时间：2019 年 1 月 8 日 9：30—11：45
访谈地点：一拖老干部活动中心
访谈整理：陈昌凯

亲历者简介：朱光甫，1936 年生，河南孟津人。初中毕业后报考航校未被录取，1954 年被分配至第一拖拉机厂测量组。1955 年，因工作表现突出受到表彰。1959 年，转任基建处团总支副书记。1966 年，基建跟维修、修缮分开，任修缮处党工团综合办公室主任。1969 年调往装配二分厂劳动。1970 年建立党的核心小组，重回修缮处，任政工组组长，后为办公室主任，直至退休。因户口问题，长期与妻儿两地分居，直至 1985 年第一任妻子因病离世。后又经历两次婚姻，家庭生活起伏跌宕。

朱光甫（左）接受陈昌凯访谈

一、 拖厂动土开启了我的人生道路

　　我是初中毕业后来一拖的,那是 1954 年。我原来的志愿是考航校,没有实现,就来拖厂了。

　　当时学校里有共青团组织,我当过共青团总支副书记,在学校属于学生干部。那时候航空学院到洛阳地区各个县招生,各个学校报名,我们中学来人也不少。报名以后学校体检、县里体检,经过县里体检以后集中到洛阳专区体检。最后体检、政审啥的都进行完,但航校没有录取我。

　　我当时是血压不稳定,有时候血压稍微有点高,有时候过关。我当时知道体检可能不符合要求,担心飞上去以后血压这方面会有影响。人家(航校)几个人挑一个,俺们一大批留下了。那时候有轴承厂、矿山厂、拖厂三个厂,从航校没有录取的这一部分学生中间直接招工。航校的人点名字,哪些人站到一队,没有点上名字的另一些人站到另一队,最后被点名的是考上航校的,另一些人就分到拖拉机厂,光来拖拉机厂的都有 100 来人。

年轻时的朱光甫

　　当时我没有被录取上好像有点遗憾,但是很快来到拖拉机厂,那时候厂里正开始建厂,等于参加工业建设了,还可以。

　　因为我就是洛阳孟津县人,我们在孟津上初中的时候,从 1953 年拖拉机厂选厂址、采探、勘探,就在洛阳城以东到白马寺这个区间,在那地方勘探。(所以)我当时知道拖拉机厂,因为知道是拖拉机厂在洛阳选址。

　　我们大概是 1954 年 7 月 21 号(被)拖厂录取的,那时候光知道拖厂,知道拖拉机厂是在建厂,(但具体)还不是很清楚,就知道是个大厂要搞工业建设。具体谁干啥干啥,(也)没有说,没有分配(岗位),我们就回家了。他们没有直接让我们来拖厂,(说)通知谁谁来。正好 8 月 1 号,我接到通知来拖厂报到。

　　我们来的时候,拖厂有个筹备处,在老城的建校,(我们)住在那边。当时厂址已经定在涧西了，工地就在涧西，（但）整个厂不在涧西，整个厂在七里河以西，当时叫建校指挥部。那时候洛阳在铁道北那地方建了几个高中，学校比较集中，建校就在那地方。来拖厂报到以后，当时分配我们六个同学到测量组，属于大地勘探。人家已经勘探过了，但是拖厂也成立了一个测量组，属于工地指挥部下面的一个小组。

我们从七里河过来的时候，洛阳还是规模很小的。洛阳就是（现在）老城那个范围，主要是四关①。洛阳工业很少，（都是）小作坊，没有大工厂。当时西工②就是一个小发电厂，也没有马路，这都是后来搞的。

我们这个地方原来就是庄稼地，我们到工地以后，测量组的任务没有在这平地上面。邙山陵上面有个孙吉屯村，拖厂那时候准备在那陵上建一个水厂。所以，我们当时的任务是测量，为那个水厂选址。

我们有六个学生，就是当学徒，人家有一个老工程师、三个技术员。工程师、技术员都是从南方来的——湖南、湖北、上海。这些技术人员，都是支援工业建设来的。那个老工程师当时年龄已经很大了，姓王，是解放后的留用人员，原来（在）国民党政府干测量的。技术员一个姓蒋，一个姓施，都是大学毕业以后参加工作的。还有三个行政干部，管生活和伙食。当时那个组长是一个副县长转业的，是山东一个老干部，从地方转工业。人家转到拖厂以后，也是干部。（他们）都是地方支援工业，技术人员是南方来洛阳支援工业。

我们来的时候是 8 月初，在那里（筹备处）停了两天就来这里了。当时来的时候送我们六个学生的是一个吉普车，结果开到西工开不动了。因为刚下过雨，我们自己背着行李过涧西七里河那个桥，当时不是现在这桥，原来是个石桥。本来是吉普车送我们到工地的，（结果）我们背着行李差不多走了十里地，因为孙吉屯过七里河以后再上去，确实蛮远的。

当时涧西这个地方都还是一片庄稼地，但是庄稼地里探墓③工人已经开

---

① 洛阳自古为兵家必争之地，东南西北各有四关——虎牢关、函谷关、伊阙关、轵关，俗称洛阳四关。
② 洛阳西工区简称西工，位于洛阳市中心，是洛阳市六大主城区之一，与一拖所在的涧西区相邻。
③ 洛阳北部的邙山是古代帝王理想中的埋骨处所，为此，当 20 世纪 50 年代确定在洛阳邙山脚下的涧西区建设第一拖拉机厂、洛阳矿山机器厂等厂区时，首先要做的就是探墓。

始钻探了。他们探墓的时候还在那插红旗，那是一片（红旗），比较集中，几百探墓工人都在那，但他们也分组织。我记得最清楚，现在建设路，当时线路定线的时候，还是我们测量去弄的，我们是踩着庄稼走过去开辟的。建设路当时叫厂前路，这三个厂都在那条路边上。

在我们来之前，拖拉机厂当时有个工地勘探指挥部，指挥部也做钻探的工作。洛阳这地方过去不是一个古都嘛，墓多。国家当时说你要建厂，一个是保护地下文物，一个是厂基础牢靠不牢靠，所以说要有探墓这个程序。当时要求很严，好比说两米见方一个点下去，以后加到一米，在原先这两个点中间再加一个点，最后加到半米一个点。用洛阳铲（探墓），当时勘探指挥部光来自洛阳附近的探墓工人都将有一两千人。

1953 年涧西区第一拖拉机厂工地的探墓大军

我们的测量是中间一个机构，叫勘探指挥部，当时是指挥部下头的一个小组。在我们之前，有个勘探大队，1953 年定厂以后，人家已经基本上把涧西这三个厂的厂址定了。但他（们）只是定测量点，还没有定具体地址。（勘探）水准点是从陇海路或者海拔多少到水面，来引导着涧西的。纵横坐标人家已经定了几个点，我们的任务就是在人家那（几）个点的基础上，把拖拉机厂四个角的位置定下来，最后拖厂的范围我估计有一平方公里多。

宿舍区开工是 1954 年,建筑工人先建宿舍区,(就是)现在的 10 号街坊。当时工地指挥部都是大席棚,周围的墙都是竹篱笆的。篱笆墙,泥巴糊一下,上面是席棚,都是临时的简易工棚。我们那时候刚开始就住席棚,1954 年冬天到 1955 年春天,洛阳下了一场大雪,天气很冷,我们晚上办公都是在席棚里面,白天在工地上测量以后,晚上还得回到宿舍做数据结算,住在那都冻得不行。(还好)有炉子,靠炉子近一点,稍微暖一暖。

到 1955 年厂区正式开工,建筑工人就来了。当时建筑队伍是上海来的,叫解放军建筑工程第八师,来了以后改称河南省第三建筑公司。他们是直接属于拖拉机厂的建设大军,总数我记不清了。当时是叫车间,拖拉机厂大概分十个车间。(每个车间有)几个分区,是建筑公司下头分的施工区。(当时)我们还是继续搞测量,转入建设以后我们搞测量监督,施工单位叫乙方,洛阳拖拉机厂是甲方。

那时候讲技术监督,就是看他盖得好不好。原来在 1953—1954 年叫勘探指挥部的,到 1955 年都改成基建工程处了。我们这个机构叫技术监督处,就是有关技术监督的,跟现在的监理差不多。做工地的代表组,好比说这个车间是一个甲方代表组,我们测量监督只是中间一部分,因为那时候都有苏联专家了。

那时候拖拉机厂的设计,从宿舍到厂房都是在苏联完成的。我们把勘探资料送到苏联,他们的设计图纸送到这里以后,拖拉机厂还得组织翻译、析图。大概 1956 年苏联专家才来,我们还都亲自见过,他们到过工地,但是因为我们的工作(性质)没有直接接触过。他们当时(来)也是咱们的领导陪着,因为当时基建处的处长是个老干部,每星期都跟施工单位开会。但是苏联专家来工地的话,一般都是技术工作领导陪同着到工地检查,并且苏联专家的要求很严,就说探墓那个阶段,因为苏联专家要求很严,所以探墓点越增加越密……

1955 年青年节的时候,河南省召开了一个初中、小学参加工业建设的积极分子代表大会。拖拉机厂选两个人,其中有我。我是初中(毕业)生参加工业建设的代表,是做工地测量的,(属于)工地指挥部。(还有)一个是打字员,女同志。派我们两个到郑州去参加河南省召开的参加工农业建设的中小学生代表会议。有些代表参加农业建设,有些代表参加工业建设。当时团省委书记张学清接见了我们这些先进人物。那一次会议表彰了几十个人,其中就有我,我在大会上做了个发言,(讲)整个参加拖拉机厂工业建设的经历。

当时《洛阳日报》上专门发表了我的发言稿和事迹。我们参加会议回来以后,洛阳市组织代表们到各个中学给学生做巡回报告,我到过洛阳市好几个中学。

二、 兢兢业业几十年

拖拉机厂 1955 年 10 月(正式)开工(建设),1956—1957 年正是整个建厂高潮期。根据厂房的负荷,(要)先挖地基,根据需要的基础,要下去几米深。那时候还是人工挖,然后支木头的基础模板,打混凝土,都是钢筋混凝土结构。打好以后整个基础就算好了。完了以后那个柱子的屋面板是专门有加工厂负责,混凝土构件预制加工厂在西工那地方,往这地方运,运到工地施工,汽车把大的混凝土柱子拉过来,大吊车吊装。

当时整个的建设过程速度很快。有一个发动机车间,要求 38 个工作日建成。当时的 102 工区提出口号,38 个工作日建成一个车间,人家最后也实现了。那 38 个工作日,是除了星期天的,(所以)38 个工作日不是 38 天,大概快有两个月了,当时建设的速度还是很快的。

参加建设过程的,都是年轻人。整个拖拉机厂没有(几个)上年纪的,厂里生机勃勃,那时候参加国家第一个(五年计划的)工业建设,好像都很激动,好像也都很高兴。建厂初期那几年,我们都是在工地,主力是人家建筑公司,但我们是作为甲方参加建设,属于技术监督。测量检查只是技术检查的一部分,像技术员,好像都是由他们来对照图纸啥的。检查工程质量,我们主要是从测量角度检查定位准确不准确。

1958 年正是搞"大跃进"的时候,搞什么"赶英超美"之类的(运动)。那时候整个基建处这些工地我都去,(拖厂)还没建完,还有很多地方在建。大的建设人家建筑单位建,我们基建处还承担一些小的项目。

(那时候)我搞青年工作,工人中间有些叫"突击队",我们单位(基建处)组织了一个"刘胡兰小组",是以女工为主的一个混凝土搅拌小组。当时我们基建处搞混凝土搅拌,净是十几个女工在做,她们就专门成立了这样一个小组。那时候也有竞赛,她们有先进事迹,比如说干得多或者干得快,这个组长后来参加过洛阳市团代会。厂里面(那时候)树立标兵,有很多人,生产上的比较多,有男有女。

1958年厂房就全部建成了,并且有些都开始生产了,1959年拖拉机厂落成。当时在整个拖拉机厂门前,也就是现在毛主席像那里开(建成)大会,整个拖拉机厂职工都参加了那个会。作为群众,我们都是按单位组织人的会场。那时候大概谭震林来的吧,说周总理来不了,谭震林代表国务院来参加拖拉机厂的落成仪式。他讲中国从此进入了"点灯不用油,耕地不用牛"的时代,当时我们记得最清楚,开会那天拖拉机都开了出来。那是比较大的一个庆典活动,(我)也是比较激动的。

做测量工作做到1959年,单位就把我提拔到共青团工作,任基建处团总支副书记,正书记是科级。原来的时候,我们这些人虽然是初中生,但是也叫干部,当时叫助理技术员。那时基建处团员有300多人,还有部分是群众。

整个建厂的那一段时间热火朝天,"大跃进"时期国家整个政治气氛鼓舞人向上。那时候运动多,一个运动一号召、一动员,全中国都起来了。都是层层动员开会,宣传那种不计报酬的奉献(精神)。当时讲政治化,还强调政治挂帅、不计报酬。

拖拉机厂一期工程交工验收以后,第二期厂房开始建设了。刚才说1959年是第一期交工验收,第二期当时都分给基建和维修处管理。我们当时分管整个厂房维修这一部分业务的,叫修缮处。当时基建处还没有分家的时候,最多的时候都千把人了,(分开后)修缮处最多的时候是五六百人。

1958年招工比较多,我们单位招工,泥瓦工、木工、钢筋工等各种工种都有,还分几个工段。整个工人占多数,好几百人。后来,应该是1960年、1961

年吧,精简机构,就少了一半,保持个三四百人(的样子)。精简以后有些工人都回农村了,因为1958年招工人都是从农村招的,精简回去(大概)是买断工龄赔偿啥的,也都回了农村,也没有(做思想工作)。

我一直做共青团工作到1966年,做了七八年。1966年的时候,基建跟维修、修缮分开了,成立了一个党工团办公室,(我是)综合办公室主任。大部分还多偏重政工、党办这块业务,还有工会共青团的业务。共青团干部已经有别的同志接任了,工会也有工会专职干部,团有团的专人,但综合在一起,叫综合办公室。那时候的政治运动一个接一个,1966年以后搞"文革"都反反复复的。

我原来属于修缮处,那时候也叫修缮车间。1969年给我调出去了,调到生产小拖拉机的装二分厂,那个厂正在筹备,调那地方也是劳动,我去了半年多。1970年组建党组织,建立党的核心小组了,单位的老干部又给我要了回来,回到修缮处。我回单位的时候是政工组,当过政工组组长,后来变成办公室主任。那年代政治运动多,一个大运动套一个小运动。1976年毛主席去世以后,粉碎"四人帮",整个局势都稳住了,就没有再出现反复。

俺们刚参加工作时工资很低,(1954年)是30多块,但1956年时就拿到60多块了。从1956年开始工资冻结,一直冻结到1978年,才给国有企业的职工升工资,包括领导干部和工人,十几年间整个国家没有给国营职工调过工资,1978年以后才陆续恢复。反正那时候很少想报酬,十几年没有升工资,(大家)都照样干,好像就不求回报那种。因为国家那时候有困难,大家也没有啥埋怨情绪,就认定那政策,当时就一心想着支持国家的工业化发展。

后来厂里就变化大了。生产拖拉机正红火的时候,市场情况还是很好。那时候我们村里采购员来买拖拉机或者配件,都先找到我,我得领着去销售部门开后门买,那时候不好买的,拖拉机很紧张。

因为我家在孟津,也经常回家,星期天回家。建厂初期那时候两三个月回家一次,到后来生产正常以后,我也成立家庭了,就经常回家了。(因为)经常回家,生产大队就说(我)反正在拖拉机厂,啥都先找我帮忙。

我们大队当时修一个大坝，有一个从孟津县的宋庄乡修到我们朱寨的水渠，中间修一个大坝，蓄水、交通两用的。修大坝的时候正好有人来拖拉机厂找我，找我给他们买了两台拖拉机，修大坝过程中间正好用上。我印象很深，后来拖拉机在大队里帮群众犁地还用了好多年。

当时有时是大队干部来，有时是采购人员来，反正他们需要的时候我就带着他们去。那时候我跟销售部门、销售处长啥的也都熟。当时都没有送礼，但是要批条子，找熟人批个条子到销售处办业务。那时候拖拉机资源都很紧张。后来小四轮开始生产，也红火了好几年，（但）主要还是大拖拉机，像小四轮生产都有竞争了，但大拖拉机全国就这一个单位。竞争多的还是小四轮，那已经到一九八几年了。

我就一直在办公室，我们办公室还是党政一体的，党政工团综合办公室，属于政工这一块。那时就是日常工作，兢兢业业，但也没有啥突出的。我一直在修缮处，但（单位的）名字来回改，有时候修缮和基建合成一个单位叫建修处，合合分分，到我退休的时候改成了修建公司，内容还是一样，只是名字改来改去。

实行市场经济以后，整个拖拉机厂在一九九几年开始走下坡路，我是1996年退休的，退休的时候厂里情况还不错。

三、 我想挣脱束缚家庭的户籍制度

我60岁退休。提前退休是一九八几年，1986年、1987年搞过最后一批孩子接班，可能国家当时说以后工人不能接班了。（但）那时候有个政策说是最后一次工人退休可以接班，并且年龄好像是不（能）到60岁，规定了年龄。但是只有工人可以，工人退休回去可以换一个孩子接班。所以有些干部为了孩子接班，把干部档案改成工人档案，回去让孩子来接班。接班的一批人后来在厂里当工人，也成为骨干，那是最后一批了。

我当时是两头沉。人在拖厂，家在农村，还有一摊子，来回跑。我原配夫人一直在农村，直到1985年去世。我（的家庭）很曲折，10岁的时候母亲就给我定了这个娃娃亲，但是俺两个一直没见面。后来我上学，她在农村，1954年来参加工作，一直没提这个事。因为解放了，父母包办就不再提了，但是我也没有再谈过（恋爱），在学校、在厂里都没有。

俺们那一批学生到城市参加工作以后，大部分都在城市找（对象），有些甚至原来家里定过亲的也在城市找。我那时候思想可能有点保守，反正一直没在城市谈过，好像都操心工作了，主要觉得还是把工作做好，没有往那上面多想。后来人家催，就是说女方都这么大了，我就提了个条件，我说那就新事新办，原来父母中间定的不算。中间人又介绍我们见面，见面了以后就重新开始了。

1957年春节的时候我们见了面，后面我回去看她，她也来过。我跟她见面并且交往过一段以后，（觉得）她虽然文化不高，但是一直很上进。她原来因为家庭情况小学没上完，后来为了想当工人，去上夜校，为了能有点文化到城里当工人。我感到还是可以的，很积极上进。

我们是1958年结的婚。当时还是趁着劳动节放假一天，加星期天一共两天，我们到乡里登记结婚，都没有（跟她）回娘家。她也没回家，我就回来了，特别害怕耽误工作。

那时候没有（彩礼），很简单。1958年好像都提倡新思想，也不（兴）坐轿了，没那一套了，先时兴骑马，后来都骑自行车，我们那时候还是骑马的。在农村很简单办了，也有仪式，不过就是在很小范围内，主要是宴请家里面的亲戚，办（完）了我就来上班了。

一结婚，她就想来厂里当个工人，（但）国家在1960年7月定了一个政策，禁止农村户口迁入城市。1960年以前招农村工还比较多，我老婆机会错过了。那时候正好我出差，6月份单位派我去河北，回来听说有这政策，回去要（给她）迁户口。结果，大意了。那时候公社很大，来回跑手续耽误了。因为我只回去说过一次，她想再等我回去一起去。我（这边）想着已经告诉她了，她回去办了，我就在厂里等她。结果相互等了20天，户口就冻结了。冻结了就办不了，一冻20年。她就只有在农村了，我在这（洛阳），两地分居。很遗憾。

我建厂初期的时候两三个月回家一趟,结婚以后一个月或者一个多月、两个月回一次家。那时候全孟津也没有公共汽车,(得)想办法搭车,(不然)就是跑路,从老城到我们那30里,来往全靠自己走。坐汽车到老城,再往我们那里得走三四个小时。为啥回去次数很少?那时候不是大礼拜,两星期(才)歇一天,所以很少回去。

1963年以后,我才买自行车。拖拉机厂到(洛阳)老城要30里,从涧西回家可能是六七十里,我骑车回去。星期六一般都是组织干部学习,我不能请假,下午还是不能请假,一般都下了班我才回去。我老是五六点下班回去,到家八九点,回去得四个半小时。星期一一大早8点钟上班,(回来)下坡路多,也得骑两个半小时。有自行车了就(回去)多一点,但还是很少,也带着老伴来过。

(老伴)一直在农村,那时候她带着孩子都在家,我三个姑娘、一个儿子都在农村。家里只有她一个人(操持),我只有星期天回去帮助半天。那时候我(每月)工资几十块钱,家里面不是挣工分嘛,分粮食口粮不够,因为就一个劳力,但是有四个孩子。我每年得给生产队一二百块钱,交口粮钱。但是我们还是一起奋斗,为家里盖房子,都是她一个人在(弄)。1984年房子盖起,她还没住过新房子就去世了。

那时候农转非有个规定:第一个就是你在厂里面有中级职称,可以把家属迁到城里去;第二个是家属丧失劳动能力的也可以。我没有这种条件,那时候没有中级职称。有人开后门去县级医院开丧失劳动力的证明,我那时候没有办,我采取自学考试(的方式)。

(我)本来是初中毕业,后来厂里办了个党校,要脱产三年,我要求上,结果厂里面不同意,我就自学。从1983年我就采取自学的方式,参加河南省高校自学考试,我是第一批,12门课。1984年开始参加第一次考试,1985年、1986年我想着拿到大专文凭以后,基本上户口就能迁了。结果,在这过程中间,我老伴去世了,确实很突然。

她得病很突然,脑溢血,没有抢救过来。因为那时候条件差,要搁现在的条件都不至于……因为农村那时候电话都很难打,汽车也没有。她得病那天我就在家,我过元宵节刚送她回去,晚上得病,第二天早起找个汽车都找不到。跑了三里地,搭到一个拉货的汽车才运到洛阳,那时候要有好的医疗条件也不至于……因为当时人还是清醒的,(但)因为拖厂医院当时没有CT——三年以后才有的——没有查清到底是脑溢血还是脑血栓堵塞,送到急诊室(医生)判断不了。当时抽血化验,再折腾用药,已经耽误了几个小时,时间拖太久了就……如果是三年以后有了CT,还不至于会出现那个恶果。

老伴生病突然去世,对我打击很大,但是我已经参加考试了,第一次三门没过关,但是好像跟60分都差一点,我还继续考试。结果我老婆一去世,单位政策上也支持了,就把孩子户口迁来了。因为原来政策是丧失劳动能力,但你现在家里没人了,那就已经符合条件了。

我老伴当时支持孩子们上学,想着让他们上学才能(从农村)出来。我的大姑娘高中毕业以后,复习三次才考到洛阳医专。我的二姑娘那年也是高中毕业以后在孟津复习的。那时候(拖厂)有学校,但是你只能在农村上(学),因为你不是城市户口。要是城市户口,上学在城里,成年后的话也能参加工作,当个工人。但农村没有,只有务农。这就是为啥我跟我老婆支持孩子们上学考出来,上个中专、大专,因为这样才能到城市。

所以二姑娘在1985年,就是她妈不在那年,户口迁来洛阳后,高中毕业又复习了一年,考上了洛阳大学会计专业。三女儿、小儿子上的技校,当了工人,他妈走的时候他们还是一个上初中、一个上高小。对这几个孩子的安排,是两个大的一心上大专,两个小的当时认为当工人是铁饭碗,所以他们没走(上学的路)。本来儿子的成绩还是可以上高中、上大学的,但经济条件也困难,当时又说当个工人就有了铁饭碗,所以他当时就上了技校。那时候对工人,尤其是大厂的工人,(待遇)好像都比别人好一些。这两个都是上完技校来拖厂当工人的,当工人后来结果不是太景气。

儿子当工人效益不好,买断工龄出去打工了。2003年,去马来西亚打工三年,回来以后还是在外打工,还是工人。三女儿在拖厂一直干到五十几岁,等于提前离岗。也是买断工龄出来了,出来可能等了十年才办退休手续。

我 1984 年参加自学考试,到 1986 年一共考了五次,年底拿到了大专文凭。拖拉机厂第一批参加河南省自学考试的只毕业了三个人,我是其中一个,登了《拖拉机报》,每个人还奖励了 300 块钱。

1986 年拿到大专文凭后,1987 年评职称,我就按政工系列评上了中级职称,1992 年评了高级职称。正好那时候全国在河南搞试点,政工系统允许评职称。

寄托着朱光甫人生希望的两张证书

我退休的时候工资没多大变化,才 600 多块钱。退休时高级职称只比正科级稍微高半级,但 2005 年以后企业退休职工升工资,中间有三次高级职称多升一些,一次 120 元,还有一次 180 元,还有一次 200 元,有高级职称就多升。所以,我是退休以后才沾光了。(现在是)4600 元,要是没有高级职称也就只有 4000 元。我们(县)团级、正科级跟我一样退休的,有的就是(每月)4000 元。

我也是(一九八几年)家属(四个孩子)来了以后拖厂才给分的房子,之前都是住单身宿舍(两三个人一间),有十几平方米。那时得有家属,才能在拖厂分房。反正我知道(家属)没有落户在洛阳那就不行,分不了。我孩子来了以后,刚开始是厂里临时借房,借一间先住着。后来才分到一套,就是两间房,没有厅,有卫生间、厨房,不到 60 平方米。大女儿大专毕业以后一直在拖厂医院工作,也在家住。她成家以后才出去租房。

1987 年我又成家了。这个老婆原来在孟津是商业营业员,她全家也搬到洛阳来了。(遗憾的是)第二个老伴跟了我四年又不幸去世了,她调到拖拉机厂以后还是搞销售工作,自行车销售,那时开始生产自行车了。这个老伴又是在工作的时候犯了脑出血,也是没抢救过来去世了。那是 1991 年,其实就四年时间,也很短。

我现在的老伴是 1993 年(结的婚),比我小 12 岁。她有个妹妹,是我上高小和初中的同学。我跟这个女同学关系很好,她上大学,我来拖厂,她大学毕业以后正好分到拖厂。她和我家住得很近,我俩比较熟悉,我整个家庭挫折啥的,我那女同学都很清楚。这个老婆在她爱人得病不在的时候,只有40 多岁,我的女同学就牵线给我说了。我们 1993 年成家,一直过到现在。

我退休以后也做过小生意,摆过地摊,也到人家新建的别墅区值过班,到快 2008 年才回来。摆地摊的时间短,到门卫那里干了有十年,那个地方工作很闲,虽然给你钱不多,但环境很好,所以觉得也蛮不错的。反正也是因为自己还能活动,就暂时这样干着,后来就在家了。我比较爱看书,政治领袖人物、古典文学,我的爱好就是看这些东西,到前几年还写了一本回忆录。

我这一生,在厂里不算太曲折,工作基本上还是顺的,但是生活太曲折。

赵岳兴　陆文娟

从江南到洛阳:我们夫妻这辈子

亲　历　者:赵岳兴　陆文娟
访　谈　人:邱　月
访谈助理:张　继
访谈时间:2019 年 1 月 7 日 09:00—12:00;2019 年 1 月 9 日 15:00—18:00
访谈地点:第一拖拉机厂老干部活动中心;赵岳兴、陆文娟寓所
访谈整理:邱　月　张　继
文本表述:赵岳兴(宋体)　陆文娟(楷体)

亲历者简介:赵岳兴,男,1934 年生,江苏武进人。1948 年到上海工厂当学徒,1955 年报名支援洛阳工业建设。从上海赴长春参加俄文培训班,之后因故未去成哈尔科夫拖拉机厂,培训一年后赴洛阳。1956 年作为六级技工进入一拖冲压分厂。曾历任冲压厂工模科科长、铸铁厂工会主席、

铸铁厂副厂长、福利处处长,1993 年退休。陆文娟,1934 年生,江苏武进人。17 岁时与丈夫赵岳兴订婚,为包办婚姻。1955 年丈夫调到一拖,1956 年随迁进入一拖当保健员。1971 年参加洛阳市卫生办进修班,1973 年正式成为医师,1976 年后成为妇产科主任,1989 年退休。

赵岳兴(前排中)、陆文娟(前排左)
夫妇的全家福

一、从上海到洛阳

　　我解放前就工作了,1948 年参加工作。我是 1934 年元月生的,工作时是 14 岁,虚岁 15 岁。1948 年我到上海去当学徒,在上海待了七年。1955 年从上海出来,当时叫支援国家重点建设。我原来那个厂叫上海祥和机器厂,制造纺织机械的。那都是小厂,几十个人。那个时候刚刚解放,党还是保密的,不公开,都是工会来动员,我当时在上海那个厂里面是工会主席。那个时间洛阳专门派人到上海去招人。动员工作是分区的,我是江湾区的。第一拖拉机厂是国家的 156 项苏联援建项目之一,当时的人事处副处长通过上海市批准,到上海一个区一个区地来找人、筛选,找我们谈话、审查。我们走的时候,还有个新闻纪录片,现在还有人保留着。当时一列火车出来 300 多人,上海市长潘汉年①亲自去火车站送我们,他送完我们没几天就被抓起来了。我从上海出来的时候,家里面(文娟)已经怀孕了,我老大 1955 年出生,是我出来后两三个月生的。家人也没有不乐意。那个时期,这都是荣誉,光荣得很。

1955 年动身前往长春时,工友欢送赵岳兴(前排左)

---

①　潘汉年 1955 年 4 月,因"内奸"问题被捕并被判刑,1977 年 4 月病逝,1982 年 8 月平反昭雪。这里,亲历者叙述有误,其时潘汉年应为上海市常务副市长。

　　我也是 1934 年(出生的),籍贯也是江苏武进。我和岳兴两个是初中同学。我舅舅开始是中医,后来到浙江医学院去上学。我爸 41 岁就死了,是十二指肠溃疡,没有钱治疗。我爸去世后,我妈就成天哭啊哭。我哥那时候跟着舅舅去当学徒了,家里就没有劳动力,我妈就叫我不要读书了回来干活。按理说解放以后贫农的孩子上学是可以免费的,我就闹绝食要去上学。我妈恨不得打我,她说:"我不是不叫你上学啊,你爸不在了,你哥又不在家,我还要养爷爷,养老奶奶,你不在家帮我种地,谁帮我?我没办法了。"我妈哭着说:"你想想我有条件叫你去上学吗?你走了,家里咋办?"我妈是小脚也不能下地,我因此插秧、收麦子都会。后来一直到 1953 年成立互助组了,地有人管了,我就可以走了,也去跟我舅舅学医。舅舅开了个诊所,我在他那里做助产士,跟着舅妈管接生。

　　说起来,我跟我老头子 17 岁就订婚了,那都是包办的。妈妈给订的婚。他们家是中农。他姐是我的堂房婶婶,我二爷的媳妇,(他姐)14 岁去的我二爷家做童养媳,是亲戚。她看我不娇气,就和他妈说了。后来,他 1955 年来(洛阳),1956 年就把我调来了。

　　当时上海去洛阳的第一批人都要先到长春参加培训,就是长春俄文班。因为是 7 月 18 号去的,我们后来自称"718"。(培训的)地方是原来日本人的细菌工厂改造的,是汽车厂、轴承厂、拖拉机厂三家合办的俄文班。之后俄文班解散,一半人进到汽车厂实习,我去的长春一汽,其他一半人回到洛阳第一拖拉机厂的技校学文化。学了一段时间,又通知去苏联,所有回到洛阳的一半人就去了,我们留在长春汽车厂的就没有去成哈尔科夫。(好像)当时与苏联已经有矛盾了,我们不知道。就是已经什么都准备好了,后来通知说不去了。我们在汽车厂实习完又回到拖拉机厂。我是 1955 年 7 月去的长春,1956 年国庆以后回洛阳。我们从长春来洛阳的路上还去北京玩了一圈。我和(同事)小魏(一起),他的叔叔是魏巍[①],住在北京中央歌舞团后

[①]　魏巍(1920—2008),原名魏鸿杰,曾用笔名红杨树,河南郑州人。1950 年底,奔赴朝鲜前线,和志愿军一起生活、战斗。回国后发表了一批文艺通讯,其中散文《谁是最可爱的人》在全国引起了广泛影响。从此,"最可爱的人"成了志愿军的代名词。1978 年,创作完成了抗美援朝题材长篇小说《东方》,于 1983 年获首届茅盾文学奖,2008 年 8 月逝世。

面的房子里。魏巍领着我们到老舍家里面吃了顿饭，我们也不知道，就跟着他。在北京玩了一个星期，再买票回到洛阳。

去长春第一汽车制造厂参加俄文专修班的同学

我们来的时候，拖厂还在建厂房。那天火车到了东站，没有人去接，我们下了车出来一看都是土房子。拖厂招待所就在火车站底下。拿着介绍信住了一个晚上，第二天早上他们有车就把我们接来厂里面了。是一辆苏联卡车，人站在上面，从东关开到这里大概要个把小时。到了之后就到9号街坊找冲压厂。进了冲压厂，先是安排个办公桌给你坐在那里，等了大概有半年吧，就整天学习、开会，学习厂里面的安全知识。后来到工具分厂建好，要开始调试生产，我就过去了。那时候我家属还在上海农村一个镇上的诊所里面当助产士，我住在单身公寓，到1956年我去接（她）来的，接来后就在拖厂的职工医院（工作）。

我调来厂里就等于保健员，厂里需要人，只要知道一点医疗（知识）就要你来。那时候农民说助产士，国家说保健员，正儿八经毕业叫助产士，没有毕业就叫保健员。我调来之后，工资就有36块钱，那年中专毕业出来也就37块钱。我的同学在南方还有34、35（块钱）的。过来的时候我家大的孩子一岁半，放在（上海）奶奶家。

　　刚开始的时候有点不习惯，但是已经在汽车厂锻炼过了，都基本知道了。一拖厂房都是照着哈尔科夫设计的，咱们这个厂跟（长春）汽车厂的布置是一模一样的。门口进去是冲压、工具（车间），另一边是发动机（车间），都是一样的。中国那个时候穷到什么程度呢？我在上海，解放前整个上海，造不出一辆自行车来，更不要说汽车大梁这种东西了，根本没有的。上海都是小厂，大厂也不过几百个人，几万人的大厂当时都没有见过。当时连工作用具都是苏联运来的，像桌子、凳子，都是运来的。

　　我们来的时候，苏联专家还在，过了一两年苏联专家走了。我们（平常）碰不上苏联专家，有时候碰上了也是给你指点指点，旁边跟着翻译。苏联专家还（喜欢）跳舞。我们在长春汽车厂的时候，每个礼拜六的下午就是跳舞课，有苏联人教。当时长春俄文班请的都是苏联的老师。苏联人到哪里都要跳。华尔兹要内行的人跳才行，我们不会跳，反正跟着音乐跳。我爱运动，经常他们跳舞了，我就跑到外面广场上去踢足球。到他们走的时候，底下的这些（事情）已经不需要他们了，我们自己弄。有一些车床没有安装，东西都放那儿了，都是我们自己去做。

　　在上海的时候，他们把洛阳说得好得很。那时候我家在农村，也不知洛阳的好坏，反正孩子们出去了就是闯工作。我兄弟两个，还有三个姐姐，我出来了，其他都在乡下。上海和这里明显不一样。那时候（洛阳）都是泥地，现在这个地方，老早都是高粱地。不像现在到处都是水泥地，那时候一刮风，都是土，土都从窗子里进来。从上海来的人那时候穿中山装，有四个兜，都比较整洁像样，一看好像是外国人一样。最有名的是上海职工医院来的几个上海洋小姐，穿着白皮鞋，来了以后路都不认识的。后来可能不在这里了。

　　我们到这里来，发现河南人不吃鱼，把鱼打死扔掉。买鸡鸭无论大小，不论斤，而是论个，5毛钱一只鸡，大家都挑大的。他们吃鸡的时候把鸡头、鸡翅膀都扔掉,上海人还要吃鸡血,河南人都不吃的。还有这边大家都吃面、吃馒头!不过,食堂有面有馒头,也有米饭,那时候生活条件还是不错的。后来又建了上海市场,来了饭店、理发店、万国药房、缝纫店、照相馆,店和人都是上海来的。

我们两口子每周末都到上海人开的饭店去,别的饭店吃不了。我们都点南方菜,比如说鲫鱼、虾,他们啥都有,还有糖醋排骨,就吃这。他从上海调过来,(每月)90多块钱(工资)算高了。那些大学生才50多块,他们厂里面涨工资都叫他靠边站的,因为别人都比他低,人家工程师那时候才72块,他拿90多块,你想想。

二、 困难阶段,共克时艰

我生老二的时候,是1957年,回无锡去生的。产假只有56天,我不敢提前很长时间回家,我生老大的时候预产期过了半个月才生。生老大之后我月经就不正常,有时候45天来一次,有时候40天来一次。所以生老二的时候,我只能提前一个礼拜回家。他姐姐在无锡的丝厂工作,我就去无锡,到了无锡以后还要再坐小轮船到农村。可能是路上坐火车累吧,本来下午要坐轮船回家,谁知道从早上就开始肚子痛,见红了。我就不敢走了,因为轮船在下午6点多才能到家,难道在船上生吗?我说:"不中了,姐,我要生在这里了。"他姐和食堂说赶快开饭,她都要生了,那食堂的(人)还不错。我吃完了就马上去医院,然后就在无锡生了。所以老二叫锡临,笑死了!生了后在医院住了三五天,我老公公弄个小船把我接回家,我还晕船,把我给吐死了。之后,满月就回(洛阳)了,因为56天之后就要上班了,回来还可以休息几天,那时候是一个半月,现在都是歇半年。然后孩子就放在老家。工作太忙了,顾不了孩子。在这请保姆,都是北方人,我也用不惯,吃东西也吃不惯。

我1958年就在冲压厂当工模科科长。那个时候,一天到晚都在厂里面,睡觉都在厂里。那都是年轻人，不说累的。那个时间的工人，一个是从来不能叫累，（叫累）是丢脸的，二个是从来不看工资，如果这个人要工资，那他也要丢脸的。义务劳动这种事情经常发生，要涨工资就是丢脸。

1959年验收拖拉机那天我们都拿着纸板坐地上，广场上都坐满人的。当时热电厂已经（修）好了，有红旗的门也已经好了。但是第一拖拉机厂的毛主席像还没有，那是"文化大革命"时候才有的。不过拖拉机不能开到马路上，因为是履带的，只能专门由铁板铺的道开出来，然后开到咱们的销售处。有检查部门检查拖拉机（是否）合格，之后拖拉机就是国家分配了。那时候没有照片看，我们就经常去装配厂看。

我是1960年生的老三。1960年困难时候他妈来了，把老二带来了，然后我生老三了。老大是4岁接回来放在全托，老二放在老家里。在他1岁的时候他奶奶把他抱回去断奶，然后3岁的时候又送过来，送过来之后，我婆婆就在这儿待着了，待了8年。

三年困难时期的时候，无锡那边（灾情）也比较重，但比这里要好一点。我们那里吃大米，还有米。我们那时候回家，总要想办法扛一袋米回来。到南京（渡江）还要请人家扛行李。别人说你们的箱子真沉啊，我们也不能说那都是米。

我生老三坐月子的时候，发了一个出生证。然后就是一斤鸡蛋、一斤红糖，就没了。困难时期，党员干部要带头不能抢购。我婆婆就说坐牢她去，月子里怎么能没有鸡蛋呢。她就偷偷跑到附近，不认识路，也听不懂这里说的话，到农村去买，两毛钱一个鸡蛋还买不着。我记得我婆婆给我买了20个鸡蛋，买不着啊。那个时候我的工资才36块或是42块。我丈夫工资高，我比他差了一半儿。我丈夫年轻的时候也不懂，我说我（坐月子）吃不上肉，他说那你到上海店里排队去吃饭吧，叫我去排队吃肉。他就是光管工作，家里什么事儿也不管，家里的事情都是我或者我婆婆管。

那个时候我们还在住 10 号街坊,每到礼拜天就跑到百货大楼那街上的一家饭店,五块钱一客,里面有两块肉。那时候公共汽车坐不上,要走过去吃了再走回来。一个月奖金才五块钱,五块钱不得了了。

困难时期,只能跑到那里去吃饭。一只鸡两块钱,也买不到鸡鸭。不过(拖厂)这附近有的地方(生活)还是可以的。我婆婆到农民的地里去捡人家翻过地之后漏掉的红薯,去刨红薯芽。不少职工都去,我丈夫他不去,他是干部。他妈妈说有啥她来挡着,不能饿死,人家去翻,咱也去翻!我们去一次都得弄个十几二十斤。这样去的人挺多,基本都是我们厂里的人,到农民地里去拔,有的是把红薯叶子拿回来,红薯秧我不吃,再苦我也没吃,困难时候我吃南瓜,吃得我脸都黄了。(所以)我现在也不吃南瓜。

说得不客气一点,困难时期,从农村里招来的工人,在我们这里撑死的也有好几个。因为在农村没有东西,吃的都是粗粮,还有红树叶什么的。到这边来,饭店里有馒头,食堂里也有,随便吃。等困难真正蔓延到城市里的时候是 1960 年!1960 年以前食堂里面吃饭还不定量,到 1960 年以后,食堂里就定量了。我是 1961 年 10 月份从冲压厂出来调到铸铁(分厂)当工会主席的,去了第一个工作就是搞生活。到农村里面去收购,去买农村里的羊、南瓜什么的。

三、 乱世接生,治世结扎

从 1958 年开始,拖厂看病就不要钱了。那时候没有医院,我们来的时候就家属区有个医疗所,全医疗所没多少人。我在的妇产科才 6 张床,其他小儿科、内科、外科、妇科这些科室都有,但是办公地方不大。在困难时期我们女同志月经都没了。等后来有吃的了,咱们妇产科(就开始)忙了。妇女们一个个来看病、调经,我们给她们开当归片、红糖水。等女同志调经好了之后,就开始生孩子了。1963 年我们厂生了 1600 个小孩。那时候医院不对外,全部是职工家属。我们可忙了,办公室也腾出来了,会议室也腾出来了,走廊也架满了床。1963 年那个时候,已经建成新医院了。我们搬到新医院大概是 30 张床,所以说加满了床。那时候我还不是医生,是助产士,我班上8 个小时生了 9 个,你说我忙成啥样? 这边没有来得及消毒,我手套一拿,又进一个,换衣服都来不及,就开始测体温、量血压。生出来的小孩在婴儿室。那时候专门有婴儿室,有值班的护士,虽然孩子多,但也不会拿错。因为孩子生出来就是带着手圈,写着妈妈的名字,一般看牌子不会错。

像我这么忙,哪有时间管(自家)孩子! 我根本是光顾工作不管孩子。我家老三生完以后,我就没有奶。要吃得好才有奶,那没办法,也订不上牛奶。我丈夫去跑了半天,定了半斤羊奶。后来他奶奶去农村用大米磨的面、米糊糊,把羊奶带到米糊糊里,就这样养的老三。喂奶根本就吃不饱,到孩子 7 个月的时候,我一点奶都没有了。也是运气好,我们一个同事,家是南京的,他孩子比我的大,送到南京去了,他订到了半斤牛奶就让给我了。一拖有自己的养牛

年年先进的赵文娟

场,哪轮到我们吃? 都是给领导干部的! 我家老三吃到 1 岁就断奶了,孩子都是婆婆在带。我上班中途也不回来喂奶,医院也有哺乳室。我是有名的老黄牛,没有共产党,就没有我的今天。论文我不会写,但我会干活,领导看着我会干,每年都是厂里先进。

后来"文革"时候说起来好笑。他们都去造反当红卫兵了,我一个人上班。医生、护士都走了,有的回家了,有的去北京闹革命去了。我不敢,我就整天老老实实上班。可是有一次我一个人去上班,老头子知道了"造反派"要去打医院,叫我赶快回家,不要上班了。那时候正好有个产妇要生,我说咋办? 我想去她家的,结果她家就在俱乐部附近住,俱乐部被包围了,"造反派"

要攻打俱乐部。所以没办法了,那就说去我家吧。正好我婆婆回家了,空出来一间。我和老头子住小房间,大房间就让给产妇。她丈夫在南京工作,(生之前)她写信给叫回来了。那天他当我助手,给我递个酒精、碘酒啥的。我说孩子生出来了,他一看就吓得在那儿恶心。我后来打个鸡蛋、弄点红糖给她吃,到早晨就给她送回家。医院后来就关门了,都不上班。那些大肚子一看见我就说:"陆医生我快生了咋办?啥时候上班?不然你给我个地址,到时候我去叫你?"我说好,都给人家写地址,上门去给人家接生。当时医院门锁了,我瘦,能从铁链缝里钻进去,到病房里去拿产包,去别人家里接生。那时候产包不是一次性的,我给她家人说:"你们把产包布洗干净,啥时候听说医院上班了,就到妇产科来找我。你把产包布交给我,然后我给你开出生证。"

"文革"期间每天厂里面轰隆轰隆的,领导干部弄得不好就要被批斗。我还当过武装部长,组织人去挖防空洞。也当过"反革命"——我是口号喊错了,别人举报我,说我是刘少奇的"反革命派"。"文化大革命"初期,1967年或1968年的时候,一天到晚在外面批斗,批斗完了以后,(按理要)送到洛阳市公安局去,没人送我去。我认识另外一个人,他是"文化大革命"中写错了一个字,"毛主席万岁"的"岁"写错了,上面一个山没写,"毛主席万夕",也送到公安局去了。

那个时候也没有电话,不像现在这么方便,我可害怕夜里来敲门的。担心他们是不是来抓他了,他是"当权派"啊!所以总是我开口,他不开口,我说:"你是谁?"结果来敲门(的人)说:"陆医生我老婆要生了,请您去。"我才开门。就这样,一敲门就吓得心惊肉跳。去的时候都备一个急救包,一般第二、第三胎子宫收缩比较差,怕出血多,生完以后就打一针。

"文革"期间保健站职工还有上班的,还有看病的,我们都上保健站。很多人整天武斗,拿着长矛打,谁受伤了,我们就急救。有一个人股动脉被戳穿了,那血和杀鸡一样飙。我们外科的孔医生,技术可高了,就给他救过来了。

我们厂里有一个人,和他一个班组的同事在那里武斗,他就是去看。他是"保守派",同事是"造反派",看到他来了就向他打了一枪,下巴都打掉了。当时职工医院关着门没有人看病。拉到二院,那么长的路,到二院人家也不看,再拉回来。(后来)也是孔医生给他看的,给他装了一个什么钢牙齿。因为他钢牙齿会响,人家以为他在发报,是特务,被抓起来好几次,送到公安局,人家一查,是"文化大革命"时候被打掉了牙齿。

还有"文革"中间,军代表在这儿,号召备战备荒,让我们每个医生去学针灸。有针灸课,给我们每个人发了酒精盒和一支钢笔,学了一个月。慢慢地我就自己学针灸,我从自己身上学,学了以后,针灸可以在生孩子的时候催产,还可以治疗痛经。后来1976年唐山地震,我们医院一般的病号都回家了,所有科室都腾空,都住满了唐山地震的病号。什么骨盆骨折、大腿骨折,反正科里住的都是骨折病号,疼得要命,吃止痛片也不中,我就给他针灸止疼,效果都挺好的。我哥也是医生,上海二军大在上海办针灸班(的时候),我哥在上海参加了。他给我寄点材料,我就照着材料学的。我这人就那样,喜欢接受新鲜事物,那谁落枕了,腰疼了,痛经了,我都扎扎,我们科里好多人都爱给我整,有的医生的家属,都找我扎针,不要她老头子医(治)。

生孩子就是1963年(生得)最多,后来平均每年都有一千零几(个婴儿),到计划生育时就剩(一年)几百个。有农村的觉得多生孩子多福,有一次一个(产妇)生第八个(孩子),来不及进医院。那时候又没有电话,(她丈夫)拼命跑到医院,对我们说他老婆要生了,赶快去他家。我们拿产包赶快跟着他跑,就在家接生了。我说:"你生那么多干啥?"他说:"孩子多好。"我说:"好啥?"他说:"多子多福啊。"

我们结婚早,我生老三时才26岁,生了就赶快结扎了。后来他妈妈在这儿,她说:"我给你带,该生多少就多少。"我说:"我结扎了,我也给你生了两个孙子、一个孙女了,你总得比我先走吧,你不光要养他,还要教育他,我不要再生了。"大部分像我的年龄都是三个(孩子),比我小一点的就是两个,我们妇产科那时候不到20个人,有10个人都结扎了。我们妇产科带头结扎,那时候没宣传(计划生育),人家(思想还)不通。一听医生都结扎了,他们都很惊讶。

计划生育以后才开始在厂里说,我们结扎的时候都是自愿自觉的。结扎是开刀子做手术,把输卵管扎了,就不会怀了。(那时候)都叫女的去结扎,(因为男的)思想不通,他害怕结扎了,影响性生活,他害怕、不懂。我们外科医生,有好几个都是男的结扎,因为他懂。你看看咱厂里的知识分子,家里都是两三个(孩子),干部他懂避孕。计划生育开始实施了以后,我们就宣传上避孕环,吃避孕药,打避孕针。每个分厂都有管计划生育的(部门),有计划生育办公室管宣传,我们不管。他需要医院去讲课,我们就去。我们医院管不了的那些事,都是保健站管。

到计划生育以后才有准生证,计划生育以前叫出生证。检查就要拿准生证,给你登记个手册,然后定期来检查。当时有超生的,还有开除的。如果没有准生证的送到医院来了,不收。我们家的孙媳妇就是超生的,她亲生妈妈是轴承厂的,生了第一个是姑娘,想偷生第二胎,觉得罚就罚了,(得)要个儿子,结果又是姑娘,没办法,就送到农村给嫂子养。现在我们家孙媳妇的养母是她舅妈,从小管她自己亲生妈叫姑。她妈妈后来又生了第三个,是个男孩。是她请假回家偷偷生的,到五个月显了(肚)她就请假回家了。

到了80年代之后,计划生育就下乡了,给农民做结扎手术。洛阳市卫生局派任务给各个医院,我们有两三个点。我是去关林了,在龙门附近,那里有个关公庙,本来说是去三个月,结果(三个月后)他们不放我走。我这个人就这样,想着农民怪可怜的,有病也不好看,所以又留了三个月。

四、 跟上改革开放的步伐

我一辈子在上海待了7年,在冲压车间好像也是7年,在铸铁车间23年,然后在福利处干了10年。福利处管幼儿园、食堂、澡堂,厂里有4个澡堂,每个分厂都有几个澡堂,职工洗澡不要钱,家属洗澡也基本不要钱,澡堂全天开放。其他人洗澡要票,5分钱一张,职工不要票,就要工作证。我们管10个幼儿园、9个食堂、4个澡堂,还有厂里面用的家具、工具。这些都完全是企业拿钱,给职工办福利。

1983年我进去福利处以后,在里面主要管后勤,还管全厂职工发年货,这是工作量最大的事。去了第一年就开始了,全厂职工一人一份(年货)。一到国庆节,就要准备办年货了。国庆节以后就要统计、开会,要采购了。去采购前,要叫各分厂预先登记,要什么东西,要多少,单子都统计好,我再去采购。第一年开始搞的时候,只有带鱼,我们买了一车皮带鱼,实验一下,到后来慢慢就增加了。带鱼是总厂掏一半钱,分厂自己掏一半。那时候厂长去长春一汽参观,(看到)他们用超额生产的解放牌汽车到安徽换大米,他们长春汽车厂的职工每个人100斤的大米。他们回来就说,长春汽车厂的职工都分到大米,咱们能不能去买点带鱼过来。我就跟财务处借了20万块钱,去买带鱼。全厂职工每个人5斤,我当时买的是51000斤。因为没有冷库,我们还要自己建冷库。后来我经常到宁波、上海买年货,还到舟山买带鱼,我们在舟山有好多(合作)老店。

(每次采购)一去都是五六个人到十来个人。谈好以后,东西发到我才给你打钱。那时候做生意都要有点本事,没有本事要被人骗。带鱼都是火车皮拉来的,还有大米、皮蛋,每个人有松花蛋20个,专门有仓库保管。那时候(厂里)福利有好多,到中秋节了要发月饼,我们自己就建个月饼加工厂,还有好多小加工厂了。到夏天的话,还要发高温糖,每个人10斤白糖,也是火车皮运过来的。我们就把这些发到各个单位行政科。当时我上海、无锡都去过,松花蛋我去苏北高邮买的。还发过酒,后来说不要发(散装)酒,就买了5万瓶洋河大曲。

那时候家里的(东西)都是公家发的,没有资产。(到七八十年代以后)大家开始想要资产,但也没有,要不然哪会小偷偷的都是肥皂、毛巾这东西?对(市场经济)也是逐步接受,一开始的时候也奇怪,说广东资本主义复辟,那时候还是很怀疑。也不知道资本主义是啥样的,一听要走资本主义道路就不行。我们这些人都比较保守,(思想)都是原来那一套。因为这批解放

60 年（1955—2015）一甲子：支援一拖建设的上海老人

前过来的人，是吃苦锻炼出来的。旧社会过来的人，特别崇拜共产党。我解放以前就在工厂里面工作，工人是没有人身保障的，资本家要打死就打死。解放以前也没有礼拜天，一年就休息春节、中秋节、端午节，其他时间一天到晚就是干活。早上 6 点上班，上到晚上 9 点，每天干 15 个小时，还不能请假，还要挨打，有哪个说不愿意，弄不好（就是）一个耳光。解放以后，工人翻身当家做主，成立了工会，工会干部就要管资本家了，资本家不能打骂工人，不能随便开除工人，要真实地保证工人的人身自由，什么东西都有一套的，工人都高兴得不得了。就是说共产党叫干啥就干啥。后来"文革"也没有觉得社会主义变到哪里去了，当时工厂里不干活，工资照样发。厂里面"文化大革命"乱的时候，咱们拖拉机厂一个月（只）生产 10 台拖拉机，报告中还是形势一片大好。

"文化大革命"的思想给人灌输的是，有钱的就是坏人，不要知识。我们有一个医生，家里面做了个沙发，那时沙发就是资本主义的东西。后来邓小平出来说，社会主义不能穷，穷的不是社会主义。那个时候看到台湾来个人，都觉得他很有钱，大家羡慕得很。后来我到浙江去的时候，特别是温州那些地方，（看到）人家就是挣钱，拼命干，我们就觉得改革开放好，它能把生产项目干上来。开始搞包产到户的时候工人也不愿意，咱们这厂里的好多工人都是农村来的，后来包产到户提高了效率，原来一年分个100多斤粮食，到包产到户以后，变成上千斤了，就高兴了。

我的脑子还是走得比较快的，因为经常出去看看。看到浙江那里，(看到)人家发展得快。我讲个例子，第一次我到浙江去买带鱼，到海边去一家一家地问，因为中间商会把价格抬高，所以要亲自去跑。跑了好长时间，看中以后，我们再开始买。买的时候就听说，温岭有好多台湾来做生意的人，他到不了大陆来，都在海上和渔民交易。渔民收了不少走私的手表，便宜得很。你看我这个手表是日本的，叫精工，我一下子买了一二十个，论斤买。一斤手表大概200块钱。他们生产工艺好，我们买上海手表，还要120块一个，凭票都买不到。到80年代以后，咱们派了好多人到外国去，看到人家生产效率高，大家才都想出国，都往外国跑，就发现人家资本主义生产效率比我们高，而且东西要便宜，我们这里东西还少。

张成周
一拖六十年与我的高位人生

亲 历 者:张成周
访 谈 人:周晓虹
访谈助理:常江潇
访谈时间:2019 年 1 月 7 日 9:00—12:00
访谈地点:第一拖拉机厂老干部活动中心
访谈整理:周晓虹　常江潇　原璐璐

亲历者简介:张成周,男,1937 年生,河南洛阳人。1956 年从洛阳第一高级中学毕业后分配至第一拖拉机厂,最初在工会工资部工资改革接待站工作,后转入工会办公室,负责劳动模范工作和思想政治工作。"文化大革命"期间离开工会到党委宣传部工作,历任副科长、科长、副部长、部长,1998 年退休。

张成周(左三)接受周晓虹(左二)等的访谈

一、 高中毕业进大厂，占得人生高位

　　我1956年由洛阳一高毕业来到一拖。当时洛阳没有大学，一高是最高的学府，现在也很有名气。这个学校质量很好，有百年历史，民国初叫河洛中学，解放以后就成立了高中。当时市里很重视，校长是副市长兼任，教员的资历也很深，我们去的时候都还穿着大褂、戴着礼帽。那时我们一届有五个班，其中好多人后来考到清华以及北京的其他学校，比如地质学院等等。我考得不理想，如果上了能去太原，但我没去。因为家里面情况也很困难，就把通知书给我扣下了。当时没有去上大学的就分到洛阳的好些地方，有《洛阳日报》，还有这几个厂。其中拖拉机厂最大，来了一二十个人。家里边一说到拖拉机厂来，谁不高兴？那时能到这来，简直是一种享受、享福，是一种骄傲。你想，"中国第一"！当时一汽、一拖是"共和国的长子"，哪个中央领导没来？所以能到这儿来，那就跟进天堂一样。

　　一到这个厂，这几大好处我是终生难忘。首先这里的人气很高、很旺，为啥？那时候谁不想来？"中国第一"啊，四面八方的人都来了，而且来的都是些精英。当时整个精气神都不一样，除了像我们这样学校来的"三门干部"（从家门到校门，从校门到厂门），其他人都很有资历，都是地方县里面的领导，有些是科长，有些是县委书记，还有国外回来的，四面八方都有。我一来就叫我到工会工作。那时候的工会可厉害了，钱很多，像盖俱乐部、体育馆，包括市里当时盖文化宫，都是工会给

青年时代的张成周

的钱。而且它的设置完全像苏联的那一套模式，有八个部：工资部、生产部、劳保部、女工部、办公室、秘书部、宣传部和财务部。八个部的人员来源都非常广，有东北、上海、北京、湖南、湖北的，还有山西的。一开会，光是语言就像八国联军一样，一个个都精神焕发、兴高采烈地开会、读报。

再一个就是厂里的福利很高,一直到两三年以后遇上三年困难时期才有变化。三年困难时期是真困难啊,人们吃不上饭,把树叶都吃了。那时候人在这儿留不住,特别是重工位,像铸钢、铸铁太累了,工人吃不饱。浇帽口有个师傅,他说:"要是不能吃饱,铁链子扣我,我都要走。"但厂里也采取了好多措施不让人走。比如各单位都自保,开荒种地,我们的体育场都变成红薯地了。我还用领导们的关系,到处跑着卖南瓜、茄子。另外厂里对劳动模范还是特别照顾的,有些老师傅们离不了酒,不喝酒他干不出活,工会就给他们福利,给他们发些酒,一个人一个暖水瓶。那时候的人很容易满足,觉得这就很不错了,不过也真的是不错——相比于工人们的待遇。但对待工人,我们当时想稳定(思想),就下基层去当班组长,一个团委书记领着,到那儿以后再深入做工作。我去的是最脏、最累的那个班小组,叫钢清理。当时有个很年轻的孩子想走,我说你还年轻,这困难时期可是机会,就很短的时间,你要是离开这个地方,将来可没有机会了。孩子还年轻,都没文化,他只有出卖劳动力,但那时候出卖劳动力跟现在可不一样。后来他留下来了,没有多长时间,形势变了,1962 年、1963 年基本上都已经好了,他妈还带着东西来感谢我。因为到这儿继续干以后,他感觉到温暖了。那时候虽然说我们长期拿的都是 38.3 块,但还是觉得什么都可以,相比而言,住宿、吃饭、医疗各方面都是很好的。

在工会办公室待到"文化大革命",我就离开工会到党委宣传部了。当时幸亏我在黄山洞①参加学习班,就没有参与具体的斗争,那时候咱也不值得人家斗。当然也有大字报说你是破落地主,要拉你陪斗。因为我出身不好,我原来是破落地主,后来划定是富农。它影响到入党,因为我还是得到厂里边赏识的,很早就想让我入党,但是我入党也不知道是什么(方面)有困难,后来我才知道弄错了。原来我这个老伴儿,家庭出身也是地主,家里边还有几个人都是黄埔军校的,而且其中有一个是被管制的。这里头还有一

---

① 黄山洞村位于广东省惠州市博罗县石坝镇,是有名的革命老区。1968 年 3 月 24 日,《人民日报》头版头条介绍当时的黄山洞大队活学活用毛泽东思想的先进事迹和经验,使之闻名全国。"北有大寨,南有黄山洞"的说法流传一时。同年,时任广东省委第一书记的赵紫阳和时任省委秘书长的林若亲临黄山洞指导工作。全国各地的干部、群众、学生及国际友人约 80 万人次曾到黄山洞村参观学习。

个误会。她老家南阳有个风俗，如果家里边有三个兄弟，那么老大统统被下一辈孩子叫"伯"，老二叫"爹"，老三叫"叔"。她参加工作的时候，档案里填的"爹"正好是那个被管制的老二，就是这原因。当时很多人被批，但是并没有怨言。其实斗争我也不是没参加，那时候不是都分了"老保"①和"造反派"嘛，我属于"老保"，筹委会②。当时筹委会比"造反派"人多，是主流，后来组织战斗队，这部分老先进挑头了很多工作，他们是捍卫"抓革命，促生产"的，工人不服这一条不行。实际上"文化大革命"对厂里生产没有很大影响，都是这部分人才来维持，照样生产。

再后来一拖也都是基本顺利的。到"文革"后，我就在党委宣传部，从副科长到科长，从科长到副部长，从副部长再到部长。所以我现在回想我这一生最得意的事，第一个就是我占住了拖拉机厂这个位。你像荣毅仁的家训，要"高处走，平处坐，宽处行"③。现在讲认知的层次，你没有进入这个认知的层次，你就不可能有那种思维方式。咱从学校出来就到了这儿，啥也不知道，完全是跟着拖拉机厂的成长来成长的。所以人不可以不知足，你有这样一个条件，这个地方没有亏待你，国家也没有亏待你，而且你在这里边修养锻炼、得到知识。所以我这一生在拖厂受益匪浅，如果来世有机会做选择，我还愿意到这种厂。

二、　模范人物深接触，收获颇丰

我这一生最得意的第二件事，是在一拖跟一些劳动模范、先进人物和老干部们的接触。我们厂的人才多，光正部级（干部）就有四个人，剩下的到各地去都是很厉害的。我经历了这样的人气，接触到一些有精气神的、精神品质很高的人。跟这些人接触，对我都有影响，甚至包括跟他们一起学哲学，

---

① "老保"，"文革"时期人们对"保皇派"即支持党政干部（时称"走资本主义道路的当权派"）一派的简称。
② 洛阳"文革"期间的群众性造反组织之一。
③ 这里指荣毅仁父亲荣德生写在无锡梅园的一副楹联："发上等愿，结中等缘，享下等福；择高处立，就平出坐，向宽处行。"

我都有收获。

　　我刚进工会工资部没多长时间,就转到工会办公室了。当时工会办公室跟生产部结合了,主要是搞劳动模范工作和开展思想工作,就是有人反映问题,给他们解决,另外还去了解职工的情况、情绪、问题等。所以我一来就接触了一些老干部、老同志和劳动模范。他们最大的特点是平易近人,并且思维方式不同于学究式,都是很痛快、很开朗、很知道关心人的。我的第一个爱人就是这儿的一个劳动模范给我介绍的。那时候的领导跟现在不一样,当时好多老干部都是老八路出来的,都改名改姓。当时我们福利处处长是(解放前)广东大胡子游击队的队长①,很有名。他老婆是我们工资部的部长,也是个老干部。那时候他们对我非常关怀,都是很有感情的。比如说我最受感动的就是刚来的时候,经历过拖拉机厂的第一次职代会,那次职代会实际上是一次反苏联模式会。因为那套模式的等级观念非常严格,像办公室的桌子,几级坐多大的桌子都是专门有规制的。处长坐多大,科长坐多大,科员坐多大,都有规定。同样是个椅子,这个反过来有皮,那个没有,茶缸也不一样,苏联就有这么严格的规定。之前毛泽东也说过,那个你起码得有点区别。我们年轻人感觉这也合理,毕竟人家领导嘛,都这么大年龄。我们那时候说实在话,没有什么意见。因为当时物质确实很匮乏,你这桌上放一块玻璃板都觉得很神气了。但我那个部长,厂里给他发了一块玻璃板,他竟把这玻璃板给我了,放在我桌子上。还有人家那孩子,比我大得多,但他指着我给他孩子强调:"这是我的同事,你得管他叫叔叔。"他这种思维,不是坐到官位上就把自己当成一个了不起的人,这一点很平易近人。所以我最近看任正非这一套经营模式就很受启发。你想要这些人跟你一起干,你不光是带头,你得关心他们。所以这些老干部在解决问题的时候别人都是很

---

① 广东游击队指的是 1943 年由中国共产党创建的广东人民抗日游击队东江纵队,简称东江纵队。东江纵队由曾生任司令员、尹林平任政治委员、王作尧任副司令员兼参谋长、杨康华任政治部主任。1945年,朱德同志在七大军事报告《论解放区战场》中将东江纵队与琼崖纵队和八路军、新四军并称为"中国抗战的中流砥柱"。东江纵队最初只有一个大队,1943 年成立纵队后下辖若干大队,后来又分为支队及大队建制。亲历者说的"大胡子"即一拖的福利处处长,可能曾担任过某个大队或其下的某路游击队的队长。

任国防科工委副主任
时期的马捷

佩服的，像我们厂那几个主要领导，比如马捷①，没人不佩服，老模范都佩服他。

　　除了老干部，当时厂里那些劳动模范也很厉害。他们有的是从上海、北京、武汉这些地方选调来的，来的时候有大有小，一般年龄都不小了；还有就是在下头推荐（上来的），评判标准跟技术、贡献还有劳动态度等多方面因素有关。他们当时的劳动态度都非常好，因为他们都是工匠级的人物，来到这以后人们都尊敬他们。这人怕尊敬，尊敬就是压力。所以在（工作）态度上，他们一者无私地教徒弟、带徒弟，二者就是认真负责。我们机器厂那个劳模从来不会迟到，人家上班时间，定的表就是起码要提早半个小时到厂。技术上他们也都是工匠级的，有些八级工的工资比厂长都高。因为他们全是劳模，好多东西都靠他们解决。每一个地方，比如说炼钢，没有老师傅，谁来看火花？到没到火候都是他说了算。像一个八级电焊工，在我们装配专业那是很厉害的。还有敲敲打打的铆焊工，刚开始的时候设备都不全，（产品）都是靠自己拿手敲。还有年轻的像磨模八级工，他那个是要求很高的，铸造一个东西，全靠模来保证尺寸。那时候他是最年轻的劳模，叫何德顺，上海人，最后弄成了神经病，纯粹就是因为技术的压力。那时候好多问题要靠他解决，太费脑子，压力太大，所以没有多长时间就生病了。

　　这几个劳模我印象都深，得益于跟他们打交道。其中最具代表性的是

---

①　马捷（1923—2007），河南沈丘人。1939年参加革命，同年加入中国共产党。中华人民共和国成立后，历任中共郑州地委常委兼秘书长、第一拖拉机制造厂副厂长。1956年赴苏联哈尔科夫拖拉机厂学习，1958年回国。1963年接替杨立功担任第一拖拉机制造厂厂长，"文革"开始后调至国防科工委担任副主任（副大军区级）等职，曾参与洲际运载火箭、潜艇运载火箭、第一颗试验通信卫星的研制和发射试验的组织领导工作。

全国开第一次也是唯一一次的群英会①时，我们厂出席的两个劳动模范。一个是以炼钢炉工为代表的戴日升。那时候提出高速度——"茶壶煮猪头"②，指我这个炉子小，但是要做更大的贡献，相似的还有"蚂蚁啃骨头"。另一个是按"铁人"形象塑造的劳模，叫李雨春③。修热处理炉子有时候要赶时间，不等凉下来就得修，他那是带着生命危险往上闯，穿着翻毛皮鞋往那地上一擦都呲呲呲地冒烟，就那样抢修。像这些人到后来身体都不行了，你想他们当时在炼钢炉前就穿了小竹节造成的背心，沥汗嘛，太热了。

所以拖拉机厂很厉害的是它的劳动模范。我好些年前在《新疆报》上看到他们在呼唤 50 年代的劳模，想到当时那帮劳模后来都没有归属了，连档案都在"文革"时被破坏了，有些著名的（劳模）甚至都变成了"工贼"，于是我就跟当时的工会主席田鹏建议：这一部分人，你还是得关心他们。所以后来田鹏就在报纸上发了一篇文章，也是把 50 年代的劳模又重新召回到这儿。再后来他搞老劳模创新工作室④，都很有创意，搞得很不错。

与戴日升、李雨春并称一拖三大劳模的陈志熙

至于一拖历史上最大的功臣，那当然是那几个主要领导，四个正部级

---

① 1959 年 10 月 26 日至 11 月 8 日，在北京召开全国工交群英会。周恩来、朱德、李富春等人出席大会，并发表讲话。受邀代表 6576 人，代表全国工业、交通运输、基本建设、商业、财政、金融等部门将近 30 万个先进集体和 360 多万名先进生产者。

② "茶壶煮猪头"一语，出自陆兆仁《有色金属熔炉的"茶壶煮猪头"》（《铸工》1960 年第 2 期）一文："大跃进高潮中，我们在兄弟厂炼钢电炉'茶壶煮猪头'先进事迹的鼓舞下，解放了思想，破除了迷信，克服种种困难，终于实现有色金属熔炉'茶壶煮猪头'的愿望。"

③ 李雨春，1966 年获洛阳市五好工人标兵称号。

④ 2013 年，时任中国一拖集团有限公司党委书记助理、工会主席的田鹏，为弘扬劳模精神，创立了东方红劳模创新工作室。此后，在短短的两年内，确立了创新项目 526 个，实施 523 个，获得国家专利 13 项，创造效益近 2000 万元。

（干部）——马捷、杨立功、刘刚①、杜春永②。但功臣这个其实也不好说，这（类）人很多。因为拖拉机厂有几个阶段，（领导）人是不一样的。第一个是建厂初期，这个地方是毛泽东、国务院选定的，是很了不起的。共和国那时对这儿的各方面都是很关注的，周恩来来这儿三次，朱德、刘少奇都来过，这些都是很难得的。当时我们副厂长原来是组织部部长，他的任命书就是周恩来盖的章。第二个阶段是我们配的干部都是比市级高的，享受副省级待遇，能够接触到上层的一些东西，像我任党委宣传部部长的时候都可以看《大参考》。即使到了"文革"以后也没有降低，这个时候它是特大型企业，享受计划单列，直属国务院，材料都是国务院直接批。建厂初期讲级别，那级别是 12 级、11 级甚至 8 级等。我那个处长大概就得是 12 级，因为那时候从中南（局）来的级别都比较高。当时老干部多，享受这样待遇的人还是很多的。比如，当时听说拖拉机厂来了 36 个老八路，这就是 36 个师级干部。运输处那个老处长只有一条胳膊，那就是战争中间打掉的，谁不服？还有福利处处长，就是前面说过的大胡子游击队长。技术上的（干部）又都是从国外回来的，搞的那也都是很厉害的。再往后期就是第三个阶段，到 90 年代时，干部根本都不算数了，在厂里你就是职工，没有什么（特别）待遇了。而且不光是地位低，一下子还给你兼并了。现在国机搞大了，它把拖拉机厂降到第三层次。③ 第一层次是国机，那个一把手相当于正部级。我们现在是什么级很难说，很难找到一个定位了。

---

① 刘刚（1912—1997），男，直隶（今河北）南皮人。1937 年加入中国共产党，大学期间曾参加"一二·九"学生运动。新中国成立后，历任中共平原省新乡地委书记、省委组织部副部长、河南省委宣传部部长、省委副书记，1954 年任洛阳拖拉机厂厂长、党委书记。1962 年任中共中央西北局候补书记兼宣传部部长，1979 年任中共天津市委书记、市革委会副主任，1980 年任天津市第九届人大常委会副主任。
② 杜春永（1920—2005），男，直隶宛平（今属北京）人。1938 年加入中国共产党，1949 年任开封市总工会第一副主席，1954—1962 年任第一拖拉机厂副厂长、党委第一副书记。其后，先后任建筑材料工业部党组副书记、常务副部长，国家建材总局副局长，国家经委经济管理研究中心副主任，中国交通运输协会副会长等职。
③ 国机集团，全称为中国机械工业集团有限公司，成立于 1997 年 1 月。2013 年 7 月与中国第二重型机械集团公司重组，成为中央直接管理的国有重要骨干企业，属世界五百强企业。2008 年 2 月，经国务院国资委批准，中国一拖集团公司重组进入国机集团。因为国机集团规模很大，旗下公司包括装备制造企业、工贸企业、科研院所、汽车企业、财务公司、资产管理公司等，而中国一拖集团有限公司又属于国机集团旗下的装备制造企业之一，所以亲历者认为一拖下降到了第三层次。

三、 拖厂从一到一百万的发展历程

除了以上最得意的两件事,我在拖拉机厂工作了 42 年,还经历了拖厂从第一台拖拉机出厂到第 100 万台拖拉机下线的发展历程。在工会的时候,我参与过拖拉机厂不算数的第一台拖拉机的制作。1958 年,我们洛阳建筑机械厂有一个工匠级的人物,他的钣金手艺很厉害。他们敲打出来了一个小拖拉机,烧的是煤,还到拖拉机厂门口转了一圈。这是"大跃进"的前期,那时候人们充满激情,干啥事都很兴奋,都想着赶快出东西。(这一来)拖拉机厂就坐不住了,我们堂堂"中国第一"坐不住了,就(把任务)放到机器厂干,一下子也弄了几十台。因为那一年"五一"要到洛阳体育场去检阅,工人在那聚会,拖拉机出厂以后要路过检阅台。当时我是联络员,就想这刚敲打出来的东西很不保险,它烧的是煤,万一出故障怎么办?结果走到路上不远,它就停下来,好几台走着、停着,但到检阅台你不能再停,要保证在检阅台过得去。最后总算是过去了。后来这些拖拉机啥用也没有,它烧煤炭,动力也有限,就是应付了一次,以后都成破烂了。到咱们正儿八经生产第一台拖拉机时,是苏联运来的零件组装加工而成的。

这里边我还有个故事,我也参与过第一台发动机的生产。因为 60 年代"鞍钢宪法"提倡"三结合"嘛,干部下放劳动是家常便饭。当时设计处、工艺处都有工人参加,叫"掺沙子",干部有的也到基层、班组、车间去劳动的。那时候叫蹲点,我们都有定点的蹲点(车间),也有面上的走动,人家给你建议,你可以自选。我就到发动机厂当工人,跟着师傅学了大概一年。当时生产第一台发动机的时候,工具和卡具都没有,都是靠老师傅在那儿弄,想办法(把工件)固定住。加工的时候它震动很大,稍一松就不行了,这定位都有窍门。当时我在那跟着学摇臂转,我负责加工几个零件,一个压盘,一个油底壳,都是发动机上的零件,都需要在钻床上来做。那时候没有卡具,加工非常慢,夜里加工到后半夜,转头为了避免震动太大,只能转速非常低。有时候你着急了就下手去摸,我的手指头现在还有一个小伤疤。后来还是人家苏联对咱帮助很大,啥时候都忘不了。人家那些顾问、专家我都接触过,因为他们也都不是很高层的人,也都是技工,但都很认真负责,也都在车间转。

我在加工压盘的时候,压盘上有几个塞眼,质量检查的时候说不行,把它撂到一边。后来苏联专家非常认真,他找了个翻译来说,压盘还是可以用的,虽然有塞眼但还可以用,你只用给它倒个脚,用钻头钻一下,就不影响用了,如果扔了就可惜了。这对咱教育是很大的,不能因为中苏关系恶化就轻易地去否定。在这咱们没有对不起他们的地方,他们跟这儿也都很有感情,我们跟翻译到车站(和他们)告别时都是痛哭流涕,好多到以后还有联系。

对东方红拖拉机爱不释手的
唐屯村农民(王铭　摄)

除了生产很有激情,当时的管理也有一套方法。那时候的先进班组好多都是培养出来的。举个例子,当时发动机车间有一个先进班组保持了很长时间的工人学哲学的做法。那些工人都是从农村来的,他们对哲学不感兴趣。当时我就想了一个办法——用《三国演义》讲哲学,像矛盾转化这东西,光从《三国演义》赤壁之战里头就能讲出多少哲学道理,这他们爱听。现在那些小组长还记得我当年用《三国演义》讲哲学,你得想着叫他能听进去。还有那时候搞班前三件事,包括班后学点东西等,咱是非常赞成的。对管理和关心职工这一条,当时做得挺好。

对于拖拉机生产,发动机是主要的东西,完成以后可能是 1958 年、1959 年。第一台拖拉机交工验收的场面很厉害,国家领导都来了。当时仪式是在厂门口,谭震林主持,省委书记吴芝圃①站旁边②。那一台拖拉机后来开

① 吴芝圃(1906—1967),原名吴殿祥,河南杞县人。1925 年加入中国共产党,1937 年 9 月起任中共河南省委委员兼豫西特委书记,1942 年任新四军四师政治部主任。中华人民共和国成立后,任中原省临时人民政府副主席,河南省人民政府副主席、主席,河南省省长,中共河南省委第二书记、第一书记,河南省军区政治委员,中共中央中南局书记处书记,中共第八届中央委员。一方面,吴芝圃是"大跃进"中河南"浮夸风"的主要制造者;另一方面,他也是后来"文革"中的受迫害者。
② 在这里,亲历者的叙述时间上不准确。具体说,第一台国产东方红拖拉机下线是 1958 年 7 月 20 日,但谭震林、吴芝圃参加的是在此后的 1958 年 11 月 1 日举行的第一拖拉机厂的落成仪式。

到农村,送给被厂区占地的村子了。① 人家来迎接的都是白胡子老头,场面是很隆重的。从那以后常规的产品扩散就是一个逐步的过程了,这一段时间内得有刺激,再加上这中间跟苏联关系坏了,好多东西要靠自力更生,你原来用人家的毛坯,后来就得完全自己生产了。苏联专家们走了以后,厂里经过了一番困难,因为有好多设备还生产不出来,像拖拉机后边的油箱都还冲压不出来,得到一汽去加工,然后再运回来。他们走了以后,我们到"文革"前几年才能够正式自己造拖拉机。从这第一台直到第 100 万台拖拉机下线,那就是 40 年厂庆的时候了。

四、 新时期的企业转型和精神重建

到"文化大革命"之后,我就在宣传部主持关于厂风、企业文化、企业精神建设的工作了。当时几经周折,有时候这种风来了,有时候那种风来了。刚改革开放,连厂门口的主席像差点都要拆掉,好像与当时的大气候不合适了。② 当时孟津县的农民拿着镢头去捍卫,惊动了中央才把这个保存下来。反对个人崇拜有必要,但也不能全拿掉。我想,习主席说的是对的,你不能拿这个否定那个。比如我们厂的这个商标当时也出了问题,人家说:你必须给出说明,这个"东方红"商标是啥意思? 于是厂里边发动几个人来解释,(从商标上说)这个"东方红"是啥意思。后来还是我给它下了个定义,我说"东方红"的含义是"曙光"。在外文翻译里,"东方红"就可以翻译成"曙光",它象征贡献,展现前景,体现升腾,映照辉煌。③

在一拖最大的贡献和困难两个问题上,那要看历史阶段。当时履带拖

---

① 1953 年,第一拖拉机厂厂址经毛泽东主席亲自选定,建在了洛阳西郊唐屯村等三个村庄的土地上,其中唐屯村被全部占用。所以,当新中国第一台 54 型履带拖拉机诞生后,一拖决定将第一台拖拉机赠送给对一拖建设做出很大贡献的唐屯村。1958 年 8 月,一拖由副厂长郑定立带队,将这台拖拉机赠送给了唐屯村(第一台拖拉机进唐屯村的照片,参见本书正文前的历史图片插页)。

② 清华的毛主席像建成后,全国各地都兴起了建毛主席像的热潮,总数近千座。所以在 1980 年后,根据中央反对个人崇拜的指示,大部分拆掉了,但也保留了一部分,一拖厂门口的就保留了下来。

③ "东方红"的英文可以写成 dawn、flush of dawn,或者 first light of morning,但是一拖生产的东方红拖拉机的英文注册商标却是 YTO,主要考虑是它的发音接近汉语"一拖",视觉上也比较简洁。

拉机和推土机,你打开中央电视台到处都是"东方红",农田建设和工程建设都是靠这个(机器)。后来的小四轮有一个很特殊的情况,就是刚改革开放时是个大变革,对农机行业的影响冲击很大。当时我就动员了人到豫北、豫东搞调查,那儿都变成一溜一溜的面条田了,一家一户的田都分了。在去豫北的汽车上,我听到一个老乡把当时的整个情况概括成四句话,我觉得挺有意思就把它记下来了:"小毛驴青云直上,老黄牛趾高气扬,骑马车挂职下放,拖拉机离职休养。"那时候小毛驴吃开了,所以青云直上;老黄牛原来被铁牛替代了,歇在那了,现在又回来了,所以趾高气扬;骑马车就是胶轮马车,现在也不用了;拖拉机就是离职休养了。所以那时候拖拉机厂是极度困难的,你要想调头,往哪调? 你咋生存? 拖拉机就是卖不出去了,因为"面条田"不需要。所以在1984年、1985年分田到户以后,厂领导就组织我们开展了一次大讨论——"国家有困难,我们怎么办?"后来是"企业有困难,职工怎么办?"当时讨论得很好,很不错。讨论了以后,在厂风和企业精神上,逐步就形成了我们现在常用的这几句话,叫作"爱国、爱厂、爱岗"和"求实、高效、争第一"。后来我当宣传部长,想起周总理来的时候提出的"三个第一",我们就把它当作了厂训。后来我们搞企业精神也好,企业厂风也好,都离不开这"三个第一"。

对于企业的转型发展,那时不都提解放思想嘛,实际上我也参加了好多会,但我觉得他们都在那空谈解放,应该有点具体的东西。所以我们在大讨论当中就提出了这几个问题:一个是要"换地反思",你在河南内地要到沿海去换地反思,这样才能解放思想。一比较,你这思想就次了。另外一个是"换位反思",换到农民那个位置上去,想想农民需要啥,现在做啥人家需要。这不值得你反思吗? 对不对? 咱就是说实在话,还得有点正义感、责任感,人家交给咱这事了,咱就认真去办。所以当时那一场讨论以后,北京部里面叫去开会,当时请了四个人讲(经验),其中就有我。我就讲解放思想的经验,怎么样从这个困境当中闯出来。当然这都是厂里的,我就是作为代表去说说。那时候省里边省委宣传部部长领着我们到沿海去看,一看,确实很振奋人心,发展的速度确实很快。

　　讨论之后厂里很快就转过来了,不然你光守住这个东西咋办? 你得调头。当时国际上的拖拉机厂都不是单一生产的。英国的、法国的咱们都去考察过,都是多样多种生产,所以当时就也采取多样化,连自行车都生产了。小四轮拖拉机也马上上马,它用处大,并且完全是我们自己设计的,履带拖拉机出来以后有很大改进。原来它叫 DT54,54 马力的,后来改成 75(马力)。小四轮用处是很大的,当时我到西安去,沿途看全是我们的小四轮,农民也买得起,反正很吃香。大拖兴旺的时候也不少,那时候号称"二爷"。它很便宜,后来就改成推土机。再后来就更多样化了,那时候搞了一个"73111"工程,我们跟人家联合生产汽车。实际上那时候抓住一两样出来,拖拉机厂的效益应该就能上去。一个是压路机,一个是军工 665 汽车,都很吃香。1969 年珍宝岛战役后,我们接触过军代表,来给他生产这个(汽车)。你想想当时与苏联打仗时,人家说哪个是你中国(自己)的设备? 你连拉大

第一台 665 型牵引车汽车下线开出厂区

炮的车都是法国的①,你还说啥? 所以感觉一定要弄上我们的 665 型牵引车去拉大炮,打起仗来用 665。665 有几个特点,它前后驱动不说,还是风冷的,温度再低也不要紧,它适应能力比较强。当时要坚持下去,还是有前途的。

　　不过,拖拉机厂现在变成空心了,你实力在哪儿,实力就是个装备(而已)。咱原来啥都有,(算是)百科,从炼钢

──────────

① 1964 年中国和法国建立正式外交关系,法国成为第一个与我国建交的西方国家和北约成员国。同年中法谈判引进了法国军用运输车,以解决中国军队"有炮无车"的不利局面。在这一背景下,法国贝利埃公司的经典重型牵引车 GBC 和 GBU15 进入炮兵部队,解了燃眉之急。此后,从 1965 年开始,第一拖拉机厂参考 GBC 以及捷克太脱拉风冷发动机技术,开始设计生产东方红 665 型牵引车。1979 年中越边境自卫反击战中,东方红 665 型牵引车发挥了巨大的作用。

到造型到加工到标准零件,全都可以自己生产,现在很少了。我们过去是单位制,现在这个东西越来越弱了,它的稳定性就差了,归属性也差。当年有单位的时候,有终身依靠,没后顾之忧。你对拖拉机厂感情真深,你就是归属感强。当时都说铁饭碗(不好),但铁饭碗得看你咋用。你要感觉端着很沉,对它就不太爱;你打破铁饭碗了,最终还得对人负责,他给你创造财富。你最后不对他负责,而是想怎么样就怎么样,他能跟你一心吗? 他能给你搞好吗? 咱这是从理论上说,不是单讲拖拉机厂,就是一般来讲讲。

王金科　唐美君　王宗毅
从上海到洛阳:两代人的生活轨迹

亲 历 者:王金科　唐美君　王宗毅
访 谈 人:周海燕
访谈助理:彭圣钦
访谈时间:2019 年 1 月 11 日 9:00—12:00
访谈地点:王金科寓所
访谈整理:周海燕　李想俣　俞若菲
文本表述:王金科(宋体)　唐美君(楷体)　王宗毅(仿宋)

亲历者简介:王金科,1931 年生,1955 年任上海打字机厂工会主席,响应国家号召,成为第一批支援一拖的上海工人。王金科随后辗转长春、洛阳、莫斯科,最终抵达乌克兰哈尔科夫拖拉机厂学习技术,并在回到洛阳后正式投入新中国第一台拖拉机的生产工作中。唐美君,王金科之妻,1934 年生。唐美君出身于家境优越的资本家家庭,1956 年随丈夫来到洛阳,在第一拖拉机厂担任秘书工作,由于出身不好,一生小心谨慎。王宗毅,王金科之子,1959 年生,在拖拉机厂的哺乳室长大,正该学习知识的年龄里,他却忙着学样板戏

王金科、王宗毅、唐美君(自右至左)
接受周海燕访谈

和当"赤脚医生",几年后稀里糊涂地从中学毕了业。1976 年粉碎"四人帮"后下乡,成为伊川县的一名知青。1978 年参加高考,中专毕业后辗转回到洛阳。

一、"718":从上海到洛阳

我今年 88 岁,1955 年从上海打字机厂到洛阳来支援一拖建设。此前我担任打字机厂的党支部书记、工会主席。当时第一拖拉机厂和第一汽车制造厂一起到上海招聘技术工人——中央对上海也有一个指标:国家批准他们在上海可以招多少人,支援一汽和一拖。

我们这些人当时都有工作,而且生活条件都很好。当时是去工会听动员,然后自己报名。报名的话是有要求的,那时候要求一般是机械加工五级工以上,特殊工种四级也可以,最好是共产党员。我是工会主席,工会一开会动员我就报名了。报名之后还要经过上海市公安局、上海市委组织部(批准),招聘单位要谈,经过祖宗三代的检查之后,通过的才能去——有些人条件不好,你报名还不让你去。

我 1946 年就在上海当工人了,那时候受资本家剥削压迫,生活比较苦,解放以后工人翻身当家做主了,国家一动员,我就出来了。上海当时条件很好,我是 104 块钱一个月,我老婆是七十几块钱一个月。过来之后我一下子降到五十几块钱——那时候一过来,就要拿当地工资,

1954 年,王金科与唐美君在上海的结婚照

像我老婆过来这之后,拿三十几块,工资扣掉一半。来之前就知道工资会降——那个时候为了支援国家重点建设,搞了156项(重点项目),(讲)什么"苏联的今天就是我们的明天"啦,对工人的需求还是很大的。我们主要是要支援国家建设,所以就来了。当时年纪轻,也不考虑那么多,说出来就出来了。

我们是一辆专列送过来的,上海专门拍了新闻纪录片,新闻还登在《解放日报》上。专列有300多人,开始报名的时候也不告诉你(先)去长春,上了火车,才告诉你要去长春学俄文——当时在上海招的时候就分好了,我分在洛阳拖拉机厂,但是上了火车以后把我们拉到了长春。

从上海出发是1955年7月18号,所以我们这群人给自己定的一个名字就叫"718"——意味着7月18日离开上海,到长春一汽。

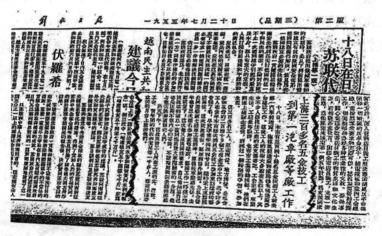

1955年7月20日,上海《解放日报》对300人的"718群体"的报道

实际上第一天就把我们给吓懵住了。到了长春,给我们吃那种不经过加工的、蒸出来的高粱米。硬,吃都吃不动,吃不下去,吃了也拉不出来。白面也没有,大米更不用说了。食堂里面做了300多人吃的高粱米,但是都卖不出去,因为没人吃啊,吃不下去,不想吃。那就吃菜嘛。菜就是土豆、白菜,菜可以吃,粮食基本上都不吃。到后来单位里看样子不对,我们这些上海人过来都不吃饭,那些粮食都卖不出去,他们也急了,就向上面打报告了。

然后,过了三个月,食堂里开始供应米饭了。

真的很苦。那个地方也冷得很,零下 30 度,公交车玻璃上面冰那么厚,地上也都是冰,进去就像进了冰箱一样。这个地方眼镜都不能戴,都冰起来了——口罩也都给你冰起来了。那个地方真的冷得要命。

当时大家也不知道后悔,反正都这样。

在长春学完俄文之后,分到拖厂的就到洛阳,分到汽车厂的就留在长春。到洛阳以后,我们在洛阳待了几个月。

这个地方我们来的时候是苦得要命啊——一条马路也没有,一辆公交车也没有。上海劳动局给我们做宣传的时候,说得咋样好,特别是拖厂,上海劳动局给我们说都建好了,市中心有条大河,河边是一个总工业区——其实就是在讲以后会是什么样。

(这么说的)问题在哪里呢? 你应该要讲一下洛阳怎么苦,至少要透露一点当时的情况。他们一点都不讲,我们一下火车就发现一片荒地,全部都是农村。

洛阳落后到什么程度? 这个公共厕所脚都下不去就不用说了,小摊贩吃东西的碗是不洗的,好比你来吃,这个碗放在这,下面他来吃了,还用这个碗。这个地方没有水,打防空洞 20 米都没有水。

我爸爸原来是新闻界的,是地下党员,要是一直在《申报》,不做资本家的话,官肯定是很大的——解放前,他的上线被抓之后没有把他交代出来,党员关系丢了以后就开工厂了。开始是个小作坊,后来越开越大,当资本家了,就是做(现在的)冰箱、彩电包装用的这种瓦楞纸。之前家里四个保姆,我在家里啥也不会做。但在洛阳的时候,连蜂窝煤、煤球也没有的,只有碎的这种煤粉——煤粉是不能烧的,一定要跟土和起来——所以要从楼底下把土弄上来,跟碎煤拌到一起,做成一块一块的。

我的一个姨听我说了在这里的情况都哭了,说我应该回来。我没有想过要回去,就一个人在这里,举目无亲。其实他(王金科)不接我过来,我可以在上海,但是没想过要回去,再苦也没有想过,现在想想我也觉得很奇怪。

　　几个月后,我就去苏联了,总厂厂长马捷带领的,一共去了100多个人。

　　我记得我是1956年7月29号到洛阳的,金科8月3号就去苏联了。

　　他去苏联以后我才知道怀孕了——吃了多少苦啊!从7号街坊到厂门口这一段路有一座桥,还不是正儿八经的桥,是竹子做的,人走上去嘎吱嘎吱会响的。到这个竹桥还有个坡,下雪天根本不敢走。肚子这么大,我站起来走是不可能的,肯定要跌倒。我就要爬到这个桥上,再站起来,走到厂门口去上班。

　　爬竹桥,我这一辈子也不能忘。

　　他去苏联,我在洛阳一个人吃很多苦。我从来没有哭过,也没有觉得苦,那时候年轻,不懂的。我既然到了洛阳,我就在这,没有怨过国家——也不知道是咋想的。

二、　在苏联哈尔科夫的日子

　　我1956年8月3号去苏联。

　　当时是先到北京,办好手续,然后坐国际列车。我们那个时候的火车都是蒸汽的,苏联的火车是烧油的。两个头,前面一个头(拉),后面一个头(推),车速蛮快的。从北京到莫斯科,五天五夜。

　　苏联地方大得很,都是森林。大城市也多,我们上海到洛阳没有什么大城市,他那个(地方)大城市很多。那时候挺想去看看斯大林的坟,斯大林是我的偶像。当时不是说苏联非常好嘛,挺向往的。

　　那时候苏联的工业非常发达,从电影上、报纸上看到苏联老大哥啥都好,宣传都是说苏联的生活很好。当时觉得苏联像天堂一样,去苏联的心情是很激动的。我们这么穷,人家这么好,他们是我们的榜样,就应该响应国家的号召,向他们去学习技术,争取像他们一样——都是这种思想。

　　那时候在莫斯科就有这个体会:苏联的生活比我们好,看病不要钞票,

王金科珍藏了 62 年的苏联克里姆林宫博物馆参观券

托儿所什么的都不要钱，马路上到处贴的都是招工的单子——啥公司，啥条件，没有失业的人。

苏联人的生活条件应该是很不错的，但是太单调。比如说，菜就是白面包、黑面包，还有就是洋葱、土豆、包菜、黄瓜，青菜、白菜、韭菜、芹菜通通没有。开始去还能勉强凑合，一个月以后实在没办法，吃不了了。我们最喜欢吃的菜就是大米和大肉煮在一起。后来什么通心粉条煮牛奶，就是像牛奶一样的那种东西，真的不好吃，到后来这个菜真的吃不下去。土豆就是土豆饼、土豆丝、土豆条，这个还是可以的，上面就放一块牛肉，或者放一块兔子肉，白水煮出来的，一点味道也没有，也没有酱油。牛奶很便宜，卡车拉来的，每家拿个桶去放一桶，面包是食品店买的，苏联人家里是电炉，洗澡也有热水。反正没有失业的人，看病不要钱的。

到了苏联去的那个厂叫哈尔科夫拖拉机厂。厂里安排好，你做什么工作，就拜哪个老师，跟着去上班。我的俄文名字叫洛巴，一个班三四十个同学，苏联老师都记不住同学们的中国名字，就给我们取了俄文的名字，什么沙沙、瓦沙。

工厂的宿舍区没有这么大的招待所，我们住在苏联老百姓家里，我住的那家是老两口，男的是个工长，但是卫国战争回来以后，腿不好了。

那个时候给我们是 500 个卢布一个月，250 个卢布是要给食堂的，礼拜一到礼拜六晚上和中午在食堂里面吃，剩下的 250 个卢布，就是自己吃早饭，

或者看看电影什么的。那里的工资,大学生到车间里去实习的话大概发 900
个卢布,一般工人也就 1000 卢布左右。

1956 年,王金科受邀参加哈尔科夫拖拉机厂
举行的苏联革命 39 周年庆典

我在那是学发动机专业的,总工长就是我的老师,他是三班倒的。厂里
是三个工长、一个总工长。他们上班的时候我跟着上班,跟着工人学操作技
术,跟着工长搞生产规划。我们请苏联的专家讲课,其他时间就是在工厂里
面工作。

我们有单身的男士,就会被苏联的姑娘约着去看电影。我工段里有一
个波兰的小姑娘,皮肤白白的,挺漂亮的,她就一定要约我看电影。我说不
行我今天要开会,她说你们中国人一天到晚开会,后来我想没办法了,把结
婚照给她看,看了以后,她再也不找我了,苏联人非常佩服(我)。

说实在的,那时候(男女朋友)吹的很多——知道男的要到洛阳去,上海
的女朋友都吹了,金科是有点不放心我的。觉得把我弄到洛阳来他才放心。
说白了,我们还是感情好。

因为我要生孩子,他要求能早一两个月回来——没有人照顾,这里就我
一个人——当时他在哈尔科夫学的发动机专业还没有学成,想要回来,要通

过考试,所以安排一个人,对金科(进行)面对面的考试。他通过了,就同意金科提前两个月回来,赶上了陪我生孩子。

三、 生产出第一台拖拉机

我是 1956 年底回来的,直接回到洛阳。那时拖拉机厂还是空的——厂房已经架起来了,里面一台机器都没有。后来一批一批的机床就进来了,大部分机床都是从苏联进来的。进来以后就安装、调整、清洗、试车。到 1957 年就开始投入生产,一般 100 个小时生产 25 台拖拉机。

我那时候是工段长。农村上来招进拖厂的,一下子就进来七八千人。农村里来的人,基本上没什么文化,有的工人连火车都没有见过,过来之后看到那么多机床,有些几十吨、两三米高,他们都被吓住了,就要手把手地教他们。因为都是苏联机床,没有中文的,开始没有办法,很多开关只有用橡皮膏一贴,写个中文"开""关",一道道工序教。

这些农民成为工人的过程非常非常困难,语言也不通,啥也不懂,到工厂看到这个机床就傻了——他从来没看见过——开机床要教好几天,不教记不住。不会开,也害怕开——要手把手教他,你手一放他就不敢开了。1958 年厂里面搞技术革新①,发动机有一个曲轴非常重,然后那些工人就问说这个东西能不能用木头做,在外面包一层铁皮——哈哈,这个东西钢做的都可能断,他还说要用木头做。

到了六个月的时候,一般的都能独立操作了。但是遇到一些特殊的情况,机器滋滋滋叫,他们就慌了,也不知道怎么办,有点什么问题他们都没法

① 1957 年一五计划提前完成后,毛泽东开始批评经济建设中的"反冒进",亲自发动了"大跃进"运动,同时技术革命被视为促进"大跃进"的重要手段被给予了高度重视。技术革命以庐山会议为界限分为两个阶段:第一个阶段,从 1958 年初到 1959 年的庐山会议,主要是通过发动群众运动的方式,搞技术革新,提高工业生产率;第二个阶段,从庐山会议到 1962 年国民经济调整为止,此时因为"反右倾"斗争的开始,"大跃进"的步伐加快,技术革命也进一步升温,在全国工业领域内开展了以机械化、半机械化、自动化和半自动化为核心的"四化"运动,群众性的技术革命被推向高潮,但也出现了许多不尊重科学、不尊重知识分子的举动。

处理。

国家那个时候说是国庆节献礼,所以必须要把第一台拖拉机正式生产出来。当时毛坯我们自己还不会生产,都是苏联带来的,不能出废品。第一台拖拉机生产出来的时候,我是亲眼看到我们的零件装到拖拉机上面去的。记得厂门口开大会,中央还来人了,开了一个很大的会,(宣告)"点灯不用油,耕地不用牛"的时代开始了!

四、"夹着尾巴做人"

我一进厂就是干部,不是工人。我是高中毕业,英文和语文都挺好的,在厂里是一个处的秘书。我上班,孩子送在哺乳室。哺乳室好大好大,都是一个一个房间,一个哺乳室有几十个孩子,附近几个分厂的婴儿都送到这里来。我要给孩子喂奶的话,大概连跑带走要花十分钟。保育员她们是几班倒的,每一班大概五六个。节假日什么的,连春节都要上班,所以哺乳室的阿姨也很辛苦。

办公室的干部有工间操,工间操是一刻钟,到这个时间就像赛跑一样跑到哺乳室喂奶。你晚一点回来,大家都会觉得你很不好——喂奶这么长时间。那个时候是这样,不管你心里爱不爱,你都不太可能去表现出很看重家庭这件事,因为厂里的整体氛围就是工作。

晚上开会开到10点、11点,那是家常便饭。那时候"大跃进",没有事就开会,开会都是乱扯一气。孩子在哺乳室,想着他要哭了呀,他要吃了呀……心里着急也没用。有时候我就把孩子抱到开会的地方。夏天蚊子多,在室外露天开会,我把他抱在怀里,拿块布给他包住,不叫蚊子咬。可是一包住又抱在怀里,又是夏天,他热一身汗,我也一身汗。孩子可受罪了——你还不能说,说的话就会给你扣帽子。

我们办公室的人政治上特别小心,不会乱说话的。特别是我出身不好,更要小心谨慎,一弄弄到我头上来了咋办? 特别小心的,不敢说啥。

三年困难时期开始的时候还正常上班,晚上要加班,很晚才叫你回家。

到后来发现工人(患)肝炎的多了。肝炎、浮肿——因为吃不饱,没有营养。

我是浮肿,当时肿到一按一个坑,到后来厂里发现没办法,不叫我加班了。在上海,就算也吃不饱,但是很少患什么肝炎、浮肿,毕竟他们的营养要比我们这里好。所以我们这里所谓的"营养不良"是真的不良。上海人再苦,没有这么苦的。所以1959年生孩子,我就回到上海。

我一到上海,营养好了,孩子好大好大——当时上海也很困难,但产妇可以吃几斤鸡蛋、一副猪腰子。

孩子满月我就回来了,因为上班的时候到了,不能请假的。

我一向很小心的——出身不好,夹着尾巴做人。那时候艰苦得很,没有吃的。洗手洗衣服,肥皂也买不到的,要有票的。(为这)我就说了一句:"肥皂又不能吃,为什么肥皂也买不到?"就这一句话,团小组就批判我了,对社会不满,对"大跃进"不满,就批评我。

由于这种原因,(后来)家里的很多东西都被毁掉了。我的结婚照特别漂亮,上海中国照相馆拍的婚纱照是顶好的。"文革"的时候要"除四旧",那婚纱照肯定是"四旧",我害怕,就把婚纱照上的衣服都铰掉,(只)把头留下了。

(有的人家)两夫妻不同派,本来下班一起回家,现在闹到在家里贴大字报了。一方饭做好以后,饭也不吃——两夫妻,家里面闹。

我和美君不讨论政治,从来也没有。夫妻之间也不说,就是不想说。

总的来讲,我们这一代人太苦了。

那时候我们很幼稚,没有像现在会思考、分析。我那时候思想上要求进步,要跟家里"划清界限"。"五反"的时候,我跟我妹两个人合起来找我爸爸谈话。那时候资本家分几个档次:严重违法户、基本违法户、基本守法户、守法户。(我们)就当面问他说:"你是守法户,还是基本守法户?"当时我很幼稚,觉得组织上叫你跟家里划清界限,叫你爸爸坦白交代:你交税了没有?你漏税了没有?那时候光知道组织上叫自己这样表现,你就得去表现。主要是要思想先进,我要跟着社会走,组织上、政府现在是要怎样说的,我们就怎样做。

一天到晚地开会,没有别的事。谁大批判的文章写得好,谁就红。

五、 上学赶上"文革"十年

我下乡的时候已经 1978 年了。我是举着华国锋的头像下的乡——之前就在洛阳长大,从托儿所一直到上高中。我 1966 年上学,高中毕业是 1976 年。"十年浩劫",我正好在上学。

一年级的时候,我觉得还学了点东西——当时一上语文课就学拼音,所以我的拼音现在很好——二年级开始,学校都不上学了。大家到居委会的裁缝店里做一个红小兵的红箍戴着,在家里玩,跟着老师玩,然后在楼下街坊我们住的地方玩。我们家当时楼下面是一条路,经常就看到下面的大卡车上有人戴着高帽子,几个人在后面押着,就这样低着头,车就一边广播一边开着游街,好多人都看着。我们不懂,就看着一群人在一块吵,当时叫"大辩论",然后就是满街贴的大字报,那真是好长好长,各派的都贴。还有就是在墙上拿笔写,还有地上,到处都是——地上都是这东西。我对这个记忆很深。

三年级上半学期,学校从厂里招来了工宣队,让我们组织在一起,基本不上课——我印象当中不讲文化课的——说点跟"文革"有关系的东西。

等到三年级的下半学期,我又换了个学校。上课好像也上,但是就稀里糊涂的。样板戏开始的时候,我四年级——应该是 1970 年左右——《红灯记》什么的都唱,然后就层层选拔、调研。一开始学校挑节目,成立宣传队排戏:学校组织到上海市场的路边上圈起一块地,我们就开始说快板、唱歌、跳舞。

我参加了洛阳市第一届的样板戏学习班。各个企事业单位都派代表去学,去比赛、选拔,厂里选完到区里,区里选完到市里,到处去演出。河南省京剧团、河南省话剧团,都想来招我。学校推荐我去,当时我倒是有点动心的。后来我妈不让我去——当时我印象当中就是政治这方面（不过硬）。

高中时候的1975年，基本不学习。印象当中，老师来也是走走场子，底下哇哇乱吵，课堂上大家都在聊天，该干啥干啥，老师随便讲讲，讲一会，也不留作业就走了——就这么过来的。后来学校有一些老师可能觉得：这样子这批孩子将来怎么办？有些人就动脑子搞专业班，一个是医学班，一个是电工班，一个是农机班，还有体音美班，让你在高中时期学这些东西——因为那时候不给上大学。

因为喜欢音乐，喜欢体育，喜欢唱歌唱戏，那个时期我就到了体音美班，但是并没有人好好地教，没多长时间就把它取消了，又转去了医学班，学"赤脚医生"那一套，请医生来给讲一些简单的东西——那怎么能当医生？不是胡扯吗？

实习的时候到东方医院，打扫卫生、领换药、换床单，给人家换床单，然后跟着护士去查房，我们跟在后面，医生在前面，我们瞎听，紧接着护士打针，我们也去扎一扎。我当时高中就是这么混来的，也不知道怎么就毕业了，稀里糊涂，我印象中也没有什么考试。

1976年毕业，毕业以后，10月粉碎"四人帮"，王、张、江、姚被抓起来，华国锋上台。

那时候下乡还没有停止——并不是"文革"一停（下乡）马上就停掉的。我找不到工作，当时是被迫下去的。我爸妈两个孩子，规定要去下一个。我妈想应该是老大下的，但我姐是高度近视，所以学校就把她留下了——她不下我必须下。

下乡过程没有动员，就是通知一声谁要下了你们报名。因为我们下的是伊川县、益阳县两个地方，伊川的都是插队，几个人结合一个小组插到人家生产队里去。益阳搞了一种叫"三集中一分散"，有知青点，知青点给你们盖一圈房子，你们住在这里，请个农民来给你们做饭，开会学习，这叫"三集中"；"一分散"就是分散到各个生产队去劳动，我下的就是这个地方。

没有人试图逃避。我们就觉得已经下了那么多年了，这就是政策。大家都习以为常，认为就应该是这样——下乡能安排工作，不下乡不会安排你工作的。不下乡就在街道里打打杂,正式下乡回来就可以进国企。有这种希望在里头,甚至有的人高中不上,初中毕业就要下去,多下两年还可能早点回来。

我们知青点在那么多下乡的地方中,算好的。一个院子,水是那种摇的井。我们住的房子还好,是青砖房子,有一个伙房、一个院子。这个知青点有41个人,大概有十五六个男的,其他都是女的。当时我们41个人是一个伙房,找了两个农民来给我们做饭,但是我们经济不交给他。第一年我们是拿粮本的,吃的粮食到县里去买回来,但是第二年吃的东西就是看你第一年干活挣的工分了,能够在队里拿多少粮食再回来吃。所以第一年大队就安排我当了三个月的司务长,司务长就管这个活,当然村里还派了一个复员军人跟我一起,到季节就去买油、买面。大队也给我们贴些粮食。因为我下乡的地方在洛河边上,当时洛河边上是种大米的,所以在那个村是有大米饭吃的,很符合我南方人的口味——我们那个点真的是比较好的。

当了三个月的司务长以后,我出了一个车祸。

我们的知青点离县城15里,冰天雪地去县城看纪念周恩来逝世的一个纪录片。怎么去的呢? 在马路边上拦那种卡车。去的时候很顺利,回来之后看完电影,天擦黑了,又拦住一个车,有的人胆子比较大的在前面拦,但我不敢,没有到前面拦——我站在旁边,这个司机过来的时候,车没有站住,有的人动作快,就上去了。我站的位置不太好,掉下来就摔了一下,骨盆骨折了。司机知道有人出事,停下来把我抬到车上,拉到县里人家说治不了,就拉回洛阳来了。

所以这中间到1977年,大概有半年时间,我在家里养伤,等养完伤回到村里以后,村里照顾我,让我去大队当民办老师。我教一年级的体育、三年级的数学,还有一个最奇葩的,是我教高二年级的英语。拿的课本是小学一年级的英语课本,因为他们没有学过单词——就给他们上课,讲ABCD,然后简单的单词,简单的一两句话,第一句话是"永远热爱伟大领袖毛主席"。

然后混到1977年恢复高考,父母就说:"机会来了,将来国家也认为需要读书。"

高考准备时间很短,从前到后大概是两三个月,就高考了。第一年考得一塌糊涂,自己也不知道多少分,反正是没有录取,我接着在农村待着,到第二年接着考。第二年,妈妈说:"你在农村没有时间看书,干脆找个理由,说你有病,我要陪你到北京看病。"

在北京我姨家待了 50 天,上午、下午、晚上看书,稀里糊涂 1978 年高考考了个中专——河南省公安干部学校中专班,后来我们毕业的时候叫河南省人民警察学院——考上了以后就离开农村,去郑州上学了。

我们这 41 个男男女女,有一个考上了本科,也是跟我一年。他家父母亲就是老师,然后我考上一个中专,其他的最后就当工人了。39 个人,是陆续回来的。

1980 年,就开始不下乡了,国家就开始让有些人回来。回来以后有些人进厂,当工人接班,当时有个政策叫"顶替",父母亲有一个人离开厂,就能去顶替,家里头父母亲不愿意退休的,那就在厂里面先做临时工,到一定程度了再顶替。我们里面还有六个是当兵的,当完兵以后,从部队回来直接进厂当了工人,就是这种情况。有人也在农村待了四五年。

我一直有这种感觉,如果能一直在学校好好学,我应该不至于只上中专,因为在学校我是好学生,我功课还不错的。

六、 回不去的故乡

到洛阳来吃了苦了,但在洛阳生活了 60 多年,觉得洛阳也挺好。我们觉得现在洛阳(变成)这样,多少也有我们的功劳。

我们客死异乡后,才能魂归故里了。我以前的遗嘱是希望死了以后把我扔到黄浦江里去,让我叶落归根。可是现在又变了,我觉得没有必要了,就在这儿好了。拖厂的上海人特别多。我们这批来的就有七八个人,其他来了很多批。我们六七十个人来,现在还有一二十个人——都走了,都死了。

现在听说上海对支援内地的这一拨人,还在外地的,只要条件够迁户口回去的,每年都补贴。上海市政府对我们这一批人还是很照顾的。

但是对我们来说,他照顾不了我们,我们没有户口,在上海也没有房产——我爸有房子都给儿子了,出嫁的姑娘没有的。

大概十年前,我们去了一次打浦桥。[①] 当时早就退休了,70多岁,听别人说可以去上海落个户,投靠个兄弟姐妹,以后可以享受这个补贴,他们两个为这去了一趟,到那以后我弟弟陪着,各个派出所去找,最后条件根本不够。

不是图有个上海户口,其实就是叶落归根的意思。也有经济方面的,补贴不少,一年四季各个季节都有,国庆、五一,都有钱的,连重阳节居委会都会到家里来送重阳糕,上海对支内的人是很好的,我们想享受这一块。但规定一定要至亲接纳,只有兄弟姊妹不行。我们没有房子,所以条件根本不够。

2010年,王金科(后排左八)参加支援一拖建设55周年活动留影

我们回打浦桥,我们家这栋房子是钢骨水泥的,那是大户人家,好房子。可是我们去里面一看,一塌糊涂,有几十家人家,要着火的话,简直是可怕得很,所以后来拆了。我妈妈家的群贤别墅还在——我是在那个地方生的儿

① 打浦桥街道位于上海市黄浦区(原为卢湾区)。

子——瑞金二路 225 弄 1 号,是一栋别墅。我们住的时候,那个地方是很漂亮的,很高雅,一进去就像电视里演的,有个小院子,窗都是法式的落地百叶窗,要走几层楼梯进到屋里,可是现在里面也破烂了。现在住的人家是谁,我们不知道。(指指儿子)他去过,不敢进。

我女儿现在上海,嫁给了上海人,我有机会回上海。真是很佩服父母他们,放到现在想想,怎么可能一说报名就来了? 我觉得我很佩服他们,现在显然是不可想象的。

当然我最想的还是回去。

我每次去,都要去看看,然后不敢敲门,想半天不敢敲门。走到那个地方,我就在那边走来走去(说到这里,眼泪开始往下淌)。

庹　涛　庹文成
国营与民营:时代激流下的两种回应

亲历者:庹　涛　庹文成
访 谈 者:彭圣钦
访谈时间:2019 年 1 月 9 日上午
访谈地点:中国一拖青年公寓
访谈整理:彭圣钦
文本表述:庹　涛(宋体)　庹文成(楷体)

亲历者简介:庹涛,男,1978 年生,河南南阳人,中共党员。1999 年从拖厂技校毕业,入职拖厂营销中心,2002 年调入第一装配厂人力资源部,2014

年调入拖厂总公司人力资源部,2017 年调入现代生活服务中心,任实习服务部副部长、部长。庹文成,庹涛之父,男,1944 年生,中共党员。河南南阳人,初中学历。1966 年通过招工进入拖厂工作,后因工作出色多次被评为"先进个人",现已退休。

庹涛(左一)与父母、妻儿的"全家福"

一、 从农单、多家灶、安居房到商品房

我父亲应该是 1966 年从南阳到这边的,就是(通过)拖厂社会计划招工参加工作的。新中国成立了以后,建成拖厂需要有大批量的工人参加,解决劳动力最佳的方式就是本地招工。当时招工集中几个片区,南阳的、周口的、驻马店的、新乡的都有。但就是偏河南的南方多一点,那边农业户口人数较多。因为拖拉机的主要应用领域是农业,拖厂的社会招工具有一定的农资情怀,所以说到广阔天地的农村招了很多年轻人充实到拖厂。

当时我们生产大队的支部书记考虑到我是中学毕业——那时候中学毕业很少——工作也很积极,而且我母亲去世早,只有我跟父亲两个人在一起生活,所以就跟我说:"你去洛阳工作吧!"我说:"那巴不得,最好了!"如果你在政治上、生产上和党支部不一致,在小队生产时不参加组织的活动,在大队生产不积极,那是不能来参加招工的。还要大队把关政审——一般都是要贫下中农,尤其是贫农——我们过去都是贫农,给地主做长工,祖祖辈辈都是这样,很穷,吃不上穿不暖的。(政审过了之后)还要去县医院体检,才能来参加工作。

我记得小时候,我爸爸每年春节和麦收那会儿会回来。那时候用什么夏收?用镰,人用镰刀割的。我就觉得虽然我爸爸是拖拉机厂的,但是我们村就那一台拖拉机,而且那台拖拉机也不是收割机,就基本上是拉麦秸秆的。这个过程对我来说很苦恼,我总在想爸爸是拖拉机厂的,却没有一个好的拖拉机到我们村,把我们这个麦子给收喽,解放农村生产力。

来拖厂之前,我就听说过东方红拖拉机厂,因为全国第一嘛,很有知名度的。但是我没有见过拖拉机,包括当时说的"洋犁子洋耙,电灯电话",那都没有见过,都是听说的。我们大队都是在我来拖拉机厂工作了 20 多年后,委托我牵线给买的第一台拖拉机。当时大队支部书记说找我买拖拉机,我

就找我们的厂领导说,最后就买了一台小 40 马力的拖拉机。

我来到拖厂以后才知道,我们国家地域太广阔了,就是农机需求不光是我们河南,整个你看两 jiang——新疆、黑龙江(更需要拖拉机耕作)。

当时我爸爸是"农单"——从农村到拖厂的单身汉,我记得他住在 4 号街坊单身楼 24 号。他参加工作了,但在农村结婚,老婆就只能带着孩子留在农村,因为那时候户口管理严格。他只能自己一个人在这边工作,孩子老婆都得在家。这跟大工业时代是有关系的。你想想,五六十年代,国家刚建立,没房子。我看到厂志里面说,好些厂房是咱们自己垒的,工人是边干活边垒厂房。好些工人干完了,没宿舍住或者宿舍不够住,直接就在厂房附近大棚子里住。当时国家底子薄,它没法满足所有人的需求,那时候人特别的纯粹,住单身楼,不找事,没房子,挤着住也没问题。

我和母亲一直在农村,直到 1993 年,我 15 岁才到洛阳来上学的。因为老厂长给我爸分了一套房子,才一间半,我爸现在还住着一间半的房子,在四楼。单身宿舍是没有厨房的,就是一间房和公共卫生间。我上面还有个姐姐,等于说 1993 年一来洛阳,我们一家四口就住在一间半房子里。你算算,我们咋住的?很苦!我好多同学家还是住在多家灶。你知道啥叫多家灶吗?就是住三家,有三个卧室,一个厨房,三家共用一个灶台,做饭的时候你得早点。虽然这个我没经历过,但是我同学家是多家灶。我去他家,我也很奇怪,就在 5 号那儿,一推开,我一进去,哟!三家!就是北边两家,南边一家,然后吃饭的时候我看他们有三个案板——三家三个案板,炒菜的时候哗哗哗,大家共用一个灶子,后来就演变成三家三个液化气了。

90 年代,1998 年或 1999 年的时候国家房改了①,不再计划分房了,住房市场化。拖厂是房产商品化最早的,也是改制最成功的。公有房施行房产置换,交完钱以后算是置换完成,房产就是自己的了。随着市场化的运作和拖厂福利,还有咱们工资的提升啊,职工们通过自己的劳动和智慧也得到了

①　实际上,自改革开放以来,国家就在着手进行住房改革,但直到 1998 年底国家取消福利分房后,才标志着中国的住房商品化改革进入实质阶段。

自己的报酬，能够去市场上买房。

我是1999年参加工作之后，大概2000年的时候，父亲就在现在的武汉路，比较远，给我提前买了一套房，那时候是洛阳市的安居房。住到安居房里面已经大有改观，七八十平方米，挺舒适了。

后来，因为考虑到老父亲年纪大了，要住得近一点，我通过自己的工作积蓄，在2014年、2015年左右在我们的5号楼原址又用公积金贷款买了套商品房，高层的118平方米，生活得到了进一步改善。

我一个同学，一参加工作就贷款买了房子。当时1999年，那时候工资800块钱，好像一个月才还一二百块钱。但是他一下子住到130平方米的大房子里面，人家结婚有了一个更好的环境。后来我就发现他也没有压力，就当时那两年有压力，其他时间随着国家发展、经济提升，加上货币一直在贬值，工资一提高，它（房贷）不是个事儿。但十年以后突然房价涨了，他工资提高以后，一下就给还完了，他十年就完成了，提前住房了。后来我也从这里面悟出来——看来还得贷款买，想全款买房子，什么时候也追不上，因为房子是一个贵重品，不动产里面最贵的一个物品。所以我就算了算，借了借款，首付了40%，然后贷款买了这套房子，现在也基本上住进去了。我和爱人两个人都在拖厂工作，这样的话等于说是两个人的住房公积金加在一起一个月1400元，正好能把那个房贷给还上，工资不受影响，生活品质不降反而提高了。

从这个思路上来看，我们这代人和我爸那代人对于社会变迁的认识不一样。你要跟我爸讲这个他不听，他说要买就全款买，而且必须在现在住址附近买，不然就住这。我原来跟他说："要不你这边咱也弄个小户型住到一楼？""不，我就住这！"这个跟他的拖厂情怀有关联，他不愿意搬，主要原因是他出了门见到的都是熟人——这是我们哪个分厂哪个分厂的，我们是邻居，然后这是我们原来一个单位的，见了面都打招呼，特别亲切。我父亲的归属感特别强，你让他去哪他都不愿意去，就这个原因。拖厂工人培养的这种情怀还是比较强烈的，左邻右舍都可以帮忙。我小时候放学回家，家里停电了，外面下雨了，如果家长不在家，那邻居都会开门说："你来吧，进我屋，等你爸回来再回自己家。"这是很自然的,现在没这个感觉了。现在都是门一关,越来越先进,越来越封闭,属于这种环境,但是有一个好处是网络越来越发达。有时候我也在反思这个东西:为什么人会越来越封闭?就是网络发展,网络发展把陌生和地界打通了。你今天要不来,咱晚上回去也能聊,不需要面对面的一个交流。

二、 营销中心没了

我 1999 年 9 月从拖技校毕业,学的是汽车维修专业。当时想着不行我就开出租车,再不行从事汽车修理,那时候看出来汽车行业发展要好一些。我们班是 9601 汽车班——1996 年拖技校的第一届汽车班,有 45 个男孩,基本上都有驾照。

命运的改变再次与拖厂相连。我们快毕业的时候,实际上拖厂的市场份额开始下滑。营销中心提出来一个"大营销"的概念,就是以服务促营销。当时服务人员偏少,我们就正好是学汽车、拖拉机维修的——以维修东风、解放、夏利和昌河面包车这些车型为主。到 1999 年毕业时,营销中心拟招聘一批市场营销服务员,正好把我们班选中了。全班 43 个男生——只有两个人是因为身体原因和家庭原因没有到营销中心——就这样都进了拖厂营销中心。

当时我本来是没想要进拖厂的,后来就是因为这一个招聘就进了拖厂。当时一听说是驻外,感觉年轻人嘛,去外面闯闯看看,也挺有意思。之后我们又参加了营销中心的"两江/疆战役",就是黑龙江和新疆的秋季售后服务。有时候下着雪,人家车坏了,我们去给人家修车,带着配车,背着配件,开着三包车,到现场修车,在三包期内的免费服务,增加企业服务价值。而我是唯一没有参加"两江/疆战役"的,因为我被领导派驻到张家口,负责张家口、内蒙古等华北片区的产品售后服务。

拖厂的营销服务人员薪酬激励偏高。我们除了医保以外还有一些补贴,当时工资还是比较高的,大概有 1100 块。2001 年以后,我就转战到人事上。当时拖厂也正经历朝向市场的变革,也有下岗的时候,工人也比较痛苦。这是在2000—2004年——2000—2002年这三年更困难一些,这跟国家体制、社会、入世,包括跟我们的经营方略都有关系。

当时困难到什么地步呢?(我)一个月发138块技能工资,加上绩效不超过500元。当时洛阳市的工资也比较低,我印象当中大概三个月到四个月都没发过500块钱。那时候企业青年工人和大学生流失特别严重。你去看厂志,2000年出的文件中,人力资源方面的文件是最多的,叫"下岗""分流"。那时候出现了"四零五零",就是女40岁、男50岁,就可以给你发一定的生活费,发200多块、100多块,你搁家休息,不用到企业上班了。

当时厂里的开工率不高,甚至有的厂房能听见鸟叫,因为有的厂房闲着,鸟都在那儿做窝了。正常的企业,像我们制造业应该机床声轰鸣,但进厂以后都听不到设备的轰鸣声,太平静了,平静得吓人。产量应该是往下滑了,就这样,没有生产的拉动,就是很难……

我2000年调到人事岗位后,就一直做人力资源,从不懂到领导教,跟师傅、文件学,基本能上岗工作了。大概在2002年的6月30日,营销中心解散,我们单位从此没了。营销中心解散后,各业务职能划转到相应各个专业厂,人随职能走,我随着营销中心人事业务划转到了第一装配厂,从事人事工作。当时我们公司领导提出来一个"三分四层"战略。它当时制定了四个层次;"三分"就是用军队的语言来理解——"分兵突围、分块搞活、分兵挺进"。"三分四层"的核心就是围绕企业的市场化放权。这种经营思维就是把营销中心解散,其权力和职能下放到各二级单位,全面激活各二级单位的资源、人员能力和经营能力。在2002年营销中心解散后,各专业厂各自卖各自的。为了自我生存,各专业厂要组织各自的营销队伍跑到田间地头,跑到所有的县城去营销。下放到各专业厂还有一个好处,就是技术上不扯皮。原先你的技术员设计的东西给营销中心,营销中心说有问题需要改,技术员说没问题,他是按照技术图纸(设计)出来的。现在不同了,技术研发和营销都在各专业厂,市场反应时间缩短、效率高了。市场说改,技术员你不改不行。产品技术适应市场周期快了,市场也接收得快了。

到 2003 年这个当口,国家实行振兴农村的规划,农机补贴就出现了。随着 2003—2004 年国家农补一点点开始加大,拖拉机市场火爆起来,拖厂营业收入开始实现一年一个增长,利润也逐年提高,员工薪酬也水涨船高,效益就好啦。

我要没记错的话应该是 2006 年,营销中心成立——营销中心又出现了。为什么出现?因为从 2002 年运行到 2006 年这四年时间,营销下沉到各专业厂,四个分厂四套人马,同时在同一个地点出现,又造成了人力资源浪费。市场好了,营销人工成本增加了。领导看到这种情况,那就(再)成立营销中心。

到 2014 年拖拉机保有量就基本见顶了。从 2004 年到 2014 年,十年一个产品的周期嘛。一个产品就比如索尼,它现在量也不大,对吧?任何一个产品不可能吃一辈子,它都有一个生命周期,到一定程度都会从初期成长到鼎盛再到衰落。

2014—2018 这中间的三四年,市场又不好了,因为农机补贴了这十来年,各个地方要业绩,要 GDP,想要干大,加上地方保护,透支了市场。拖拉机门槛低,所以说你会看到原来云南还有河北石家庄、邯郸有拖拉机厂,每个省会城市和地级市都有拖拉机厂,它简单好弄,但是没有很大的技术储备,不具备市场竞争力,一旦市场洗牌都很难受。虽然拖厂生产的拖拉机的性能和复杂性是别的企业比不上的,但是现在市场洗牌我们也难受。所以就在今年,营销中心又解散了,营销职责又下放到各个二级单位了。这可能应了中国一句老话——天下总是"分久必合,合久必分"。从营销中心的起落,可以看出拖厂的历史侧面。

三、 我们的愿景就是"现代"

我从 2002 年 6 月 30 号到第一装配厂人力资源部,干到了 2014 年,从事过绩效管理、保险事务、人事调配、培训开发——高校实习和企业从业人员培训由我负责。从我个人发展上看,在一装的这 12 年平稳期,随着企业效益持续增长,我的工资从连续三个月不到 500 块钱,慢慢一直增长到 3000 块

钱,到 2014 年大概就发到
3000 块钱了。如果效益好,发
福利、发奖金,那么还会更多
一点。随着产品的兴衰,你的
工资也荣辱与共。

2014 年我应聘到集团公
司人力资源部从事招聘管理
和综合管理工作,2015 年下半
年竞聘上岗,我又回到培训和
综合事务管理岗工作,干了两
年多。

庚涛(右)与访谈者彭圣钦
在自己负责的大厂食堂留影

2017 年的 2 月 14 号,现代生活中心选聘,我就到了我现在所在的这个
岗位。这个部门是一个新兴的部门,把拖厂的一部分管理职能和资产整合
到一起,解决了拖厂大后勤的管理。这个单位名字叫东方红(洛阳)现代生
活服务中心(以下简称"现代生活中心")。这是我们领导定的,必须带"现
代"两个字,我们要跟着现代的节奏走。我们的愿景是致力于提供现代城市
配套供应,只要社区需要的,我们都要做。现代生活中心八个部分别是社保
服务部、实习服务部(就是我现在干的这一块)、公共服务部、社区服务部、餐
饮服务部、综合管理部、财务部、人力开发部,基本都带个"服务"——我们以
体验服务为重,体现先服务后管理的理念。

我们的老总总结,拖厂就是社会的一角:从生,我们有东方医院;到上幼
儿园,我们有省级示范幼儿园,四所本部幼儿园,十多所外部幼儿园;到上小
学,我们有拖厂的小学;到上中学,我们有两个初中、一个高中;到甚至相当
于中专和大专水平的拖技校;到大学毕业进到拖厂参加工作;到退休,到最
后死亡,火化,一条龙。

今年都 2019 年了,新中国成立 70 周年,我们拖厂伴随着共和国走过来,
也 60 多年了,我们怎么给祖国献礼? 我们提出来要做百年企业,我们靠什
么? 就是适应市场、适应客户需求,这样才能做起来。每次发生变化,每次

　　适应新的需求都有一个困难期、一个难受期,但是这些都是需要面对的。

　　我昨天晚上还在读那个《重新定义创新》①。你能说人家索尼和诺基亚没有科技创新吗?不是。它们当时的市值可比我们高多了!但它们为什么倒下?我们应该从反面例子里面去吸取教训。光有科技创新——有那么多的专利、那么多的科技在里面——不转化为生产力,不转化为产品,终究都会被淘汰。我是昨天读到《重新定义创新》的时候突然想到了这一点,感觉到创新不是一个新东西的产生,而是看你现有的资源,你怎样找到路径,让它适应市场,适应外部环境。你有你的资源,就看你怎样把资源给盘活了,重新激发它的活力,我觉得这是应该考虑的。

　　我来到这个部,领导跟我说了一句话:"人还是那帮人,指标你来接,完不成,就下马。"在我们现代生活中心,完成经营指标是考核干部去留的唯一标准,就是悬在你头上的一把利剑,让你时刻保持压力与清醒。

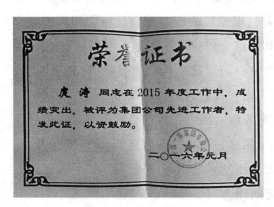

2015 年度涛被评为一拖集团先进工作者

　　我们领导今天开会——是节前第一个质询会,我们要被质询:"你去年指标完成没?你上个月完成啥?没完成的原因是什么?能不能完成?"没完成就要承担相应责任与考核。质询会一个月一次,所以我们的压力很大。我们领导说经营指标是唯一的责任,不讲理由,就给你这指标。你接不接?你不接有人接。我们中心的八个部长和中心班子成员,于每月 5 日前被主管领导及总经理质询,由各部长汇报上月工作指标完成情况——上月工作完成情况的好坏数据由财务提供——完成情况直接决定部门员工的薪酬绩效多少。领导对哪项工作有疑问,就质询,你要如实说;如果有些项目有特殊困难也可以给领导说,领导也会帮你解决。随后汇报本部门本月度工作计划——结

---

① 谢德荪:《重新定义创新》,中信出版社 2016 年版。

合以往月度完成情况,依据年度总指标制定切实可行的月度工作计划。制定计划时如果项目需领导支持,可以说明。领导综合考虑后会给予相应的资源支持。经营意识要强,指标数据要清楚,不然经营分解指标完不成,是没有任何借口的。如果连续几个月完不成,领导可能质疑你的工作能力;如果全年完不成,你可能岗位就不保了。现代生活中心领导班子每年给大家定的目标挺高的,我去年一看指标都懵了。后来领导说:"懵啥? 先干,干着、指导着,找对方式方法,经营指标一定能完成。"结果去年和我部员工一起找市场、抓管理、搞节约,慢慢地指标也完成了。

我们这边领导都比较随和。我们说话、跟人交谈都是用很短的时间,说干,一分析,就干! 我对我们部员工说:"有利于公家的事,有利于自己的事抓紧做、快速做;有利于自己的事,不利于公家的事坚决不要做;有利于公家的事,不利于自己的事,谨慎地做、汇报后做,在工作当中如果遇到这种情况,多给领导汇报,开会、决策后做,这样就保护了你自己。"我说:"你们就奔这个原则,其他基本上不要求你们。"这也是管理放权的一种方式吧。

我们办公桌也很少用,也很少收拾。我觉得没有必要坐到办公室里,你整天对着电脑没有用,最终是(客户的)需要。目标出现以后,这个经济指标是靠一块钱一块钱垒出来的,需要你给它干出来,你躲到办公室它不会一点点跑出来。你们坐到我这,我不能让你说我这不好那不好,你又去别的地方。那我经济指标咋完成? 机会来了我一定要抓住,还得让人家有回忆、有感觉,人家来了以后还想回来,这就好了。这个东西的传播效应是越来越好,你要今天弄不好,明天弄不好,那你就完了。

四、 我穿工作服我自豪

我以前在专业厂干的时候,穿着工作服,感觉特不自信。拖厂高峰时期四万多人,穿同样的工作服。你看厂外面也有跟我们穿一样工作服的,包括保安都穿。我们去外面开业务研讨会,到宾馆一看,人家保安或者搬运工,穿的都是我们的那个服装,我就总感觉低人家一头。你知道吗? 我那时候特不自信,出去我要给工作服卸掉,要穿自己的衣服,感觉穿工作服没有自豪感。因为工厂效益不好,你工资低嘛,你社会地位低嘛。我觉得原来拖厂的人——我爸他们高工资的那一代——在拖厂都很厉害。后来特别是到2002年那几年,感觉真是可不自信了,一点都不自信!

大概是2014年,我到公司人力资源部后有了一个转变:去了以后感觉视野开阔了,包括对事物的认可,包括对我们企业文化的深层理解——由于我们做的是中国农业机械,就可能面临着很多别人的不理解、别人不对称的回报。在装配厂的时候,我还感觉自己低别人一等,到2014年7月的时候就有改变了。我自己又重新翻了一遍我们的企业文化手册,读了以后,慢慢就理解出来了。后来最终促成改变的应该是我们现在的老总,他说:"让自己都感觉对得起工作服的时候,那你就自信了。"我们穿着工作服走出去最起码有一个自豪感,我走到哪都感觉我穿工作服舒服,因为我是拖厂人!现在为什么就感觉自豪了呢?就是因为我热爱我的这一块工作,我穿着工作服我就是很自豪,我就是拖厂人!现在我媳妇老说:"你天天没事老穿工作服干吗?"昨天周末我都还穿着工作服,我回老家也穿着工作服。有时候感觉脱了工作服还不习惯了,大不了洗洗,整理干净就完了,就这个感觉。关键看企业给了你发展平台,你怎么热爱这份工作而且能做好。首先你要热爱,因为热爱了就有原动力,因为热爱了就专业了,因为专业必然精彩。这是我们老总说的几句话,也一直鼓励着我们。

你看我们部,包括我们中心,整个都是比较积极向上的一个状态。包括你给我调查,我语速可能有时候快一点,因为脑子在转,我在跟你说东西时,脑里面在想我下一秒要干什么事去。我们负责高校实习,这一块很忙的,你们来的时候是重庆理工大学和另外一个河南的学校同时在这实习,我们周六、周天还要参加读书协会的分享会,生活排得特别满。

我会告诉我的员工:"你们跟我在一起,我背着压力指标,晚上睡不着觉,想办法怎么完成,但是我没有把这个压力传给你们,我觉得我要顶得住。当然我想让你们干什么你们必须给干好,用心干好每一件事,这样我们才能成长。"所以我基本上不批评我的团队。但是我会跟他们下指标以及说明工作任务和工作内容,你必须马上做、赶紧做,我要的是结果。

你看我一会儿下班就去食堂上班——这边下班,那边上班。我们现在就是这样,你自己到这个岗位上,是因为你的梦想驱动——你想到这个岗位上——然后你才会去热爱这个岗位,你才干得更专业。这里面没有谈到加班不加班的问题,因为基本上你是认可你的薪酬和付出的,领导也认可你,你也认可领导。我们也在找发展模式、激励模式,让这个激情一直保留下去,因为我们中心才刚刚成立三年嘛——2016 年成立,到今年刚 2019 年。

你看我(2018 年)12 月 31 号发的朋友圈,我自己的感想、总结:"2019年,你还要继续拼尽全力去工作。"大概意思是这样,原词记不住了,你就是要努力地拼尽全力去工作,不管组织和工作以什么方式回报你,我们都要精彩地去工作,你必须保持你那个部的活力。

现代生活中心这个单位成立了以后,定位是"现代生活",我们就要打造符合现代城市服务的成套的供应商。"现代"这个词指的是什么?就是不落后、不落时。那我们靠什么? 早期这两三年是靠激情,就靠有梦想、有冲劲。那么后期靠什么? 靠制度、靠模式、靠激励,靠一系列管理和平台及资源的整

2004 年庹涛因服务于大学生培训
在教师节获得了总经理嘉奖

合。激情不可能一辈子都这样,发条越上越紧就崩了。早期这种激情是来自哪儿? 那就是热爱。我们老总常说你要是干事业没一点激情,那就完了,那就没有动力了。

所以说我悟出来了。我之前说我在一装厂人力资源部干了 12 年的培训开发,培训开发本来是人力资源板块里面工资最低的,但是我做到了我的工资最高。在这里面我悟出来一个道理:干一件事情要干精,而且要干专。在

这里面你能找到平稳,找到乐趣,也能达到工作和娱乐两不误。你可以在培训中找到切入点,为组织贡献业绩——每年的符岗符级培训,每年的劳动技能比赛、工程技术人员的培训、管理上的培训……凭借我组织的每年大学生的培训,我获得过厂里先进个人。我是唯一在教育战线上为企业做出贡献而获得公司总经理嘉奖的人,当时我 26 岁,是最年轻的企业人力资源教育者。

郝迎春　朱世兰　郝　杰
拖厂就是我家的全世界

亲 历 者:郝迎春　朱世兰　郝　杰

访 谈 人:陈昌凯

访谈助理:秦　彧

访谈时间:2019 年 1 月 7 日 14:00—16:45;2019 年 1 月 9 日 9:00—11:50

访谈地点:一拖国贸大厦一楼会议室、亲历者寓所

访谈整理:陈昌凯　秦　彧　古　雷

文本表述:郝迎春(宋体)　朱世兰(楷体)　郝杰(仿宋)

亲历者简介:郝迎春,女,1973 年生,拖三代,集团党委巡察办副主任。拖技校毕业,1990 年 7 月 20 日参加工作,通过自学编程从一线技术工人逐渐转入管理岗位。2001 年担任冲压厂党委工作部部长;2003 年党委工作部和办公室合并,任办公室主任。2006 年冲压厂改制为弗莱格公司,兼任董事会秘书。2010 年担任弗莱格公司党委书记助理,2013 年任党委副书记、纪委书记、工会主席。2014 年调任第一装配厂党委副书记、纪委书记、工会主席,之后任副厂长。2016 年调任集团党委工作部任副部长,2018 年任党委巡察办副

郝迎春(左)接受陈昌凯访谈

主任。朱世兰,女,郝迎春之母。1948 年生,山东东阿人,1957 年跟随父亲来到洛阳,曾下乡插队至河南许昌鄢陵,1971 年回城入第一拖拉机厂标准零件分厂工作,现已退休。郝杰,男,朱世兰丈夫,郝迎春之父。1947年生,辽宁沈阳人,大连医科大学(后遵义医科大学)毕业,毕业后入铜陵地区复员军人疗养院工作,1973 年调任一拖东方医院任外科医生,现已退休。

一、 三代人的艰辛与坚守

我算是拖三代。上一拖的幼儿园、一拖的小学、一拖的中学、一拖的技校,毕业以后就自然而然地进入了一拖。在我们那个年代,我们这种拖二代、拖三代,脑子可能就是很简单,没有想着要出去到外面的世界看看有多精彩。

我姥爷是第一批从长春汽车厂过来支援一拖建设的。我母亲是下乡之后分配进一拖的,她原来在标零厂(标准零件厂)。我父亲还没有调过来的时候,我姥爷就患食道癌不在了。那时我很小很小,没跟他做过交流。小时候我基本上待在姥姥家,但是记忆很模糊了。因为我姥姥走的也早,大概也是(我)几岁的时候,她就不在了。

我父亲是 1957 年 7 月从东北长春汽车制造厂来支援拖厂建设的。那时候街坊里都是乱糟糟的,现在的 5 号街坊那时候(刚刚)新建起来,这一片都还没有收拾好。我们就住在那里,刚开始来还没地儿住呢,住在建校。那时候我们一家八口人,我父亲、母亲、奶奶,我爷爷已经不在了,还有我们姊妹五个,我是家里的老二。

那时候我跟我爸在长春,我爸只给我说了一句话:"咱们去一个地方可暖和、可好了!"我也不知道(去哪儿)。那时候我才八九岁啊,我小妹妹才七个月。我们是夏天来的,我小妹妹脸上都晒了个大泡。

来了以后直接到 5 号街坊，一个总门里住两家，第一家才 9 平方米一间，我们在里头一个套间，都朝北，一共才 26 平方米吧。就不知道那时候是咋住的！可小可小！那时候家里啥都没有，风扇啥的都没有，夏天太热了，我们那又住不下，就把床都搬到门口，就在外头睡。不过，那时候治安啥都可好，挺安全的。

我父亲是煤气救护站的管道工，在东北就是管道工，到这来也还是管道工。那时候他一个人工作，一个月 56 块钱。不太够，后来我母亲又卖冰棍贴补点，冰棍三分钱一根，最贵的五分。没多长时间，我母亲就到拖厂的家属生产部里头工作了，炼钢还是干啥的。

我奶奶那时候 80 多岁了，她想家（东北），犯了一次病，从那以后她就想回家，一直闹着回家。1962 年回东北后，没多长时间就没了。

我父亲是胃癌，成天胃疼。在家里（东北）没有，到这来以后（有的）。他反正在东北拉洋车的时候也是饱一顿饥一顿的，有好吃的他就猛吃，我姑姑都说他是有好吃的，吃完了还蹦蹦再吃，吃完再蹦蹦再吃，最后落下这病。来这里在岗上他就有病，经常上着班捂着胸口。我妈那时候对他可好，家里再没有粮食也给他擀点面片，薄薄的，特意给他做。我爸可瘦，但是他这个人也挺开朗，也可好。

我爸是老党员，好像是在长春入的党，这个我不太清楚。他一直干到 62 岁，那时候哪有退休啊，他也不能想着不干，一家人，我们姊妹几个也在上学，虽然学费不高，也就是 5 块 10 块那样的，（但）也得要钱啊！那时候我弟弟在上 4 号幼儿园，也是几块钱。我爸走的时候才 62 岁，那时候我丈夫郝杰刚调来，我们迎春才五个月。我爸在医院住院，我抱着迎春去病房，一进病房她就哭，我爸那时候毅力也可强，住院期间还看报纸，忍着痛啊！

我小时候在山东老家也上过学，那时候就去地里干活了，割草弄啥的，也没有好好上。到洛阳后 11 岁才上一年级，在（拖）二小，转到（拖）一小上三年级，后来上拖一中。

我们家出身好，（我）也挺要求进步的，1966 年元月 13 号我就入党了。

那时候在学校里我是第一个党员,(也是)我们学校学生中间第一批,我党龄到现在都五六十年了。那时候反正都是为共产主义奋斗终生,在学校里就是好好学习,把学习搞好就行了。然后带领大家,我那时候是班长嘛,管好班里的事儿。(那)以前,学校就从来没有发展过(学生)党员,后来就说(我在)学生中间表现好,就第一批(发展)了。1966年正好课程学完,开始"文革"了,我的文化程度就是初中。

我1968年下乡,父亲是党员,把我们姊妹几个全部送到农村去锻炼了。上山下乡嘛,那时候都没有想着能回来。我是10月18号下乡到河南许昌鄢陵插队的,挺远的。人家家里条件好一些,有时候还能回来,俺们不行,咱们回不来,也没条件回来,回来坐车你得要钱嘛,(我)也没那个钱。

我们是一个新建的大队,住在一个学校院里,都是我们下乡的学生在一块儿,没有分到农民家里。我们有200多人,分了一连、二连、三连,然后副业连啥的,好几个连。自己种地,自己收割,反正是自给自足嘛,种菜啥的都是我们自己。自己大队里有食堂,有磨面的,有开拖拉机的,有喂猪的,有磨粉的,其实也挺好,集体生活啊。要干活的时候也真辛苦,也挺累。(我)啥都干过,拉犁、种麦、割麦子,我还开过拖拉机,就是我们厂生产的75履带拖拉机,发动的时候还得拽绳子①,到最后我也没学会,拽不动。那个拖拉机是我们大队的,(我当时)在机务组犁地,就是给农民家犁地,那时候还挺威风的。

以前我也不会(开拖拉机),那时候都是分配你干啥就干啥的。后来我不开拖拉机了,喂猪了,喂了二三十头猪,还每天去割猪草。我还干过食堂,在食堂里待了一段时间,也蒸馒头、剁菜,就学会了剁萝卜丝。反正我什么都干,基本上啥苦都受过。

没想到干了两年零七个月,拖厂去招工了,招了57个人。我是1971年5月7号回来的。那时候不知道咋的,(招人)也没啥标准,也不考试。反正一来,宣布我们57个人就回来了。回来以后分到各个分厂的都有,然后各个

---

① 75履带式拖拉机采用的是启动机启动,启动机是AK-10型的汽油机。启动时必须先挂空挡,用启动拉绳缠绕在启动机的启动轮上,然后用力拉动启动绳,启动机工作后搬动启动机离合手柄结合到柴油机上,柴油机转动后再把离合手柄退回,关闭启动机。

分厂进行安全教育,培训培训就行了。

　　我分到标准零件厂,我们分到标零的有10个人,专门做螺钉、螺帽。刚进去就是学徒,有师傅带着,师傅干啥,你就给递个扳子,拿个这拿个那的,就是你得给人家服务。去了以后,我一开始就是干大个烧饼样的三眼钻,就那么大三个钻头,直接下去。那时也有点(害怕),弄不好三个刀全打(到人)。到最后反正慢慢习惯了,(然后)干了大力钻,干了十来年。那时候女的挺多的,大力钻、小台钻、车工、铣工的都有。

　　那时候我上面有一个姐姐,底下是两个妹妹一个弟弟,全是一拖的。我姐姐1969年支援三线建设,一家都去了青海。我姐16岁就进厂了,1969年已经出嫁了,我姐是党员,我姐夫也是党员。(厂里)动员了,叫支援三线建设,各个分厂抽多少人去。我姐夫有一个老战友,先去的青海,他去青海也是初建(时期),好像是青海的铸造厂啥的。他先去了以后,给我姐夫写信,也叫他们去,最后他们一家就去了。到现在都扎根在青海,一家人都在青海。(姐姐)到青海乐都铸造厂,那里还有个锻造厂,两个厂都是我们厂的人过去支援的。

　　我姐走的时候我在乡下了,我不知道(她走了),我回来时候她们(已经)去青海了,没送成。我大妹妹开始是跟我妈在一个厂,后来她这个厂又归迎春现在

一拖当年的704分厂制造的坦克

这个厂,冲压分厂,后来又到自行车分厂。我小妹妹呢,也是下乡回来以后,开始也是好像跟我妈在一块,最后又分到704分厂,就是专门生产坦克的那厂。我弟弟开始是在锻造厂,后来他的身体有点不太好,他又到了拖拉机厂技校。

　　那时挺困难,但是好像也没觉得有多困难。

那时候的难估计你们也不知道,估计我姥爷姥姥更难!

我们现在回想起来真的是非常辛苦!因为我弟是 1976 年出生的,我其他印象都不深了,只有一个印象就是我妈推了一个小竹车,然后我在这边坐着,我弟在那边坐着,噔噔噔推到厂里去了,(把)我们俩往那一放,她就上班了。那个时候厂里管得也不严,我再稍微大一点,有的时候也会到厂里去看她干活,甚至有的时候她上夜班我们也去帮她干,帮她去捡捡零件呀,或者是帮她打扫打扫卫生啥的。

那时候她上夜班有两件事我印象特别深,一件事就是我妈经常会把我的作业拿到单位,她闲暇的时候会看看。晚上等到 12 点多下班了,她就给我叫起来:"你这道题做错了啊!"就给我叫起来。还有一个印象就是夏天的时候厂里做冰水,她会拿着军(用水)壶去灌点冰水,等到晚上也是睡得晕乎乎的,起来喝冰水。那个时候确实很辛苦!

我楼底下有个小竹车,那时候我只要一上班,就都是推着迎春,推到那个哺乳室里头,我一上班往那一放,人家有阿姨专门管着。带点米带点啥的,孩子大的时候,(阿姨)给熬点稀饭。

我是生产工人,每个月都有定额的。一天得完成几个小时工作,多少定额,像那零件、螺帽,都成千上万。我是体力劳动,这胳膊一直都得动着。像我们就弄那螺丝扣,那都是一个一个的,跟串糖葫芦一样,一个一个地往上串,串一串,弄下来一个。看一天能干多少,都有定额。下班了都是我们自己带(孩子),上班了,都是幼儿园的阿姨给带。我们迎春小的时候,说要加班,我就把她抱到车间里头,叫她在那坐着,我们就在那干活。

那时候加班啥也没有,没有加班费,但是大家积极性都可高。我觉得那时候这个思想觉悟都挺高的,好像都是为了厂里的利益完成任务,多生产拖拉机嘛!那拖拉机没有我们的螺钉、螺帽就连不起来、不能走,所以说呢那任务一下达,干得可积极了。也不是天天叫你加班,就是偶尔的,大家要完成任务的时候,齐心协力动员。

　　我们小的时候都在企业里的哺乳室。妈妈在这边上班,我们在哺乳室里,需要喂奶的就去喂一下奶,那个时候(产假)56 天就上班了。所以那个时候的人到该生孩子的时候还一直在坚守岗位,挺着大肚子还在(岗位上)。我妈是干钻床的,一直坚守岗位,生完孩子 56 天,(把我)送到哺乳室就来上班了。

　　如果没有(哺乳室)肯定是没办法的。现在你看年轻人,好多女同志都不上班,就是为了在家带孩子。有时候我"嘲笑"她们,我就说太矫情了。我们那时候不也是一边带孩子一边工作吗? 不是也都过来了? 现在都"娇气"得不得了,带着孩子,还得专门在家伺候孩子,我就不理解。

　　那时候是 56 天产假,我是 55 天。我回来都给我算产假了,都提前,我算歇了 55 天,我就去上班了,就 55 天。

　　那时候好就好在厂里有哺乳室,有哺乳室就方便多了。早上把孩子弄到厂里一送,中午去喂奶的时候,还可以做点饭啥的,挺好。(那时候)厂里头没有午休,中午 11 点半就开始吃饭,到下午 1 点钟都得上班了。有一个多小时的吃饭活动(时间)。我丈夫郝杰在保健站,我们孩子在哺乳室里,中午他也去哺乳室里,(我们)一块儿都在那吃饭,中午就不回家了,一上班就分开。

　　我那时候已经没有哺乳室了,我们孩子是 2000 年生的。我们家也没人带孩子,孩子出生以后是半年的产假,没歇够,后来冲压厂换厂长了,王红旗当厂长了。我在家歇产假呢,他就给我打电话:"你来上班吧。"当时我给他说:"那你得给我开个假条,我这 15 天的产假有机会了还休。"他大概给我开了一个像白条一样的(假条),但是一直到现在都没有休过。

郝迎春保留的一直没有去
"兑现"的产假换休条

二、从"压不垮"到"冲出去"

我一入厂就给分配到了钳工组,原来叫冲压厂,现在叫弗莱格公司。它有一个工模科,主要是修理模具。因为我(在拖技校)学的钳工,要么是机修,要么就是模修,后来就给我分配到了模修,就是跟着师傅学模具修理,大概有六年,反正那六年我觉得没学到什么东西,基本上晃晃就过去了。本身学钳工的女同志就很少,师傅们就不把你当成一个正儿八经的徒弟带,就觉得女孩在这都要保护,你别砸着脚了、砸着手了,你别出事、别添乱就行!然后就给你发个扳子,"你去把这个螺钉给拧拧",(我)拧了有好几年的螺钉。把东西卸下来,然后拿到平面磨床上磨磨,就是这样。

后来企业里头引进了一台数控设备,应该是冲压厂的第一台数控设备,叫线切割机器。当时厂里考虑我在钳工方面发挥不了作用,就说:"你干脆去开这个,去学这个吧!"我这人本身还是挺喜欢学习的,所以就去模具公司学了三个月,回来以后就自己开始干这个线切割。

模具公司就是原来的模具厂,那个厂之前有大概五六台线切割机器,我们就在那学,后来我自己学会编程了。那个时候编程用的是 286 的计算机,都没有人用过计算机,觉得新鲜得不得了。然后也就在那个时候自己学会了打字,学会了 Word 文档编辑什么的,我觉得确实从那以后我整个职业生涯开始了一个飞跃。

领导也看到了,因为从职责的角度来讲我是一个工人,不需要我来编程,这是技术人员的事情,但是后来我自己学会了以后,基本上就是我自己来编。他们就觉得这个女孩还挺喜欢学习的,就还可以。

因为我是技校毕业,所以我到线切割就是数控那块的时候,应该是 1993 年,我当时就想着得学个文凭,因为我不能就这样一辈子当个工人在这混。再一个从骨子里来讲,其实我原来学习还挺好的。后来就去报名参加全国高等教育自学考试。我跟我那个同事(一起去的)。当时我那同事比我晚一年到线切割,我们俩应该是 1994 年那会儿一块去问的,一看机电一体化,17 门课,大概是四年左右,修完学分就给毕业证。后来她没上,我们俩有两句话可经典,什么时候给年轻人说都这两句话。我是看到 17 门课里头有一个高数,有一个英语,我说了一句话:"这 17 门课可能就这个高数和英语还比较难,其他的我倒觉得都还可以。"她说了一句话:"哇! 这里头还有英语和高数,太难了!"然后她就放弃了,就没有再去修,我就报了名。

报名以后就坚持去学,最后大概是四年就拿到这个毕业证了。我们全班 50 多个人,我记不清了,但是上着上着就都不上了。因为这个是自愿的,我上课全是业余时间,业余时间你愿意就来,不愿意来就算了,最后拿到毕业证的是 3 个,因为自学确实靠的是自己的毅力。

后来我把这个修完了以后,正巧那个时候刚拿到毕业证就让我到团委,这就顺理成章了。其实真的当时(厂里)对教育非常重视,也很支持。我们当时有一个教育科,我要去参加高等教育自学考试的时候,就到那去备案,它是全年两次考试,备案以后每次考试前会给我 15 天假。因为当时我在线切割,虽然人少,后来还有另一个女孩,我休息其实也没关系,所以我一般考试前休 15 天假。那 15 天是效率最高的,狂复习! 从早上 8 点钟一直到晚上半夜 2 点,基本上都是这种状态。那时候我妈天天给我买安神补脑液,真的是那样的,我就觉得如果是现在的话,可能就很难了,因为现在企业没有这样的假期给你。

那时候不光是我们子公司、分厂有(考试假),整个一拖都有对员工关怀的部分,从这种福利到教育层面都会有很大的支持。只不过当时有些人可能不知道这个政策,还有一些人可能就没去用。回过头来你再看,你就会能发现,每个人当初的一些思想认识都决定了他的未来。

企业也鼓励你去学,学了以后回来是回报企业的。我现在的很多工作本身其实是一种感恩,因为企业确实给我提供了很多的平台,包括后来在企业管理的过程中,企业送我去参加培训,当时接触到了很多外面的先进的管理培训,这对我整个的发展或者是对企业都是很有帮助的。

我学了线切割后,当了团支部书记,接触到了一些团委的工作。因为我做任何工作都是非常尽心的,所以在团委,大家都觉得我工作做得还不错,而且活动开展得也挺好。后来团委负责人被安排到其他岗位去了,我就到了团委，然后就被任命为团委副书记。然后我一步一个台阶、一步一个脚印地走到现在。

我其实还是比较喜欢一些新工作的，因为我从干线切割的时候，就基本上是开创性的工作，没有人干过我来干。弗莱格改制的时候，所有的改制从前到后一直到最后股权全部转移，也是我一手操作的。董事会秘书从来没干过，别人也没干过，然后我就重新开始。所以我比较喜欢这种工作。厂里成立了巡察办，我就觉得因为我还是挺有优势的，毕竟我对党务工作非常熟，关键是我对企业管理非常熟，我觉得我很有优势，我就去参加竞聘了。结果应该还不错，据他们说总共报了八个人，这个岗位非常热门，结果我是第一名。

我觉得我这个人放到任何一个岗位上，都会尽职尽责地去把它干好。我觉得领导可能看上了我这点，因为我没有什么后台，没有什么关系，我从来都不去领导办公室，不会没事就去那坐坐。甚至现在的领导，不是汇报工作我都不会去他那里。我认为你干的活在那摆着呢，人家应该是都能看到的。所以说，我也非常感谢我们一拖的这种环境，确实是你真正地去干工作，应该还是大家都能看到的。

我们家整体上不会这种投机钻营，因为我母亲是个老党员，学生时期就入党了，一直也都是教育（我们）说要光明正大，工作要努力。包括我到巡察办以后，甚至到党委工作部，我父亲跟我谈话，首先一点就是："你要清正廉洁，不该你拿的东西是一分钱都不能拿！"就是这么说的。所以我当时也挺感动的，作为家里人，他能够这样提醒我，我觉得确实是挺好的。

我是 1996 年 4 月 5 日入党的。（我）入党也挺有意义、挺有故事的，因为我是 4 月 6 号结婚，我订下 4 月 6 号那个日子，我们党支书去找我说："我让你双喜临门，4 月 5 号让你成为预备党员。"因为 4 月 5 号那天我记着已经请假了，上午去试婚纱，到下午 4 点钟专门跑到厂里开支部会，说要通过我（入党）。

我担任弗莱格公司办公室主任大概十年时间，这在我的职业生涯中是非常浓墨重彩的一笔。因为一开始对管理是一窍不通，给你放到这个位置上，当时的策划就是整个管理体系的管理放在办公室。我就从零开始学,后来是自学了质量管理体系的审核员,然后还考了外审证,曾经是国家注册的质量体系的审核员。整个管理工作我一边学一边干一边实践。首先是从质量体系的这个角度,因为很多企业是把体系当成了一块敲门砖,没有实实在在地去做,但是我们当时的一个理念就是,既然是引进这个系统管理体系,就是要扎扎实实地去做。最早的检查是审核组来检查之前,大家慌着补记录,后来我们说要努力消除这种状况,就是要做到日常是什么样来检查就是什么样,其实后来达到了这样一个目的。我们 2003 年通过了质量管理体系认证,2004 年通过了安全环境体系认证,再后来就是"三标一体"①。2006 年弗莱格也进行了改制,改制以后因为它面向市场,还要进入汽车行业,在 2009 年的时候,我们就导入了汽车的质量体系,这个时候管理又是跃了一个台阶。

在 2010 年的时候,我也是通过学习接触到了卓越绩效准则。后来我就发现这个标准应该是非常非常好的,因为它突破了质量安全环境体系的局限,把文化、战略、领导都放到了这样一个体系里,应该说是能涵盖我们企业的方方面面的。所以我就特别兴奋地去找董事长,说我觉得这个东西需要在我们企业推广,然后联系编写标准的老师,请他到我们公司来做培训,给全体人员做培训,培训完了以后就开始策划。导入这个标准的同时申报质量奖,把申报质量奖作为一个副产品。

非常幸运的是,我们的申报一次通过了。我觉得这个事情确实是我职业生涯中最值得记忆的,因为那个时候,洛阳市第二届市场质量奖里面只有两家企业,其中有我们一家,而且关键是我们没有找任何咨询公司,所有的报告全部是我们自己做的。当时我就觉得特别特别兴奋,这样就把企业带到了比较高的高度,所以那个时候弗莱格公司的整个管理水平,在一拖集团都是数得着的。就是到现在为止,当时遗留下来的一些管理理念、方法、工具也都在用。

同时,企业文化也是一个重头戏。一个企业运行的两个轮子,一边是管理,一边是文化。所以弗莱格(制定)出来的企业文化高度,在集团公司也是

①　"三标一体"即将质量管理体系、安全管理体系、环境管理体系这三大管理体系作为一体整合认证。

第一名、第二名这样一个水平。我觉得在我的职业生涯里头这个确实可圈可点，因为自己确实是尽了很大的努力。尤其我记得应该是 2005 年国庆节期间，放了七天假没出门，抱着这么厚（比划）一摞企业文化的书，一边研究一边琢磨，一边看一边想，最后就是把弗莱格公司企业文化的脉络架构全部想明白了，然后起草了《企业文化宣言》，先后改了 12 稿，发布以后现在指导着弗莱格公司的整个发展。

不能说这个里头的工作都是我做的，其实领导也都在周围起到了一些引领（作用），我也受到启发，但是在这个过程中，我确实是在亲自操刀，确实就是这样的一个感觉。

宣言当时的核心理念就是："为用户创造价值，为员工创造机会。"企业的这两个点是不能偏废的，我认为这两个点完全要并行。原来最早冲压厂的企业文化叫"冲不溃、压不垮"。大概是 90 年代的时候，大家都觉得朗朗上口非常好，而且也确实体现了当时那一代的精神。但是为什么我们要改呢？其实改这个也是遭到了一些阻力，大家不愿意改，而且我们当时的领导也对我讲过，一般情况下企业的这些精神一般人不愿意触碰它，你去触碰还是很有风险的。所以说我们也是下了很大的功夫，才是把事想明白了。

"冲不溃、压不垮"表现了一种计划经济时代的被动接受。你来冲吧，我冲不溃；你来压吧，我不怕。但是缺乏一个主动进取的精神，尤其是我们在市场经济的条件下，我能主动冲出去实现跨越发展，这个精神就少了一些。所以当时我们把这个想明白了以后，就跟领导说，我们现在整个时代已经变了，我们整个的经营体制都发生变化了，我们的精神还是要冲出去。

那么我们的精神来源于哪？当时这个公司名，因为 2006 年改制的时候也是全场征集的，原来叫冲压厂，不能说叫冲压公司，因为冲压这个（词）有一些局限性。我记得开班子会，20 多个（名字）挨个过，最后大家都不满意。在这个时候我们有一个副总师提了一个，他说："咱们叫'弗莱格'行不行？"弗莱格是"旗帜"（flag）的译音，一个是我们希望能够走到市场上，这个名字听起来洋气点，再一个就是它有一定的寓意。另外，别人一直演绎说（这源于）我们当时的厂长名字叫王红旗。副总师当时有没有这样的一个想法我不清楚,但是弗莱格这个名字他一说出来,大家一致觉得挺好的,以后我们就用"旗帜"的意思去演绎我们的精神,叫"坚忍、敏锐、协同、领先"。

我们把整个市场的开拓以及企业的发展视为一场战役,那么在这个战役中间,(首先)就需要"坚忍"的精神。这种精神传承自老一代的艰苦奋斗、坚忍不拔、不屈不挠,因为他们从无到有创造了这样一个拖拉机厂。

"敏锐":在这样一个瞬息万变的时代,作为企业也好,作为个人也好,必须时刻保持对市场的警觉,要去感知外界的变化。就像打仗一样,如果你没有信息,没有做好充分的准备,实际上这个仗是打不赢的。

"协同":就像一个接力棒一样,我们所有人,都是为了实现(核心理念所说的)两个目标,这就要协同。因为我们(公司)的名字叫"旗帜",要使弗莱格这个旗帜高高飘扬,如果在战斗过程中一个旗手倒下了,那不用任何命令,另外的旗手就会顶上来,让旗帜永远飘下去。

"领先"其实是一个过程,它不是一个最终的结果。因为你想领先的时候,你必须时刻都比别人要快半步,稍微一慢你就不领先了。所以说它是一种信仰,是一个永远的追求。

所以,我们把这些精神就作为弗莱格的精神,就是"坚忍、敏锐、协同、领先",现在还是。

三、 与一拖同呼吸共命运

我母亲一直是工人,最后不是正常退休的,是企业效益不好内退的,等于是提前退休了,在一拖这种情况非常普遍。企业效益不好,然后就拿了很少的钱,甚至是不拿钱就走了。出去以后他们还会在附近的企业去找一份工作再干。

她今年73岁,大概30多年前①(内退)的。一九九几年,那时候效益不好,就会让一些年龄大的快退休的人先回去,去年仍然是采取这个方法。没

---

① 　这里郝迎春计算有误,应该是20多年前,即20世纪90年代。

有办法,作为制造企业来讲,现在确实很苦。我就经常在想,中央精准扶贫当然很好,下一步能不能精准扶一下制造业。因为职工是非常非常辛苦的,尤其是像这种工业化的制造型企业(职工),他们没有更多的一技之长,有的时候看他装配,他装一个螺钉就一直在装螺钉,装一个轮就一直在装轮。他到了外头没有办法,除了当个门卫,去给人家干很简单的这种(工作),其他的就很难。再一个就是有些人,他也不是不愿意出力,(是)年龄大了。反正各种各样的情况都有,整个生活质量各方面都的确还是应该引起社会关注的。

我们(企业)做人力资源结构优化,请职工双向选择。事实上职工有的时候,是受大的环境(影响),比如说同龄的人都走了,他自己在这就觉得没意思了。还有人觉得他得给年轻人让位,就这样的一种心理。有的时候也有很多不舍得,但是也确实很无奈。但是,还有个别的人坚持不走,"我就是不走,你也拿我没办法"。这个时候作为企业来讲,对于这些人,我觉得还是应该有一些宽容。像我们去年做人力资源结构调整,就有两个老同志,到2019年就该退休了。当时我们就做工作,说你看能不能提前,人家说不走,后来都留下来继续工作了。

我妈这个人比较豁达,她可能就觉得企业反正就是这个样子了,既然让走那就走吧。我觉得很多人都是这种想法,就是说都随大流,反正别人都走了。

(我们)对拖厂感情很深,在拖厂咱没有一点怨言,干活干啥的都是尽心尽力的,质量上得保证。我在车间里,平常先进啥的也评过,到最后那两年还给我评的那个小红花啥的。(其实)你评不评、升级不升级,我都不在乎,反正我自己内心也无愧,我自己也是尽心尽力地为拖厂(做)贡献的,这一生也尽力做了不少工作,也可以了,无所谓。

原来有段时期拖拉机卖不出去,生产效益不好,"找米下锅"。那是哪一年?① 那时我已经好像在劳保库了。工资也是有点发不出来,厂里说那没有

---

① 根据一拖其他亲历者的口述,比如本书所载高世正老人的口述,一拖各单位"找米下锅"应该是1984年人民公社解体、全国农村实行家庭联产承包责任制后的一段时间。

啥东西(效益),你(们)就得自己找米下锅,自己找。几个人搁到一块,或者是一个车间啥的(搁一块)。我们出来干啥的都有,找米下锅,找不着呀,没办法,那咋弄?那时候我们几个人出来以后,在工学院那个地方炒筋卖,有的(人)做烙饼。

1978 年,5 岁的郝迎春(前站立者)
与父母、弟弟在拖厂

　　那有一两个月,当时也没啥想法,人家让找米下锅,咱就得努力去找呗!找着了就找,找不着就下不了锅呗。那时候也没想过要离开厂里,咱都是大厂职工,哪能说随便离开厂呢?(大家)相信会好的,就是这一会儿,是暂时的,后来任务还挺大的。

　　我换了好几回(岗位)……到一九九几年都48岁了吧,再过三年才到50岁,才能退休。实际上我就又干了两年,正好一刀切,内退。那时候咱也不给人找麻烦,内退还不知道切谁(时),我说那干脆我回去吧。1995年底回来了,又在家待了一年多才到退休时间。

　　回来以后那简直就要天塌了,成天干活干惯了,你叫在家待着咋弄?我就开始到处找事儿。那时候腿也好,也能走,到处找找活干。后来找到我同学(介绍),到那个洪山顶上配件厂,在那干了两年电焊。我也没学过,到那现学,就那脚一蹬,那个零件往上一蹬,出来一个火花正好沾上,就在那(焊)零件,干两年。

　　(离开一拖我)就没闲着过,管它多少钱,我不管多少钱,只要叫我有活干。在那干两年我就回来了,回来以后又到图书馆,一个月150块钱。天天去上班,搁那看图书,我觉得挺好,也干了两年,人家不需要人了,就叫我回来了。我回来以后正好我们下边那个单身宿舍楼下,看车子的要人,我就去看车子,那时候一个月120块钱。最后也是干了一两年。后来老头子她外甥女腿摔骨折了,她家里也没人照顾,我说算了,我也别干了,我来照顾,住在我这,我就回来了。

我现在也没闲着,现在做小生意玩儿。没事我自己就编织,勾个包呀,织个帽子呀,出去摆摆摊。(今天)下着雪我不去,天不好我不去,我也不是指着它,我是玩儿。我喜欢闲不住,我人有点外向,喜欢热闹,我不喜欢一个人在家里静静的,哪儿热闹我就到哪儿,我现在没啥事儿了,就弄弄这个。

那时候我们全部的世界就是一拖。真的,我说这话一点都不为过,我们全部的世界都是一拖,没有想过外面的世界有多精彩,真的是这样的。我们觉得进一拖是理所应当的事情。

反正对这个厂咱们也是挺有感情的,像我们父母都在这里,都在厂里。后来迎春那肯定(也)想叫她在厂里上班,因为她是技校毕业的,技校毕业分配就是到拖厂。我说就找个冲压(厂)吧,离家近,离我又近。冲压厂西边就是我们厂,我说这不错,后来就(进厂了)。那就是挺满意的,离家近,离我近,一进大厂门就走到了。

1999年的时候,应该也有(困难),因为一拖的产业是有周期性的。我印象最深的一次就是1999年那一次亏损,各个单位反正都比较困难。因为那时候我在冲压厂,应该是1999年或是2000年,反正单冲压厂亏损了1000多万。那个时候亏损1000多万,已经觉得天要塌下来似的。

印象最深的是暖气停了,一直都开的暖气停了。原来职工都把企业当成家,中午吃饭时间非常紧张,都在企业蒸饭。有一个蒸饭箱子,职工有的时候除了蒸饭之外还买了小红薯、毛栗子也放里头蒸。后来我们厂长就给大家算了笔账,说蒸汽的费用,我们蒸一盒米饭,我记不清多少钱了,大概就得十几块钱。所以他说我们企业都困难到这种程度了,蒸饭箱我们就停了。

我们的澡堂也停了,原来(澡堂)每个厂都有。我是1990年进厂的,应该说那时候下了班去洗澡是很正常的。据着洗澡篮跑去洗澡,洗澡的过程中间,职工们在一块儿聊天,说说这个说说那个,反正相互之间感觉非常亲近。而且那个时候因为还有哺乳室、托儿所,有些职工下了班就把孩子接过来,我们就逗着孩子,就在那一边洗澡一边长大。但是后来就停了,说企业这么困难,把洗澡的费用折成钱,就是一个月给大家发多少钱,澡堂是一直停了,蒸饭箱也再没开过,暖气是后来企业稍微好一点又开了。

当时大家确实是不太理解,因为打破了生活习惯,但是工作确实做得比较细,再一个我们厂长亲自宣讲,他算账算得非常细,一盒饭就十几块钱。呦,大家一听就觉得我这饭太贵了,就理解了。所以那个时候应该说还是比较平稳的就过来了。现在这种节约的意识都是非常强的,因为当时我记得在弗莱格的时候,我们宣传纸都是两面用,每一个单位的电话费用全部都核算到单位,包括后来电费也都核算下去,所有的费用基本上都核算下去。

再一个就是弗莱格 2006 年改制了,改成了一个混合所有制的企业,一拖占的股份应该是 49% 多点,不到 50%,还有一个就是开创公司①,它占了 6% 多点的股份,剩下的股份是全体职工的,自觉自愿参股,我们的股东是 500 多人,你浪费的都是我们股东(自己)的钱。2006 年在公司挂牌成立的那个时候,我们就开展了一个主题活动叫"说股东话,做股东事,尽股东责",那时候因为职工大部分都是股东,所以你该干啥就干啥。再过了两年以后,我们又在这三句话后面加了一个"享股东利",就是分享股东的利益。但从 2012 年起,又把所有的股权都回购到股份公司了,所有自然人全部都没有股权了。(但)职工也都受益了,因为职工在弗莱格的发展过程中间是真正的受益者。

当年,我们属于中层干部,每个人至少要入 1 万股,就是 1 万块钱。那个时候(攒)1 万块钱其实挺不容易的,我们的钱都是借的。只有一个中层干部入了 2 万,他不能说是有钱人,可能觉得就是希望这个企业好,那个时候弗莱格并不是太好,原来的工资水平在集团公司垫底了,所以大家对它并不是很看好。

(领导)班子成员都是把自己的房产全部抵押,然后入股,像我们董事长

① 一拖(洛阳)开创装备科技有限公司,2004 年 1 月 16 日正式挂牌成立,前身为中国一拖集团有限公司设备修造厂。

是 75 万,其他的副职都是 40 万。2006 年那时很不容易的,当时说老婆们都来了,都跟签卖身契似的,谁都不知道未来会咋样。但是那时候政策也比较好,他们班子的劲头也很足,凝聚力很强,开拓市场,所以效益确实是非常好。后来分红,因为我是董事会秘书我非常清楚,分红第一年是 20%,后来就是 25%、30%,还有一年是 70% 多、100% 多,就是这样的分红。所以说大家都在中间受益了,到最后股权转让的时候,基本上是 1∶6。

那时候宣传力度大,光改革专刊就编了好多期,政策问答,是我们自己搞,告诉职工改制是怎么回事,我们的股权比例怎样。就不断地给员工做宣传。在这个过程中间非常稳定,没有出现任何极端事件,因为宣传工作做得到位。

开始入股的时候是这样的,分了几类,也是企业让职工自己来选择他的出路。一类是你可以选择入股,一类是你可以选择转债。因为那时候我们的身份全部置换了,置换以后我们都拿了一笔经济补偿金,经济补偿金可以选择入股,也可以选择转债。转债是指拿经济补偿金借给企业,企业给你利息,然后承诺三年还给你。(第三类)是你可以选择拿钱走人。

在这个过程中间每个人就开始打自己的小算盘了,有 100 多个人就转债了,结果后来这 100 多个人,你都不知道(整个肠子都)悔青了,后悔得不得了。那也没办法,当时你自己的选择。所以说在这个过程中间,就看出来每个人对这个趋势的判断和对企业的信心了。

再说一个深刻的事情,就是我在 2014 年去第一装配厂,我担任副厂长职务,当时我管人力资源。第一装配厂,第一台拖拉机就是从那出的,它应该是一拖的鼻祖,就是这样的一个元老厂。但是那个时候已经陷入亏损,现在已经不存在了——在前年的时候做了整合,第一装备厂和第三装备厂合并,现在成了大拖装配厂。

那个时候非常困难,职工没有活(干),原来最高产的时候是一年 24 000 台,那时候一年可能也就 1000 多台,甚至连这都不到。职工没有活,工资发不出来。我是管人力资源的,就非常焦虑,那种焦虑我觉得确实刻骨铭心。怎么能让职工多干活?怎么样能让职工的收入得到保证?这是我所想到的最重要的问题。

正好也是老天帮忙，弗莱格正好是我娘家，那个时候还非常红火，管人力的厂长（对我）说："不行让你们的人来干，正好接了一批活，缺人，你们来干冲压。"我说这挺好，我当时就承诺下来。承诺下来以后遇到了困难，最大的困难是啥？那些职工们根本都不想干。因为冲压一个是累，一个是脏、苦，他们就觉得宁可在这歇着也不想干，所以我当时非常困难。

我记得非常清楚，我把所有能干的人给召集到一个会议室里开会。我就给大家讲，我说昨天我做了一个梦——那是真做了个梦——我说梦到我给大家找来活了，我希望大家能够去干；我说能干的人留下来，但是发现整个会场空无一人，大家全走了。我说不知道今天会不会是这个后果，但是我还是想做尝试，因为这活不容易，如果大家不干，那我也没有任何本事，你们的工资要下降，生活水平要下降。但是如果你干了的话，你可能会付出，可能会不习惯，但是我觉得我们还能保持原来的这种水平。

我说如果愿意干你就留下来，如果你不愿意干就走。结果当时有一个人直接站起来就走。我说我尊重你的选择，结果后来其他人全部都留下来了。真的，我觉得非常感动！后来我把他们送到冲压去培训，但是他们确实不习惯，他们经常会成群结队来找我："你看漏了油，你看我这工作服全部都是油。"后来一说油，我就开始找工作服，把我自己的工作服全都给他们了，我说那你换，油了你就换。然后又说啥："我们工作时间太长了，都 12 个小时了。"我说："咱们得跟人家的（节奏）吻合，他们这批活急，你要是干完这批活不就可以了吗？"

工作做到最后，三个月基本上还都顶下来了，我觉得这一步走出去非常不容易。当时那一批人大概去了有二三十个。后来我就坚定信心了，我们还可以再继续接。弗莱格厂长一看这边组织得还不错，当时他就把一条生产线保留（下来），正好装配是我们的强项，我们一想，就组织了 50 多个装配车间职工去顶岗，等于把生产线包了下来。那个时候很苦，工人夏天基本上也每天要干 10—12 个小时，非常辛苦。

我晚上有的时候还和我们厂长去顶岗，站到工位上跟工人一起干。有一次去的时候,我一到那,所有的职工全部停下来围住我。我当时都懵了,他们要干啥?我说:"要罢工吗?"职工很生气地说:"你看你给我们找的活,让我们天天都干到八九点才能回家。"大概的意思就是又辛苦又不挣钱。正好我那天是看过他们的收入表,然后我就讲:"如果说你们不挣钱的话,我觉得没有来这条线的人,他们的收入更低。我可以告诉你们收入是多少。"然后就说你是多少,你是多少,他是多少,我说:"我说的对不对?"他们一听能达到6000多块,那时候其实非常高。我说:"是因为你付出了,所以才拿到那么高的工资,我认为我没有亏欠你们,因为你们在这条线上挣的钱,基本上全部都发给你们了,没有发给别人。要是你们不想干,我只有这点本事给你们找到这个活,要是不想干,那你都可以走。"有一个人就说:"散了吧,散了吧,去干活去吧。"就又都去干活了。

这个事我印象特别深,因为觉得你遇到困难的时候,逃避、退缩都没有用,你就得顶上去,就得给大家讲,把真实的情况告诉他,让他自己去抉择,那就OK了。其实(当时)真的心里也挺打鼓的,挺害怕。但你必须这样,很多数字你必须清楚。你拿这个东西去说的时候,别人就无话可说。因为好多人都是凭感觉,他说的东西都是他的感受,并不是事实,你拿事实出来,他就觉得"(哦)是那样"。

后来一拖人力资源部说,这种劳务(交换)叫余缺调剂,过去从来就没有成功过,因为是文化价值观的碰撞,所以基本没有成功过。当然在那个阶段,我们每个月基本有100多人能进行劳务(交换),所以后来我在测算的时候说,虽然整个销售收入在下降,利润在亏损,但是职工的收入在提升。集团后来还不愿意,说:"经营指标都这样了,你职工收入还能增加?"我说职工收入增加是我们干出来的。我觉得所有的管理者在那个位置上,唯一要想的就是"我怎么让职工能够更好地去生活,能够有更多的收入",你把这个问题想明白了,其他的一切都迎刃而解了。

四、 婚姻观的代际嬗变

我父亲读书在大连医学院,后来学校迁到了贵州①,其实那时候也挺不容易的。你想,一个东北人迁到贵州那地方,当时他就非常想回东北,但是回不去。当时我大姑父在洛阳,也是医生,我姥爷身体不好,经常去找我姑父看病。我姥爷就有一个愿望,他希望女婿是当医生的。所以就说到了我姑父有个六弟在贵州想回来,这一说就牵线搭桥上了。我妈那时候比较孝顺,因为我姥爷身体不好,后来她就说,既然老爹喜欢当医生的,她也同意。他们那一代人也挺有意思的。结婚之前没有见过面,纯粹是介绍,然后通过书信、照片觉得可以就可以吧,那时候谈不上什么你情我爱,我觉得挺有意思的。

我觉得他们那个年代其实可能说不上喜欢不喜欢,这可能是那个年代的悲哀,然后这一辈子磕磕碰碰,性格上并不是特别合适。我母亲的性格比较豁达,心眼比较大,爱说爱笑。我父亲则比较谨慎,比较大度,他们家到他是三代单传,东北又非常重男轻女,他们家有六个孩子,我有五个姑姑在他上面,他是老小。你想一想,他在家说一不二,在我们家现在也是说一不二,一般就没有人能动摇他的权威。我母亲非常包容他,有的时候不(和他)一般见识。

那时郝杰的姐夫是拖厂5号保健站的书记,我爸爸是老病号,以前老是找他姐夫看病。结果他有时候回家探亲路过洛阳,到他姐姐家来,然后我老爸也看了,他俩商量说了(亲),(我俩)压根就没见过面。通了一年多信,就有个照片,回来就结婚了。(信里)没有现在那种情呀爱的。

---

① 大连医学院前身为创建于1947年的关东医学院,1949年关东医学院并入大连大学,更名为大连大学医学院;1950年撤销大连大学建制,大连医学院独立。1969年大连医学院举校南迁贵州省遵义市,支援三线建设,建立遵义医学院。1978年大部分原大连医学院教师返回大连,在大连医学院原址复办大连医学院,1994年更名为大连医科大学;其余教师继续留在遵义医学院,2018年亦更名为遵义医科大学。

卿卿我我啊,你情我爱啊,(确实)都没有。后来我记得好像孩子都看了我那个所谓的情书是吧?那时我也就是二十六七岁,信里嘛,反正就是刚开始称呼是朱世兰同志,最后写来写去就是朱世兰,再有好感了(写)世兰,就是这么个过程。

世兰给我寄的照片就是坐在拖拉机上,风尘仆仆的,那是开拖拉机。我是农村出来的,我一看,呀,(心想)这也一定会是一个能吃苦、能耐劳而且性格很泼辣的人,果然不出我所料。能吃苦,可能吃苦。但是我说老实话,我这个人写东西文笔还好,文笔能抓住人心,是吧?也可能她被我那(信)打动了,可能是这样。

(我给她的)就是毕业照,二寸。但是那时候我不胖,很瘦,脸型也是长脸,也很帅,也很有精神,人有个精气神嘛。

他那个照片……那个照片啊,还可以。咋说呢?实事求是嘛,是啥样就啥样,反正(我)对他印象也可以,他通过那信说的,我说也就这(样)吧。见了面,他说他个子1.65米,我说哪有1.65米?!我都1.67米,(他)才1.65米,我说错两公分也无所谓。再一看吧,他根本没有1.65米!反正这都是父母给定下来的,那时候我父亲也有病,身体不好,既然他说这个,我也差不多就行了。

那也可能带着鞋跟啊(笑)。

然后就这样,她信里头说的"那你给我买一块表吧"。(我)就从贵州那边带回来,120(元)。你知道120元当时对我来说,也算是挺大的(一笔钱)。当时没转正的时候(工资)是(每月)45块5毛。后来到我姐夫家探亲,一见面待了三天,就到民政局去办结婚证。然后就住在我姐夫家的那个套间的大间里头,好像她家里人也没,我岳父岳母都没去,她的那些弟弟妹妹也都没去。她去了几个同学,撒把喜糖,撒点花生,就算结婚了。我从贵州背来了一对樟木箱子,搁火车上带回来的,也没有新房啥的,就借用我姐夫家的小里屋,就是这样,只待了三天。用现在的话来讲,那都不可理解呀!没有婚纱,没有婚纱照,没有亲朋好友的祝贺,也没有什么豪华的新房……

　　但是我一想,这种理念也可以,为啥呢?我们有共同的基础,是啥?都是信仰共产党,信仰共产主义,我们的信仰是一致的。再一个来讲,她家是老工人出身,我家是四代贫农,可以说都是一贫如洗。

　　我觉得我父母的这个事儿也很传奇,我觉得这类事情在那个时候可能不在少数。后来仔细回想一下,我觉得父母的婚姻更多的是考虑外在,并没有考虑自己内在的一些需求,所以他们也没有很好地对我进行过婚恋观的教育。他们从来没有跟我讲过我以后择偶的标准应该是什么,他们只给我传递了一个印象,就是说:"你个子高,你要找一个比你个子高的。"

　　(我)那个时候还受什么影响呢?琼瑶小说。我们那个年代都受琼瑶小说毒害的,非常向往一种浪漫奇遇,然后这个男的声音是很有磁性的。我前夫就是这样的一种状态,我跟他就是一种偶遇。他很高大,很英俊,很帅。(即使)叼着烟卷的感觉也很特别,说话声音也确实很有磁性,当时打动我的基本上就是这些东西,但是实际上后来才发现他很多的地方是有问题的。

　　我们谈恋爱谈了六年,1990年10月份认识的,到1996年结的婚,中间我一直都觉得不合适,比如说他一开始也喜欢写文章或者什么的,自学考试的中文,我是在学习机电一体化,但是他就没学下去。后来经常有的时候会去喝酒打牌,那些我就觉得看不惯,就觉得不合适。

　　中间还有一个插曲,我父亲不同意,一开始知道我们交往就不同意。我们就奋力抗争,付出了很大代价,甚至闹得满街坊都知道。这么坚持要跟他,这个时候自己主动地提出来(分手),就觉得面子上过不去。(又)因为是自己的初恋,当时就说结婚不行再离,就是这样的想法。其实一开始就是一个不幸的种子,后来有了孩子以后,基本上就是我一个人在带。后来就种种原因,就没走到一起,没走到最后。

　　然后我就想:怎么就走到这样的一个地步?怎么会这样?因为确实是价值观不同。还有,一开始我跟我前夫俩可能在一个起跑线上,我跑快了,他还在原地,或者速度比较慢。然后,这个差距越来越大,两个人之间那种沟通基本上没有。后来我也经常会跟他讲"咱俩聊聊天",他就说"聊啥聊呗",就这一句话我就没有任何想跟他聊的愿望了。所以后来在选择离婚的时候是非常纠结的,应该是纠结了近十年,真的是这样的!孩子4岁的时候就开始纠结,然后一直在想,我就一天天在问自己这个问题:我能不能就这样跟他过一辈子?这样跟他过一辈子,我甘心吗?我后来真是下定决心了,就跟他提出来。提出来的时候,他就没有任何反应。然后就把离婚协议书给他,我说这样的话你考虑考虑。他还没有反应,等到过了两个月我再提这个事儿的时候,就说"咱俩去办手续吧"。他说好,我们就去办手续了,中间没有沟通,没有任何争吵。

因为是我提出来的,所以在离婚协议上,我的条件就非常非常宽。房子给他了,因为我们也没什么存款,当时弗莱格有个股权转让,大概有30多万。我没给他留钱,因为我知道钱如果留给他了,基本上可能就打水漂了,所以30万我就拿了,孩子所有的抚养费我就没要他一分钱,包括到现在孩子的生活费都没要。包括之前给他买的保险,我就一直承诺,我说"一直会给你交到保险到期的时候",现在一直都在交。

我觉得,(如果)你老是纠结,或者老是计较,比如说我跟我前夫,如果说我计较,房子也不给他,什么都不给他,把孩子带走,然后还让他给我生活费,那我就要把他逼死了。如果是这种情况的话,我把他逼死,实际上我也达不到我的目的。我还不如(条件)很宽,就让他觉得心里很平衡。后来他家里人对我都没有任何责怪,包括他妈都没有,每年过年我都带着孩子去看(他们),也挺好。

当时我在反思这个问题的时候就想,我父母对我这方面的教育是缺乏的,没有。或者说我在学校里、在其他地方没有受过任何这方面的教育,就导致我在进入青春期的时候,是懵懵懂懂地撞进去的,撞进去以后就凭感觉面对这个人,我觉得这个人还挺好,但是没有任何的理智。

其实也是(与父母)缺乏一种沟通,就是说:你的标准到底是什么?你想过啥样的生活?他能不能给你这种生活?我觉得如果我女儿找一个男朋友,我绝不反对,(但)我会告诉她这些东西,让她自己考虑。因为一反对,她一反抗,最后又是重蹈覆辙,还不好意思跟你说觉得不合适,对吧?

　　我觉得我能很勇敢地做出选择,因为当时不知道未来会是一个什么样子。我当时的心理是啥? 我如果不跟他离婚,我就没任何希望;我如果跟他离婚,我大不了跟现在是一样,也可能我还会遇到更好的人,我当时就这样想的。我这个问题想明白了,坚定了就离婚,结果我觉得我的选择太英明了! 真的是这样,我现在的先生,我觉得我们真的很幸福,就好像我从地狱一下到了天堂,真的是这样!

孙竹花

奋进一生的"铁杆儿"姑娘

亲 历 者:孙竹花

访 谈 人:曾迪洋

访谈助理:原璐璐

访谈时间:2019 年 1 月 10 日 14:00—17:00;2019 年 1 月 11 日 9:00—11:00

访谈地点:第一拖拉机厂老干部活动中心、孙竹花寓所

访谈整理:原璐璐　曾迪洋

亲历者简介:孙竹花,女,1937 年生,河南宜阳人。1954 年小学毕业经招考进入一拖后,到天津技校培训学习两年。1956 年入厂时为机器分厂普通工人,后任车间党支部委员、团委书记、党支部副书记,每次运动都被评为先进。"文革"后为科长、书记、分厂工会主席,还兼任过半年人事副厂长,职位直线上升,成为总厂四位女领导干部中的一位。

孙竹花(中)接受曾迪洋(右)、原璐璐访谈

一、农村姑娘进大厂，结识贵婿

一拖在 1953 年刚建厂时因筹备人才，要给厂里培训工人，1954 年就在洛阳市招了一批学生。我老家是宜阳的，当时我哥哥在市里的卫生局和教育局工作，听说人家招生，就让我来考试了。当时招考的没有我那个学校，我就随到关林附近比较大的学校考试。后来有 300 多人考上了，就分到郑州、长春以及天津等工业发展比较好的地方去学习。我们是一百零几个人分到天津技校，先学理论，理论学完后到厂里实习。最后我是在钳工班，班里一共 48 个人，大部分都是来自天津、北京和洛阳三市的。当时我不知道为啥，可能老师看档案里说我是小学的学生会主席、团支部书记，就让我当文化部部长。当了文化部部长后，早晨做操时我要在广播里喊"立正、稍息"，但我普通话不好，同学们都笑我。跳舞我也不会，但每次两个高个子男生偏偏邀请我跳，我觉得他们像耍我一样。后来我就跟老师提，我说我真不能干，我们山村里出来的，家穷。当时我成年都穿着实习生的工作服，同学们都去市场买东西，我也跟着人家去，但我没钱，就是去看看。再一个我急着学习，当文化部部长会让我学习跟不上。因为人家都是初中、中专毕业，我才小学毕业，我说这根本不行。后来老师才换人，这时候正好调来一个复员军人，就换这复员军人上了。

学习满两年，1956 年我们就下厂实习了。实习的地方是学校分的，分到哪儿算哪儿。当时一批分到长春汽车厂，一批分到长沙，还有一批留校了。我是分到了长春汽车厂，搞卡具修理工作。我学的钳工是比较全面的，修啊、装啊，啥都得干。当时我跟着一个上海师傅，他才 25 岁。刚开始他讲的话我听不懂，听不懂他就训我，就是教一次没听懂，再问一句他就发火，可艰难了那时候。而且我个子小，上锉刀我够不着，就在下边垫上垫板，站在那上边搓啊、铲啊，可吃苦。当时农村人出来能吃苦，城市人都吃不了苦。最后的实习考试是用水平尺检查平板上的面平不平。平时老师拿着卡尺来检查，你做得不好就训你。实习半年要考试了，哎呀，我吓死了，这考试要考不及格咋办？因为那时候一心一意一定要把学习搞好，心里想着一定要毕业。

我们一毕业就可以成为四级工,在长春54块多每个月呀,1956年那时候这工资就算高了。那时候家里穷,千方百计地想考好,光想我赶紧出头,挣钱了把家里那草房子都盖起来,所以整天下劲儿着呢。最后实习顺利毕业,拿到了四级工。1957年5月份,厂里头建得已经差不多了,就叫我们实习的一批人都回来了。

在学校时,除了学习,我还认识了我老公杨遂安。那时候男的多女的少,哪一个女的后边都有几个男人追。在学校时我们还没有谈恋爱,下汽车厂了才开始。当时我老公没有说他父亲是厂长,他母亲(继母)是人事处处长。后来我才知道,原来我老公公是拖拉机厂的第一任①厂长、党委书记。他爸爸、妈妈解放前都是地下工作者,而且我有两个婆子(婆婆)。我那亲婆子有两个儿子,我爱人和他弟弟;我那后婆子是后来和我公公在一个办公室工作时在一起的。这些他都没讲过。

1956年孙竹花与男友杨遂安结束
长春汽车制造厂实习时的合影

他为啥不讲呢?因为我出去上学的时候,我父亲一路上就交代我三句话:"家里穷,出去要好好学习。还有三件事你必须要给我做到:第一,你不能找后婆子。不干涉你找对象,但你不能找后婆子。第二,不能烫头发。第三,不能吸烟。"第一就是找婆子家,这老公他妈不能是他爸后来找的,要是结发夫妻。因为我姐姐找的后婆子整天虐待她,挨打受气。我就把这三条都记在日记上了。完了他不知道怎么看到了,看到以后他什么都没说,只是对我可好。一到礼拜六工作服给我一卷拿走了,回去他给我洗好,第二天早晨又给我背来了,都洗得可干净。他成天与我形影不

---

① 这里亲历者记忆有误,第一任厂长为刘刚,杨立功时为第一副厂长,1958年9月后接替刘刚任厂长。

离,给我买这买那,特别好。因为他家条件好一点,那时候我们穷,但他家是每月给他寄 20 块钱,那时候 20 块钱很厉害了。直到 1957 年时火车票都买好了,后天就走了,他才跟我说他父亲是拖拉机厂厂长,他母亲是人事处处长,"但是(她)是我后妈"。我一听到是后妈,这不违背了我父亲交代我那三句话了嘛,我就站起来走了。

后来我就跟我在市里教育局的哥哥说了这事,我哥说:"不行,咱家跟人家不配。咱家穷,人家富,你将来要受气的。不能这样,人家也看不起咱们,不能。"我哥哥也不同意。后来我就不太搭理他,但不搭理他,他还对我特别好。后来呢,我确实也离不开他,他也离不开我了。等我回来以后,我哥当时不让我去他家。那时候我还没有分配工作,回来一个多月才分配,我哥就让我回老家了。我回去后他天天给我哥打电话,后来我哥才给他说了老家地址,他就去老家找我了。我来工作以后才到他们家去。后来我婆子跟我说:"公公见过你就说,农村孩子既顾家又实在,是我们家的姑娘,将来我们能靠得住。"后来就在他家住了,正好当时婆子得肺结核开刀了,连钱都交给我,我还管她两个孩子,像家里穿的拖鞋、裤头、圆领衫,都是我来做。

二、 初入工作评先进,家庭幸福

我培训时学的是卡具修理,但刚回来时小卡具修理这个工种还没有,要把我调到西安。那时候老公公已经当总厂厂长了,他不让我去西安。但总厂团委叫我去团委当干事,想给我们提到干部岗位上,公公也不让,他让我们两个必须都得当工人。他正统得很,礼拜天还下去干车工。所以我们都下去当工人,我就是政治组长和生产组长,我那时候是全厂的先进。在工具科管理工人练基本功,我就严格要求他们的工艺,还编了口号:"上摆重,下摆轻,中间摆的长使用。短要加,长要刮。"另外我让他们练习闭着眼睛去摸钻头,都没有一个摸错的。所以全厂搞劳动竞赛、技术比武,都到我们工具科来参观。

进厂时工作证上的孙竹花

1958 年"大跃进"时，我们天天晚上加班，车间里边干着活儿就打瞌睡了，都是半夜不回来，都是连轴转。那时候领导一句话下来，工人都可自主自觉。不是说谁监督、安排你今天加班，都是到点自己不自主地走了，回家一吃饭就又来了，然后干到晚上 11 点钟都不回家。那时候没有提过加班费，没有说给加班费我才过来加班，积极性太高，那没有人说。现在干的活没有当时的三分之一，那时候工作劲头大着呢。就是到 60 年代的困难时期，生产还是照搞，人们就是饿着肚子都照样干活，你要说我饿了我不干，没有这事。那时候我们就够那大麻子叶、榆树叶，回来弄一点点面，蒸到一起吃。榆树叶吃着没事，大麻子叶吃着打瞌睡。那时候还没有发粮票，刚开始是 1958 年都吃大食堂，拿多少给你定着量呢，给你舀一勺、两勺的稀饭。后来发粮票了，一般都是 30 斤、20 斤，就根据工种的轻重发，我们钳工、锻工稍多些，像我当钳工是 42 斤。

1960 年我入了党。那时的党员活动忙着呢，党员基本没有礼拜天，因为礼拜天还要参加义务劳动，要开党员会，平时就更忙了。那时候党员重视得很，想入党没有一年两年的考察，你都入不上。你得一个月写一次小结，一个季度写一次汇报，那入党难着呢，不像现在一说就可以入。工作几年，我的办公室挂满奖状，每年都是先进，要么分厂先进，要么总厂先进，要么洛阳市先进，反正没有不先进的。当时项目多，包括技术比武先进、劳动竞赛先进等，种类很多，每次运动我都评先锋。

家庭上，实习回来后我们是 1957 年 10 月份结的婚。那时候结婚穷着呢，当时是我哥给我买两个碗、两双筷子、一辆 40 块钱的自行车，我丈夫他叔给了我们 40 块钱买另一辆自行车。婚礼那时候办得也可简单，他家没办，那时候也不兴。房子是厂里给了一个 12 平方米的房子。另外后来他家拿了钱,我就给老家草房子盖成了三间瓦房子了。

有孩子后,生活就更紧张一些了。那时候我工资50多块,他50多块,两人加起来才100来块钱,还得交工会费、党费,他还抽烟,所以就没多少钱。我都是在缝纫机上做活,哪有钱给孩子们买衣服?而且我父母也跟着我,侄子也跟着我。因为我生了三个姑娘,我哥哥没姑娘,说拿我哥的儿子换,我生个姑娘给她。结果我公公不同意,因为他家女孩子比较缺嘛,他可喜欢女孩,他不同意。我这边生完孩子,他就叫秘书去照相,老怕我给他换了。所以我哥的孩子一直跟着我,我哥都争着我生女孩给他呢!最后公公就说:"我欠你,我给你弄钱养他,这个孩子就搁咱家你养着,但是咱的孩子不能给他。"所以我哥的孩子、我父母亲、我孩子加上我们,七八口人呀,所以那时候经济也比较困难一点。

婚姻生活中,我那个老头不爱说话,有时弄得我发脾气,但他骂不还口、打不还手。他以前下班在家就是做饭、洗衣服,我父母在的时候他不干,父母不在,都是他干。我嘛,要么在缝纫机上做活,要么带孩子,要么就领着孩子在楼下晒太阳。来的人看我在楼下晒太阳,看他在家干活、洗衣服,人家都说:"孙竹花在家大腿撂小腿,杨遂安成天吃着委屈洗衣服做饭。"他落的名誉可好,我不好。他在孩子们中间威信也可高,从来不吵、不打、不骂,打的、骂的都是我。所以孩子们对他也可好,我父母对他也可好。

工作上,他开始在车间当机修工,后来提上了计划员、党委副书记。再后来他调到齿轮分厂当党委书记,最后提到总厂当副厂长了。提上以后工作干得可出色,经营搞得可火,厂里效益搞得好着呢,在河南省都有名。当时那些销路都分了好多点派下去,各县里都有点,农机的都有点,撒得比较宽。那时候的农村可能用拖拉机的也多,特别是新疆那些开垦的地方。所以说那时候的销售真好,拖拉机难买着呢。那些有头有脸的公司才能挨上,一般的小公司挨不着。这一个是跟国家大形势有关系,再一个跟他的经营方法也有关系。那时候他干工作就是有思路,像拖拉机在外边销售,人家就能提出来出厂价,你买一台我咋优惠你,你在我这买多了我咋奖励你,他这个奖罚制度可能搞得好。另外在管理方面,他质量把得严,刚开始拖拉机质量不行,后来他抓这方面抓得好。还有服务,过去都是大厂作风,你要个啥东西,去那跟求爷爷告奶奶一样的。他管那部门就像现在习主席要求的服务部门,态度可好了。哪一个人他都不允许服务态度不好,都得戴上牌子。"要是有一个用户反映你,我就开除你。"再一个他跟外边的联络、关系管理比较好,建立一些什么组织,地方头头给明确个董事长、副董事长或者公司的办事员,那边都得负责这地方。所以他的管理还是挺有方法的,他运输、销售、供应三个部门都管,管理得都比较好。另外他这个人老实,没有啥坏心眼,对谁都比较忠实,所以别人对他也挺好。另外他也是驻京办的主任、全国经营办的总经理,担任三四样职务呢。

三、"文革"中的有名"铁杆儿"

1966年以前,因为工作先进,我当过车间的组长、党支部委员、团委书记、党支部副书记。到"文化大革命"时,我也硬着呢,是有名的"铁杆儿"。

当时造反派起来时,我是车间的副书记,他们让我揭发总厂书记、分厂书记,但我看人家工作都挺好,没啥经历可揭发,我就不写,我不揭发。然后他们就给我打成"保皇派",就要斗我。刚开始叫"捞稻草","捞稻草"就是讽刺挖苦,说我就像捞啥救命稻草的人一样。我当时是划线工人,正干着活呢,那人过来就说:"走!"我说:"干啥?""拿着!"就让我把那一撮儿稻草拿住。我也不知道弄啥,就说:"拿着就拿着!"我可坚强。当时"保皇派"多了,也不是我一个人。我那支部委员有四个,我是副书记,下边组织委员、宣传委员,还有个生活委员,四个人每人拿把稻草,我拿最粗的一把。最后我们单位七八十个车间,每个车间都有一个,都是积极分子,就都拉着走,排成一个队。那时候大家也坚强,问:"这是干啥?"我说:"唱歌!""大海航行靠舵手",我一起个头,大家跟着唱。我们从分厂游到总厂的门口,雄赳赳气昂昂的队伍过来。他们一看压不下去:"那谁都回去,孙竹花留下!"说我太嚣张了。"留下就留下!"我留下来就在那。最后说:"回去写!"我说:"我没啥写。"回去我光写"毛主席万岁",写毛主席诗词、毛主席语录,他们也都拿我没办法。

当时我公公也被打为"走资派"，后来人家那些都清了，就把我公公从北京弄回来。弄回来以后，做了三顶高帽子，老公公一顶，我一顶，我爱人一顶，要游街了。还有，我们书记也得戴高帽，给书记的都是铁皮做的，给我做的是竹皮刮的，可软、可细、可轻。最后本来要给公公戴的，但一派要戴，另一派不同意，结果游不成了。他游不成了，就想游我和我爱人。但我爱人那时候在党校，车间里边的人说："他在党校没黑材料，我们咋游他？党校不赞成，他也游不成。"最后就游我，但光游我一个人没气氛，就把我们部门的支部书记、组织委员、宣传委员也拉上。这四个人戴着帽子就去游，游到了红星剧院的时候，他们叫："孙竹花低头！"我就把帽子稍微一低。因为它软嘛，就呼地一下砸下来，正好砸着一个小孩。他们就说我不老实，再游，又从凤新区游到我家门口。游到我家门口，他们喊："打倒保皇派！保皇有罪，罪该万死。打倒孙竹花，保皇派。"我爹在家一听，觉着要打死我，在家扛着一个大木棍子，出来就冲着那队伍抡。那些人跑得可快，一看我这有人，队伍也散了。我就把高帽子拿回家了，回家了我就想自己在家照个相，做个纪念。那时候不会用照相机，也没有照相机，问问那几家邻居也都没有，最后是把公公的照相机拿来照了个相。

后来这事叫"造反派"的邻居知道了，到厂里又去报告说我不老实，要秋后算账。好家伙，这又开始到俱乐部斗了。但我们车间那书记就说我："没，没，没，没有黑材料。"他那样（口吃地）说，大家都笑，后来就散会了。但散会后那造反派还说："你不要走，你坐这里等汽车，游街。"游街我觉得还好，因为那时候成天斗人，后来我每天就装一个馒头在口袋里，万一斗我了，我就吃完再去，要不然饿着也不行。他说要坐着等，我就把馒头掏出来在那里吃，吃了一会，人来了说："今天没车，走吧！"我说："哎呀，你们要不来车，那我走了。"他们就说："嚣张！太嚣张！"说第二天再斗，但到第二天了也不知道为啥也没斗。

"文化大革命"时我太坚强了，后来军代表进驻厂里了解情况，可能有人来汇报，知道这机器厂有这么能干一女的，就把我叫去谈话。问我，我就说

孙竹花任职工会主席期间主持演讲比赛

咋斗？谈话以后没多长时间就提我去工具科当团委副书记、书记，党支部副书记，副科长，直线往上提。后来我们书记调走了，我就是团委书记、科长、党委书记一肩挑。干了这几年，后来1981年又提到分厂当工会主席。那时候工会位置高，党政工三套马车一起拉。我做工会工作就是搞劳动竞赛和技术比武来配合生产，另外还搞各种文艺活动。当时是根据生产形势的情况要求，有工人技术比武，有政治题问答，有朗诵，等等。那时的工人积极性可高，活动搞得很红火，一年要搞好几次。当时一搞技术比武，就会有厂里这些领导、省里领导和外宾来指导参观。早期有苏联的，后来有郑州的，也有周围的矿山厂、轴承厂这些大厂过来参观学习。我们在技术比武中选的尖子都是去省里比赛。另外还有职工代表大会的工作。职代会就是工人参加管理，有些啥东西都要经过研究。职工代表是各个车间选出来的，厂里面的制度，包括不管有啥大事，我们都得经过整个分厂的职工代表来议论同意。分厂下的文件、政策也得经过职工代表在一起讨论，先给你念念，大家提提意见，修订以后才能执行。而且职工代表每一年要评议领导干部两次，评议结果不好了，就该处分处分，该撤撤，有些该提就提。

四、退休后的精干老太

回想起来，我这一生最幸福的时候就是上班的时候。我从1957年调来，就在这单位没动过，原来叫机器厂，后来叫修造厂，现在叫装备公司。职位从开始到"文化大革命"后提上来，再到1993年退休，我由工人做到科长、书记、分厂工会主席。后来我还兼任过半年人事副厂长,另外还是涧西区两届人大代表。那时候的女干部少,总厂女的领导干部就四个人,其中整个分厂2000多人就我一个女干部,连中层干部都没有。从升工资来讲,人家都是一次升半级,我是一年升两级。而且领导可看得起你,工人也认可、尊重你,你弄啥事好像都为了你。

　　不幸的是,我和杨遂安1991年5月份因故离婚了。离婚后,他1991年底还是1992年初去了北京,不过前几年已经去世了。现在孩子们都在我身边,发展得也都挺好。我家大姑娘现在在东方医院①当院长。她原来是洛阳市考第一名,在洛阳市卫生局当副局长,后来回来拖厂医院当副院长,再后来提的院长。大女婿在总厂保卫处,是政法委书记。二姑娘武汉大学本科毕业后到北京上了研究生,学英语,然后任教于北方大学。那时候他们学校考英语,除了一个美国人,她就是第二名,后来一个香港电子进出口总公司掏8万块钱把她"赎"出来了。二女婿本来是搞展览的,后来他两个都派到香港去工作了,他看二女儿在公司很挣钱,就辞职了,也开了公司。第三个姑娘在我们总公司副处级以上招聘中两次获全厂第一名,后来是人力资源部部长,上个月才退居二线。三女婿是农村参军转回来的,在税务局工作。小儿子洛阳外语学院毕业后分到拖院所,拖院所给他分到海南一个公司当总经理,后来他辞职不干,去深圳自己开公司了。

　　所以现在有时候回忆起来,自己也感到挺骄傲。那天有一次我不知道和姑娘在说啥呢,姑娘说:"妈,你这怎么不写写你的自传呢?"我原来没退休的时候买了三四斤毛线,还把我的资料都放在一个小盒子里面,准备退休以后再找点事干,写写自传,打打毛衣,这都安排得好好的。结果退休以后,厂里不让走。因为铆焊车间的车间主任准备成立公司,就叫我去公司办公室当主任去了。我到办公室一直工作到1995年,有次下楼骨折了以后,就不敢再去了。加上后来这个厂在下边不行,搬到山上去,离家也太远了。再后来

---

① 东方医院前身为中国第一拖拉机厂职工医院,2001年与企业剥离,成为按事业法人登记、无任何财政补贴、自主经营、自负盈亏的非营利性公立医院;2012年按照洛阳市政府深化医改的统一部署,改制成为非营利性股份制医院。

我也有孙女了，要带孙女，所以也一直没时间写自传。

另外我的两个外孙都在国外，我还得给他们发邮件。他们邮件来，我得给他答复答复，我再给他妈他爸说说。然后我再弄个邮件发过去，不得跟他们交流嘛——他们忙嘛，我得帮着给他们交流。我在北京的姑娘要求我在英国的小外孙写周记，一年写一篇总结。我姑娘也给他写，她文笔好，那写的东西真是好。这两个周记都到我这来，我再看看，加上评语再发给我外孙，成天就是这。成年可忙，我要学电脑、学手机。我不会打字就现学打字，打得很慢，我就装一个手写的。后来这俩外孙毕业了，已经工作了，咱也不写周记、不写总结了，我觉得好像学不到啥东西了。

后来大概是 1999 年的时候，我儿子说："妈，你去炒股吧。炒股可挣钱，那人也多，你好交流。"我就觉得先去学嘛，学着炒，后来就开始炒股去了。那时候人都不多，因为都对这没感知。我儿子的思想相对比别人都远，看问题看得比较远。炒股那时候真挣钱，天天挣钱。当时农村人就说怪不得城市人有钱，到城市就像捡钱一样。那时候刚学，但是挣钱也来劲儿，后来就动员孩子们，"你也投点吧，他也投点吧"，把孩子们动员来，把侄子、媳妇都动员了，还有医院在一起要好的几个医生都给他弄来，然后十来个人都一伙，整天去，就说说那行情。那时候要说挣几百块钱都是可了不起，就觉得可挣钱了。后来那几个人干着干着都不干了，又都交到我这儿，13 个人交到我这儿，后来慢慢一点一点都给退回去了。我现在还上电脑炒，但现在股市形势不行。1999 年最好，2000 年也可以。到 2001 年、2002 年，股市是忽上忽下的，今天不好，明天忽地涨上来。再后来到 2006 年、2007 年就不行了，都套进去了。后来我就去了北京，我姑娘就领着我出国了，4 年里断断续续跑了 24 个国家。

回来后我还干了 10 号街坊的退管站站长，在居委会下面还当个支部书记。但这事不好做。以前厂里效益好的时候，2000 多人，真红火呀。各个车间福利也好，过年时分的年货可多，每年大家都不用买年货，年过得好得很。但现在一拖效益不行，可难了。我退休以后那个厂就分成两个单位了，一个是德国收购了，剩下的 2018 年底全部下岗了。现在下岗去市里报失业也拿不了多少钱,就 3 万多块钱给你,以后就没有了。有两个同志下岗后找到我,说给他们找找啥工作干干。我说我退休这么多年,都不认识人了,给你找什么工作?我说那我给你们任命个居委书记吧,每月 30 块钱,但他们不干。

以前我们厂的病人还有二次报销,就是在厂里边交点钱,来保险公司给你二次报销。但听说今年开始就不再报了,也不是说取消,而是哪个分厂过来交钱还给你报,但现在只要谁一开头不交,就都不交了。另外我现在住的房子,过去每年交物业费,是厂里补助一半,自己拿一半。从今年开始厂里补助取消了,大家意见可大。这社保就开会,让做工作、了解情况,我不是站长嘛,回来开了几个座谈会,说说。别的单位、各个厂也都这样了,大势所趋。因为我们是老房子,原来国家说老房子搞成文物,不装暖气。有点办法的人都搬走了,就剩下老人或者家庭经济条件不好的、买不起房子的,还在这。大家对不装暖气的意见也大得不得了,前一段时间这些老人们还都批着被子上街了。

后来我说我年龄太大了,支部书记我不能再干了。但他们一直说没人顶替,我还得干。干这个还得讲党课,两三个月得讲一次,所以每次讲党课我就把电脑打开,这里找那里找,写写抄抄。直到今年才下文件了,说 70 岁以上不能再干了。不能再干好,现在他们换人了。但我现在还当着站长,成天没办法,工作忙着呢,今天上午还有一个会议,我说我去不了,叫副站长去。我成天就是社区也跑、老干部活动中心也跑。因为现在都成老人了,就算住院人家都跟你说,你还得去。成天就是这些琐碎事,你说是大事吧也没有啥大事。所以我成天看着人家别的老太太总在外面坐着,我就想:她们咋都这么多时间,我咋成天没时间?就我这成天觉得总有干不完的事。

李学义
拖厂是承载我一生的"二亩地"

亲 历 者：李学义
访 谈 人：曾迪洋　陈　佳
访谈助理：陈仲阳
访谈时间：2019 年 1 月 5 日 9:00—12:00
访谈地点：第一拖拉机厂老干部活动中心
访谈整理：曾迪洋　陈仲阳

亲历者简介：李学义，1940 年生，河南新乡人，1956 年通过招考从农村进入第一拖拉机厂，经历过下放劳动与干部身份的恢复，历任工具管理员、天车工人、预修计划员。1970 年任保卫处科长，1977 年任保卫处处长，1983 年任公安部政委，1990 年任总厂厂长助理，1995 年任一拖集团副总经理，1998 年转任工会主席，现已退休。

李学义接受访谈

一、 离开农村

我出生在河南新乡,是原阳县人,16 岁时就进入拖厂,但当时因为要回避童工嫌疑,档案上就写了 17 岁。拖拉机厂建设初期,在河南招收工人和职工,就来了两个同志到我们学校招人①,说要在洛阳建拖拉机厂,需要我们到拖拉机厂当工人。我们就依次参加了县里劳动部门的文化考试、政治审查、面试和体检。文化考试主要是考数理化,但我们都不知道自己考了多少分、排第几名,只知道谁被录取了。我们班有 40 人,最后录取了 21 人,当天晚上公布,第二天早上就走人。晚上回家,我就跟家里说明天要走。我父亲死得早,也没有兄弟姐妹,家里只有我跟母亲还有爷爷、奶奶。我母亲并不愿意我来,她当时的话是:"打铁不会在咱们家打铁,跑那么远打铁干什么?"我们家有三四十亩地,按说也不少,但我们没有劳动力,生产率很低,所以家里很困难,一年拿不出什么钱,也供不起我继续上学。我在农村出生,长到 16 岁都还没怎么去过县城,就在那很小的天地里。所以我自己当然高兴,那时候既没有工业知识,也没有城市门路,更没有什么社会经验,我就想通过招工这个渠道改变生活。国家需要我们,但那时候我也不是因为爱国,只是因为生活的需求,身边的同学跟我想的也基本一样。

一被接收后,厂里来的两个同志就带着我们 21 个人出发,路费、伙食等都不用我们自己管。当时没有汽车,我们先步行两天到了新乡市。我家到学校距离是 10 里,学校到县城 30 里,到了县城晚上就住在一个学校里。早上起来吃饭,我们特别高兴,第一顿饭就有大白馒头、粉条跟韭菜调在一起的凉菜和稀饭。馒头不限量随便吃,有同学一下子能吃四个馒头。县城再到新乡市是 60 里,到了新乡以后,我们住在平原饭店的大饭厅里,桌子都除掉,地上铺着草垫子,上头再铺着自己带来的"夹被子"②,因为是夏天,随身的行李我就带了换洗的衣服和"夹被子"。早上吃饭也是馒头就咸菜,一大箩筐的馒头往桌子上一放,随便拿随便吃。之后我们再从新乡坐火车到郑州,然

---

① 李学义先生此时在读初中。
② "夹被子"指被套,没有被芯。

后转车去洛阳。拖厂派一辆苏联进口的大交通车来车站接我们,那个汽车很
大很宽敞,大轮子老高,全是软的皮座,上去一坐高兴得不得了,我们就坐这个
大车到了厂里。1956 年 6 月 1 号我离开家乡,6 月 6 号才到了拖拉机厂。

　　我来的时候,拖厂已经初具规模,但基建还没有完全完成,现在看到的
好些地方当时还是庄稼地。房子已经好了,但街道里的基建都还没完。我
们到了拖厂,一下汽车首先分房子,说过一段时间再分配工作,有人带我们
去福利处和房产处。分好房子以后再办进厂手续,领了进厂证,再领上一套
床板和桌子、凳子,就可以到房子里住。当时都是两人一间,睡的是平板床。
我第一次住的平房,红瓦红砖,全是新的,高兴得不行。吃饭是到食堂,早上
馒头是 2 分钱一个,咸菜是 1 分钱;中午是四类菜,分丙、乙、甲、特四档。丙
菜 4 分钱,乙菜 8 分,甲菜 1 毛 2 分,特菜 1 毛 6 分,特菜就能吃上方块肉跟
排骨。当时我第一个月的工资是 26 块钱,我们刚来的农村孩子都吃 4 分、8
分的菜,我一般早上三五分钱就解决了,很少吃甲菜和特菜,但有人会去买
这最贵的特菜。

　　拖拉机厂从 1953 年开始筹备建设,1954—1956 年开始大量进人了。
1954 年和 1955 年进的主要是管理层的骨干,1956 年主要招收工人。1954
年和 1955 年这一部分干部主要来源于河南省各县市和中南区。那个时候正
是中南区调整撤销的时候,调来一批干部,都是年轻、有文化、有能力的人,
大部分都是行政干部,他们说这叫地方支援。
第二批人就是技术干部,搞技术管理这一部
分。这种(人)除了苏联专家以外,主要是留
学回来的。我们的总工程师、总工艺师、总机
械师、总冶金师,都是美国留学回来的。还有
少量企业技术工人。我来的时候,这批工人已
经到了,以上海人为主体。这一部分人工资六
七十块钱,就吃特级餐,加菜的就是这群人。
上海人喜欢吃米饭,但食堂都是馒头,他们就
经常找茬吵架,说这个地方连个米饭也吃不

青年时代的李学义

了。我吃饭的时候看到过他们吵架,领导就赶紧出来接待,做解释,进行调解。

我们当时来了,就先住着等分配,后来一部分被分去铁路技工学校培训,回来当工人,剩下我们十来个同学,都分配到基层做管理干部。所以尽管我是初中学生,但一进厂就有行政级别,就是业务管理。给我分配的叫工具管理员,搞工具管理。开始怎么搞,没人会,都不知道咋回事。我先被派到洛阳建筑机械厂实习了两三个月,到他们的工具管理室接触工具管理。上海人那时候管螺丝刀叫"改锥",千斤顶叫"压勿煞",我就是看人家东西叫什么名字,是什么样子,它的作用是什么,然后怎样管理,怎样发给工人,工人又怎样还,就是这样一套管理程序。后来还给我发了一本《工具管理手册》,有一两百页,就照书上写的干。所以我当工具管理员,管理生产拖拉机的所有工具,没有师傅带,没有地方学,只靠这一本书,按照书中的内容学习,然后再慢慢付诸实践。这个工作我从 1956 年下半年干到 1957 年底,只干了一年。

二、 干部—工人—干部:我的履历

1957 年底的时候,国家没钱了,拖拉机厂的建设也放缓了,我们这些比较年轻的管理层干部,就下放劳动当工人去。所谓"下放",就是从原来的管理干部变成了工人。对于下放,我们这一代人很单纯,没有太多思考,也没有什么不愿意之类的。也许有年龄大的人不太愿意,但就我个人来讲,这就是分配,个体的选择性不强。干部下放劳动是中央的政策,共产党提倡的,在政治上你是光荣的。拖厂里边也是这么宣传和教育的,并没有觉得我现在不是干部了就是一种耻辱。当时发下一本硬皮子书,第一页就写着"下放劳动光荣"。当时的下放通知就是行政单位做动员,说:"现在我们的任务缩减了,这个工作停了,有一部分人需要走上新的工作岗位。"然后组织上决定通知你就完了,很简单。

我在拖厂的身份地位变了,在厂房里跑天车,成为天车工人。工人上岗前就要培训,我有一个师傅带着,还参加了单位组织的一个四五十人的学习班,重新学习什么叫天车和开天车的技术。我们以天车的构造为主体,然后增加机械加工、机械零件的知识。因为机械跟电气是一体的,所以也要学习电工、电路知识。我学了三个月的理论就正式上班了,就搞实践操作,实践完了就被评为二级工,发了二级工的证,工资是 38 块钱。我干了不到半年,就当师傅了,其实那时候才十七八岁,就一下子给分了三男一女四个徒弟。他们没经过理论培训,直接到那跟着我。我跟这四个同志生活了大概一年,告诉他们操作过程中应该掌握的知识和技术,教会他们如何实际操作就行了。

后来拖拉机厂重新进入建设期,在 1958 年底来了一个通知,又把我们从工人的生产岗位调回行政管理的干部岗位,我当上了设备预修计划员。工作变了,又要从头学习。厂里面没有组织任何的培训,主要靠自学。我还是没有师傅,而且只有一本书。一本苏联翻译过来关于计划预修的书,大概300 页,怎样干工作,就按照书上办。我根据这一本书编制了整个车间所有设备的新计划。设备预修比较复杂,首先要按照书中要求,对所有设备进行分类,归属机械设备、动力设备还是运输设备。分类完了以后,要根据个体设备的机械复杂程度和技术复杂程度来定复杂系数,设备越复杂,系数越高。车间里 500 多台设备,我要挨个把它们分大类,分完大类以后,定复杂系数,定好复杂系数,再安排这个设备的修理周期,修理还要分检查、小修、中修、大修。当时我就靠着三个月的基础理论知识和一本书,把所有设备都了解一遍,不仅到现场去看,还要看图纸,按照设备的属性和分类定它的修理结构,包括多长时间大修一次,多长时间小修一次,是两次小修、一次中修,还是两次中修、一次大修。这个修理周期要按照书本的要求把它细化出来。然后大修、中修、小修都要算出工时,用这个来指导修理部门的所有工作和行动。机械师就按照这个计划来安排工人劳动和工人修理,车间里面就按照这个计划进行生产和停产维修。根据这个计划,要通过生产调度,这个设备到大修期了就要停,停多长时间就按照这个计划的时间来。停之前还要做一些准备,要换哪个零件,换多少零件,停后要上多少人,干多少个小时,所以这个计划是一个生产管理当中的纲领性文件。我一年编制一次计划，一次一大本，几天几夜不睡，一个礼拜就要交出来。50年代不能打印，就拿铅笔复写出好几份，手上起了老大的茧子。这个茧子直到我退休以后才慢慢消掉，现在摸着还是硬的，就是拿铅笔拿的。我在这个岗位上干了七年，这500台设备全部装在脑子里了，这个设备在哪里、什么功能、什么性能、什么复杂程度、什么构造、有没有坏、多长时间需要修一次，基本全在我脑中。

1965年"四清"运动时，我又离开了设备预修计划岗，被调去工作队当经济专案组组长，抓案件去了。当时厂里要运钢板到郊区的一个厂里，加工铲土的铁锹，有两个管理干部就犯错误了，多给材料出去，少拿东西回来。那时是困难时期，实际上他们没有拿人家多少钱，主要是吃吃喝喝占的便宜，但是给企业造成了很大损失。这个案件，需要外出调查，要把犯错误的事情搞清楚，就给我配了一个人和一辆自行车下乡调查去了。到了以后对方党委同志很重视，派他们的书记配合我。我住了40天，了解发过去多少钢板，拿回来多少产品，拖拉机厂损失多少，最后把案件查清了。这两个具体负责人后来都被撤职并开除了党籍。厂里这种事也不是很普遍，总体上拖厂管理还是比较严的。还有一个案件是食堂里丢了肉，困难时期，只有厂里副总级别以上是可以吃肉的。有次食堂里做了很大一块肉，第二天却被人偷走了。这块被偷的肉就被立了案，保卫处就组织来破案。那一天我中午去吃饭，门口有个警犬，全程在闻，看你身上是否有猪肉味。

我接触过最大的案件是一个杀人案。因为两个人争风吃醋，男的就把另一个男的杀了，女的也杀了。我去了现场。我一辈子带了7年枪，但真正把手枪拉上膛，随时准备开枪就这么一次。那个杀人的男的，45分钟就逮到他了。我在保卫处的时候，就有三个处长，光门岗就有十几个，一个门三班倒。还有五个科，一个科十几个人，总共五六十个人。一个保卫处就有100多个警察，但没有多少枪，所以不是谁都能配的。管理治安和案件的科级干部有枪，管理案件的科里面也有几把公用枪，剩下的只有处级干部才有枪。案件按司法程序走，这个重大案件，我们抓住人了进行初审，初审完了以后报到市里面。我一进保卫处就是搞"文革"后期"一打三反"运动。

　　我30岁当科长,37岁当保卫处处长,43岁到公安部当政委,50岁到总厂去当厂长助理,成立集团后55岁当副总经理,58岁转任工会主席。我这一辈子很复杂,当过管理员,当过工人,当过车间主任,当过多年保卫干部,后来到公安部也当了7年政委。所以我这个人是个绝对的"万金油"。

三、 摸着石头过河

　　国家要建设拖拉机厂,但没有人知道拖拉机是什么、应该怎样造,只能参照苏联拖拉机厂的样板。建厂初期各种条件都非常差,比如大设备运来后没有吊车、叉车运进厂房。几十吨的大设备经火车运来后要卸下来,再从铁路运回拖厂厂房里的固定位置。当时的拖拉机厂汽车都没几辆,这个过程基本上是半手工半机械化,要克服很多困难。大设备就放在大砧木上面,然后10米、20米一点一点地撬。没有吊车就只靠三脚架,用钢丝绑住三根杉木杆的三角顶,然后从中间把设备吊起来。大部分进厂物资的运输就是靠这样的手工过程,而不是机械化,当中付出的劳动和代价是不可想象的。我们有两个五六十岁的起重工,是从上海码头跟天津码头调来的,是厂长的掌上明珠。那些庞然大物咋弄到厂房里头给它装起来?就靠这几个老师傅。尽管没有起重机,但他们就有那个本事用一个大天车把它拉来。两个老师傅都是很朴实的老工人,世世代代在码头上卸货运货,他们一直干到退休,对拖拉机厂很重要,厂长过节要亲自去慰问。当时运输处专门有一个起重班,大概有几十个人专门负责装卸货车。这种半手工半机械的阶段一直持续到70年代。

　　一拖的管理、生产和技术基本上都是"摸着石头过河",我们拿西方的东西来套,完全套不成。当时国家的技术管理水平也比较低,开始是照搬苏联的规章制度,但是实践证明并不够完善。有些地方西方和中国不太一样,所以这也是不断完善、不断健全的过程。比如我管计划那一块,按照书上的方法弄,干了一两年却发现不行。后来我相当一部分都推翻了书本上的计算——设备不需要停那么长时间,也不可能让你停那么长的时间。设备修理的停用与生产之间存在矛盾,企业要讲效益,停得越短越好,修得越快越好。比如零件损坏后拆下来可以修理也可以更换。能修的,重新修好放下去再用。不能修的,需要报废再更换新的。修理的过程时间很长,但更换新零件设备停止时间就短了,有效时间就长了。所以好多情况下要提前做准备,要有个超前的管理。下个月要修理的设备要在这个月里把所有东西准备好,到时候一拆一装就好了。从价格上来讲,修了当然还可以再用,但是修的过程就成为停的时间,这就不经济了。像这些东西,在实践过程中,有中国特点,苏联的理论不完全适用,要改正。别人的工作我不知道,我的工作真正知道的就我一个人。

当时拖拉机厂还有很好的学风。建厂初期,调来的干部百分之八九十都没有接触过工业,都要重新接受工业知识的教育,熟悉工业知识,就要靠学习。那时候,晚上没什么电视和收音机,就是学习。我们住的集体宿舍,进去拐角处是一个五六十平方米的空地,放个黑板,摆好木头连椅(条凳),就能上文化课。那时候厂里学校教育处和职工教育处已经有了,这两个处里面有一帮老师,负责教学。除了学文化,还要学管理,都是工作需要。比如你原来是个局长,现在分了车间主任,那么什么叫车间,车间的职能是啥,你管的是什么车间,就要学习苏联的机构设计。所以我们在这个工作岗位上能够把它搞好,就是靠学习。那时候大家没有什么怨言,技术干部学技术资料,管理干部学管理资料,其他大部分文化程度不高的人就补文化。苏联专家很少来,都是我们自己组织,由职工教育处组织学习。也有到国外去实习的,比如我们当时的第一副厂长,就带着100多个人到苏联拖拉机厂实习了两年。但那是少数,去的最低级别也是工长,相当于现在车间主任一级,工人很少去的,大部分是管理层的人。我没有派出去过,去过最远的地方就是到洛阳西关老城区学习。拖拉机厂绝大多数的干部和职工,就是靠认真学习,掌握了工厂管理的技能,以及生产管理、生产技能,就是靠学的。当时大家为了适应工作需要,学习气氛是非常好的。我刚进厂时,我们第一任厂长每礼拜六下午还亲自干四个小时活,跟我在一个厂房里头开天车,他戴着老花镜真在开天车,他的警卫员就背着大木壳子和手枪在旁边看着。掌握了这个技术,才能更好取得领导权和发言权。他要知道零件是怎么造出来的,要亲身体验,学会自己干,跟工人一块儿干,该熬夜就熬夜,该加班就加班。干部没有下班的时间,只要他负责这个单位有事情,事情没完,他就绝对不会走。我在铸钢分厂当书记的时候,白班的工作不用说要白天管,我还要把三班的任务和事情处理完再走。必须保证三班运行的所有问题都解决了,我才回家睡觉。所以我跟孩子相聚很少,一个礼拜跟我见一次面,后来到了总厂才好一点。

第一台54拖拉机下线时,我还在铸钢厂没有参加,但1959年交工验收大会我参加了。当时的交工验收国家很重视的,中央派谭震林来参加了,所有部的一把手都来了,包括卫生部部长李德全和解放军装甲部部长徐光达大将。大会就是在现在建设路的北边召开的,用汽车和板子搭起来一个台子。那天大家都不上工,都去开大会。谭震林代表中央致贺词,在交工仪式上说了一句名言:"中国人'耕地不用牛,点灯不用油'的时代到来了!"拖拉机厂真正宣布建成,其实是从那一天才开始的,作为职工我们都觉得很光荣、很高兴。在厂里面工作这么多年,最苦的时候是29斤的粮食标准,干部还要节约1斤,所以我就是28斤。几乎没有副食,而且有相当一部分是粗粮。只有礼拜天才可以买一碗米饭,一碗米饭有一个菜汤,那个菜汤里面就是白菜腌,然后有一点杂碎,没有什么正规的肉。6块钱一份,一个礼拜只有一次,去晚了就没了。这么多厂就那么一个食堂。我就去过两次,6块钱就吃了一碗米饭和羊杂碎、猪杂碎,然后有一个白菜汤,很稀的水,有一点白菜。这是1961年,那是最苦的时候,其他的时间就越来越好了。拖拉机厂困难时期有一个说法,叫"在拖厂当个三级工,不如农村一溜葱"。意思是你拿38块钱买不到东西,一捆葱卖出去拿到的钱,要比三级工拿到的多。所以在工厂来当这三级工、二级工不如在农村一捆葱值钱。有一部分人不甘心,就跑回农村了,困难时期跑的人有的是。我没有想过离开拖厂,没有这个条件,家里也没有什么吃的。另外那时候我也是干部,已经是党员了,是团支部书记、支部委员,坚定性要比那些一般只从经济看问题的人好一点,那些跑回农村的人是经不起考验的。后来厂里情况好了,又有回来的,但大部分没有回来。那些走的人他的厂籍跟户口就自然消失了。

拖厂在市场经济时期经历了一些磨难，20 世纪 90 年代到 2000 年是拖厂变化比较大的一个阶段。起初拖拉机厂的生产比较稳定，生产可以满负荷，年年有利润，不亏损。但是到了 90 年代中期就开始出现波折，市场

担任一拖集团副总经理时的李学义

情况不好，卖不出去，经常出现亏损。所以厂里就从单品种发展到多品种，拖拉机就有轮拖的、履带的，有大、中、小型的。后来只是拖拉机的多品种还不行，还搞推土机、吊车、起重机，后来还想搞汽车。从单品种到多品种发展也是为了市场，但市场就是这么残酷，就这样仍然不能保证年年不亏，市场还在变化。我们拖拉机厂的质量技术并不差，但就是卖不出去。为什么卖不出去呢？一个是有社会竞争，另一个是因为拖拉机是永久性产品，用上七八十年也不坏，就不会再买了。现在的拖拉机厂经营，已经不是怎么保持生产正常运行的问题，而是企业生存的问题。计划经济就不一样，计划经济时候国家控制拖拉机产量，生产好了就按指标发给各个省。那时拖拉机厂职工受益，生活不断改善，是拖厂发展最快、职工幸福指数最高的时期。厂里的改革也困难重重，拿住房改革举例，我 1990 年进入房委，管房子管了 7 年，是拖拉机厂卖房的第一任厂长。我的上任交给我的时候，有 5000 户住房需要改善。开始时没有办法，没地买也买不起，没法盖新房。后来从厂北到厂南，我卖了 4000 套房，七八百块钱一平方米。在外边住的职工如果买的话一平方米我给补助 100 块钱。原先职工住房都是租的，费用很低，所以一开始掏不起买房的钱，也不愿意买。但那是厂里的资产，我现在给你变成你的财产，是有支配权、有居住权的。因为我提出卖房的问题，老百姓上大街抗议拥堵交通，市长都坐不住了。后来我到电视台上讲话，苦口婆心地解释，大家才慢慢接受，5000 户的住房问题才解决。

四、我对未来的思考

我是 25 岁结的婚,那正是"四清"运动的时候。拖拉机厂女职工少,就专门跟纱厂之间修了路,为了方便从拖拉机厂去纱厂,每个礼拜六过去跳舞,就可以相互接触到。我的爱人是老城人,在老城工作,是跟我一个办公室的同事给介绍的。见了几次面,就答应结婚,很简单。结婚时我正在"四清"工作队,工作队长专门跟我谈话说:"小弟啊,一定不能收人家东西,你是工作队员,又是党员,不能收礼啊。"所以我结婚的时候桌子一摆,糖一吃,人家送的毛巾我都没收,一张纸没拿。刚结婚时是借的房子,没有自己的房子住。后来有个人在"四清"的时候犯了错被开除厂籍,腾出一间 10 平方米的房子,厂里就让我住,这是我的第一套房子。在这 10 平方米的房子里,我生了两个孩子,还带着我老母亲。1970 年当科长的时候,我才搬到一个 17 平方米的平房。这里原先住的是跟我一个车间的老工人,他走了之后这房子就给了我。我一直住到当了分厂书记,才给了我两间房,我两个姑娘就可以跟她们奶奶住一起,我和老婆才算是有了自己一个窝了。

我的工龄是 44 年,就在这二亩地上从 16 岁一直干到 60 岁退休。我的老婆、孩子也都吃这厂里的饭,拖厂给我发了工资,培养我长大,我这个家也是在一拖建起来的,对拖厂那不是一般的感情。我现在每月领几千块的退休金,但其实不管有没有我都不在意。从进入拖厂起我就觉得很自豪。这个厂大、地位高、职工工资高、福利好,我一个农村孩子进到拖拉机厂,那是天地之别。我从前上学时早上用布包上两个窝窝头,中午吃晚上回,一天要走 20 里地。而进入拖拉机厂就马上住新房,新床、新凳什么都有,全是新的。馒头全是白的,没有粗粮,虽然不是说随便吃,但也很便宜,一个月工资绝对吃不完。那是真正翻身,政治上解放,经济上解放,从最低的生活水平跨越到这样一个社会地位,是我最幸福、最难忘的时候。我们这一代人怎么会不说共产党好、社会主义好、社会主义企业好呢?没有一拖,没有一拖的不断进步和发展,中国农业机械化就是空谈。尽管现在市场经济条件下是百花齐放,但是一拖仍然是率领农业机械化的主力军、排头兵。这么多年来都是如此,计划经济时期更是首屈一指,没人跟我们争。

　　然而现在这么一个技术发展走在前列的国企,却面临科技发展进步时代的窘境。人类科技发展的趋势是系统化、自动化,自动化水平大大提高,人类劳动越来越简单。现在的信息化加互联网,就是解放人的劳动。一切自动化了那么人去哪?干什么?是需要重新创造生存条件的。现在的生产线全是机器,代替了原先的人,人的生存就成了问题。所以社会在发展,一拖未来的路究竟在哪,我一直在想,但真的说不清,可我还希望她能够茁壮成长。这不仅是要在我们这个中国特色社会主义条件下的中国土地上,更要放大到世界范围来问她的前途在哪里。我们开拓国际市场,进军非洲花了好多年了,现在欧洲也进去了。但是欧洲也好,非洲也好,总有一个饱和量的问题存在。这个历史经验要总结,也要完善。我们老一代人是从计划经济和马克思列宁主义时代走过来的,我学过《资本论》,我们是有信仰的,用这个原理看待很多社会现象。但现在怎么去解释新的变化,是摆在新一代人面前的课题。

梁铁峰
追忆过往情深切,回首低吟数今夕

亲 历 者:梁铁峰
访 谈 人:邱　月
访谈助理:张　继　陈仲阳
访谈时间:2019 年 1 月 4 日 14:00—17:00;2019 年 1 月 9 日 09:00—
　　　　 10:00;2019 年 1 月 10 日 11:00—13:00
访谈地点:第一拖拉机厂老干部活动中心
访谈整理:邱　月　张　继

亲历者简介:梁铁峰,1943 年生,山西武乡人。其父梁自征是周总理亲自
任命的第一拖拉机厂副厂长。1955 年从河南安阳迁到一拖,至此在洛阳
工作、生活 60 余载,曾在党校、发动机分厂、组织部、纪委等部门工作,2003
年退休。退休后依旧密切关注一拖在各时期的发展变迁和命运转折。

梁铁峰(右)接受邱月(左)、陈仲阳访谈

一、 大厂中的青少年时光

我 1943 年出生,今年 76 岁,是一拖的第二代人。父亲从河南安阳调过来,老家是山西武乡县,和纪登奎是老乡。我母亲也是山西人,都是一个武乡县的,在长治市北边。我们武乡县老干部特别多,那个时候整个八路军就住在我们县里。我父亲是 1936 年当工人的时候参加的山西牺盟会①,是个民间组织。日本人打太原的时候,我父亲回老家参加抗日,所以他是 1937 年参加革命的。后来就在地方抗日政府工作,没有参军。太行有很多解放区,他在专区当干部,后来当区长。1946 年我父亲从山西太行专署第一批下河南,就是南下了。

我从小一直住在姥姥家,和舅舅家表哥在一块儿。父母亲就在外面工作,长期不在一块,我 6 岁了也不叫他们爸爸妈妈。等父亲到河南来以后,我母亲就跟着来了。先在县里面工作,1948 年解放以后就进了安阳市区定居。1949 年、1950 年我妈回去接我(的时候),市里边派了一个饲养员牵着一匹马回到老家。我印象中就是和母亲骑着牲口到河南安阳去的。后来在安阳市第一完小上学,寒暑假才回家。回家父亲也不会带我。我妹妹 1951 年出生,母亲身体不好,就在城市里面找一个奶妈,(把妹妹)放在奶妈家。

20 世纪 40 年代梁铁峰父母
在解放区

---

① 牺盟会全称山西省牺牲救国同盟会,是 1936 年 9 月 18 日在中国共产党的推动和帮助下建立的一个地方性的群众抗日团体。阎锡山任会长,山西各县设有分会。不久,中共北方局派薄一波等到山西,同阎锡山建立了初步的统战关系,其后由薄一波具体领导牺盟会的工作,会员发展到近百万。牺盟会发动群众,组织抗日救亡团体和抗日武装,1937 年抗日战争全面开始后,在八路军帮助下建立了青年抗敌决死队等。日军进入山西后,各地政权相继瓦解,牺盟会向各县派出特派员,开展了建立敌后抗日政权的工作,在山西的抗日战争中起了重大作用。参见高狄主编:《毛泽东周恩来刘少奇朱德邓小平陈云著作大辞典》下卷,辽宁人民出版社 1991 年版,第 2358 页。

我父亲是 1954 年一个人来的(洛阳)。他原来在(安阳)市里边搞组织工作,任组织部长兼工会副主席。省里头把他调过来的时候也没有怎么动员,组织上一谈话,他就过来了。当时来了好多人,市委书记刘方生①也一块来的。来的时候家属都不带,就自己过来。刚来的时候在一拖筹备处,就在洛阳市西关的北边,有一个刚盖好的学校,还没有启用,因为建拖厂,市里就给一拖筹备处了。从 1953 年开始,全国各地的技术干部全部来筹备处了。

我母亲、我、我妹都是 1955 年来的,那时候我 12 岁,上五年级,过来继续上小学。(我们)来的时候,就给房子了,一家一间,十几平方米,住四口人。那时候公家配的有一个床,一个桌子,两把椅子,一个盆架——过去那种木头做的盆架。来到一拖以后,筹备处有三四辆苏联进口的小轿车,还有苏联的嘎斯运输车,美国战场上下来的中吉普、小吉普。我们那时候有同学家里是小车队的,就跟着坐一波到市里头上学。自己心里面都觉得不得了!以前哪有小轿车啊,我小时候在安阳的市政府、市直机关,根本没有什么汽车,就没见过汽车。

中学时代的梁铁峰与父母、妹妹在新落成的一拖门前合影

---

① 刘方生,1914 年生,河南获嘉人。1938 年加入中国共产党,1949 年被任命为首任中共安阳市委书记,1954 年调任洛阳拖拉机厂任党委书记。

我们是 1956 年搬到涧西来的。在涧西专门建了个新学校，现在的东方二小，在 6 号街坊，原来是叫涧西二小，因为当时谷水镇上还有一个小学。涧西一小、三小都是后来才建的，是先有二小，再有一小。一小是 1958 年或者 1957 年建的，校牌就是"第一拖拉机厂职工子弟第一小学"，在 4 号街坊。我 13 岁上中学，学校也是新建的，就在工学院的西边，原来是洛阳市第九中学。九中第一年招了九个班，一个班 40 多个人。因为这边几个大厂，矿山、拖厂、电厂，还有 407 都是刚建的，几个大厂的子弟都集中在涧西。后来在这附近又建了个五中，就把九中的学生给划过来了一部分，老城一个学校也划过来一部分。

1956 年我们上初一，厂区还在盖，我们经常没事就去厂门口看看，觉得很新鲜。1958 年试制第一台拖拉机。1959 年在厂门口举行开工验收，那里原来没有主席像，就在厂门口搭了一个大台子。在这之前总理来视察了一下，看看工厂建设怎么样，提提要求，开工验收的时候没有来，谭震林副总理代表国家来剪彩。还来了很多领导，像谢觉哉、徐特立，我记得还有李德全，就是冯玉祥的老伴儿，卫生部长。当时省长吴芝圃主持了（仪式），他是验收委员会主任。我没有参加，我父亲拿回家一个主席台的座位表，还有一个苏联专家、谭（副）总理剪彩的照片，我看过。

到我们上高一的时候，苏联专家都来了。厂里给他们盖了专家楼，后来地方小了，又在 9 号街坊给他们盖了一个宾馆，就是广州市场的友谊宾馆。我们高中时的洛阳二中就在那个宾馆对面。不过我们也没有和苏联专家接触过。因为 1960 年中苏关系破裂以后，他们就全撤走了，援建的技术资料，一部分给了，一部分没给，还有不少大型工装没有到。我们当时就从上海和北京还有东北的一汽调了一部分老工人。有些专家解决不了的问题，我们老工人可以解决。

60 年代我高中毕业以后就上大专，上的是农机部一个技工教育师资班。大专班上完，被分到贵州三线，先是在开封实习，最后也没有去（贵州）。因为 1969 年 10 月我父亲去世了，他四十八九岁，胃癌转到肝癌。这跟那时候条件艰苦也有关系。虽然厂里边医疗还可以，有职工医院，但他一忙就休息不成,先是胃病,胃病引起的癌症,心脏也不好。一拖工作太累了,积劳成疾。我父亲他这个人,工作上的事很少跟我说。在家里也不讲,很严肃。我们家只要条件允许,他就自己住一个屋,有个桌子,一张单人床。因为他要工作,要思考事儿。印象中父母亲老是吵架,因为父亲抽烟很厉害,有时候烟掉到棉袄上、被子上就烧一个洞。他很累!一个是建厂初期,一个是"文革"期间,他要组织生产,还要搞运动。1964年任命他为副厂长,1969年就去世了。

二、"搞运动、搞工作都有一个大趋势"

我父亲去世以后,我妹也下乡了,家里就我母亲一个人。我母亲身体也很不好,厂里就联系我分配去的三线厂。因为都是农机部的厂,部里领导给那边说,把她孩子调回来照顾老太太。那个时候我的(人事)关系在贵州,人在开封实习。1969年我结的婚,结婚半年以后,我父亲就去世了。后来就把我和我爱人调回洛阳。我回来以后,在发动机分厂当工人,搞设备的修理维护。

"文革"期间生产(几乎)停顿了,因为有武斗、上访等影响,生产是间歇性的行为。后来中央不让上访,情况基本上稳定了。那时候国务院各部委全是军管,咱们厂里也是,从总部到各个基层单位全是军代表、革委会主持工作。到1979年洛阳市还是革委会,80年代以后才不是。我1979年评了一个先进工作者,发的证书盖的就是洛阳市革命委员会的章。"文革"期间工作也不忙,主要是工人比较随便,不按照工艺生产,设备状况不好,生产质量也不行。我们装出来的拖拉机,要由检查部门全面检查合格以后才能入库,入库就是可以发货了,但当时经常不能入库。到"文革"后期,生产量很大,因为是计划经济,国家下达生产指令15000台、20000台,必须得干。这就要赶时间了,干完以后,质量就不行。因为(生产)线是自动往前输送的,一个一个部件(安装)。(拖拉机)开下来以后,就发现有的是发动机有问题,有的是传动有问题,就在停放厂停了一片,然后大家再来修。每到月底,入库时间拖得比较长，夜里边都加班，要连夜完成入库任务，都弄得很紧张。也因为是计划经济，"文革"中间很多外协件到不了，就会耽误生产装车，赶到月底了，也就要加班。

　　我最开始在发动机厂，后来得了结核病，正好厂里边筹建党校，我就去了。1974年调到党校，在办公室搞了一段行政，然后搞教务。在党校培养年轻干部还是令人高兴的，办了几期青年干部班、预备干部班，后来这帮年轻干部都走上了领导岗位。1983年调回厂里组织部，这都是改革开放以后了。搞组织工作最大的困难就是赶形势。比如说，我1983年、1984年搞组织工作，发展党员，那时候就有点受大趋势的影响。当时正赶上组织科发展党员，提倡干部队伍"四化"，就是革命化、知识化、专业化、年轻化。大批知识分子入党、干部交替。同时又压了很大一批老同志的入党申请，因为存在家庭出身问题、社会关系问题、个人的"白专道路"①问题等等。有的人10年、20年要求入党的，不批呀，只要有问题都压着。后来一开放，这就是一个大数字。就算口开得很小，都要往里涌。那时候发展党员还是市里给计划。今年（一拖）发展多少，要报计划，市里头给批多少，结构怎么安排，男的多少，女的多少，知识分子多少，工人多少，都要有个大概比例。我们的困难就是要对上边负责，还要适应干部调整趋势。人家长期要求（入党）的，要挑一部分，但不可能一下全入。我们是具体工作部门，有上级，还有基层单位。我讲一个例子。当时我们职工医院有一个消化科主任长期要求入党，都不批。后来，组织科的领导说："你们去调研调研吧。"一开始是我们个别同志去调研，回来觉得这个人有能力，但是很傲气，有毛病。那就要讨论组织上怎么培养的问题，他又是长期要求入党的。一开始是个别了解，后来变成一个大事了，我们部领导是一个老干部，又让我们去调查，我们又去了三四个人调查，说医院在这个大趋势当中如何把知识分子用好，如何调动他们的积极性这点做得很不够。这又产生问题了，然后又给党委汇报说如果医院党

---

①　"白专道路"是与"红专道路"相对而言的。20世纪50年代提倡"又红又专"，"红"指思想进步、政治方向明确，"专"指精通业务，有必要或较高的专业知识与能力。"白专"即指缺乏革命立场，只注重专业知识，往往把知识分子专研业务看作走"白专道路"。参见冯贵民、高金华主编：《毛泽东文艺思想大辞典》，武汉出版社1993年版，第327页。

委不批,拿到公司党委批。这压力很大呀,我们也没办法。夹在中间,又要在这边做工作,又要跟领导汇报。就是思想认识方面,基层和上边还是有差距的。

1985 年任装配二分厂党委副书记的梁铁峰

后来我在组织部当部长,这段时间,选拔了一批年轻、有专业能力的干部。反过来想一想,我们在任何时候,搞政治运动也好,搞各项工作也好,就有一个趋势。在那个阶段,是一个大趋势,你必须得跟着走。但这中间就要产生问题。人选当中,就是有优有良有差。还有人际关系问题。我们有些干部完全就是走关系过来的,有的和领导是同学,或者原来和哪个领导在一个单位工作,这个东西避免不了。我们怎么办呢? 比如领导说这个干部可以用,那我们就说能用不能用我们这有自己的意见,我们要去考察,要听听大家的意见。完了以后,如果这个意见和领导不一致,就挨批啊。

三、 计划经济向市场经济转轨

"文革"(结束)以后就出了个大事儿,什么大事呢? 就是农村实行家庭联产承包责任制。那时候我们生产的履带拖拉机就没有用了,原来农村是合作社、人民公社,地大,后来农民不买了。厂里边就开始各自找门路。领导带着技术人员到市场去调研,有些单位就开始做锅、菜刀,什么都做了。最后厂里开发了一个40马力的拖拉机,现在展览馆里可以看到。它是我们自己设计制造的,而且已经具有生产能力了。但是那时候是计划经济,中央说一拖不能搞轮式拖拉机。就算工装已经订货,全部到位了还没有安装,就叫下马,下马以后就"枪毙"了,损失很大。

我从党校到组织部一年多以后,1984年12月,就下到小轮拖厂。小轮拖是40马力大轮拖"枪毙"以后,利用40装搞的。我去的时候,新设备还有没安装的,全在那扔着,太浪费了。后来厂里面经过市场调研,看到山东开始搞皮带传动的单缸小四轮拖拉机市场很好,就做了一个产品设计,在40装的装配线上进行改造,开始生产(小轮拖)。计划经济建厂需要上报。但是也要解决一个厂的生存问题呀,这大拖不生产了,40拖拉机也不让生产了,那就自己开发产品。小轮拖也上,自行车也上了。而且这时候也不是计划经济那种销路了,都变成老百姓跑到洛阳来排队买,供不应求,大受欢迎。

我到分厂干了将近三年的纪委副书记、书记。工作不好做,工人队伍也不行。那时候除了一批骨干工人是部属技工学校1968年毕业的学生,另外的就是社会知青,既没有下乡,又没有经过学校,在社会上混日子的一批人进到厂里,就很糟糕啊,打架、赌博。当时也没有开展生产培训,就是以单位为主进行教育,很难。车间领导一批评,小伙子上去就打领导。或者车间主任在办公室上班,他就在厂房外头砸玻璃、扔砖头。晚上工人和工人之间打架,说闹事就闹事。那时候要维持生产秩序,一个是保卫科,一个是工会、共青团,一块儿做工作。有一次有些人提前下班去食堂吃饭,食堂说:"还没有到点你们就来吃饭,再等一等,我们菜还没烧好。"他们拿着碗就敲,咣咣咣咣。一个炊事员说:"你们这不像话。"结果多说两句就吵了,吵得一塌糊涂,就开始动手打炊事员。因为小轮拖是个新厂,老工人占的比例少一点儿,新厂效益好一点,但职工素质(成问题)。

我在的三年正是上小轮拖的时候。一开始效益不算好,一个月就是1000台、2000台、3000台。后来产量增加了以后,装配线就要改造。一个是车位要增加,二个就是所有的加工车间的工装要调整。因为零件加工的产量、批量大了,整个生产组织包括机床都要调整,这就比较难一点。像机动科、管设备的单位,产量经常要调整,生产工艺路线要调整,设备也要调整,挺费劲的,整个生产就比较紧张。还有装配线零件加工不出来,比如说箱体、壳体加工不出来。因为是一个(生产)线嘛,某一个工位出现问题,机床一停,产品下不来,那分装的就装不了,总装也要停。还有就是在外面买的发动机进不来,进来以后需要直接运到现场拆装,组织管理人员拆箱,然后上线,那都是很累的。生产很不正常,原因一方面是供应不好,另外一个是厂里边没有把小轮拖作为主要生产单位。它所有零件都要其他单位供应,有时候供货跟不上,就拖。但是工人必须把任务完成了以后才能下班,那时候工人也很累。工资很低,(每月)30多块钱,不到40块。

到1998年、1999年,慢慢地这个小轮拖年产量提高到十几万台。那时候农民没有钱,一台小轮拖,一开始是3000多块不到4000块钱的,后来又涨到五六千块钱,也很便宜呀。另外就是品质好,我们材料非常好,农民喜欢,用的时间很长,皮实,所以市场很好。当时销售最紧张的时候,我山西老家来了几个人,要四台。我找总经理说:"你给我批四台吧。"他说:"我批的东西都在销售处压着、撂着,我给你批了没有用,你自己想办法。"我也没办法,就找他们厂里边的老同志问:"谁有办法弄一台?我老家来人了,要四台,我起码得给一台。"有一个宣传科长说:"我手里有一台,看着你急需,先让给你吧。"他也是要出来的,那是销售部门(的人)才行,我们在厂机关的不行。

80年代总体而言,一个是农村土地政策变了,第二个就是计划经济变成双轨制了。这个双轨制呢,就是有计划经济的成分,国家要下计划,另外一个也有自销的这块,就是市场(成分)。当时不叫市场经济,叫商品经济。双轨制也很麻烦,但是必须走双轨制,不可能一下从计划变成市场。80年代转轨的时候,我们的产品靠计划就不行了,市场上又卖不出去,农民不要了。我们就只能做产品改进,除了改进小四轮,还有履带拖拉机,大工厂需要马力大一点的,我们就在原来苏联54马力(柴油机)基础上进行技术革新。原来配的柴油机是苏联的4125,很大很笨的一个。后来履带拖拉机升级,就在原来 54 马力的基础上提升，把它变成 70 马力、75 马力，最后达到 80 马力，动力增加，牵引力提高了。后来履带拖拉机又卖了一阵子。90 年代，我们的履带拖拉机就又有一段时间有市场能力了。另外我们还有军工产品，这也是国家下达的任务，专门成立一个 665 汽车厂，还成立一个 704 坦克厂。在"文革"之后，就逐步向市场经济靠拢。一个是国家给任务，像军工产品，下达指令性任务。另一个是，80 年代开始，就搞多品种产品。

到 90 年代改制，全国成立了 30 多个集团，农机板块成立了一个工业集团，就是第一拖拉机工程机械有限公司。我们当时的领导班子提出来要发展三大主机，也就是汽车、工程机械和拖拉机，搞了一个"73111"计划。拖拉机我们有基础，原来就吃这个饭的。我们原来的柴油机是苏联那种大的、很笨重的柴油机，和履带拖拉机配套的。后来引进英国的里卡多柴油机，就成立了二发（第二发动机厂）。二发引进以后，到 90 年代才形成生产能力，也就是说它的技术才自己消化了，开始大批量生产。工程机械是什么呢？是我们 70 年代建了一个 704 分厂，是造坦克的，就是把包头的 T211 坦克拉过来，民用企业在洛阳组织了一个 704 产品。另外还有汽车，我们的基础是665，就是 60 年代给军工生产的风能发动机的拉炮的汽车。我们也搞农用车，但没有搞成气候。

本来在 1969 年、1970 年左右，要（准备）和苏联打仗，毛主席提出来要备战备荒。我们的工业往三线，贵州、四川、青海转移，农机行业也往山里头转。可是农机厂弄到山里边，山区还要用炸药炸平山地，盖厂子、盖厂房，浪费太大。最后这些厂全部搬出去了，不在山里，没法生产。我们就是在这个转型当中，把 665 汽车从军工转民用，搞了一个"五平柴"——五吨的平头柴油车。就我个人看法，这个车没有（核心）技术，是我们原来拖拉机研究所的一部分人去做的汽车。把拖拉机改装了一部分做推土机，后边又搞了一个挖掘机，就改装成工程机械了。但这农用的推土机，不是真正的工程机械，我们技术条件不具备。严格的工程机械不是农机改装成的工程机械。我们是把拖拉机安一个推铲，就变成推土机了。那个不行的，只是农田改造可以，真正需要大功率工程机械的时候，根本就不行。我们投入柴油机，是因为我们原来是搞拖拉机的,生产柴油机有点技术,有一批技术骨干,然后引进人家的技术,很成熟。但是搞汽车、搞工程机械,要硬上,我们不具备条件,人才也没有。所以这个"73111"计划打算利用三年时间,(发展)三种支柱产品,支撑一拖发展,结果不行。后来我们总结的时候就说,这两种产品支撑不起来嘛。三种产品可以支撑,但现在一个点能支撑住吗?

多产品支撑,到后来就(只剩)农用柴油机了,还不是汽车柴油机。我们想进入汽车领域,有一定的难度。当时我们把洛阳市的建机厂、上海迁来的一个搞压路机的厂,都兼并过来了,兼并以后发现文化(不同)。一拖的文化,是一个国有特大型企业的文化,站得比较高,很牛。建机厂是上海迁来洛阳市重工局下边的一个企业,是一帮子上海老工人。我们派去的干部很牛,什么事都要管,书记、经理都是我们派去的,然后财务也派人去。不行啊,文化不相容。你临时视察可以,但领导在那儿瞎指挥,不了解人家职工的思想文化,融不进去。

总体而言,八九十年代就是一个连续的转换过程。因为技术问题,要引进,要自己研发,要提升。比如说履带拖拉机,要提高马力,就要所有的零件都能承受 75 马力、80 马力的动力,零件的适应性都要改进。现在这个履带拖拉机的老装配线已经停了,去年停产的。没有市场,大概是一年生产几台,整个分厂全停了,和轮式拖拉机合并。以前小轮拖、中轮拖、大轮拖的装配线全部是独立的,现在把中、小轮拖并到一起了。原来四个装配厂,现在就两个装配厂了。以前是履带拖拉机单独一个装配厂,最早的那条线现在就是遗产了。

四、 回顾中的反思

上海同济大学有个教授,写了一本关于 21 世纪企业发展的小册子,国防工业出版社出的,其中讲的一个(观点)我很赞同。企业管理上的问题很多,他就讲跑冒滴漏现象,量太可怕,程度很严重。有些人不把国家的东西当东西。其中一个原因是领导体制,厂长负责制、党委负责制,转换过程中有很

多矛盾。再有就是党政不协调,《公司法》公布以后不按《公司法》来进行
管理。

以前的企业制度有一个很大的问题,就是责任问题。虽然说企业干部
也好,科技人员和工人也好,都是国家的主人、企业的主人,但实际不是这样
的。比如我们装配线的零件筐,工位上都有。一个铁皮零件筐,螺钉一筐,
螺帽一筐,各种螺钉不一样,随便抓一个装上,装不好,螺帽不好用,就扔了。
这种浪费是国有企业最大的问题。再有一个就是漏洞。机床下班不关灯,
机床不停车,马达空转。我们原来的计划经济条件下,大家都认为国有的东
西我是主人可以随便用。比如防盗窗,只要在单位能焊好,有人开出门证,
就可以拿出来。这个量很大的,你想防盗窗家家都要装,十几万的家属楼家
家都装,特别是一楼、二楼都要装,后来三楼、四楼也要装,浪费太大了。另
外,我们有一个阶段,没有暖气,用蜂窝煤,就是一个桶装的小炉子那种。厂
里边有工人和技术人员很动脑筋,把煤放在中间烧,然后用钢板焊一个炉
套,外边再焊一个大的水套,两层中间可以装水,把它封上再接出去做成一
个暖气,可以接整个屋。在管理非常松的时候有人可以从厂里边拿出来。
(那时)这个既不违法,也不违规,大家已经习惯了。我讲一个例子。我在分
厂的时候有次礼拜天值班,就到车间里去转了一圈,一看这个车间里大门开
着,装配车间、分装车间和总装车间大门开着,没人值班。到分装车间一看,
工位上什么零件都有,我就在那个工位上拿了一箱小轴承到办公室里。保
卫科没人管,车间也没人管,没有人发现。他们上班以后我就问车间主任:
"你们这个零件管理有数吗?"他说:"有数啊。"我说:"有数你能给我说个数
吗? 你们少了轴承没有?"他说:"没有少。"我说:"我昨天在这值班,从你们
这个工位上拿了一箱小轴承。"他说:"有这事?"我说:"你领走吧,就说你们
车间零件有数没数?"曾经我们就有个分装检查员,下班的时候,就这种小轴
承抓几个装到口袋里,带出来卖,被发现开除,后来判刑了。他卖的不是一
个坦克,他就是经常性地抓几个(零件)。我们那个装配线下边的油水、螺
钉,隔一段要清理出来一大堆,各种螺钉标号不一样,有长有短。我就组织
干部礼拜天义务劳动去分拣,拣出来以后再上线。跑冒滴漏,太多了。我们

卖废料,比如说型砂,有人把型砂拉出去的时候在里面埋了很多宝贝东西,铜、铝、锡。门岗不查的,其实认真一点拿个棍子捅一捅就能发现,我们有保卫处、警卫队,但管理不足。有制度,但(制度)一涉及人际关系就乱套了。浪费太大,管理太松散了,你说你是主人,实际上谁也不管。

大企业,特别是特大型企业,还有一个很难处理的问题,就是两代人、三代人在一个单位,你又不能不解决。工人闹(事)会影响在职职工的思想,需要解决。我们就成立劳动服务公司,就是知青社,把这部分(子女)作为集体企业组织起来,跟把家属组织起来的(方式)一样,但是那些家属老太太很守规矩。这部分(子女)经过"文化大革命"以后是很放任的,也不学习,进厂以后各种毛病都出来了。只能教育,让严格一点的师傅把他带好。但是很多习惯改不了,打架斗殴、偷、赌博,没钱以后就抢,最后只能开除。还有裙带关系。企业子弟下乡后基本上都会回厂。举个例子,我父亲去世得早,我又回到这个企业照顾我母亲,我妹妹也是这个企业的员工。我们很多领导干部的孩子都在厂里面,包括孙子也可能在厂里,三代人。这种父子兵、父女兵,三代在一个企业,或者是在企业内部的一个单位。再有一个是八九十年代的价格双轨制,影响也很长远。但是没有办法,计划价格和市场价格有一个过渡时间,这是产生腐败的一个很重要的原因。这个时期很多的干部子

20 世纪 80 年代参加会议时的梁铁峰(右四)

女利用机会，用计划价格的产品拿到市场上去卖市场价格，一台拖拉机能挣5000 块到 8000 块。这是整个环境（的问题），如果给他一个小单位，可以在这个局部管好。严格管理是可以的，但是大环境是大家都在损害企业的（利益），很普遍。

讲深层的东西，国有企业有很多问题。其中一个是领导体制，我们的管理制度从党委负责制改成总经理负责制，这个过渡造成了党政不协调。在历届班子里边都存在着这个问题。党委书记和总经理，各负其责，职责不一样。还有党委书记和董事长的关系。董事长的权力是制约经理班子，但是又存在行政管理化的问题。厂级干部都是有级别的，行政多少级，企业多少级。一拖公司的资产，从部里下放到洛阳市，但是干部管理又是在省。洛阳市管资产不能管干部，省里管干部又不管资产，很不协调。1998 年以后变成企业管理制，虽然改制但是没有按公司制办，公司是董事会、监事会、总经理班子各负其责，实际上都不到位。董事长要管，总经理也要管，董事长权大又兼书记。一个班子如果人跟人关系不错，合作就不错，但这很少。因为很多时候人的思路不一样，经历不一样，学历不一样，知识结构不一样，专业不一样，考虑问题不一样，在决策上就出问题了。有些讨论说是内行管理好还是外行管理好，但实际上内行也不是真正的内行，就算学机械的内部还有冷加工、热加工、装配这些具体方面的不同。而且有的说是内行，学的机械出来，但是企业的销售、产品、市场配套方面，要适应市场的这部分又不懂。而且技术和管理是有差距的，技术内行也不是一个管理者。我们第一代领导人都是从地方干部转到工业战线的，选择的是有文化的地方干部。进厂以后要学文化、学知识，学机械加工制造，还要到生产线参加劳动。那个时代和后来不一样，领导是外行，但依靠的是技术、工人和知识分子——是外行领导内行，但他尊重内行。有些外行领导还主动学技术，学得特别好，成了专家式的管理者，这个很不容易的。回过头来说，现在这就是企业管理上遇到问题，党政之间不协调。可以说领导之间个人关系很好，大方面没有什么矛盾，但是在具体问题上，企业发展思路、人事选拔上问题很多。

潘继华
一位拖厂"官二代"的劳动生涯

亲 历 者:潘继华
访 谈 人:谢治菊
访谈助理:赵超越　肖鸿禹
访谈时间:2019 年 1 月 6 日 9:00—12:00
访谈地点:潘继华家
访谈整理:谢治菊　赵超越

亲历者简介:潘继华,1945 年生,1964 年进入拖厂托儿所当保育员,1969 年响应"支援生产第一线"的号召从事加工与维修电气焊工作,直至改革开放。改革开放之后因身体不适转任资料保管员,直至退休。退休不久,在拖厂社保中心当干事,2003 年入党后担任退管站的分党组书记。其父潘志远,历任一拖模型分厂车间主任、铸铁分厂厂长、总厂人事处处长、总厂生产指挥部副指挥长以及洛阳市副市长,"文革"期间曾遭游街批斗,现已去世。

潘继华(左二)接受
谢治菊(左一)等人的访谈

一、 一场误会让我步入了婚姻

我亲生母亲在农村,当时是妇女队长,还是共产党员,经常给解放军送鞋送袜子送粮食,这样就认识了我父亲。我父亲叫潘志远,当时是地下工作者,带领地下党搞革命,后来当了游击队队长,经常在外面东打西打,两人很少相聚。解放后,我父亲的身份才公开,调到灵宝县当县长,但我妈在家里可苦了,管我奶奶、我爷爷,还要管我和我弟。后来因为长期分居,我爸和我妈闹离婚,当时我奶奶、我妈哭,我们也是跟着哭,光知道不是好事,但是不知道事情的严重性,也不知道我们的爸爸妈妈不是一家人了,没有那概念。离婚后,我奶奶没让我妈走,仍然住在我们家,她一直把我奶奶伺候过世了,也没有回娘家。我母亲身体不好,经常生病,我和弟弟来拖厂后,她也经常过来看我们,但每次都被继母骂。

解放前,我继母在人家当童养媳——就是光给人家干活还没有结婚的那种。解放后根据党的政策,童养媳不愿意留下的,可以回娘家,我继母就回了娘家,后来嫁给了我父亲。嫁给父亲时,我父亲告诉她和前妻只有一个孩子,没想到过门后发现有两个。由于父亲重男轻女的思想比较严重,所以我在父亲和继母的家里很不受待见。当时我不会说普通话,也听不懂当地的语言,所以过来后原来在老家上的两年学就不算了,从一年级开始读,因而18岁时我才上初三。

我读初三的时候,已经有同学结婚生子了,但我还没有想到要谈对象,想的是赶紧初中毕业找份工作,脱离被继母虐待的家庭。那时候我们找对象,没有什么金钱、地位、彩礼、房子、车子之类的概念,就想找一个为人正派、思想上进的人。所以,遇到这样的人,哪怕是一场误会,我也义无反顾地搭上了自己的一生。

而我的婚姻,真的来自一场误会。那时候我爸已经在总厂人事处当处长了。我爸一个同事,看我已经18岁了,我继母又经常闹事,对我不待见,特别同情我、可怜我,就给我介绍了一个对象。他是农村来的,动力厂的送煤工。开始我不同意见面,也不敢告诉父亲,但邻居一直在撮合,还让他买了几张电影票,约邻居两口子一起在中原电影院看电影。当时大家都很保守,看电影也没坐一块儿。我爸当时对我也管得很严,要求放学得准时回家,不准时回家就不开门。我记得那是3月份,天气还冷,看完电影后我回家,比平时放学的时间晚,门怎么也敲不开,我就在楼梯里睡了一夜。第二天早上5点过,我爸一走,我就赶紧跟跟跄跄起来回家,回家以后就生病了,发烧。当时继母骂得很难听,我只能自己掉泪,躺在床上不能动,浑身难受,用被子捂着。

那时候老师很负责任,看我一天没上学,晚上就来家访了,一来家访就跟我爸在那屋谈。我爸也不知道跟他说了啥,老师过来安慰了我两句就走了。走了以后,他那单位的领导,原动力厂厂长就来跟我爸谈话,意思是批评我爸不应该这么做,我也不知道咋回事。我爸的领导和他谈的时候,我因发烧一个劲地吐,他就过来把我爸训了一顿,说:"你姑娘已经这个样子了,你好事不做,让孩子遭这么大的罪。"我当时年轻,不懂他说的是啥意思,后来我那个姥姥,就是我继母的妈,对我还不错,她就问我:"你咋回事?"我说:"我浑身冷、发抖,盖俩被子还是冷。"她问:"你是不是发烧?"那时候我也不懂发烧是啥意思,我说:"我也不知道,反正可难受。"她说:"你喝点水。"我说:"不喝,很难受,头都要炸了,浑身冷。"后来动力厂厂长又来找我爸说这事,我爸也是要面子,不和我沟通,我也气他离婚造成了现在的局面,不和他说话。这样过了三天,我没去上学,我爸在第三天的晚上来找我谈话,问我咋回事,我觉得跟他说了来龙去脉,他也不会相信我,所以就抵抗,不给他说,他气得打了我,又使劲把壶摔在床底下,我哭着喊奶奶,惊动了居委会。居委会主任来调节,我告诉她实话,但居委会主任不相信,认为我之所以吐得一塌糊涂,肯定是怀孕了,故让我拿户口本开证明结婚,我一看也说不清楚了,反正对那个人也不反感,感觉他挺老实的,就结了。我认识他才三天,一场电影,一场感冒,一场误会,稀里糊涂就结婚了。

结婚时,我爸因为生气,一分钱也没给我。我当时穿的布鞋,都露脚指头了,丈夫就问我要啥,我说:"那你给我买双鞋吧。"那时候鞋便宜,两块多一双,他就给我买了双鞋,还买了点花生、瓜子和糖,晚上7点多请他的同事来热闹了一下,将我的被子、褥子从家里带来,在租的房子里就结婚了。

结婚以后,我爸认为我没工作没房子,这么早就结婚,还是以这样的方式结婚,坏了他的名声,就要和我断绝关系。我当时也赌气,认为是他的离婚造成了我的处境,就和他断绝了关系。结婚一年后我怀了老大,是姑娘,要落户口,我也不敢回家,我就跑我爸的办公室去找他一下,我说这孩子也快出生了,你得给我户口本,没有户口本我上不了户,这样我爸才把户口本拿到办公室,我拿去给大姑娘上了户。后来我俩过得也挺好的,但随着社会的变化,人的思想也变化了,孩子他爸因不满我爸一直官至副市长,都没给他在拖厂谋个办公室的工作,听不了外面的非议,在结婚过了 27 年,上法院闹了 6 年之后,我俩离婚了。

我们家一共换过六次房,最开始分的是南山的豆腐房,住了两年多。过去拖厂不是有豆腐房嘛,后来生意不好倒闭了,房子就闲置下来,这房没有厨房,没有水管,用水要去外面打。后来因孩子送托儿所太远,早上 5 点过就得起床,我就找领导说能否换个房,就换成了李家村 28 号街。这房子其实更远了,但是不要也不行,因为有正式户口。之后我又去找领导说上班太远,孩子没办法,就给我换成了 7 号街二楼,14 平方米,总算有正规的生活了,不过上班还是相对较远,就又跟人私下里对调了,面积一样,重新去办了手续。那时候家里有 6 口人,4 个孩子,3 家一个厨房,里头那家 7 口人,外头这家 8 口人,我家 6 口人,一直住到 1981 年我老大去当兵。

1981 年以后,我一想孩子们都这么大了,男孩女孩都大了,没法分床,都是上下铁床,天天爬上去爬下来,我又找领导,就分给我 22 号街坊 20 平方米一间半房。这还是解决不了问题,我再与领导反复协商沟通,才给我解决了 4 号街坊三小间 30 多平方米的房子。再后来孩子们都大了,出嫁了,再加上我们家经济状况好点,才花一万多买了这套房改房,二室一厅。买了这,闺女们也都出门了,反正是住得不紧张,在有这些房子之前,这算好房子,但是现在不算好房子,不过我也知足了。

我与孩子他爸育有四个孩子,三个姑娘一个儿子,大姑娘当兵后在市里招待所上班,现在退休了;二姑娘和三姑娘在拖厂上班,现在也退休了;儿子也在拖厂上班,现在下岗了。每个孩子家都只有一个(外)孙,除大姑娘家的孩子外,其余三个孙辈都是我贴着钱带大的。我的想法是尽量不给孩子添麻烦,忙的时候(上楼)带着菜带着馍,抱不动孩子,就脚抬着,让孩子坐在腿上顶上来——就这样上楼梯。现在我儿子下岗了,每月工资交完医疗和养老保险后,只剩 300 多块了,孙子上高中一年要 11 000 块的学费,我得补贴一些。几个姑娘家还可以,大姑娘的儿子大学毕业,原在北京,现和女朋友一起在洛阳河西区打工,三姑娘的孩子原来在大连读大学,现在郑州打工,他们和我父母的感情都不深。

后来我爸生病住院快不行了,我弟不管,我妈也不管,只好我管了。我用自己每月的奖金瞒着孩子们,花钱买了老人该用的东西,包括料、鞋子、袜子、衣服等。[①] 后来,因我父亲病危,继母一着急,给我大姑娘打电话,恰逢我给父亲送饭腿摔骨折了住院,大姑娘到医院来兴师问罪,其实是心疼我受了这么多年的冷落和虐待,却还要为我的父母着想。她说:"我爷有儿有老伴,你出门的闺女为何要你管?"我说:"你爷有病也是我的老人,我凭自己的孝心尽孝,有何问题?"

其实,我继母虽然对我不好,但她自己因为妇科病,不能生孩子,所以我父亲去世以后,我觉得她挺可怜的,没老伴了。后来她也变了,变得比过去宽容,说话也不是那么刻薄了。我觉得不管怎么说,她是老人,就算是邻居,咱们也应该尊敬她,也应该对她好,所以把她当作自己的老人去对待。我给她打帽子,给她做衣服,她过生日我给她钱,还给她买礼物,生病住院给她送饭、做护理,就当我自己的母亲那样去对待她,直至终老。

二、 全心投入,工作不分高低贵贱

我是 1964 年进的拖厂,那时候的拖厂可出名了,不好进,所有拖厂子女都是正常招工正常进,但外单位不太好进,通常要有背景才能进来。好多市

---

① 这里"老人该用的东西"指老人去世后的寿衣等,其中"料"是指棺材。

委办公室或者区委办公室有门路的人,都想办法调到这儿来,因为工资高嘛。那时候的公务员叫干部,工资比我们低。刚参加工作时,我在拖厂5号托儿所当保育员,当了五年后,厂里动员大家积极支援生产第一线,当时我还是托儿所最年轻的,其他人年龄都比我大,所以我就报名了,然后去了机械加工厂当气焊工。在机械加工厂干了十年,到1979年,我们的机械加工厂跟五金工厂合并了,领导说看我自己的想法,我要想随单位走就随单位走,如果不想随单位走,可以找单位调动。然后我就调到拖技校,还干原来的活,电气焊维修。后来因为自己腰疼,蹲着赶班,受影响,不敢喘气,一喘气那钢板就会豁着,所以跟领导要求换岗位,领导还挺照顾,就干了保管工,就是保管材料,管了两年,就退休了。

刚退休在家里我觉得没啥意义,楼下有个治安员岗位,就是看楼房,我就跟领导说我想去,领导同意了,我就当了治安员。后来,又去厂里的社保中心当干事,就是帮助社保中心给那些退休人员发东西、春节慰问病号什么的。再后来,社保中心的政策规定不是党员不能干,我就没干了。一直到入党以后,又让我在这干党小组长,然后我就从2003年干到2011年,2011年后就让我干5号街坊退管站的党支部书记。

我父亲也在拖厂,开始是模型分厂车间主任,后来又当铸铁分厂的厂长,然后又到总厂当人事处处长,再以后又到总厂生产指挥部当副指挥长,后来又调到电厂,电厂又调到市里的重工业局,重工业局又调到电厂,电厂又调到市里,最后当到洛阳市副市长。

他虽然已经去世了,但我受他的教育根深蒂固,他总是严格要求我们,不要搞特殊,

一拖的10号托儿所

要带头吃苦耐劳，别人不愿意干的事，我们必须带头干，不能给他丢脸。"文革"的时候，我爸挂了牌，大牌子顶着下巴，就要游街，我看见也没办法——那是潮流啊！因为我爸那时候是一把手，就给他划成走资派，被批斗得很厉害。我爸挨批斗，我和弟弟也受影响，只能老老实实地少说话。先前"四清"运动时，我爸因为在福利处当工作组组长，我那时候还在托儿所工作，他被大会批斗，我也得参加——还不敢不参加，因为如果不参加就等于不积极，那我就参加了。我在台下坐着，我爸在台上挨批斗，那也没办法。另外咱们拖厂的杨立功、马捷、罗士瑜、安道平也都被斗过。马捷在台上，我们在台下开会也可难受，因为啥？我当时倒没有想他是厂里最大的走资派，他跟我爸他们住一栋楼。杨立功、马捷，都是跟我爸住一栋楼，都可熟悉，在我的印象中他们可和气，可令人尊敬，却突然说他们是走资派，捆得五花大绑，我心里反正是不得劲，但也没办法，当时是大潮流，谁也阻挡不了。后来给他们平反了，平反后马捷调到了北京，杨立功调到了北京，这都是拖厂总厂的头头。罗士瑜没有走，罗士瑜是高级工程师，是拖厂总厂的总工程师，他很朴素，你别看他是工程师，他穿得很一般，跟人说话还可和气，他现在也不在了。他老婆也是大学毕业，但是大学毕业以后因身体不好，心脏病，一直没工作，在家待着。总之，那时像杨、马、罗、安那些老领导，在他们眼里："你是我的家属，甚至是我的媳妇、我的儿子，那就不能到办公室（工作），你就得在底下干。"作为子女，有时候我们也想不通：为啥领导的子女就得到一线？他们可以进办公室，我们为啥不能进？可是又想想，不能为老人丢人。老人说得也对，亲人自己要是进办公室了，对老的影响不好，就是没有问题，人家也跟你说成问题，所以我自己从来没想过去办公室工作，省得人家说闲话。

那个时候厂里可红火了，你走到厂门口都听得到咕咚咕咚、咔嚓咔嚓的响声，听到这个声音就觉得特别振奋，就觉得每天上班干劲十足。那时候的业余活动，有毛泽东宣传队。业余时间除了加班，就是晚上给大家演节目，比如说跳舞、唱歌。那时候在二食堂，我跳的是蜡烛舞，手里拿个盘子点着蜡烛，晚上经常跳到十一二点。那时候毛泽东思想宣传队上街去宣传，佩戴腰鼓彩带，然后跑去演出，就在大街上。那时候人都是积极向上的，不去计较什么我还得回家,我还得管家,都不这样想,领导说咋的就咋的。领导说今天晚上需要演出、需要上街,那就把家里孩子都安排好,搁在大夜班。① 一般都没人计较这么晚了还要工作,领导你给我发个啥、给个啥没有。

那时候我们也经常开会,班前会、班后会天天都要开。班前会 7 点半就得上班来开,来后在毛主席像前面宣誓,然后开始上班。下班后开班后会,那时候晚上开会不占上班时间,都是晚上下了班开,你下了班可不是说叫你回家吃完饭开,你下了班就直接开班后会,不吃饭,那时候人都不敢请假,也不是不敢请,都不愿意请假,因为请假你就落后了,都想表现得先进一点,也没有怨言,就算开到 9 点也没怨言,没有一个人请假。另外,还有生活会,生活会一般都是周五开,一周一次,就是大家互相提提意见,类似于现在的批评和自我批评。那时候大家都心直口快,都给别人提意见。被别人提意见以后,可能心里不得劲,但也没有谁不接受。当然,提的意见不一定完全正确,有的也可能带个人动机,或者私心掺在里头,但一般都不闹矛盾,过两天就好了。那个时候厂里每个月都有考勤,一般都是从本月的 25 日开始到下个月的 25 日结束。除了四五天的公休日之外,这个月当中你如请事假或病假不能超过八天,否则五块钱的出勤奖金就没了,因此好多人请假最多八天,但也有极个别的人,请了八天半假也拿了五块钱的奖金,后来因为这个原因,大家就每个月开一次大的生活会,用来评奖评优,休息少的人就得先进。从那以后,请假八天的人就少了,一般都控制在七天半才有五块钱。另外,那时候还有政治学习,一般是礼拜三,当然也不都是固定的,有时候是礼拜一,有时候是礼拜三,就是念念有关的材料。

那时候的评奖,有总厂先进、分厂先进、车间先进等,就发个奖状,没有钱,大多数时候发个茶杯。我记得我老早就当过总厂先进,发了一个瓷的、白的这么高的茶缸,上面写了"一拖"两个字,那时候叫第一拖拉机厂,不叫一拖集团。有的时候,发支钢笔。

那时候的销售有专门的销售员,像我们焊管子的,今天需要焊多少,由

---

① 是指超过晚上 9 点以后,大人还在上班或外出宣传的,将孩子放在工厂专门的地方,由专人看管,然后就可以无忧无虑地去搞宣传、搞活动。

计划员跟班长说,班长再给我们说。我们的零件也换的,因为像 050 那样的管子,可复杂可细了,就跟饮料吸管那么细,每个管子要装好几个关节,虽然专门有模子,但装完后还得焊,焊的任务大,焊完还得试验,电焊对身体也有害,如铜焊和锡焊,当时发有害补贴的,一个人一天两毛钱,一个月六块,就等于把礼拜天也算在里头了。那时候的培训学习很少,领导都没有这个指标。就像托儿所的那些老师,他们也没出去学习过。

那时候树立的榜样,通常都是工人,我们经常歌颂他们。五六十年代就是学习焦裕禄,还有杨水才。杨水才得了癌症,他为啥得了癌症? 就是劳累过度导致的。开始可能癌症比较轻,就还坚持干活,干到最后,实在是不行了,那就是小车倒了,人也完了。焦裕禄也是得癌症,焦裕禄是为了兰考治沙造林得的。这都是我们年轻时的榜样。再往前推呢,那就是学习战斗英雄黄继光、邱少云等。到了 70 年代,开始学劳动模范,我们那时学的劳模叫杨春娥,是总厂的一个劳模,身体不好,但坚持工作;后来学北京的一个司机,热心为乘客服务,不顾家;还学一个冲压分厂的劳模,这老头现在已经不在了,他一天到晚穿着解放鞋,穿着工作服,带着补丁。当时还有一个劳模,叫高秀芝,在生产线就是卷扬机上,一条胳膊卷在里头,残了。残了以后,叫她去看澡堂,在澡堂里头那时候也经常播她的事迹,我们也看也听,报纸上也登。有一个单身汉,没有家,衣服穿得很脏,也比较懒,高秀芝看见了就主动用一只手给人家洗工作服,那时候肥皂不是供应但也紧张,也要有票才能买,所以后来她就弄碱水给单身汉洗工作服,洗得可干净,当时经常歌颂她,现在她已经不在了,她老头在我们前面那一栋。还有职工医院的一个医生,叫卢文娟,在医院上班,其先进事迹就是为病人怎么服务、怎么细心、不计个人得失、上班不分工作时间等。

我们学习先进的具体行动,就是不计较个人利益和得失,就是上班时间尽自己的能力工作,多干活,也不去宣扬,也不去自我夸张,就是实事求是。有时候说老实话,急着上厕所都想干完再去,比如说你有 100 个任务,干了 97 个还差 3 个,急着上厕所,也都憋着等这 3 个干完了再去。

那时候,我们工人并没有感觉到领导就高人一等,工人就低人一等。就算他是领导，说了咱就听，好像顺其自然就不觉得自己低人一等。说老实话，那时候领导见到工人也是挺客气的，平常走到路上见了面就跟正常人打招呼一样客气。后来退休以后，看到一些人高高在上，脑海中才想着这人怎么还有高低贵贱之分。但是我们已经退休了，谁再高我们也不会买他的账。其实人就应该没有高低贵贱之分，只能说你的职务不一样，你的责任不一样，是不是？个别人思想意识不太正确了。

那时候工厂的领导有事基本上也不会找工人商量，也没有征求我们意见，我们也没有这种思想意识，顶多就找班长去开会，班长开完会回来再传达，传达时就说咱们要完成多少任务，完不成就是对不起党，对不起国家，对不起领导，对不起自己。反正我们想的就是自己是工人，应该把活好好干完，完成任务，这才配当一拖的工人。职工代表大会，是代表去开会。根据我所在单位的情况来看，没有听说谁去参加过会议，一般都是叫车间主任挑谁去，确定谁去也不跟我们说，我们也不过问。

从1964年到1995年，整个厂里面从幼儿园到小学、初中、澡堂、食堂、电影院什么都有，我印象最深的是食堂。我们在技校里不是有学生嘛，有食堂，其他单位没有食堂，我们技校的食堂，炊事员做饭做得不错，学生们吃得也不错。早的时候有电影院，那个时候单位一到节庆日就给大家发电影票，厂工会发。那时候电影票比较便宜，放的时候大家都去看。洗澡就在澡堂，澡堂就在这两栋新房子当中，这里现在扒了盖成房子了，那时候洗澡不要钱，给你弄个洗澡证，拿着洗澡证进去洗。以前我们洗澡不要钱，理发不要钱。说是不要钱，其实是一个月给你工资上补钱，补一块五，就拿补的这个钱去洗澡和理发。那时候职工看病也不要钱，孩子上学也不要钱。以前就是这样的年代，虽然钱少，比较紧张，但人的私心杂念少，人与人之间可真诚，没有什么钩心斗角，过得比较单纯。那时候孩子看病属于家属，享受半价，比如去医院花一百，你就掏五十，直接就给你办了。

后来，经济不景气了，下岗的人也挺多，我们技校有好几个不到退休年龄，都叫回家了。那啥也不跟你说，或者他说学校效益不好，工资发不下来，你们还不如自谋生路。说的自谋生路，也不是那么好自谋生路，得有智慧和信息,得有资金基础,对不对?能达到自谋生路、自我创业的,都不是一句话两句话能实现的。现在我们技校也不分配了,它变成私营学校了,一毕业也没有工作,所以现在技校也招不了生。后来卖出去之后,招了好些农村的孩子去那学习,学个一技之长,也能维持自己的生活。

我觉得拖厂在全国甚至在国际上,都有影响,拖厂有产品出国,也有人员输出,早先拖厂也有好多苏联专家来。领导也挺重视,来培养年轻人,培养这些老一辈的什么,也做过老中青三结合,生产得轰轰烈烈。没想到拖厂到今天,职工从原来的3万多减到6000多,过去一进拖厂都是轰轰烈烈的生产,现在进去都静悄悄的。现在各个分厂都把人减掉了,买断工龄。有的是自己不干了,厂里发的工资太少,维持不了生活。像我儿子他们这个年龄,孩子正上初中、高中,学费还贵,所以有的人就出去给私人干,这样来维持生活。今年我们的第二次报销也取消了,原来退休人员住院可以享受85%的报销,自己掏的部分还能二次报销,因为厂里给交了医疗保险。今年啥也没有,都取消了。

三、 五次申请,退休后我加入了共产党

我这辈子干得最长的,还是电焊工。电焊工是氧气乙炔瓶,我们干的是75拖拉机上的零件、油管,还有011、012和050三种型号的管子,这些都是我们当初往人家拖拉机上装的。焊的时候还有专门的水压试验,有一个水压试验小组。焊完管子,他们就把管子两边都密封起来弄水压试验,如果试验冒气泡,就是漏了,就用粉笔画一下。我们每个人焊的管子都编了号,我是9号,如果9号的管子出了问题,人家给试验出来了,就送过来,我就把9号管挑出来,再重新补补,重新试验,不漏了就行。当时我们也感到很自豪,干活很认真,因为给拖拉机上油管,那就是心脏啊,尽量做好不让漏。当时,我们的生产劲头很足,011管子两头都焊,每天的生产任务是80根,如果是012管子,就是60根。任务量有些大,完成起来比较紧张,因为啥呢?管子两头要套螺帽和螺芯,80个就要160个螺帽螺丝,然后大螺帽套了,插了管

退休后的潘继华(左一)终于加入了共产党

子再焊,螺芯很薄,但装螺帽和螺芯不给算工时的。尽管如此,那时候大家都争先恐后,你看着我,我看着你,都怕自己落后。

我从保育员到一线当工人,工资没啥大的变化,好像就多了两块钱,但那时候从来没考虑过个人的经济利益问题,就是一心想入党,想处处表现积极点,即便领导不培养我,我也对得起自己,问心无愧。我原来不知道评先进有指标限制,总想着表现好了就能评上,当时真是这样想,但是往往有的同志确实表现不错,也没评上。后来我到退管站管这些吃救济的评比,这才理解评选是有指标的。

入党也是这样,我原来以为积极要求进步,有实际行动就能入党,后来才知道人有时候是阶段性的,有时候有指标限制。比如我原来在托儿所,说的是培养知识分子(党员),但老师一个都没有发展。后来到机械加工厂,我想是生产第一线,只要好好干,就能入党,但后来"文革"分成两派,"造反派"不中用后,革委会就上台了。他们上台后,"抢零点"培养了几个党员。那时候叫"抢零点",就是说几号几号零点以前入党的才算数,几号几号以后就不算了,就争分夺秒地培养党员。当时抢零点培养的这个人,在二班当工人,在班上的表现其实不怎么样,开会讨论他入党的时候,我是积极分子,也通知我去,但是我没有表决权,当时投票没通过。因为大家觉得党员应该有先进事迹,他既没评过先进,也没当过劳模,怎么突然就培养他入党了呢?而且好像大家都说不认识他，大家都在会上这样表态。随后这个支部书记做每个党小组长的工作，叫党小组长再给那些党员做工作，不久又通知开会讨论，第二次又去投，支部书记就说他咋好咋好，后来就通过了。

我对入党很执着，一共写了五次入党申请书，其中退休前就写了四次。当时，在托儿所和机械加工厂各写了一次，技校写了两次。我上班的时候，每个单位领导对我都挺好，我也不断地写申请，要求入党。在托儿所的时候，我们没有培养一个党员，所以我遗憾地离开了。虽然没入，后来到了生产第一线，自己在思想上没放松，还是积极向上，也递了入党申请书。递了以后，我们的加工厂那时候因闹"文化大革命"分成两派，最后人家就培养了"造反派"那一派的，我们小组培养的一个是"保守派"的，从那以后再也没发展过，所以我也遗憾地离开了加工厂。以后，又调到拖技校。到技校以后，都是培养知识分子、教师的地方，我们是工人，再加上总觉得自己做得不够，所以到拖技校虽然我也写申请，一心想入党，但还是很遗憾，直至退休也没有入成。1995 年退休以后，社保中心就培养过去在单位一向要求积极进步的人，我就加入了社保中心为大家服务，大家对我评价也不错。组织上就找我谈话，问我有啥想法，我说："我参加工作 30 多年没入（党），这是我的一个遗憾，现在都退休了，能不能入啊？"然后他说："你现在咋想？"我说："我还和当初写第一份申请书的想法一样，很强烈。"他说："那你写一个吧。"我就又写了申请书。因为很长时间没有写了，我就回想第一份申请书是怎么写的，后来拿出来看看，又让我找了两个年纪大的介绍人，都是老党员、老邻居，经常接触，互相了解，一旦自己有问题，好及时指出来改正。一年以后就经过支部开大会，100 多人参加会议，有事没有来的，让别人带票了，全体举手表决，通过了我入党的事，这样我在组织上的问题就解决了，那是 2003 年。

我退休后入党没跟孩子们说，是别人告诉他们的。孩子们说，我这思想也太执着了吧，都这么大年纪了，还入党去参加活动。大姑娘也告诉我说："妈，我本来想政治上达到一定境界就行了，思想上不需要再奋进向上了，但我一看您都退休了，还要求入党，我感觉自己很惭愧。"我告诉她："你这样的想法是不对的，人应该无止境地向上，可不是你走到哪一步就停止不前了，你比我年轻,更应该带领子孙来热爱党。"我还告诉他们,热爱祖国、热爱党,那是一生的事,就是回家了也得热爱。有时候年轻人说国外生活好,我就说:"国外好,你是听了还是见到了? 为什么你不去? 我现在退休了,不是也靠国家养活吗? 你不给国家做贡献,国家给你发 2000 多块钱,那说明不仅仅是西方国家养老人了,咱们中国也养。"在党中央、习近平总书记的关心下,现在我们年年涨工资,不管涨多涨少,原来每年涨 10%,连着涨了 15 年,现在每年涨 5%,这说明国家在想着我们。咱们国家现在改革开放,你看变化有多大呀,无论基础建设、脱贫、科技,还是培养下一代,都在慢慢进步。

58 岁才入党的潘继华从第三年开始
连续 12 年被评为优秀共产党员

不要看我退休了,我现在还经常关心时事和国内外的变化。前一段我看《海峡两岸》,我可喜欢看这个节目,一天看三次。

杨光荣
转业军人在拖厂

亲 历 者:杨光荣
访 谈 人:曾迪洋
访谈助理:原璐璐
访谈时间:2019 年 1 月 7 日 9:00—12:00
访谈地点:第一拖拉机厂老干部活动中心
访谈整理:曾迪洋

亲历者简介:杨光荣,1942 年生,贫农。1960 年初中肄业后参军,"文革"期间在北京执行过接待红卫兵的任务,并作为"三支两军"人员在人民大会堂受到毛主席接见。1968 年转业,分配到第一拖拉机厂锻造分厂机修站,后成为工宣队队员、车间连队副指导员和宣传员,从事了一段时间的政治工作,亲历拖厂"文革"期间的"一打三反"运动。1977 年后历任机动科副科长、供销科副科长、供应科科长,从事过拖拉机厂党校行政科与总务处的工作。1998 年经历拖厂下岗政策被预退,2002 年正式退休。

杨光荣(左)接受曾迪洋访谈

一、 进厂前我是一个兵

我家在农村,是周口地区郸城县的,在 1968 年 3 月底从部队转业进了拖厂。我上到初中二年级那一年,想着当时学上得不好,三年困难时期时也比较苦,干脆当兵去。这个过程还有些戏剧性,因为我父亲他们弟兄四个在当时只有我一个孩子,作为独子一开始参军政策是不接收的,1 月份去报名,他们说报名也不要。1960 年 8 月政策改了,孤子、独子都招,我才能参军。父母很舍不得,但他们阻止不了我。父亲是饲养员,那天我给他轧草,他说:"我真不想要你去当兵。"我说:"你不想要我去,那在家待着干啥?以后不给你轧草了,我走了!"说了这两句,我就走了。他觉得挺生气的,就说:"你走吧走吧!"其实我是有意气他,他生了气,我走了他也就不心疼了。就这样,我初中肄业当兵去了,那时候也就 18 岁。

我一开始是在 4890(部队),野战军。这个是内部番号,属于 63 军 189师炮兵 569 团,后来又在 2 营侦察排当了四年兵。在部队的成长过程是比较好的,我勤奋,那时进步很快,在 1962 年 6 月 10 号就入了党。当时国际局势比较紧张,毛主席提出"深挖洞,广积粮,不称霸"①的号召,我们广州并北京军区组建了三个工程兵团,1964 年 12 月我又去工程兵的 216 团当班长。北京有个延津县康庄公社,我们部队就在那。1966 年 5 月份,(中央)下了一个"516 通知",学生就都开始参加"文化大革命",10 月份我被派去负责接待红卫兵了。当时接待红卫兵的任务是比较重的,因为那时北京市人口才 800 多万,但是进京红卫兵就有四五百万。记得毛主席最后接见红卫兵是在 1966年的 11 月 25 号和 26 号两天。25 号主席在天安门上,红卫兵从长安街通过天安门,是这样检阅的。第二天是红卫兵夹道从东单一直到西郊,主席坐在汽车上走着看着,跟现在检阅部队状态一样。两天接见红卫兵就是这么进

---

① 亲历者的回忆在时间上不准确。具体说,自 20 世纪 60 年代中期开始,由于国际形势的变化,毛泽东强调要突出备战问题,要准备粮食和布匹,要挖防空洞,要修工事。但这句口号出现于 1972 年,这年12 月 10 日下发的《中共中央转发〈国务院关于粮食问题的报告〉的批语》中转述了毛泽东的指示。批语说:"毛泽东说:'根据我们现在所处的国内外形势和我们所坚守的社会主义制度和无产阶级立场,我们要深挖洞,广积粮,不称霸。'"中央批语稿曾送毛泽东审阅,毛泽东批示"照办"。

行的,整个路两边都是我们的部队维持秩序。当时我们准备比较早,把学生都编成连队,老早就都在街上排队了。为了队伍整齐,要跟学生喊一排的怎么坐,二排的怎么坐。当时就五六个战士负责一个连队,时间也比较紧张,就怕学生乱,万一出事儿,怕人挤了摔了,所以我们都很注意。我们还要组织大家喊口号唱歌,也比较费劲,那天嗓子都哑了。学生间互相拉歌,像什么"下定决心,不怕牺牲,排除万难,去争取胜利"(唱),这些歌学生都会唱。"为人民服务,我们的共产党和共产党所领导的八路军新四军是革命的队伍,我们这个队伍完全是为着解放人民的,是彻底地为人民利益工作的"(唱),像这些歌在我们那个年代都是经常要唱的。11 月的北京已经很冷了,我们战士服装里面已经是绒衣绒裤,外边儿是棉衣棉裤,但有些孩子穿的还是单衣。那些学生唱起这些歌都长起精神了,你问他们冷不冷,他们都说不冷,精神状态都非常好。但是真的不冷么? 那肯定冷! 我们就都把自己的绒衣绒裤给孩子穿上顶一顶。那个年代也不会有什么小偷,丢失东西都有人捡上马上交出来,所以说那个年代(人)比较好,个人的思想都比较好,都往一处想。

红卫兵越来越多,在北京住不下,最后北京有些工厂只要有地方都腾出来给学生住了。都住到工厂车间去了,当时很多工厂基本上都没法儿生产。我们住的是水磨石厂,各个车间里头都是人。这个厂在红卫兵来串联之前一直生产,就是在串联期间停了好长一段时间。因为陆续还有学生往北京进,到 27 号那天一共进来了六七百万人。那天没经验,学生都放出去上街了,所以大街上都是人,天安门广场挤都挤不进去,长安街上车都通不成。最后没办法了,28 号那天开始限制上街的人数,就这样大街上也还是不少人。

我在广场上看着这么多的学生,看见毛主席,心情很激动。一个农村的穷苦孩子能够看到主席,在当时来讲很不容易。我见主席的次数比较多,1966 年的 10 月和 11 月都见了,1967 年的"五一"和"十一"也都看到了。最后一次是 1968 年 2 月 19 号,毛主席在人民大会堂接见了我们"三支两军"①

---

① "三支两军"是解放军在"文化大革命"中执行支左、支农、支工、军训和军管任务的简称,是人民解放军介入"文化大革命"的标志。

人员,那是我快转业的时候。人民大会堂一共三层,我当时在第二层中间第三排,离毛主席也就十米左右。那天许多国家领导都在,排了一个队。那天主席穿了一身灰色的服装,一双红色的皮鞋,没有讲话,就是最后出来给大家招了招手。我们都拿着语录本,整个大会堂都是"毛主席万岁"的声音。那个场面很激动,一切都听不见,只看得见主席的手势。开完这个会以后,3月4号我就转业离开了部队,坐了一夜火车,5号到了洛阳。

我是转业军人,组织关系都是自带的,哪里来哪里去,本应该是要回老家的。但当时河南对转业兵有特殊的照顾,就是若夫妻其中一人在城市工作的可以得到照顾不回农村。1960年我就结婚了,爱人当时已经在拖厂工作,所以洛阳退伍办公室就给我也安排到了拖厂。

二、 我的政工生涯

我是1968年3月27号正式报到的。从洛阳火车站到拖厂,我坐的是部队的车。那会儿穿的还是军装,看到部队开着车来火车站,就请他们顺路带我去拖厂。车子走到5号巷时,我看到那有一杆旗,上面写的是"718部队",我问那小战士:"这是哪个部队在这?"他说:"那不是部队,就是一个群众组织,你不熟悉洛阳,说话要注意。"这是我刚来到洛阳时还没有下汽车,在车上说的话。后来我才知道718部队是一个7月18日成立的群众组织,其实是一个造反组织。

到了之后就由人事科直接分配到锻造分厂,锻造分厂又把我分到机动科的机修站,当上四米龙门刨的工人。当时我们机修站40多个人就我是党员,第一天他们就介绍我是啥兵种部队转业的,那些老师傅们很欢迎我,都很热情。后来上班,我还有个师傅,我给他当徒弟干活,跟他学龙门刨。我这个师傅干的多说的少,你不问他不说,你问了他就说。我们那个车间大部分都是"造反派",只有五个人是"保守派",平时都在一块工作,我们这些人基本上还是可以的。我当时是小组政治宣传员,有些话讲出来我们那些老师傅也都是比较听的。我26岁时大家就都喊我老杨,没有人喊我小杨。我是从团结愿望出发，不管是谁、过去观点是啥，都要做有利于团结的事，不利于团结的事不要做。记得当时流传过一句话，叫作"老保老保你别跳，8250有大炮"，意思是8250有大炮打你(保皇派)呢。针对这句话，我在小组上发表过一次看法，当时是这样说的："我的想法不一定全对，但是给大家讲讲我的看法。'老保老保你别跳，8250有大炮'这个话说得不妥。为什么不妥？8250是解放军部队，是保护人民的。老保也是群众的一部分，8250是有大炮，但那是保护人民的，能去打人民吗？我希望我们小组的同志们不要说这个话，这个话不利于团结。"对我来说，我家是贫农，父亲就是一个种地的，再一个我也是转业军人，又是党员，觉得说话要谨慎，不要给人留把柄。共产党员也好，群众也好，都应该是为国家建设出力，有些话该说的说，不该说的不要乱说。我不希望在我们小组听到这种语言，到后来也就没有人再说。

实际上那个阶段我没有真正在设备上干啥活，因为1968年8月31号我就被调到轴承厂技校的工宣队去了。工宣队的队长和副队长都不是党员，还有一个老师傅虽然是党员但没有什么文化，水平也不高，所以我就过去了。我主要做的工作就是政审，或者去搞外调。刚进工宣队不久，组织就派我跟副队长去调查一个有特务嫌疑的人。副队长不是党员，调查过程中他没资格看一些东西，只能党员看，所以我当时担子就重了。我们队三个党员，其他两个都是文盲，有文化的就我一个，组织给我这个任务，那没啥说的，我是义不容辞的。这个人是广东人，16岁参加革命，当时是技校的革委会主任。这顶特务嫌疑的帽子就在他档案里面，(组织)有怀疑，有些敏感。那个年代有些内部控制，都是内部组织知道，然后观察你，被调查的人是不知道自己被调查的。这个人被调查时并没有被停止工作，但组织上也不敢重用他。我和副队长两人外调整整去了53天，跑遍整个广东，去了广州、佛山、东莞、梅县、汕头，后来又到湖北红安和湖南长沙。就是这个人在哪工作过，社会关系有哪些，都要整个跑下来，压力也比较大。调查到最后，我们的结论否定了特务嫌疑。那时候年轻，胆也大，我说："没有就是没有，这个同志是干干净净的，没问题。"我们要对人家负责，对组织负责，就不能说模棱两可的东西。说的话模棱两可，就是没下结论。我们就是实事求是，有啥弄啥,最后给他把前边有嫌疑的档案推翻了。后来听说组织一开始不太接受这个结论,他们都是有倾向的,觉得我们的调查不可靠。所以他们又把我们走过的路走一遍,又调查一番,回来才服气了,我们的结论他不敢推翻了。这个人后来还当了轴承厂的组织部长,要是他戴着个特务的帽子,那他啥也干不了了呀!

　　我来的时候是"造反派"掌权,基本上已经不武斗了,也不分什么这组织那组织的。批斗会的次数就多了,但都是小型的,一般在车间内部,也不固定时间。如果是车间范围的,就是车间领导来组织;如果是小组范围的,就是小组领导来组织。十几个人要在一起开个批斗会,肯定先要叫一个人站起来,批斗谁都是组织来定,这个人不情愿也不行,到你身上了能有什么办法呢?一般由被批斗的这个人开始发言,起来把自己的事情说说,然后就这个事大家再一起讨论批评。会开完之后,如果被批斗的人心里不舒服,有点心理负担了,也还是要再做他的思想政治工作的。我就说:"这个事儿要想得开,大家为啥批评你?做错了就要批评,你不接受,就要自己好好想想错在什么地方了。"有些是讲道理的,有些是不讲道理的,领导艺术和领导水平不一样,处理事的方法也不一样。我们单位这几个人还是可以的,就是实事求是批评(人),也不会疏远这个被批斗的人。

　　厂里搞"一打三反"的时候,我是连队副指导员、党支部书记、质保小组组长,也是"一打三反"运动的专案组组长,所以那个时候天天晚上忙。那个阶段有问题就搞个调查,把问题弄清楚。有"造反派"认为"一打三反"是在整"造反派",但我认为不是针对哪一派,确实有问题的,那就按有问题对待,没问题的,也不要闹那些子虚乌有的事出来。当时的车间就叫连队,连队里面都有三个人的专案小组,要按照"一打三反"的文件,看看车间里面有没有什么问题,弄清楚后再处理。我们连队当时就有查出偷盗的问题来,单位里头桌子抽屉被撬开,里面的粮票和钱被偷走。这个偷盗事件发生在1969年初,但却是在"一打三反"时才承认的。后来才知道那个失主其实是这个贼的对桌,那个同志白天粮票露出来就被盯上,晚上就给偷了。

　　这个贼当时在车间里头也把我的桌子撬了,但我的抽屉里没有东西,另外还专门撬了个工具箱。我在这件事的分析会上说："做这个事情肯定是我们自己小组的人，不是外人，即使有外人也是来协助作案的。他就是冲这个桌子来的，撬别的东西只是让我们以为是外来的人作案。"会议当下小偷本人没有反应，但心里面有震动，这是后面"一打三反"的时候他跟我讲的。他跟我说："你真是把我的心理都说出来了，明知你的桌子里面没有东西还撬你的桌子，就是为了让大家以为这个是胡乱作案。我是真服气，你算把问题看透了。"

起初开分析会的时候，保卫干事一下指着他的鼻子说就是你，他马上否认说不是他，要是他就咋样咋样。后来我跟保卫干事说："你干了大坏事被指着鼻子说，你能承认吗？他死不承认那咋整？我们既不能枪毙也不能打他一顿。"保卫干事说他没想那么多。我说："你没想那么多，那你乱聊什么？本来就是做一份工作，叫他自己承认就行了，主动交出东西来或者交代放在哪就完了，你这一闹就弄不出来了。"后来"一打三反"的时候，几个人坐着跟他聊聊，给他做工作。我当时就说："（人家说）就是你！你不该那样硬顶，你硬顶有啥用？不承认不还是你吗？这个事你自己好好想想，是承认好还是不承认好。如果不承认，我们不能打你也不能枪毙你，但是不承认，这不就成了你思想上的负担，永远是个包袱吗？"通过讲这番道理，他后来才主动承认说："哎呀，算了，我还是给你们交代清楚。"他这个人其实不错，就是脾气暴躁，但干工作还是一把好手。我们小组的人对他还是该干啥干啥，该咋做还咋做，钱好像是退了，粮票他已经花完了。弄出来之后那就是批斗，等于给他办了小型学习班而已。后来这人调走了，去了外地。这个就是"一打三反"的时候闹出来的，最典型。

"文化大革命"期间，支部都是比较乱的，党组织活动很少，党员也很少开会。那时候党支部的作用体现不出来，党员只能自己要求自己，怎么要求是你自己的事。到了70年代初就好些了，后来生产形势各方面都好起来，组织程序也好了，也有党支部活动了，那才健全了。党支部活动主要还是开会，基本上是每个礼拜一次。我们支部几乎天天都在一块儿，几个领导都在，有时候开会都开到晚上10点。白天发生点啥事啊，有啥情况啊，怎么办啊,这都是支部的领导坐在一块讨论。每天晚上都有个碰头会,有时开得长,有时开得短,那时候也不要加班费。

"没有共产党就没有新中国"这句话很多人理解不深,我认为没有共产党就没有这个时代,关键是在这。自从1840年的鸦片战争开始,中国到处受人家欺负,到处挨人家打。后来蒋介石领导的时候,那是军阀割据。最后毛泽东来领导,把小日本赶出去了,朝鲜战场上十几个国家的联军也被打败了。珍宝岛战役那是个小战役,但也是一场斗争。苏联当时可厉害,但我照样和你打,当时我们野战军的部队就开过去了,开到福建,在福建待半年呢。

主席去世的时候,我那天是到伊川县去了。骑着车子走到半路上,听到村上的喇叭传出哀乐声,我就停下来问是咋回事。一打听,毛主席去世了,有种悲痛的感觉,车子也没办法骑了,可还是得再回来,回家就给我爱人说主席去世了。老人家走了都是比较难过,悼念活动还是多的,职工在一块开座谈会,大家缅怀主席。对周总理,大家的感情也比较深,印象中总理去世时,大家可以说是一哭一片。总理去世好像比较严肃,不是广播,是一步一步传达的。我那时候在机修站当班长,我们科传达那都是集体的。当时知道这个消息时大家都在一个车间,几个人在那回忆总理,不由自主泪就出来了,在讨论过程中都有一种哽咽的感觉,这在当时来讲不是奇怪事。总理像咱们一个家的大管家,他的功绩是不可磨灭的。

三、 问心无愧和牵肠挂肚

所以1970年以前我基本上没有在设备上干多少活,去了工宣队后车间又成立了连队,我又当了连队的宣传员和副指导员,一直在搞这些活动。后来我要求回到设备上,就跟领导说:"我不能这样,进了工厂连个螺丝加工都不知道咋干,啥都不会干,算啥工人,我得去干活去。"所以1972年6月份,我重新回到机修站干活了,一干就是七年,一直干到1977年3月份。我们科长根本不咋管这个机修站,我是里头的大班长,边干活边管理,老师傅们有什么问题了、有什么事想不通了都跟我说。有些职工跟我反映孩子妈妈喂奶超过时间,我就很生气:一个大男人管这些事干啥? 他老婆不生孩子啊? 他老婆生孩子喂奶又咋说呢? 我认为不要盯着这些事,她是超过时间了,但回来抓紧把活干出来不就完了嘛!

(在管理上)我觉得要人性化一点,不要老盯着这个那个的,最烦的就是工人之间你说啥了我说啥了。我当大班长基本上一眼都能看出来今天(谁)可能不愉快了、有点啥事儿了。职工有时候跟我发泄发泄也很正常,当他的小领导那就得体谅这一点。总体上我在我们单位时,职工都很自觉,只要我要求做到哪一点,都做得很好,都很自觉。我这个人既不冤枉人,也不让别人说我啥,都是以身作则。叫别人8点到,我不能8点才到,叫别人干的我首先要干,这都是从部队带出来的习惯。所以我在工厂里没有迟到过,下班都是别人先走我后走,干什么都是吃苦在前、享受在后。做一个党员,这是起码要求。记得有次厂里停电一个月,不知道这个电路是咋回事,现场没有电,设备转不起来。我以为不用来了,就跟我的职工说:"停电了,没法工作,你们不用来了。"但我还是天天都到单位去,照样每天早起,该几点出发还是几点出发,该几点下班还是几点下班。这些都是别人看着的,所以我们那些师傅,年轻也好、老的也好都比较听我的。有人说我在单位是个"男人",我一般都是该做到前头就做到前头。单位领导对我还是比较满意的,1977年3月提升我为机动科副科长,从这时候我就真正开始走上了领导岗位。当了副科长之后又转换了好几个单位,事情也就多了。

1981年我变成供销科的副科长,那是分厂厂长把我调过去的。供销科搞一些对外的业务,就是出去两三路人联系兄弟单位,看看有什么加工的活可以接。比如锻造分厂,就联系看看谁家的东西需要我们来锻造,给北京内燃机厂生产曲轴这样的活我们也干了不少。当时我们的形势不太好,厂长提出来"找米下锅",算是下了劲的。最后我们厂的效益还是不错的,也确实找了一些单位,山东潍坊的、湖北的,还有其他地方的。供销科不仅要搞销售,还要搞供应,我这个就是外行,什么40号螺帽、45号钢开始都不懂。所以我就去跟搬运组卸火车皮,认这个材料,和他们摸爬滚打在一起。供应处的一些系统也要去跑,跟人家去联系,和业务人员一块沟通,就是在干中学,最后什么20号螺丝、什么40号螺帽这些材料都弄清楚了。我这个人是干一行就研究一行，不管啥活儿来了，只要有图纸我都可以独立干。最后整个供销科的业务我算全部熟悉了，干起来还都挺上手的。1983年供销科撤了，变成供应科，我当了科长，负责供应科和一个钢材备料车间，这样又干了两年。1985年6月7号我就调到拖拉机厂党校行政科去了，实际是管食堂的。1989年行政科撤销后，我又在党校干总务工作，一直到1998年5月份预退，开始拿退休工资了，到2002年8月份才算正式退休。

我从转业开始一直拿（每月）36块的工资，是国家管吃穿。进厂之后工资是38块3毛，但得自己管吃穿。38块3毛的工资一直没动，直到1972年才调整到45块1毛。有些转业兵想不通跟我聊，说这个工资还不如在部队里的。但我跟他说，国家不给我安排这个工作，我38块3毛也没有啊。在这个待遇问题上不要多想，想也没有用，组织上给多少算多少，给了总比没有强。我1982年当供应科科长的时候，一个月工资就有50多块钱了，1984年的时候厂长说我的工作干得不错，给我"拔尖"①，工资还给我升一级，调到了96块。我的工资是不高，但那时候大家都一样，当时的生活水平就是那样，一个月都是那点粮食，说苦都苦，只不过是谁高一级、谁低一级的问题。一开始还没有房子，是临时住在单身宿舍里，直到1968年10月底，厂里才给我找了个10.4平方米的房子。这个房子我家从1969年4月份住进去，夫妻俩、孩子、来照顾孩子的人都住在那小房子里，直到1977年6月份才搬到一个15平方米的独灶。1983年我父母的户口都过来了，厂里就给了我一个两室一厅总共60多平方米的房子，那就好多了。

我现在的退休金是（每月）3300元，够吃够穿，还算不错。现在发展这么快，厂里其实还是有变化的，但我们退休的人不太了解国家的政策，也不好讲。比如原来的福利处、房产处都没有了，现在改为物业公司。这些门面房当年盖起来都是给职工的福利，现在却属于物业公司财产，而物业公司又是和拖厂脱离的。明明是国家的企业和财产，现在却转成物业公司的财产，这些问题有时候感觉真想不通。但想不通也没有用，作为个人来讲，是左右不

----

① 亲历者指的是第一拖拉机厂"拔尖"干部的称号。

了这个局势的。

相比之下企业办社会的时候当然好。我1977年得了肾炎，那一直是公费医疗，啥都给我报销。我吃了几百副中药病才彻底好，那些钱不都是国家、厂子给我的？现在我拿这3300块钱去吃药、看病的话就很危险，当时这都是厂里面给我们的福利。外面的人当然很羡慕咱们拖厂的职工，那时候一提第一拖拉机厂，都是竖大拇指，都觉得是国家第一，出去都感觉很自豪，拖产小伙子对象也好找啊。但企业太大负担也重，拖拉机厂当时有三四万职工，加上家属共有十几万人，确实负担很重，后来朱镕基总理就提出来"减员增效、下岗分流"这个话。我认为减员不是主要的，增效是主要的；下岗不是主要的，分流应该是主要的。企业有新的东西了，把人转到新的分点上去，这才叫分流。把人下岗了减少开支了，那就是增效吗？下岗的职工有谁会高兴？谁都接受不了。那四年我虽然拿了退休工资，但也是少挣钱了啊。可是谁还去耐心细致地做思想工作？以前还讲究做个思想政治工作，现在要说给谁听？自己想不通还不如愉快点拉倒，人的一生别想着一帆风顺，曲曲折折是正常现象。所以有些事啊，遇到了，泄气、不愉快都没用，对个人来讲还不如愉快点好。

我在部队8年，在拖厂工作了34年，我给自己下的结论是：干哪一行我就干好哪一行，不稀里糊涂，稀里糊涂最后就是害自己，我这一生太认真了。人生就是这样，咱这小人物也干不了那轰轰烈烈的事情，但无论干啥都尽责了，自己问心无愧。对我来说，这是应尽的，入党那时就已经定了自己的一生，都是勤勤恳恳地工作。国家把我一个穷孩子培养成共产党员，那事就都得做好，不管咋样都得问心无愧。我认为厂子就和自己家一样，不是说退休了就与我无关了。我现在还干拖厂退休管理站的工作，没个办公室，也没个办公桌，都在我家了。我是站长，主要就是给老同志服务，关心关心大家。有时候谁家有困难，遇到老人节、春节啦，看看谁家确实困难就给救济救济，这都干了11年了。退休人员虽然休息了，但还是不能不在这个家里，一拖的好坏还是与我们关系很大，我们仍然牵挂着拖厂。

李宏臣
我为拖厂做保障

亲 历 者:李宏臣
访 谈 人:陈昌凯
访谈助理:秦　彧
访谈时间:2019 年 1 月 7 日上午
访谈地点:一拖老干部活动中心
访谈整理:秦　彧

亲历者简介:李宏臣,男,1944 年生,祖籍河南巩义。1964 年入伍,河南独立师军人。1978 年转业进入一拖铸钢分厂财务科,1983 年调至总厂组织部。在组织部任科长期间,他提出了做好党建工作的"四个联系""四个保障"口号,带头搞创先争优活动,被评为洛阳市优秀工作者。1994 年至福利处担任党委书记(后福利处、房产处和厂区管理处三个处合并为东方物业管理有限公司),主管福利处、幼儿园、食堂等后方服务,极大丰富了厂职工的福利生活,2005 年退休。

李宏臣(右)接受陈昌凯访谈

一、"企业效益这么好，你还是回拖厂吧"

我老家在巩义，应该是我上高中的时候，刚好全国搞"大跃进"，上了一年多的高中，学校就停了。停了不久也没有高考了，我就一直在家。我们大队比较大，当时将近4000人，现在可能是（近）万人了。我们村叫圣水村，后来就成立了三个大队，东边成立一个圣东大队，西边一个圣西大队，圣中大队在中间。当时我们村有三个学生是高中一年级，就叫我们当会计，这样就一人当一个大队的会计。后来到了1964年招兵，那时候没有（其他）出路，我们就说赶紧当兵，就当兵走了。结果我们有两个走了，只有一个留在那儿。

我是1964年10月份当兵走的，原先是在河南独立师，在部队先是半年的新兵训练，后来就分到连队。我们在开封，（当时）开封军分区选警卫员，就到我们独立师来选，选上我，我就当了警卫员。再后来到部队医院去培训，培训以后分到医院当卫生员，回来以后当文书。

那个时候我们当兵的（人里面）高中生很少，初中都不得了，到连队以后都是知识分子什么的。因为原先干过会计，人家部队说我干脆还干会计，后来就在我们一个团的财务科当会计。当会计的时候，军人服务社干过，冰棒厂也干过，后来也就一直在后勤当会计。从原先的会计提到副连，提到正连，到1978年转业。

我和我爱人是1971年在部队结的婚，两地分居。这个期间部队原先在武汉，到河南以后是在漯河，在漯河（我们）还是分居，一年一次探亲。后来第三批干部转业的时候，我们部队张光林部长跟我谈话，说："转业你不要考虑，你继续干，财务上也没人。"后来我爱人到部队探亲，带着两个孩子，一个老大，一个老二，两个姑娘。去了以后还把她妹妹也带去，因为要帮她带孩子。结果到部队（我爱人）说："必须给我回去，必须转业，你肯定得争取！"

后来部长跟我谈话说不行，结果（我爱人）就不走了，对张光林部长说："部长我求求你让他回去吧，你看看我一个人，还得上班。"当时她在拖厂上班三班倒，还要喂奶，还要带孩子，结果没办法，她妹妹初中上了两年，十四五岁（就被）叫过来给她带孩子，确实是困难。那时候买个菜，买个蜂窝煤，都是找人家同学帮她拉，拉回去再卸，确实给家庭造成比较大的困难。这样后来没办法，我们部长就说："行，你回去吧。"结果1978年，我就转业回来到了拖厂。我在部队15年，连级干部转业到拖厂。

当时干部转业进拖厂是比较好的（选择）。原先我们到组织部报到，因为知道我是学会计的，公检法很需要，尤其是部队转业的各行各业都需要。组织部一个科员跟我谈话，说干脆你到公检法部门，还干你的专业会计。后来回来以后就跟老婆讲，老婆说："不行！企业效益多好！"当时企业比事业单位，包括公安、公务员，福利都好，工资也比他们高。我回来是国家22级干部，22级干部就能拿到63块钱。当时的事业单位公务员，他们可能要比我们低两级，拿到50块钱左右就不错了。后来爱人说"企业效益这么好，福利这么好，你还是回拖厂吧"，这样我就回拖厂了。

回拖厂以后确实不错，对转业干部还真不赖，最起码有房子分，福利是配家具：一个大床板，两个床头，一个三斗桌，两个凳子，一个吃饭桌。这在当时来讲，拖厂真的待遇不错。你是财务，你不到财务科到哪去，对不对？！我先到了铸钢分厂的财务科，结果我比（分厂）党委书记李学义工资还高，他那时候54块，我63块。

1978年我来的时候，企业的各分厂只管生产就行了，铸钢是铸钢件，铸铁是铸铁件，锻造是锻造件，球铁是球铁件，这几个热加工单位在整个拖厂来说是比较热、脏、累的单位。有指标、任务给你，每年给拖拉机装多少配件，只要完成就行了，完成之后，（就）保证工资、奖金。我们到铸钢以后，因为每个月的生产任务完不成，财务科包括技术科啥的，通通下去顶班，一个星期要下去劳动一两次，需求量很大。

那个时候想买一台推土机，要找总厂负责经营的副厂长批条子，要不然买不到。以前我们家乡需要个（拖拉机），买不成，必须负责生产经营的副厂长批了条子，才能到销售处给你计划一台，下个月来提。采购小四轮的时候——13马力、14马力的小四轮，那时候是农村生产最喜欢的。我们那是丘陵地，地都不大，就说弄个拖拉机，后来我给家（乡）买了两台，一直用。副县长一听说我是巩义的,通过一个老乡会,带着队伍来找我,还有一个(厂里的)党委书记,他就给我们找到一起说:"你们给咱们巩义弄 40 台拖拉机吧。"当时我们都积极发挥个人能力,加上销售处的关系,包括我爱人的同学帮忙,还真弄了 40 台小拖拉机,巩义县的副县长高兴得不得了,从这儿就拉回去了。

一拖的拖拉机和推土机都曾一机难求(贾克智 摄)

我在财务一干就是两年多,结果组织科需要人。铸钢厂的组织科说,部队回来的基础比较好,政治比较可靠,书记就说给调到组织科来。当时我说我都快干了 15 年的财务,规定干了 15 年财务就可以评会计师,我马上就评会计师了,你给我调走干啥?!他说:"不行,组织科需要人!"

我在铸钢分厂组织科干了两年以后,总厂组织部考察,想要人。当时组织部考察,没有具体问题要问,但是指导思想就是要比较憨厚正直,这是第一个,道德上一定要信得过。再一个就是工作能力,当时我们在基层组织科——铸钢(厂)组织科,他们感觉到(我)在工作岗位上比较认真负责,上面的指示能够一丝不苟地落实,有部队的作风。而且完成比较快,因为我学会计的,各方面比较快,思想比较灵活。我感觉到可能是这么个原因,想调我到总厂的组织部去。

当时我们后来的刘部长派了干部到铸钢(厂)来,先找我们党委书记李学义。李书记说:"不行,不让去。"后来我记得是过年前,总厂组织部就把调令下了,交给我们(厂)党委,李学义啪一下子就压住了,他不想放,说:"我这还有用呢,不能光紧着组织部,不放不放。"当时我不知道,过了春节以后,因为我是基层(组织科)的,经常到组织部去走动。到了组织部,刘部长说:"你咋回事,咋还没报到?"我说:"啥报到,我不知道啊。"他说我们节前调令都下了! 我不知道我们党委书记把调令给压下了。过了春节上班,我想这也不行啊,(就)去问我们书记,我说:"书记,听说组织部有个调令,让我到组织部去?"他说:"有调令也不能去!"实在不想放,他不放我的原因,是想要我当副书记,接他的班。我33岁回来,到他那干了4年,也就37岁。

后来我说:"书记你看,人往高处走,对不对? 组织部的工作面比较宽,对提高我工作能力有很大帮助。""你还是放我吧,对铸钢以后也有好处,反正我铸钢出来的,在组织部以后办个啥事也……"(后来)就还是让我过去了。到总厂组织部,我就一直在组织科,当科员,当副科级科员、副科长、科长,我在组织部干了10年。

二、 人才保障:挑选德才兼备的后备干部

我到组织部后就在组织科,组织科抓的是党的建设,也就是对党的基层组织、党员队伍、职工队伍的建设。

拖厂原先有个后备干部名单,做法是根据各层的调查、组织科的考察,在大中专毕业生里面选拔一些后备力量。选拔标准一般就是德才兼备、年轻化,在25—35岁。后备干部一般在我们组织部存储5—10年的时间。

我们那个年代录取大学生,要到学校进行一对一面谈,组织部部长直接参与招聘。像西安交大、吉林交大、哈军工我都去过,也去过武汉大学、南京大学,还有复旦大学。每次组织部都要从各个科挑选十几个人去参加招聘工作。招聘条件当然是你自愿来拖拉机厂,我们把招牌一打,把拖拉机厂效益、工资水平一讲,学生感觉他那个专业来拖厂能发挥作用,就给我们打报告,我们就进行面谈。谈的时候,就谈谈个人思想,看人品、长相各个方面,

这样基本上组织部心中就有数了。

　　每年招聘也会发现好多问题,有些大学生会问:"你那儿工资多少?有什么福利?分不分房子?"招聘刚开始就提这些问题的,我们心中就咯噔一下,太物质了,关注自己这种个人利益方面多,不考虑!如果是考虑他的专业跟我们靠着,包括怎么发展技术这方面,我们就比较欣赏。如果他本身是个党员、学生会主席,或者什么组织干部,这方面我们还是有偏重的。我们那时候的指导思想都很正直、很正统,不管你这个大学生行不行,我们要考察各方面,不存在什么私人关系,都按德才兼备的原则考核。

　　当时每年有200—400个大学生来拖厂,党委要先培训,培训完了以后,组织大学生到洛阳的人文景区游览一圈。在结束之前,一个人的知识面、组织能力、领导力、语言能力,我们心中就有一个数了。

　　有了这个数以后我们就备个案,因为厂长不可能去接触大学生,都是我们接触以后提出一个名单,隔一段时间组织部派人到各个单位基层去,就是到他的单位去了解这人表现怎么样。培养人才会用好几年时间,就好比刚毕业的大学生,在基层锻炼了四五年,感觉很有发展潜力,我们就有意把他分到基层,叫他去实习,慢慢发现了他的领导能力、智慧。当然考核手段有很多,比如说准备提拔他,首先通过这段试用期,先跟他单位领导谈谈他现在怎么样,要了解好多方面,技术才能、组织能力、语言能力、身体状况等,这都要在基层锻炼三五年才能看出来。

　　得到基层领导认可了以后,我们要开个座谈会,让科长,包括他单位的领导,还有一些职工聚在一起,听听大家的意见;考察协调能力、人缘、能不能团结同志一起工作、是不是很计较个人利益(等等)。基层的座谈会主要讨论这些问题,如果说这个人还不错,从来不考虑个人利益得失,就是埋头苦干,业务技术强,跟同志关系好,这样通通反映上来以后,组织部都认为他有发展前途,可以用,就慢慢提到总厂。

　　原先选拔干部,程序是组织部提名单。哪个分厂需要厂长或是需要书记,组织部提供三五个名单,通过考察、调查,讨论一个结果,报到党委,总厂领导根据我们组织部的考核名单签字,最后党委任命。

因为组织部是党委下面的一个职能部门,主要负责对干部的考察,包括提升、任命等,都有个很准确的推荐和建议,这样基本上都没有大的问题。或者有点异议反馈过来,组织部就考察落实这个问题。没这个问题就用了,有这个问题,可能再换(人)。

我在组织部经历了两个时期。我刚到组织部里头,还是党委领导下的厂长负责制,党委书记以及下边厂长、副厂长分工负责制。1984 年国家下了一个《企业法》,把企业搞成厂长经理负责制,明确厂长经理在用人、产品销售、安全方面全面负责,以厂长经理为中心。

后来就变成厂长经理给你打个招呼,"这个人我们准备用",就直接支使组织部去了解。厂长准备用,组织部去了解的时候,一般来讲,也就是往好的方面考察。但是缺点也给指出来,哪里还不足,或者群众基础较差,或者个人得失心比较重,这些问题我们还要写上去,引起厂长注意。

一般厂长点的人也可以,就是小部分人不太靠谱……只要他认为是可以发展的人,在组织部这边就是办个手续、备个案,厂长说要用,组织部就下任命,走个流程。也有个后备干部名单,厂长也叫我们提,提上去把考察结果也给报上去。原来是送到党委,后来是送到厂长那儿,他们看了以后,有时认为组织部考察正确就选择用了,有时也不想用组织部提的人。后来企业就有这个问题:厂长提一个人,在厂务会讨论,其他人都"好好好"。有部分不正之风,好比我们是同学关系,你给我请客送礼这样的,任人唯亲的现象就慢慢出现了。

这给企业带来很大的一个副作用:一般的大学生,咱们同是一个学校一个专业分到拖拉机厂来,你表现好,各方面条件也比较好,但就可能用他不用你。他一看有关系的都提拔上去了,这就造成了大学生在企业发展里头没有太高的工作积极性。我离开组织部的时候就是这个状况,基本上一直到现在还是。

三、 生产保障:"创先争优"鼓足干劲

"创先争优"这个活动最早的起源是拖拉机厂和轴承厂、矿山厂三家企业。可能是在 1980 年、1981 年,我们厂就提出这个问题,因为我在分厂组织科就知道有个"创先争优"。我 1983 年到组织部,一直干了十年。在组织部这十年,基本上党建工作是我抓的——组织科长抓两个班子、两个队伍。两个班子就是分厂的领导班子、基层支部的班子;两个队伍,一个是党员队伍,一个是职工队伍。

1984 年国家提出厂长经理负责制,企业实行厂长负责制以后,党的工作基本上弱化,但是按照企业法,党又起到一个保障监督作用。1984 年以后,企业效益就已经下滑了,又遇到金融危机,这给企业带来很大的影响。企业的生产、销售都受到影响。国家又取消了农机行业补贴,这样就给农机行业造成一些困难。怎样发挥党组织的作用,包括党员的作用,克服这些困难,我们想了好多办法。

当时"创先争优"活动已经提出来了,但怎样细化,怎样在基层、党员中间、岗位上细化,我们就有一个重要的素质考核。企业效益下滑以后,要保证生产经营的完成,党组织当然要发挥作用,我们就提出了"四联系四保障"。当时拖厂有 35 个基层单位,14 个总支,600 多个支部,这个力量如果发动起来,对企业的生产经营是有很大好处的。虽说这时党委不起核心作用,不起领导作用,但是党员还是要履行党员的职责。我们就把总厂的领导统统按照他们的行政分工,联系到分厂,联系到处,这样就把总厂领导分工到下面,联系所分工的处室。规定分厂的领导,厂长、副厂长、书记等,联系这个分厂下边各个车间的科室,把它们全面联系到;分厂的科长和书记,要联系到班组,每个班组都不能有空缺;班组长要联系到生产岗位,车床要联系到台。

通过这种形式,我们达到了"四个保障":第一是保障党的政策、上级党委的决议在下面贯彻落实,你联系的就得保证落实,保证基层单位和职工与上级党委保持一致,这是政治方面;第二是总厂下达的各项生产、经营、质

量、安全目标的完成,你负责几个单位要保证完成,联系人就有责任;第三是保障安全,没有重大事故;第四个是保障党员队伍、职工队伍没有违法乱纪行为。这就是当时组织科提出党建工作的指导思想,就把这个放进党委下发的文件里面去了。这就是党员、党组织全方位地发挥作用,保证管理没有一个死角,保证全面生产经营。我想党组织通过这个活动发挥了很大的作用,尤其是在企业困难的时候。

80 年代金融危机的时候,企业很困难,包括资金、人员都遇到了困难,再一个因为我们没了补贴,产品销售很困难。提出"四联系四保障"以后,我们组织部联合宣传部就搞了一个《国家有困难,企业怎么办? 企业有困难,我们怎么办?》的文件,以党委文件的形式下发,号召党员、基层组织考虑这个问题,形成了一个大讨论,在整个企业掀起了一个关爱企业、认真工作、认真生产、保证质量、注意安全的高潮,把企业的主人翁地位、企业党员先锋模范作用都调动了起来。

当时我们搞了以后,厂长一看搞得不错,也很支持我们。后来我们就每年"七一"或者年终的时候,都搞企业大表彰。我记得那时候企业党员已经将近 8000 人了,职工将近 5 万人。我们按 10%的比例选择先进党组织和优秀共产党员,这样党员的积极作用都调动起来了。拖厂 600 多个支部,按10%的比例计算也有 60 来个,并且还有 10 个红旗党组织推荐到总厂里,红旗党组织是先进党组织里面更好的。在党员中间也是 10%,推荐到总厂也是 10%,到组织部我们再调查。优秀党员你看都发过啥:发过 300 多块一双的名牌皮鞋,一人一双,有四件套,还有个大花被⋯⋯个人以实物发放,红旗党组织是一万元奖金。像锻造流水线,一上班穿着白白的工作服,戴着口罩去了,一下班不洗澡回不了家,那衣服一天两天就要换一套。给他一万块钱,那简直是件大好事⋯⋯当然我们也倾向于照顾热、脏、累的这种支部。这样就把党员的积极性、基层组织的积极性调动起来了,为着生产经营千方百计地开展工作。

后来又搞季度奖,每一个季度评出优秀党员进行奖励,规定如果三个季度都是优秀党员,那自然就是年度优秀共产党员。默认了,不用再评了,这样我们党员的积极性就都调动起来了。后来我们又落实到岗位,搞红旗岗、党员岗……好多东西,想了好多办法,最起码大家想办法把工作做好了。

党员岗、红旗岗奖励钱不多,可能50—100块钱。先进党委就没有钱了,就是一个荣誉,制作一个匾。那个时候,企业凝聚力高,职工干活的热情都是很高的。这个开展以后影响比较大,当时"创先争优"活动就是从洛阳几个大企业开始的,但是具体还是从拖厂开始搞的。拖厂搞了以后我们在洛阳市、河南省,包括中组部的《总工通讯》《集成和研究》《集成和创新》这些杂志上都宣传这个做法。那几年拖厂还是国家"政治思想工作先进企业"、河南省政治工作先进企业、洛阳市先进企业,我们的党委书记被评为国家优秀党务工作者、全国五一劳动奖章获得者、河南省优秀工作者、洛阳市优秀工作者。我当时也被评为洛阳市优秀工作者。

李宏臣因为工作出色多次获得各种奖励

拖厂被评为国家先进企业,给了我很大荣誉感。那个时候新安县开发了个新的景区,那儿的县委书记原先是洛阳市组织部的组织科长,我跟他一联系,人家就说来吧来吧。我们组织干部去玩的时候,大面包车坐十几个人,到半山腰车爬不上去了,离人家县委二三里地。后来县委书记打电话,县里马上派了两个大吉普拉着我们上去。那时景区刚开发,他说:"你们下去看看,以后职工放假的时候可以来我们这儿旅游。"结果过了没几年我们就开始每年评先进职工、优秀共产党员,每年都有一个旅游。只要评上先进职工、优秀共产党员，就组织他们到烟台、青岛、北海、北戴河、黄山、无锡等地，以及我们省内的三门峡旅游。那个时候公路、汽车都还不是很方便，每年都组织旅游，吃住费用全包，职工回来以后说今年好好干，都想去旅游。我就感觉我们那一阵是最好的时期，企业获得荣誉也最多。

那时候厂长叫尹家喜，提出了一个"三个支柱产业"：农机行业是个支柱产业，第二个产业是汽车，第三个产业是工程机械，这应该是指导拖厂发展的一个趋势。当时因为农机行业还可以，总厂的班子有人感觉到根本没必要改革："我们拖拉机厂现在农机行业这么兴旺，和上拖、新拖①比，我们（都）是第一，感觉到没必要。"但是尹家喜这个人很有责任心，认为必须上！

发展汽车生产我们有这个基础，对越自卫反击战中使用的665汽车，就是拖厂生产的，咱在自卫反击战中间也出了大力、立了大功。第二个就是工程机械，我们的704分厂原来是生产坦克的，这个分厂以生产挖掘机、装载机为主。同时我们又把洛阳原先的工程机械厂并过来，原先很少有压路机，结果并过来后这个产业就慢慢地发展起来了。都发展起来后，就感觉到拖厂还是很有希望的，即使你农机行业不行，但这还有两个。

四、 后勤保障：让职工满意，我们不是包袱

干到1994年，我就下到原先的福利处当党委书记。我到福利处的时候，估计也是年龄到位了，因为我到那时候已经47岁了，在组织部也干了十年了。当时我们三个处，福利处管后勤，专门给职工搞福利，还管冰棒厂。还有一个房产处，当时也都独立了，主要是旧房拆迁、盖房子以及给职工分配住房。还有一个是厂区管理处，负责厂内的园林绿化和道路绿化。后来搞"活力后方"，就把这三个处合并成立了东方物业管理有限公司。当时说要给这三个处合一起，我说这可大着呢。分管后勤的副厂长李学义就说，厂内已经定了，就这样做。

---

① 分别指上海拖拉机内燃机公司和新疆十月拖拉机厂。

我在福利处当书记,原先三个处加上副职是六个处级干部,后来只留下五个人。领导就说:"李宏臣你去,三个单位合了以后你去做党委书记。"经理是原先的房产处经理王佳俊,我们两个搭班子,再留三个副职,其他的自然免职。领导叫我们两个定夺,拿出初步意见,这给我们很大压力。厂区管理难度不大,用原先那个副经理;王佳俊原来是房产处的经理,他挑了一个副经理留下;还有福利处经理是赵香兰,我说"还是留住你算了"。福利处当时管六个幼儿园,后来我们在南山开发四个社区以后,又搞了个南山幼儿园。我们的老师都是专业幼师毕业的,赵香兰是副主任,专管幼儿园。

我们的幼儿园办得非常出色,在河南省基本上是名列前茅。包括教育师资、设施、教育质量、幼儿服务,每一年我们在洛阳市都是先进。后来我们又建立一个中心幼儿园,在 7 号街坊,基本上在整个生活区的中间,那个地方设施各方面比其他幼儿园更好。原先我们在的时候,职工入托完全免费,后来就交个生活费。如果想学书画、音乐、舞蹈,每个幼儿园都有特色班,特色班就需要另交费。

福利处的主要工作是让职工各方面都满意。那时候总厂也很支持,我们职工每年采购年货是 150—200 块钱的标准,主要是我们下面一个生活科负责。我们每年办一个商品招聘会,在原先的第四大食堂。食堂里面把桌子一搬,把干货、湿货、肉类、粮食等采购的样品放到桌子上,各单位的生活副厂长、行政科长或者行政科的人都来参加。一个是看,一个是品尝,一个是订货。总厂不掏钱,各个分厂要掏钱给职工发福利。这样就给我们增加了好多负担:有几个单位要? 要哪些品种? 一定要写个单子,再集中跟人家订货。

我们为了让职工满意,也跑了很多地方买了很多特产,像上海的带鱼,河南息县的黄牛肉,还有墨鱼、黄花鱼,每年每人一个大纸箱里面百十块钱的东西,基本上都是精心挑选过的。当时我们驻地有代表,就是在买黄牛肉这个地方,春节前一个月开始杀牛,住到厂里看他们宰牛,五斤一个冷冻包好。还有 50 来块钱买蔬菜,基本上都是本地的,各种蔬菜都有,弄好以后给我们送过来。这样提前半个月各种年货就到了。当时我们这个厂里有一个大的冰库,先存到那个地方,提前十天就开始发年货,各单位的行政科来,清点拉走,一次性发到位。

再一个,我们有冷库了,当时冰糕还是很少的,洛阳市的冰糕厂我们感觉质量不行,我们要给职工发福利,又有冷库,就搞了个冰糕厂。我们跑到上海一个冰糕厂,学习人家的工艺再自己建冰糕厂。上海厂子的师傅来这住了将近一个月,把我们的人员带了带,后来这冰糕厂就开始运营。每到夏天的时候,发冰糕券,很低的价钱,一两毛钱,但雪糕实际上非常优质,解决了夏天职工的降温问题。后来我们又生产汽水,一个汽水车间专门生产,就搁在冰库里面,当时企业福利还是很好的。

三个单位合并成立了物业管理公司以后,我当党委书记。总厂跟我们谈条件,第一年是让我们上交 5000 万利润,其他费用也一律自给。当时企业效益不是很好,刘大功在的时候就提出来"后方剥离",好像说是国家支持这个政策,鼓励企业不再办福利、不再办社会职能。刘大功就跟我们谈:"拖厂给你这么多资源,现在自负盈亏就靠你的本事了。"

当时我们很担心的,咱以前吃大锅饭,反正每个月工资发过来啥也不愁。我就跟经理商量,她原先是学技术设计的。她说她心里没底,没干过房产,啥也没干过。我说:"你干不成也得干,就看你本事了。"我们物业公司完全是自负盈亏,第二年交了 5000 万的利润,我是指自负盈亏之后再交5000 万!

我们有将近 20 个社区,社区注册职工将近 10 万人,包括子女整个下来就 11 万人。这个房子之前也改造过,后来我们集中进行改造,还专门下发了一个文件,要五年旧房改造全部完成。再一个,单身宿舍的房子挨着马路,我们就把一楼的门面房扩建,往外租,还有 8 号整个街坊四面的门面房,通通进行对外出租,这样经济基本上就都盘活了。

后来我们幼儿园在考虑职工意愿的基础上,加强了各种艺术班的收费力度。再后来我们就像经济责任制了,幼儿园这一块一半费用留给幼儿园。厂区管理处下设有个园林科,要对外经营,对哪一块服务向哪一块要钱,这样就盘活了。另外,种花草有几个温棚,也可以自主养植物,对外出售。我还跟园林科到外地进花草，到广州、深圳，人家每家每户二层楼、三层楼，楼上都是种花的，价格很便宜。我们成批地买回来，搁到园林科大门口卖，像盆栽的小发财树等。那个时候北方还没有发财树，卖 5 块钱一份，拿到家里放在那好看，这样农业也就盘活了。园林科第一年是给了 50% 资助，第二年全部推开自主经营，一分钱不给。

后来还有个食堂科，食堂科效益不行，养活不了职工。除了总厂补贴以外，我们给它稍微补贴一点，至少保证职工工资奖金发放。还有个房地产科，人也不多，要自己想办法养活自己。后来他们就想了个办法，新盖的房子一楼门面房不卖，对外出租，属于他们管，当然也调动了积极性，也能顾得住自己，慢慢地各自也都独立了。另外，各个社区的门面房属于我们经营管理部统一管理：第一年开发了以后收入 300 多万，第二年各个科都可有积极性了，第三年我们就完全脱离总厂了，能保证自己养活自己。

当时我们整合了以后，加上厂区管理处、房产处和福利处有 2000 多人。后来慢慢压缩，该退休的退休，该提前退的提前退，生活过得很舒服。但是现在不行了，我们那时候起码也是公有制，属于厂里领导，是总厂下边一个处级单位。后来几年拖厂就分离了后方单位，彻底分离，行政、党委通通不属于拖厂管理，意思就是企业甩包袱。实际上当时都已经不是包袱了，能创收了，包括技校、医院，包括我们，都已经不是包袱了！

我到物业公司一干也是十年，2005 年退休。再后来物业公司改制，弄了几次以后，现在矛盾多了。大家议论最多的就是后勤服务不好、国有资产流失。他们每天早上到垃圾点把垃圾拉走，但那楼梯成年不扫，都是我们自己扫。我为啥现在还在 4 号推广站做站长、分党委书记呢？我就号召我们党员，这楼梯你要扫到二楼，他们不管，但咱不能把咱的环境弄差了。我就号召每栋的党员都得这样做。

王爱英

"一手托三家"，为工人说话

亲 历 者：王爱英
访 谈 人：邱　月
访谈助理：张　继
访谈时间：2019 年 1 月 7 日 9：00—13：00
访谈地点：第一拖拉机厂老干部活动中心
访谈整理：邱　月　张　继

亲历者简介：王爱英，1952 年生，河南尉氏人，1955 年随在第一拖拉机厂工作的父亲落户洛阳。1968 年初中毕业后去洛阳市汝阳县蔡店公社蔡店大队插队，至 1971 年招工，到洛阳第一拖拉机厂工作。从车间磨工干起，1973 年进入车间团委工作，1985 年成为分厂党委副书记、纪委书记，1990 年起担任集团公司工会副主席，1993 年任中华全国总工会执委，2006年退休。

1993 年参加中华全国总工会
十二届代表大会的王爱英

一、 伴随着一拖成长

第一拖拉机厂号称洛阳市的"红拖城"①,东方红嘛,在洛阳市是很有影响力的,连职工带家属最高时有 10 万人。我们家现在四代同住在一拖这个区域内,一家 20 多口人,有 14 个人都在这儿。最先是我父亲独自来,第二年带着我和我奶奶过来,我妈是后来的。拖厂这样的家庭多了去了。我来的时候这里还是一片荒地,刚开始盖家属楼。我伴着它成长,从一片荒地到起平房,起高楼,包括到现在的全过程。只有中间我们下乡了一段时间,不在这里。所以说,拖厂整个的发展变迁,我们都经历了,也目睹了,是很值得骄傲的一段经历。

我老家在河南尉氏县,1954 年的时候父亲先过来的。我父亲是地方干部,参加工作比较早,1949 年以前参加工作。一拖筹建的时候,他们是第一批从政府抽调的人员,包括领导和机关的人都来支援建设。我父亲从筹建一直到离休,搞了一辈子的供销。建厂的时候,在盖公寓之前,他们都住在农村的窑洞里,我还住过呢——只要一说住过窑洞,都知道是最早的一批人。

我爸那时候一直奋战在现场,基本不回家,我都不认识他,他回家我都不进屋。我奶奶说:"他是你爸。"我说:"我不认识他。"他走了我再回屋,他不走我不回,就僵成这样。我们刚建厂的时候都是这样,真的很艰苦。厂区是片平地,先挖地基再建,速度是惊人的。所谓惊人,实际上是大家做贡献,昼夜都在现场——可不是一个人,那是全部的人都在。都是自愿的,没人有怨言,没有加班费。交给你那么多的活,都觉得是领导的重视。

我们大概经历了三次分房。第一次是 50 年代,刚建单身公寓。到 60 年代左右开始分平房宿舍。然后从 60 年代到 80 年代,大家基本上是住在平房宿舍里。最后一次是 80 年代。最开始分房的时候,是我跟奶奶和我爸三个人,我妈妈还没过来,也还没有我妹妹。我妈妈到 1956 年才来,我妹妹 1957

---

① "红拖城"一方面是因为第一拖拉机厂生产著名的东方红拖拉机,另一方面也因为拖拉机厂及家属区都是按照苏联模式建造的红砖红顶的苏式建筑。

年出生。等我妈妈来的时候，我们就分了两间房子。我爸那个时候是个小干部，我们家5口人，分了两间房。后来60年代，很多人就很苦了，有人孩子大了，结婚了，但房子多少年就没变过。我们7口人住在两间屋子里，一直住到1982年。一间是八九平方米，一间是10多平方米，就一共20多平方米，没有水管，没有卫生间。我们是一片小区共用一个水管，共用一个厕所。上厕所就得出去，跑到院子后边——其实拉肚子经常是来不及的。所以我们同学现在一见都说，我们是吃一个水管的，或者是我们用一个厕所，大家都知道。

我16岁初中毕业下乡，到那儿跟人家学纺棉花。纺完了线，我说谁能跟我联合，我要织一个床单。人家农民一看我纺的棉花——肯定没有她们纺得好啊，就不跟我联合了。我纺的有粗有细，织出来肯定不会好。我们队长的姑娘可好了，她说："我帮你，就用你自己的线，给你自己染，你自己织。"后来我们弄了三个多月，慢嘛。因为这样我就耽误了春节，晚回了洛阳，我同学都回来了，我晚回来了。我带了两个床单回来，我可高兴了，就告诉我妈，我妈就说："今年咱们可以换新床单了。"我们家生活比较困难，五个姐妹，我是老大，我妈身体不好。所以我就得吃苦，就得干，不干不行。我拿回来一铺，我爸把我臭骂一顿，说："让你去接受贫下中农再教育的，谁让你去学纺棉花、织布了？"我说："那农民都不纺棉花、织布？人家就在纺棉花、织布，我才去的呀。"我妈就跟他吵架："孩子在那学织布有什么不好？"他说："她将来不能成为一个家庭妇女啊！"我爸就认为学织布在家就是家庭妇女，他说："你不会多看点书，你不会多学习一点啊？"

我1971年回来进拖拉机厂当工人。那时候我在车间当工人，也是团支部书记，我们还是河南省的

新进拖厂时的王爱英（左一站立者）

先进团支部,所以自己可积极了。那时候年轻党员很少,人家器重我,越器重咱就越得好好干呐,拼命努力,结果出了事故,把腿给弄坏了。那时候为了表现好,休息了几天就上班了,拿一个凳子支着腿就干活。后来到北京去治的,看了9个月,腿保住了,还算可以吧。做了两年多工人,就到团委,再到组织科,后来就从办事员一下提升为分厂的党委副书记兼主持工作。

二、厂区里养育幼儿

我们有时候对外宣传,首先都讲我们是国家"一五"期间苏联援建的第一批156个项目之一。一拖的人对这个都感到挺自豪的,因为是共和国的长子,大家也很重视。虽然这个共和国的长子最后也让大家背负了很多沉重的包袱,但我们对一拖还是很有感情的。从出生到死,在这个大院都能办成,除了没有火葬场,什么都有。甚至我们工会为了让职工吊唁方便,不用跑几十里地去火葬场,还在东方医院建了一个吊唁厅。出生也在东方医院,最高峰的时候,一年一两千个孩子,有8个幼儿园,28个还是26个哺乳室①,我记不太清楚了,每个专业厂都有。因为那个时候我们生完孩子56天就上班了,都要带着孩子。不管是工人还是干部,统统都是。比我们更早的人更苦。我就是第57天的时候就带着孩子上班了。那时候我在机关里面,是专业厂(第一装配厂)团委的专职团干。车间需要加班的时候,我都带着孩子在现场,挺艰苦的,比现在的孩子们可是艰苦多了。我们一个专业厂1000多人,像我在的那个专业厂最高的时候2000多人,都有几十个孩子呢。没有哺乳室的单位,那人家就就近把孩子放着,比如说质检处就没有专门的哺乳室,他们的孩子就跟着专业厂,大人在哪,孩子就放在哪个地方。

哺乳室50年代建厂时就有。② 每天上午喂一次,下午喂一次,中午吃饭你自己去哺乳室。中午可以抱走,但是一个小时吃饭时间,你抱走行吗?肯定不行,只能带饭,在那喂孩子。像我们孩子1岁多的时候,我就调到党委办

---

① 1979年一拖厂有哺乳室24个,到1984年有哺乳室18个。
② 1955年2月,一拖就正式开办了哺乳室。

公室，非常忙。办公室的工作，你知道它是不可控的，那时候孩子刚会走，我就经常把她扔在洗澡堂里。我来不及给她洗，就对澡堂里的人说，你们谁帮她洗洗澡，待会我要赶母子车，我得给她带走呀。等到时候我带着她就走了。

孩子在哺乳室大概要待到2岁左右。我们按规定是14个月，最多2岁，然后转到托儿所。我们厂哺乳室有200多个阿姨，算行政后勤人员，是在册职工，享受的工资待遇都一样。那时候大家对哺乳室阿姨也没有什么不满和抱怨，大家都一心工作，很少吵吵闹闹的。即便有失职的时候，也没有人去埋怨她们，关系很融洽，也很容易相互理解。那个时候我在厂办公室，我们孩子经常到点喂的时候去不了——有时候要接待外宾，外宾每天是2点半到3点钟到，我们是2点半喂奶，我得在门口迎接人家，等我把外宾从装配线上送出去，我再回来，这个40分钟喂奶时间就过了。所以我们孩子经常就吃别人的奶，都有人帮，有人主动给她喂，大家这种友情特别好。而且好多人也都认识，这个做的饭就给那个吃了。我也是经常中午去上班的时候，就在那熬一小锅粥，到时间阿姨给它端下来，吃的时候大家共享，带了不一样的都会分享。

我们姑娘都已经工作了以后，她们哺乳室的阿姨见了我还问我："姑娘咋样?"我们姑娘小时候很讨她们喜欢。她2岁的时候，拿的所有东西都要先给阿姨吃，所以阿姨就特别喜欢她。阿姨有时候想出去溜达溜达，就喜欢抱着她走。她可有意思了，哭也不像别人那样闹，她就坐在那里慢慢地掉眼泪。但是阿姨就说："她闹了我会烦死她了，可是她不闹呀，我反而心疼。所以

拖厂的母子车：当年令人美慕的福利

那天我跟我姑娘说:"我现在之所以帮你带孩子,就是那时候有点亏欠你了。"那时候我一忙,党委会散不了,走不了呀,我跟她在的哺乳室相隔大概100米,是门对门的。到那个时候人家孩子都接走了,她就趴在那看着我们办公室,很惨。我爱人原来不跟我一个厂,也没法接。

那时候厂里慢慢地按照国家的规定争取更多的福利,就配备了母子车。母子车是1977年底开始的①,我们孩子半岁的时候刚好赶上。当时有很多人住在老城,很远的地方,离厂几十里,她们早上要带着孩子上车,那个时候交通工具很少,挤车很难。后来大家提出来能不能改善一下,厂里就加开了母子班车。一共两辆,一辆是在街坊,一辆是在从老城到厂区的主要线路上。早上7点钟开始,从老城最远的地方开始接。8点钟上班,我们7:40是准时要开班前会的,有的班组更早,所以很赶。我到现在都没有改变生活习惯,5点半起床,就是从那个时候形成这种习惯了。那时我们就在拖厂的生活区,带着孩子走,得走三四十分钟。我们家门口刚好有一个站,得提前5分钟在那等着,人家从那过,可不等你啊,就像公交车一样。不然错过了,你还得抱着她走。我就跟我姑娘说:"有的时候没赶上母子车,挎包里挎着你尿湿的棉裤,然后我再抱着你,走到半路我真想给你扔了,我真的走不动了,我那腰疼得要死。"我们住得近的上车就经常会没座,到厂里有人下了就有座。车上大家也不怎么聊天,有的还在车上捞着点东西吃。7点钟出发,6点钟得起床,那么冷的天,天寒地冻,得给孩子穿,得抱着,孩子有时候还能补个觉,大人都带着点干粮在路上吃。

去了得先把孩子送到哺乳室,然后再去把中午的饭蒸上。那时候厂里都配备有蒸饭箱,一般放在职工食堂,我们每个大的专业厂都有职工食堂。②当时职工食堂有20多个,厂外的公共食堂也有4个。大人可以在食堂吃,可还得给小孩单独弄一点。厂里给我们每个人配备一个小箱子,就是更衣箱,我们去那儿换衣服,能放个酱油瓶子进去那么高,我们可以在里头放点盐、

---

① 根据厂志记载,一拖从1957年就开设母子班车,"文革"期间停开,1977年恢复。到1983年,共有母子班车3趟。

② 1979年,一拖有职工食堂34个,到1984年调整至26个。

香油、鸡蛋什么的。等到小孩能吃饭的时候，要加主食。那面条、米饭什么的，头一天晚上弄好。为了让孩子吃新鲜的，头天晚上就得擀好，晾到那，然后带进厂去。到9点多喂她的时候，赶紧下一点面条，很快，几分钟就行了，她就可以吃一点。

哺乳室90年代的时候取消了，取消也是逐渐的。80年代改革开放的时候，我们那儿热加工厂引进了一条生产线，外国人来帮助调试的时候，说："你们这个国家很有意思，怎么生产现场挂了这么多的旗帜？"那彩旗就是尿布啊！因为他去的那个厂也有个哺乳室。后来行政领导就说："这样国际影响不太好，咱生产线上怎么还挂着尿布？"后来公司就开始慢慢地调整。再一个是，实行计划生育以后，孩子越来越少了，厂里再定岗定员，降低成本，压缩人员。

我姑娘是1977年出生的，到1978年、1979年就开始提倡计划生育了，但是没有强制推行。后来我也不想再生了，因为那时候工作挺忙的，也就没有要。再后来计划生育就比较强制了。这个时候哺乳室就开始逐渐整合，把那些生产单位女工少的、生孩子少的合并了，合并以后离生产第一线太近的、环境太不好的也压缩掉。比如热加工厂，就是我们大人到那干完一天活，戴的口罩上都是黑的，孩子在那也不好。压缩人员的减编，把哺乳室这些慢慢就减少了。

小孩放假了，就在街坊大家互相照看，小孩们就聚堆玩。我们那时候住平房，几家钥匙是互放的。中午谁家孩子没吃饭，绝对会有人管有人问，不用交代。人家说远亲不如近邻，那时候人与人的关系就是这样，比亲人还亲。即便把孩子摔了什么的，也没人去指责别人。谁家今天改善生活，绝对是大部分都送给邻居吃，包点饺子多了少了都要给人家端点。我妈就是这样，像我们那个院子，刚好是个方院子，三栋房，我妈包点饺子，蒸点什么，一定要给那边老人去送几个。我们小孩后来都对我妈有意见，说："你干吗老去当好人，我们都没得吃了。"

同学中间也没人关心谁的家长是什么职务，但80年代就发生变化了。我们那一个基层支部书记跟我说了一件事，那时候我是在专业厂当党委副书记。他说他家有两个儿子,他俩在一块就老议论他们班的同学爸爸是多大的头,他爸是这个车间主任,他爸是分厂的领导,他爸是高干,等等。我说我家没有啊。我那时候属于提拔比较快的,当时在厂里可能也引起了点小轰动,破格提了三级,蹦着提的,人家议论得特别多。我们孩子那时候上小学二年级或三年级,她班主任是我们同事的老婆,逗她说:"你妈妈是干什么的?"她说:"我妈妈是办公室的。"再问她:"那妈妈是什么呀?"她说:"不知道。"我们家是封锁了的,任何人都不许给她透露我在厂里干什么,不让她有优越感。

三、 工会工作与住房体制改革

工会 1989 年开始恢复,我 1990 年调到工会,说心里话,那个时候我不太喜欢去,因为我觉得这个时候工会是很尴尬的。那时候是厂长负责制,或者党委领导下的厂长负责制,工会主席都是有职无权的,角色很尴尬。1991 年的时候我跟我们的厂长就说过。厂长问我:"你那时候死活不来工会,你现在到工会了,你这一年多有什么体会? 你觉得你是啥角色?"我说我是老鼠。他问为什么,我说:"老鼠钻风箱,两头受气。"我不是两头受气,我是老鼠钻到三通管里,三面受气。第一,党委。我在党委领导下,必须贯彻党委的决议,但党委的决议不可能事事跟行政管理一致,还有一些观点或者方法上的错位。第二,厂长。党委领导下的厂长负责制,我是跟厂长签的劳动合同。第三,群众。工会主席是群众选的,群众不选,我不能当。所以我说一手托三家。我确实运气不错,陪了五届领导,五届领导对我们工会工作都是很支持的。我觉得就是找准位子吧,该强的时候要强,该弱的时候一定要弱,只弱不强是不行的。工会在国家体制里是党领导下的一个群众组织,定性非常明确。工位在企业的定位就是要站在职工的立场上,代表职工来争取自己最大的利益。用通俗的话说,就是代表职工说话,代表职工提意见,代表职工去做一些实事儿,给职工谋点福利,说穿了也就这些。我们所有的改革方案都一定要职代会通过,但行政领导的目标、企业发展的目标跟职工利益的需求永远是个矛盾，永远都存在着差异，要把这两个差异相融，很不容易。

　　我举个例子。大概1995年或1996年，企业面临着大的改革，社会保障的改革、企业减员增效等等，整个改革是非常痛苦的。我们要出台企业的一篮子规划和文件规定，包括职工下岗、分流这一系列，非常难！当时一汽和我们都是同处于这个年代，后来我们老总去一汽那学习了。回来后他说："我去了一汽，跟他们老总见过面。他们在推行这一系列的改革中，七个文件给了四个半月的讨论时间，让他们去通过。我也给你这么长的时间，你能不能把咱们公司的这几个文件通过？"我说："也能，如果我们把这个文件再做一些修改，你退一步，我们职工也退一步，我觉得可以考虑。"

　　其中，我们的住房制度要商品化。1996年是最后一次分房，从那之后就结束了。我们面临的是啥？国有企业，特别像我们这样的大型国有企业，企业利润上交国家75%，自留资金只有25%。剩下这25%要用来技改，要用作福利。这样，分到职工的工资就很少，我们这儿第一批参加工作的人拿38.3块一个月，

王爱英（左一）担任全总执委时
与尉建行主席（中）一起讨论

拿了13年，到了1982年、1983年才调工资。这时候行政级别变成企业级就不套级了，就按企业的工资发放，那就低了很多，还越来越低。我们现在退休金，跟我同样级别在事业单位、政府部门的，比我高三四千，多我一倍。原因就是1996年以后的这种改革，政府公务员暂时不动，就对企业改制。当时弄这方案的时候，我们一拖是试点，国家也来人，我们在一起争论过很长的时间。我说我相信国家、相信党的政策是连贯性的，企业先走一步，将来的政府部门是随着企业来划的。

　　我们在讨论住房改革的时候，公司说要扒掉旧房盖新房，叫基建设计公司去搞设计，提出来一个方案，算算价钱，就说要用980块钱每平方米卖给职

工。但是我们职工没有钱,算算这么多年的收入,他没有这么多钱去买这个房子,即使卖掉他原来的房子,再给他增加面积、给他优惠也不行。当时行政组成一个班子,他们在设计规划,工会也组织有能耐的职工代表做测算,做完了以后方案拿出来给他们对照。后来老总让我通过方案的时候,我跟老总说:"如果你听我的退一步,我一个星期内让你方案过;如果你不听我的,你给我 45 天也过不了。"他问为啥,我就跟他讲:"我组织了好几十个人核算。你有的人,我就在同部门再找一个人,你找正职,我就找副职,我找的是专家。我们核算了你的建筑成本和效益。我们还在职代会提出来,能不能给你一点利润。土地是公司的土地,我不算土地的钱,就算建房的成本价,然后你给人家盖房子的人承诺签多少钱,再加上你的利润,10%、15%?然后我们再拿出一块,你要去打通各种关系,对不对? 如果这样算下来,让职工觉得他还能够接受。"

后来就这样一算,我们老总可生气了,他就把那帮办事部门的人给骂了一顿。那等于说我知道了他的底嘛,我知道建筑成本是多少。我也保证我得来的数据是准确的,跟他用的是同一个数据。我说:"我也是你的职工,也端你的饭碗,你既然给我摆这个位子上了,那我也要尽职尽责。"结果那天他说我:"你知道不知道,你们开座谈会我去了。你咋带的队伍? 你那职工代表、基层工会主席,围攻我,简直就是大有炸平庐山之势。"那时候我刚好去党校学习了,还给我叫回来。我说:"我不是逼你,你有气我也有气,你别说我带的这个队伍,你听到真话的渠道还有多少? 不就是工会主席给你讲点实话吗? 我都不知道巴结你? 你对我又不坏,对不对?"后来结果算了算,他从 980 块让到了 680 块,让了 300 块钱每平方米,然后再给相应的补贴。

厂里每年要给职工干实事,其中就有盖房子这件事。这次是最后扫尾的房产全部转成商品化了,以后职工就没有福利房了。在这之前都是按职务、级别、工龄、贡献大小排队分房。我们最早来的时候,单身的都住单身集体宿舍。公司有很多的单身楼,最多的时候有四五千个单身职工。我做过调查,好像是 4600 个还是 4800 个单身职工,两三万职工中单身职工特别多。1958 年的时候都从农村招了很多搬运工、普装工,到一九六几年,这些进厂的人都结婚生孩子了，才开始有了平房宿舍。我们原来在 8 号街坊盖的全是平房，60—80 年代大家基本都住的是平房，从 80 年代末一直到 90 年代初，再翻盖新房。因为没有土地新建了，只能就地改造。再加上那个时候按照国家规定，平房就是 40 年的设计寿命，再用就等于危房了，就必须得翻盖。翻盖的时候都翻盖成多层楼，不超过 7 层，不让装电梯嘛！我们第一栋电梯楼也是 80 年代末 90 年代初建的。那时把我们的俱乐部炸了，起了一个 17 层的楼，是洛阳市最早的小高层楼。我们盖了好几年。那个质量有多好？我们厂长说："这房子结实，遇到八级、十级地震都没问题。"

1993 年、1994 年的时候，规定单亲女职工可以分房。我们的女职工听说的时候高兴得很，没想到女同志还有这待遇，都挺感谢。公司 1996 年房改的时候，最大的平等就是男女平等，女职工可以有资格分房了，原来不行。①突破就是从单亲女职工开始的，单亲女职工爱人在部队或者在外地，她一个人带个孩子在这儿。这些军人在外面，怎么不担心家人？所以我们就从单亲的军人家属、离了婚的单亲女职工开始突破。

1996 年以后全部都是商品房了。我们第一次卖商品房的时候是抓阄，在体育馆抓了三天三夜。所有报名的人，成千上万人都去抓。你在这里头排着队，按照报名顺序，一个一个进去抓，抓完以后念号，职工代表监督，然后在体育馆现场公开是谁的买房号。很多人抓不到，就百分之几的人能抓到。一家几口人都去，为了去摇一个房。我们厂在 9 号街坊这边，买了农民城镇化改造盖的房子，再分给职工，很便宜，像团购房一样，作为第一批出售的商品房。银行也挺配合，那时候只要拖厂出证明，它就给贷款，不要别的。那时候都挺支持改革，房产改革是涉及整个社会的事儿，不光是企业的事儿，所以还是不错的。

---

① 1962 年，一拖规定职工具备八年工龄，家属为城市户口，以男方为主申请住房。1981 年，修订为凡一拖职工，夫妇双方或男方（女方必须为洛阳市市民）在一拖工作，均可申请住房。

四、对工人的"大维护"

我在工会干了几件我觉得还是可以说得出的事情。第一个是扫盲。那时候"大接班"的事情也是惊天动地的,我在专业厂看到分过来的那些小女孩,绝对是未成年,有的只会写自己名字,有的人连自己名字都写不上。但是为了接班,过了这村没那店了,就都来了。我们工会就办了一个业余学校,开办了十年,为公司的4000多名职工扫盲,达到初中水平。我们利用了所有的小学教室,在业余时间扫盲,聘了很多的老师去讲课,给人家寥寥无几的讲课费;让职工去学习,最后考试,考试完才可以拿到转正的工资。扫盲全是在下班时间进行的,晚上的课居多,也有白班的课,但给白天的课也全是业余时间。那个时候没有办法,毕竟要提高大家的素质。我们用了十年时间,后来最后一批的时候,我跟人事处长说:"最后一批了,这批毕业了以后就算咱完成任务了,起码提升一个台阶。"我们工会在提高职工素质上做了很多工作。我们定位的,是从根本上维护职工的权益,就是要提高职工自身的素质、抗争力,从根子上提供给他工作的能力。就像现在国家的扶贫计划,就是让他自己有造血功能。

第二个是我们针对女职工发起的素质达标活动,这个活动在全国推广了好多年。1996年开始,大量职工面临着下岗,首先受冲击的就是女职工。当时我们一拖有18 000名女职工。虽然我们公司技术人员队伍里女职工占了38%,但是在全体职工中女性技术人员占的比例是10%都不到。因为我们是一个重工业企业,按国家规定不能超过25%的女性。但是那个时候因为子弟就业等原因,女性也进来了很多。特别是那批接班的女孩子,文化素质更低,农村的普及教育好多都没有学过。那一年要下岗4000多人,我们女职工首当其冲,都给下去了,太可怜了。那时候刚好世界妇女大会在中国召开,国家搞了一个《妇女发展纲要》,我自认为那时候脑子挺敏感的,就搞了一个一拖的《女职工发展纲要》,在最弱的群体上我们下点功夫,维护她们的利益,保住她们的饭碗。我动员的时候说:"你没有能力,我能保护你到啥时间?你没文化,车间主任把你放在这儿你不能干,放到那儿你看不懂图纸,都不要你，对不对？"这是实话，所以必须提高。我们那时候一年办了几百上千个班，叫她们去培训。一个是岗位培训，一个是多工种的培训，就是让一个人掌握多个工种，是车工也得会磨工，得去取得资格证。我们跟技校联合去做。我们当时对这18 000人，让她自己定计划，大概有16 000人交上来了规划。然后，女工组织每年、每一个季度去评估她们实现了没，实现了就给证书。我们还有技术比武，如果参加得到"工种带头人"称号，那她就去当这个工种带头人。女职工的素质提高，在我们厂做得惊天动地。工程技术人员也要定目标，要搞创新、搞科研项目。她们自己来定，我们能帮就帮，帮不了那再说。1999—2000年的时候，我们给公司领导做了一个《迈向21世纪的报告》，董事长全程听完了十个人的报告。当时我们"营销标兵""学习标兵""创新标兵"都出来了，还有多工种的操作证。董事长兼党委书记那次在会上给大家鞠躬，说："我现在才知道你们走在我前边了，谢谢你们！"

　　第三个是我们的技术比武运动会，过去叫技术比武。也是一九九几年吧，我去一汽学习，看到一汽换了个名，换成运动会，我觉得非常有创意啊，回来就推广了。先在我们上市公司、股份公司跟人事部门一起，把300多个工种拿出来作为比赛项目，有统赛的，有个赛的，目的就是要算出我们这些工种的带头人、首席是谁。我们公司领导还是挺支持的，股份公司老总说："你要多少钱？"开始我还不敢要，我说："要30万的奖励资金。"他说："我给你60万，只要你花在工人身上，你没花在干部身上，我都支持你。"我说："行啊！"这是多好的一个氛围！我们用了将近一年的时间准备，技术比武运动会是1998年。在运动会之前，必须要理论考试吧，必须要去培训吧，全请的技校老师去专业厂培训，教师费、讲课费由工会出，要来的奖励经费

一拖工会编辑的杂志《一拖巾帼》

就是这样用的。培训都在业余时间，所以我就给这些讲课的老师补贴。先在分厂选拔工人，选拔完以后到总厂再来。你老说"技术比武"，人家觉得好像还是老调子，就不想听了。"运动会"就有点现代的味道，对大家有点吸引力。然后，我们正儿八经的开幕式，全都是运动员那种入场，各个工种的都有，我们给代表团、代表队一下子做了 50 多个标牌，像模像样。

第四个是扶持"劳模""标兵""科技尖子"，提升他们的创新水平，给他们打造平台。我们有"劳模工作室"，原来是叫"攻关小组"。我们把劳模、有特长的人组织起来。面对全厂，哪个单位有不好解决的问题，他们就去帮着解决。我们劳模都不要钱的，帮助别人降低成本、改革创新。讲一个例子，我们的一个自行车分厂，当时一条新的生产线，有一个设备他们调试了几个月一直不过关。他们工会主席跟我说："有一个项目现在遇到难题了，几个月都没攻克下来。"我就带了几个人，也没跟他厂长说就去了，一上午就解决了。他们厂长兴奋得呀，专门去找我说："我不知道你这么默默地关心帮助我们。我们几个月怎么试都过不了，你们一上午就解决了，专家就是专家，能工巧匠就是能工巧匠。"我们对劳模也是有支持的，比如这次带队去自行车厂的那个"能工巧匠"要出一本书，关于机械维修的，这是全国首次由工人总结出来的维修设备的书。我拿着他的书到了全国总工会，请全总的领导、省总的领导还有机械部的人给他写了序、题了词。我就要推广他们嘛，得给他们扬名，咱没错呀！结果到了出版社，那边说你自己的书必须得交 2 万块钱。工人哪有钱？后来我们工会把这钱出了。结果他书出了，他个人特别兴奋，后来他退休好多年，厂里有事叫他去解决，他也是绝对不要任何报酬的。企业对得起他，困难时候给他帮扶，解决他的问题，他就会很尽力地去为企业做事。我们帮助工人中间的这些能工巧匠，给他们搭建平台、创造机会，其实给的奖励是寥寥无几的，但他们对企业的认同很高。

我们工会还有个技协。过去也有，但是没有发展它，后来我们把它作为重点来发展。我们技协的这帮能工巧匠也能帮助工会去创造效益。这个启示是我去美国学习的时候得到的。当时省里把我们弄到美国去培训，到那我就听他们讲，有一个洛杉矶的工会专职干事来讲。美国那工会主席是兼职的,干事倒是专职的。那干事给我们讲了一天课。他就说:"我们的工作有实体,不拿职工和企业的钱。你们是官办工会,国家给你拨款。"我问:"你这实体咋办的?"他说:"洛杉矶的工会,去另外一个城市,比如纽约,那儿也有工会,然后相互合作。最直观的一个例子,我们押运车、汽车都有,如果在这里装货,我给他们找货源,到那边以后就由他们找货源,我们来回的收益是实在的,两头钱都挣了。"当时我非常受启发。工会要想给职工办点实事,必须得有自己的收入,否则弄不成。刚好国家对企业技协有特殊政策,也允许我们办。其实我们原来也办了,只是没有往挣钱上去想,就是干好事。就像前面说的,不收钱给人家去技改。后来我们就用能工巧匠去承担公司的技改项目,一样去招投标。所以,那个时候工会工作才开始按经济的方式去发展工会的实业。工会实业最高时候有几千万资产,一年有 3000 多万产值。

我们从教育提高职工素质这方面开始去下劲儿,做了很多这样的工作,让他们有资本。为了宣传这些劳模,我们每年出一本《托起东方红太阳的人们》,连续出了好多年,在工会的资料室都有。每年公司树立劳模,我就请一帮子会写的人以及拖拉机报社的记者去采、去写,写完以后奖励记者,我们再把书出出来。工会把书弄出来以后,发到车间、班组,让大家都学学榜样。女工里面的先进标兵也给她出书——我们好多全国劳模是女的。女标兵一直是弱者,有时候都评不上。女同志大多数不是出现在技术创新上,都是在实干上,她挣工时最高,一年干了三年的活,那就是劳动模范。

我们还用政策法规去维护权益。我们做了四本政策法规的合集,包括对职工有利益的和对企业有利益的规定,这个非常重要,是支柱、根本。国企改革当时是个焦点,这个时候不掌握很多政策规定,就可能叫人给你减员了,也可能你该得到的就得不到了,因此我们要跟他们讲政策。我为啥要下决心出这个册子?举个例子。在我们就要减员的时候,公司发了一个文件,结果我们铸钢厂的一帮高级女工程师来找我,说:"文件为什么规定把我们都一刀切下去?"我说:"不可能。"我跟人事部门吵了三天,就为了定政策时给我们加一个附则,把这帮女高工都留下。但是我们基层的人事部门不让她们看文件原件,上面盖着下面盖着,只让她看那一段。她们过来一说,我可生气了，拿电话就把铸钢厂的人事部门批评了一顿，又给他们工会主席打电话。我跟她们说："你们回去，看看全文，绝对是保护你们的。"高工在科技岗位上即使年龄到了也应该延迟退休，最起码得让承担课题的人把课题完成再走。因为这，我跟组织部门吵了三天才加了五条附则，把这些人都放进去了——结果宣布政策的时候就变成这样子了。所以我后来就想，要用手册这种方式展示规则，大家什么都可以查到。我们两三千个小组，印了四五千册，发到小组，还卖给了其他企业一些。印的这些政策，我也送给所有的厂长、经理、党委书记人手一本。我说："交给老百姓的武器和给你们的武器是一样的。"结果，我们有的领导就去学，他拿出一些政策，反而又制裁我们的职工了，这本来就是双刃剑嘛！当时我们就在政策、立法这块上去弄。我们企业出了一个全心全意依靠职工办企业的"28 条规定"，在全国也是比较响的，主要包括企业要执行的法规，规定了职工的权利、维权的方式和企业要做的东西。我们党委、行政、工会三家联合发文，转发下去，谁都得执行——咱们就想到从政策法规上去应对。

另外，我还跟中央党校联系，在我们那儿建了个分校，给我们工会 40 多个专职主席专门开了一个法律学历班。我们大概有 60 个工会主席，毕业了40 多个，都是中央党校法律本科毕业生。每天晚上我都去听课，人家老师说："他们都怕你，你坐到这出勤率高，还可以跟我们交流。"培养这一批人，我一直觉得没有做错，你想：去维权的人不懂法律，那还怎么去做？我就想让他先懂法。曾经一个主席说："我有学历，你凭什么让我上课？"我说："谁让你要干这个？你要干这个工作，就得懂这个专业，你得懂这个方式，懂这个渠道。"后来，我们好多技术干部转过来当工会主席的人都说："体会了之后，知道那时候你要求的是对的。因为得知道哪些权利应该对应什么渠道，哪个是主要的，哪个是次要的，哪个是解决什么问题的。"我是想提高他们的专业水平，你要不在这岗位干，我才不管你，但是你现在既然在这个团队里，就必须去达到这个标准。

刘炳昭

雨疏风骤半生拖厂路,矢志不渝情系东方红

亲 历 者:刘炳昭

访 谈 人:曾迪洋

访谈助理:陈　佳

访谈时间:2019 年 1 月 7 日 9:00—12:00

访谈地点:第一拖拉机厂老干部活动中心

访谈整理:曾迪洋　古　雷

亲历者简介:刘炳昭,男,1947 年生,河南南阳人,中共党员。通过招工,
以亦工亦农的身份进入第
一拖拉机厂成为酸蚀工,之
后又通过以工代干的方式
成为标准零件分厂的团委
干事,从此留在机关,历任
分厂团委书记、总厂调研科
科长、分厂党委书记、总厂
党委副书记和工会主席,经
历了拖厂的数次改制。

刘炳昭(中)接受曾迪洋(左)、陈佳访谈

一、 亦工亦农

我老家在河南南阳的方城县,距离洛阳300来公里,家里弟兄三个,姐妹三个,父母一直是农民。我初中毕业以后,"文化大革命"开始,"十六条"下来了,没学可上,我就在家乡当小学代课老师——腾出两间民房,把孩子们集中起来,带了他们一段时间。后来拖厂招工,我被推荐进来,才离开了那里,那年我才19岁。

因为"文革"已经开始,我们是当时最后一批招工进来的。说是招工,实际上我们是亦工亦农。什么概念呢?就是我们作为农民来城里当工人,干上三五年以后还是要回农村去的。有的人因为结过婚成了家,就不愿意来,我自己没啥负担,家里兄弟姊妹也多,走就走了。我父母没什么意见,就希望把我的农村户口移到城里去吃商品粮,能去几年就去几年。我们家人口多,在农村基本吃不饱。那时都是集体化的人民公社,生产队一敲钟就上工,集体观念里只是生产粮食,但化肥等各方面都跟不上,生产力真的不行——一亩麦子能产300来斤都是好的。

吃饭就吃大锅饭,一年红薯半年粮,大部分时间都是吃红薯,吃白面馍是不可能的。红薯干、红薯面、红薯馍,吃多了成天胃酸。土地粮食产量很低,一个人干一年只能分到74斤麦子,根本不够吃。1962年我在南岛县上农校,15岁正是长身体的时候,一天却只吃两顿饭。每个礼拜到食堂里称上一斤二两的谷面①,黄不拉儿的,吃了都辣嗓子。支一口小锅,抓一把面浇点水,再蘸点盐和辣椒有点味儿,就这样的水一喝一个礼拜。还有吃槐树毛尖、大麦面和观音土的,吃了拉不下来,可还得充饥。当时可瘦了,真是皮包骨,生活很是困难。农村消息也闭塞,农民大字也不识几个,不知道外面情况,我就想趁年轻体验体验、闯一闯,开开眼界。

来之前我就知道拖厂,小学课本里有东方红拖拉机,知名度很高。以前公社也有拖拉机站,配有拖拉机站长,管两台东方红履带拖拉机。大队指派

---

① 谷面不同于白面,是指大米带着谷壳磨出来的面。

去哪个地方耕地,就让拖拉机开过去。但一个生产队的土地大部分还是牛耕,能用上拖拉机的很少。当时的招工就各个地方从基层往上层层推荐,生产大队推荐给公社,公社再往区里推荐。人家到我们公社时,一屋分配六个人进行目测和政审,看看年龄和个头,再看看适不适合到厂里当工人。我通过公社和大队推荐以后就被招进来,没有考试。最后,我们区来了17个人,和各个区的聚在一块,用五辆大敞篷车装得满满的拉了过来。结果一来就走不了,干了41年,一直到退休也没离开这个地方,大半生都贡献给了一拖。

我清楚地记得我们是1966年12月23日晚上8点多到达一拖的。到了先吃晚饭,吃完饭后分到临时寝室住上一晚,第二天再分到6号街坊里住。6号街坊是苏联老大哥建的三层楼红瓦房,五六个人共住一个20多平方米的大房间,一栋楼里能住下600人。厂房也是苏联援建的,进厂门后东西两条大道宽敞气派。来的时候刚开始闹"文化大革命",路灯上面都是政治口号的标语牌:"抓革命促生产""文化大革命万岁"。1966年12月到1967年上半年,那段时间厂里上班还比较正规,早上7点半在食堂吃饭,8点准时上班。前面10分钟开班前会,开了会后就各归各岗。当时我干三级工,年轻有精力,在酸蚀车间开天车,一开就是一天。我大部分白天上班,也有三班倒的。"文革"期间还要上"忠字班",属于正常上班以外的义务班。我虽然不是当班的,但是活多了、忙了你不下班得接着干,就是纯粹的义务。有时候车间会有统计,车间开大会时领导会顺便表扬一下,有人被表扬了无形当中也会形成影响和激励。抓革命促生产,当时纯粹靠自觉,很单纯的。那时候我经常被表扬,年轻小伙子精力充沛,又是单身,回去宿舍闲着也是闲着,能在厂里多上班就上班了。我师傅也是天车工,就带我一个人,前后带了两三年,教我天车怎么开,酸怎么配、怎么化验,中间的活怎么协调。平时师傅就讲讲,好多活还是要靠自己的悟性。每个月我有26.5块工资和41.5斤粮票,吃上白面馍没问题,比农村好多了。以前是八级工资制,根据岗位、工作责任大小,定下几级就拿几级的基本工资。如果是在特别艰苦的条件下工作的,还有有害工种补贴。我是酸蚀工,在酸蚀车间开天车,吊一个四五吨的东西放到酸里面,稍微开不好,几吨料翻下去就会出大事,所以我一年有6

块钱的工种补贴。我干活比较利索，一天最多的时候能干62吨。操作不停，中间工序衔接非常紧密，一天下来，按电钮的指头夹着都疼。大家干多干少拿一样的钱，我们也很单纯，不像现在计较这计较那，有条件上班就尽量多干活，不想那么多，也不会有人偷懒。同事之间坐在一起干活，谁能差哪儿去？

吃饭的话，一般早上吃1毛钱，中午吃2毛5分钱的肉菜，晚上吃的少一点，一天生活费不会超过5毛钱，一个月生活费大约就十二三块，其余的都往家里寄。我每月的粮食基本差不多，有的锻工劳动强度大，发46.5斤粮食也不够吃的。如果不够，关系好的同事间会相互周转借一点——吃不完就会借给别人，也不说还不还。但一般人其实都不愿张口借的，自己能克服就克服过来。我基本上够吃，但也没有什么余票，所以没借过粮票，人家也没问我借过。

我们集体宿舍一个房间住五六个人，没有广播电视，也没啥别的娱乐。当时不兴跳舞，穿个小白鞋、牛仔裤都不行，留长发也不行，那是资产阶级思想，要被批判的。偶尔工会组织看电影，2毛钱一张票，但电影很少，最有印象的是《南征北战》和《白毛女》。后来话剧团也排了一些剧，都是样板戏，除此之外就没有其他娱乐，每天宿舍和工作单位间两点一线。下班以后同宿舍同志之间聊聊，相互间的家庭生活情况都有了解，彼此间信任，关系还是比较融洽的。

干部也没啥特殊，有时间也是和工人一起干活，一起聊天，收入差别也不大。领导每月的工资就是七八十块钱，解放前参加工作的老革命拿百十来块的工资，也不算多。开始的时候，干部都是全国各地调来的，后来就陆陆续续自己培养起来。外地的工人不多，主要还是本省的，和干部之间的关系都还可以。当时我们标准零件分厂党委书记叫田英奎，解放前就参加工作，原先在新疆一个单位当党委书记，属于省管干部，级别算不低了。但车间大部分的人他都认识，就连刚进去工作的他都知道，虽然叫不上名字，但知道你是他单位的人。他骑自行车在厂门口碰见我们，就会下来跟我们点头微笑，打了招呼再走。

二、以工代干

我刚来那会儿厂里正在闹"文革"，来了许多串联的红卫兵，已经分了派系，"造反派"和"保守派"，都动员参加这个组织、那个组织。我师傅是"造反派"，当年就是他来我们公社招我进厂的，他农民出身，在"造反派"里是个骨干，既能写又能说，有点知名度。那会儿他已经40岁，为人很讲义气，工作认真，业务上也很熟悉，就是爱喝酒。师傅虽然是"造反派"，但平日带我时也不多讲他们派的事，只聊工作。我们上班闲的时候不多，谈生产上的事多，谈生活上的事少。师傅不懂动员，也从来没让我参加这参加那。我是自己参加的"保守派"，加入哪个组织、哪个派系都是靠"自由泳"，自己游到哪里是哪里。当时一般群众里面没有不参加组织的，关心"文化大革命"不能当旁观派，不参加就是不进步、不关心政治的落后分子，大家都看不起你。我听说"保守派"党员、团员多，中层领导干部也多，我本身是共青团员，所以就加入了"保守派"。"造反派"里好多人出身不好，党团员确实也不多，结果却"踢开党委闹革命"，后来当权了。当时已经有许多革命组织了，"一·二七""八·一六"都是有名的造反派，这数字就是组织成立那一天的日子。在什么组织里就戴什么组织的红袖章，你是哪个组织、哪个派的，别人都知道。不同组织的分歧就是对领导干部意见的不同，按拥护还是反对来分，不同的看法就成立不同的组织。

1967年下半年开始，厂里的生产就不大正常了，"造反派"一会取消，一会成立，五花八门。年轻力壮的武斗队每天拿着长矛训练，到最后也有闹的。关于武斗我听说一些，也有去看过，看得我很害怕。年轻时我没见过这事，看到心里感到很恐怖，不知道这样下去该怎么办。武斗起来的都是年轻人，年轻人很单纯，也很有激情，一动员火都上去了。在那个状态下，真说不清是哪一派先挑的头，双方都说自己是革命派，革命不革命的都拥护毛主席。那个时代大家都比着看谁最革命、谁最拥护毛主席，参加组织都是自愿的，谁也不强迫谁。但在那种情况下，大部分群众都是随大流的，现在回头看真是太幼稚了，下面老百姓知道个啥？"走毛主席革命路线"口号都叫得出来,实际上谁能说得清楚?后来厂里基本不生产,"造反派"把厂子包围了,工人进不去也出不来。厂里待不成了,吃住都成问题,好多人躲回老家或到各地去。我没参加武斗,坚持到最后实在不行也走了,但没有出入证,想出去也出不去,搁宿舍里也没办法,最后通过师傅的关系才出去。出去之后就找车坐 300 多公里回家,在家待了半个多月,等后来厂里恢复生产,就都陆陆续续回来了。那段时期真是不堪回首。

我回来还是在标准零件分厂干原先的工种,一直干到 1972 年去机关当团委干事。"文革"期间厂里的党组织和团组织都瘫痪了,活动也都停滞了,所以 1972 年就筹备开团代会进行换届,准备恢复组织和活动。当时一个专业厂里有 1000 多职工,设有党委,党委里面有政工组长,由政工组长牵头几个干事,再组织两三个成员形成筹备组。筹备组要筹备工作报告和委员会候选人,然后由总厂筹备领导小组下来指导换届程序。选举要按照一套民主程序走,先从基层车间的团员中推荐出团代表参加团代会,筹备组组长在会上做完报告以后进行选举,等额选出五个团委委员后再从中选出书记。书记选定了,新的团委就成立了。这个团组织同时受分厂同级党委和总厂上级团委的双重领导,以后的组织建设、思想建设和制度建设一系列工作就都正常了。当时我去当筹备组成员,换届以后,就成为团委干事,留在了机关。去做团委干事我没什么思想准备,在车间那段时间比较单纯,生产上也算负责。年轻时脑子好用,学习毛主席著作学得比较好,车间经常推荐我出面参加许多背"老三篇"的活动,也算是学习毛主席著作积极分子。当了干事后,我主要负责青年团的日常工作:团的组织建设、发展团员,各个基层团支部的换届、团员管理、团费的收缴,围绕生产开展的统计活动、增产节约活动,还有其他发挥青年主力军作用的活动等,日常工作都要做的。我 1972 年留在机关当团委干事,后来当上团委书记和办公室主任,一直到 1984 年,都是在团委机关。

我成为干事后不再参加生产了,但工资没有变,还是和原来一样,这么多年都是 26.5 块工资和 41.5 斤粮食。先前我在基层当工人,后来到机关叫"以工代干",还不算政治干部。省里是有工资升级指标的,但我不在基层了,基层升级没我的份。到机关了,我也不是机关干部,还是工人身份,也不能占人家干部的指标,升级还是没有我的份。所以两次升级都没有我的份,就拿这个工资好长时间。工资升级不是每年都有的,最后能升上的都是凭资历、工作、表现。到了升级的时候,根据各方面表现由大家推荐,最后再由领导决定该给谁升。一般升一级能多发 10 来块,升半级是 6 块钱,粮食还是一样。

三、 情系东方红

"文化大革命"后期,厂里原有的一些"造反派"后来也有升的,但基本上都在"一打三反"清理阶级队伍时被清理掉了。邓小平主持工作以后,"造反派"头头基本上都不用了。一直到后来,"以阶级斗争为纲"这个弦还是绷得很紧,把那些打砸抢的"造反派"该判刑判刑了,该处理处理了,弄了好几年。"一打三反"是 1970 年以后的事了,但是也不太平,之前是"批林批孔",后来因为斗四人帮也是各种批斗、各种运动,还有"反击右倾翻案风"。

1974 年周总理陪同加拿大总理特鲁多来洛阳访问,洛阳市组织各单位派人去欢迎,一个单位出百十号人,能去的都是处里的干部,要政治审查才能够过关。我们专业厂组织去了 120 个人,我也是其中之一。从洛阳市火车站到友谊宾馆,就在现在中州大道,两边都安排了队伍,整整齐齐的,夹道欢迎。我们就在七里河那,自己带了干粮原地待命。等了一上午,车不到 11 点过来的。他们的车往西,我正好在路北,看见周总理坐在右侧。我们一起高喊"热烈欢迎"。他从窗户朝我们微笑摆个手,车子就呼呼地过去了。那天太阳高照,周总理红光满面,那是我印象特别深刻的一天。周总理去世时大家都很悲痛,也感到很突然,但是也知道他身体不大好。

毛主席去世时印象就比较深刻,1976 年 9 月 9 号,天气还很热,大家在厂里听到中央广播电台广播,都感觉到很突然。9 月 17 号,在洛阳市的东方红广场召开万人追悼大会——下午 3 点,是全国统一的时间。洛阳市统一组织,通知每个单位都要派代表组成队伍参加。我们厂去了几十个人,我也去了,戴了胸章,穿了工作服。我们好多人一起排着队过去,大家都很严肃,追悼大会也很隆重。那个时代,大家对毛主席老人家、对东方红感情是很深的。

李有源儿子李增堂抚摸着一拖赠给他家的东方红170拖拉机

东方红与一拖也有着不解之缘,《东方红》这首歌在拖厂经常放,它的原创是山西农民李有源。1997年我们专业厂一位宣传科长看到李有源的儿子家里很困难,孩子上学都成问题①,就自己捐了200块钱。我那时已是总厂的党委副书记,了解到这件事后,第二年大年初四,就带着团委书记、宣传部长、新闻科长6个人开车去了趟陕北,到李有源儿子家去采访。我们一路开车,到夜里12点多才到陕县,饭也没吃上。陕县招待所很寒酸,不是窑洞,是一个大通铺的房间,司机住在车里,我们其余5人就住进去。那个枕头就像过去理发店磨刀的布一样,油得不能枕,我就用报纸垫在上面。被子也脏兮兮的,往上盖衣服都不敢脱,脱了怕虱子钻身上,就那样凑合了半夜。当时的陕北真是穷呀!后来到他们的学校一看,学校更穷。李有源儿子李增堂家里确实很困难,他70多岁了,卧病在床,但他《东方红》唱得很好,那个辍学的小孙子也跟着一块唱。回来后我们就写了长篇通讯,报道了《东方红》的故事。

我们的文章刊登以后,职工都很感动,组织了一个捐款仪式,我们领导开了中层干部会议带头捐款,其他职工和干部也都踊跃捐款。最后各专业厂一汇总,不到一个礼拜总共募得136 800元。当时陕县很穷,我们没办法把钱全给他们,因为县里一卡,那钱可能就被中间截留,到不了学校去。所

---

① 李有源(1903—1955),陕西葭州(今陕西佳县)城北张家庄人,农民歌手,歌曲《东方红》的作者。这里亲历者口述中的宣传科长,为当时一拖二铁厂的宣传科副科长麻志强,他看到的报道《东方红的儿孙们》刊登在《新闻三昧》1997年第9期。

以我们就用全部的钱为那边的希望小学成立了一个助学基金，将每年的利息作为对学生和老师的奖励，这样的话资金就源源不断了。每年的利息我们都派车送过去，学校先评出受助学生，然后再进行奖励。虽然只是奖励几百块钱，但对他的家庭来讲也有很大帮助，挺有意义的。另外，我们的三小①还和他们对口成为帮扶学校，也给李有源儿子家整了一台170拖拉机，还有拖斗和农用车。其实，当时厂里经营效益并不是很好，市场比较疲软，为了调动职工积极性，能够齐心协力共渡企业困难时期，激发大家的工作干劲，所以我们想着进行企业文化建设，千方百计找一些由头调动职工积极性。毛主席老人家也曾在陕县周转打仗，在那住过，所以跟李有源还有东方红拖拉机厂都有渊源。当时企业宣传部提了一个"爱国爱厂爱岗位，求实高效争第一"的口号，激发大家的热情，我们就借着宣传科长捐款200块钱的典型去做文章，组织了"唱响东方红"这样的活动，没想到大家这么积极响应。这个事，的确也起到了激发大家爱国爱厂热情的作用。文章发表以后，大家对一拖的历史，对东方红的来历，对陕北农村的情况，都有了重新认识。我们一拖要生产更好的、质量过硬的产品来支援农村，为东方红的故乡做点贡献，也是周总理说的要"出一流产品，创一流业绩，育一流人才"，这对职工的精神面貌有潜移默化的影响作用。鼓励职工热爱东方红，这个事情并不简单，完美做出来以后觉得很接地气，不是像个大口号一样唱得很高很远，而是和感情连得很紧密的。

四、 改制与变迁

我1981年入党，1983年当办公室主任，1984年底去了总厂党委调研科当科长，1985年底又回到标准零件分厂当党委书记。不久以后实行厂长负责制，有党委书记，有厂长，还有工会主席。1990年我到集团的销售公司当书记，1992年又去总厂当工会主席，1995年我是总厂的党委副书记兼工会主

① "三小"指现在的洛阳东方第三小学。

席,都是集团公司的两个副职,当了十几年,一直到退休。这期间我也经历了拖厂的几次改制。

我们从"东方红拖拉机厂"改名为"第一拖拉机厂"的时间比较晚。根据国家的产业布局,一拖原来是国家管的,开始是一机部的,到90年代才下放到省管。1993年,集团化公司成立,把附近相关的柴油企业和一些外省的公司都并到这个集团里。工程机械进来了,就不光是拖拉机了。集团化后我们还属于国家重点企业,开始叫"中国一拖工程机械集团公司",后来逐步演变简化了,就叫"中国一拖集团公司"。"东方红"的名字在一成立集团公司时就不叫了,因为成立集团不光是"东方红"一家,还有其他省市的企业组成一块,以产品结构来构成中国拖拉机工程机械公司,"东方红"只作为一个商标保留了下来。大家对名称的变化并没什么意见,企业改制这么长时间,厂里的管理体制也不断变化,经过了几十年,变得多了,大家就都无所谓了。

最早企业经营是在党委一元化领导下的,后来一元化领导对经营有些影响,就改成党委领导下的厂长负责制,觉得还不完善,就实行厂长负责制。决策经营权归厂长拍板,党委就管党建,一般经营权不去干预。有段时间实行厂长负责制,同时还有职代会、党委会和管委会三会,但在那样的体制下党政领导如果不和,就会出现好多矛盾。有党委书记履行党委权力把厂长开除党籍的,也有厂长履行管委会权力把党委书记开除厂籍的,总之权力大小、配合好坏,闹了好多笑话。这说明那个体制不行,所以到后来又改成强调党委的政治核心作用了。但党委在其他方面只是名誉上管,实际上不是。行政领导的任命都是行政上说了算,党委考察就是走个过场,只要没有太大问题,基本都尊重厂长意见。但是厂长的权限也不能太大,涉及职工福利、劳动保护等切身利益的问题,职工代表大会要监督,需要职代会讨论通过,不通过是行使不了的。党委领导、厂长负责、职代会监督,这个体制运行了好多年,相对来讲可能比较科学,比其他体制好一点。虽然每年这些事儿还要通过职代会讨论通过,但是从经营的角度来讲,企业还是内部人管理,缺乏真正硬性的制约监督,自己既当运动员又当裁判员,还是不够科学的。所以股份制请各大银行参股,就是解决内部人控制的问题,因此现在基本上都是股份制了。民营企业要不要参与进来实行混合所有制改革，或许是下一步要探讨的问题。

我退休以后，厂里开始搞单位改制试点，那段时间改革力度很大，学习民营企业，允许经营层参股，搞成股份制。先由第三方来评估国有资产，在国有控股的前提下允许经营层干部持股30%—40%。领导参股可以提高领导责任心，好好经营。经营一段时间后效益不错，厂里效益最好的时候真是供不应求，只要有门路在销售处开一张买拖拉机的票，出去后外面马上就有人买，转手一卖就可以赚上6000块钱。后来我们每个领导一个月也只有批三台拖拉机的指标，很是紧张。最后国机集团说这样是向私有化发展，私人参股国有企业涉及国有资产流失的问题。国机集团不同意，就让这些领导退出来。退出时需再评估，一评估资产增值了，人家干股份拿一大块，退的时候翻了好几倍，可不是几百万嘛。大政策允许这样探索，所以就摸着石头过河。企业搞活以后，一评估增值了，人家持股的部分也就增值了。

这种改革是有用，但是从国家分配和消除两极分化的目的来讲，这个方案还是有问题的。要说一次分配靠贡献是可以，经营好、操心多、责任大的可以多拿。但是职工不持股，只有领导层持股，这种方式差别就太大了。一次分配靠贡献，贡献大的多拿，按劳分配理所当然；二次分配要靠公平，持股的一再增值，那他就发了，大部分职工可没有。改革中有些人确实发财了，所以大家总有看法，总有意见。但那是国家上面提倡弄的，大家就算不赞同这样的形式，提意见也没用。

厂里改制这么多年，工资收入相对来讲是在不断增加，现在工资里基本工资不多，活工资这一块比例比较大。我退休前是一拖的党委副书记，属于副厅级干部，工资是3100块。后来因为集团上市了，领导实行年薪制，我一年就是8万来块钱，沾了个边到2007年就退休了。后来他们一年工资多少万就不知道了，但是我们那时候工资是很低的。企业改制前后究竟哪个好，这还真说不上来，可是还得往前改。改制可能是适合当时情况的，但实行一段时间以后不适合了就还得再完善，没有哪个绝对好，都是逐步完善的过程。加强党的领导和企业改制两者之间并不矛盾，只要在中国土地上，就不能离开共产党的领导,更何况是国有企业。工农商学兵、东西南北中,党是领导一切的,这毋庸置疑。党的宗旨就是全心全意为人民服务,包括把分配搞活,也包括消除两极分化。企业纯粹民营了,老板拿多少都是自己的,跟职工没关系,像这样确实不行。邓小平让一部分人富起来,那是叫带头,让你先发展再带动大家去发展。要都不往前闯、不去做,怎么发展? 这个东西要辩证地看,但坚持党委领导是绝对的。经营层要有经营权,党委不过多地去干涉经营层的权力,但经营层没有制约也不行。所以现在搞社会主义市场经济,说一千道一万,企业就是营利性的经济组织,要发展和效益,要是不盈利,总亏损,人都养不住,还给国家做啥贡献? 所以企业首先要经营好,职工福利才能提高,内部凝聚力和外部竞争力才能提高。否则的话,市场经济竞争这么激烈,一个劲走下坡路,越走路子越窄。

所以企业的改革,我个人判断是下一步还得改。党委就是相对加强,因为过去一段时间党委领导是削弱了的。党委领导在企业兼职太多,党内的建设,包括组织建设、思想建设、政治建设、制度建设和作风建设,就没有专一的精力去管党的建设。党的领导在过去一段时间相对是削弱的,所以现在提出要加强。加强党的领导也并不是削弱和制约行政领导,而是提供精神支撑,致力于组织保证,那是相辅相成的。我现在退休了,信息不对称,情况了解得不太清楚,但对拖厂始终还是关心的。

刘福生
一位内退干部的五味人生

亲 历 者：刘福生
访 谈 人：陈　勇
访谈助理：曲媛媛
访谈时间：2019 年 1 月 6 日 14：30—17：30
访谈地点：一拖青年公寓
访谈整理：曲媛媛

亲历者简介：刘福生，男，1953 年生。因父亲支援一拖建设，1955 年全家随父从开封来到洛阳。高中毕业后到北京空军司令部当通讯兵，退伍后分配到洛阳橡胶厂，三年后通过对调政策进入拖厂一装厂担任装配工，后升至车间主任。因文笔较好，曾兼任通讯报道工作，后来调到宣传科任科长。2008 年，按照分厂规定，刘福生于 55 岁内退，内退后待遇低下，生活拮据。

刘福生（中）接受陈勇（右）、曲媛媛访谈

一、 举家搬迁，定居洛阳

1955年刚来洛阳的时候我才1岁多，那时候我家就三个人——我爸、我妈和我。

我属于一拖的第二代，我父亲是第一代。他1955年从开封搬运公司过来，当时国家从搬运公司调了200多个人，后来又调了两大批技术工人，一批上海的，一批东北的——那是正式生产以后了。正式生产以前，拖厂的围墙都还没盖，技术工来了也没用，就靠这些出苦力的搬运工，我父亲他们是来干这个的，叫一拖运输处装卸队。那时候拖厂盖围墙都从外面运砖，装卸材料没有机械化，靠人工给抬下来、搬下来，我父亲说跟咱们在电视上见到的一样：货车运来一包一包的东西，沙子忽悠忽悠地抬上去，煤就靠一锹一锹地铲下来。我父亲他们刚来的时候没有职工宿舍，都分在周边的农村住，河里没桥，每天上班抱着我蹚过河。单位事先根据农村院子的大小安置，安排这一家住一个工人，那一家住两个工人，农民实际上就是给个住房，工人只是住在人家，吃还是自己解决。那个时候还没有分田到户，只要生产队接收，农民各户都不存在问题了，都是一动员就支援洛阳建设，工人是这种干劲，农民也是这种干劲。

我父亲他们的条件很艰苦，也确实能吃苦，他们很自豪——那时候的人单纯，绝对不是人生下来就单纯，是领导示范和教育的结果。总厂的领导都是地委书记一级的，杨立功他们来当一把手。我父亲光着膀子卸煤车，领导下了班以后，和他们一样，衣服一脱，光着膀子一起卸煤。刚开始建火车站，根本不讲白天和晚上，搭了个草棚子，让他们夜里在这等着，火车随时来得随时卸，就是靠这种精神。他们这个装卸队最后出名出到毛主席接见他们，队长被评为全国劳模。

装卸队在周边农户家住了两年多，1958年住到5号街坊。到5号街坊后又存在弊病：他们工作的地方在一拖运输处的一个边驻站，离得太远了，队长就领着他们提口号——"不要国家一分钱，自己动手给这地方盖房子"，他们当时的干劲就这么大。这帮人都是从旧社会过来的，每个人都有自己的小特长,比如有的是泥瓦匠,有的是木匠,那在旧社会是谋生手段。他们盖房子的前提是不影响工作,来了车以后该卸车还要卸车,利用业余时间去盖自己的宿舍,真的是干劲冲天。当时盖的房子大概都是18平方米一间,一个单间一个单间的,都是平房。当时建了两个村,一个叫节约村,一个叫勤俭村。边驻站这边叫节约村,南边的平房叫勤俭村。我们家在那住到1965年,我父亲调出装卸队就不在边驻站住了,他调到铸钢分厂——铸钢分厂给分了房子,又迁到8号街坊去了。1965年搬走的时候,我们家已经兄妹五个了,最小的妹妹不到1岁。

我母亲一开始来的时候没工作,过了几年在幼儿园当阿姨,把我也给带到幼儿园去。那个地方当时建了一个幼儿园、一个学校、一个卫生室,幼儿园的规模就七八间房子,里头很简陋,不像现在有滑滑梯、荡秋千的东西,也不上课,根本不会教你什么东西,只要不摔着磕着就行。幼儿园几乎免费,不存在收钱的事情,里面的孩子一般都2岁半到3岁,很小,有的还不会走,几个摇篮床往那一搁,家长中间可以去喂奶。我们第一装配厂有哺乳室,专门抽出两个女工去管,家长可以上午半个小时、下午半个小时去哺乳,套袖一抽掉,工作服边跑边弄着,抓紧时间去,到哺儿室以后,抱着孩子,怀一揭喂奶。

1958年后,很多人就不让工作了,有的是返乡回农村去了。因为我父亲在这有工作,我母亲就回家去了。又过了很多年,我们厂觉得这么多家属没工作,职工不稳定,就成立了家属生产部,这个地方当时就在现在总厂毛主席像那个地方,以后又改名叫"五七"工厂,现在叫众诚。厂里面有些力所能及的货,都会拨出来交给家属干:小弹簧、履带拖拉机上的盖板……我母亲退休以后之所以有退休工资,就是因为有这份工作。

我们一拖有两个中学、五个小学,幼儿园不计其数。我在边驻站那上小学上到五年级,印象最深的有两件事:一个是大食堂,一个是1958年大练钢铁。大炼钢铁的时候我5岁多,隐隐记得在房后用砖垒个小锅炉,正儿八经的铁就投进去,家里面铁锁、切菜刀,见铁都送走,扔到那里面炼,炼出来以后都不扎实,还不如原来的好。那时候家里不允许做饭,集中吃食堂,我印象里我爸妈有几次都没顾上管我,我拿着饭票自己去吃的饭,那时候大锅熬稀饭，人集中在一起舀，我挤不到跟前，等我挤到跟前的时候，一锅稀饭没了，没的人都扎着脑袋弄小勺子刮锅边，刮一点是一点。紧接着经过三年困难时期，那时候还存在大食堂，但是越来越不行了，因为不让做饭，供应又吃不饱。供应不足的时候我还吃过海草，那时候没有海带。我们邻居一个老头，住着一小间房，这个老头弄个饭盒，把人家吃带鱼吐的刺收一收，回去添点水，弄三块砖支起来煮，把鱼刺里的油煮出来，然后把刺捞掉，野菜丢进去再煮一煮，这个野菜就带点腥味、有点营养了。

我是在拖二小和拖一中上学的，初中上两年，高中上两年，拖一中从我们那年开始办首届高中。我们上初中的时候三届同时上，因为还没上五年级的时候就开始"文化大革命"了，都不上学了，恢复的时候已经积压了三届。学校都不分班，就叫连、排，我们现在初中同学群就叫二连五排。上课的话，政治课比较多一些，都是学习类似"草原小姐妹"的东西，英语、数学、物理、化学这些也有。除非家庭条件比较好的，比方说父母是知识分子，他们在耳濡目染下愿意学，像我们工人家庭没有学习氛围，不在意就不好好学。大学生也很少，我们整个街坊邻居不能出几个。

那时候比较重视劳动、做人，劳动课、生活课、政治课这一类课特别多，到部队参观、到农村劳动这一类活动比较多。每年6月1号，我们都要到农村帮助收割，不能割麦的就捡麦子，厂里面给派大卡车，农村学校正好放暑假腾空了，我们把家里的小铺盖拿着住到农村学校去，有的住到窑洞里面，要么就是到工厂去。每个学期还要安排一次到工厂、部队参观，一般一学期一次学工、学农、学军，真正的文化课不是太多。拖厂建拖二中的时候叫我们去建学校，拿砖去盖。我们初中生多幼稚，刚开始盖的时候砖垛子还是竖的，最后盖的扭扭捏捏的，确实不行，安全都得不到保证，算毁掉了，再叫正儿八经的装修建筑工人来建。

二、从部队通讯兵到分厂宣传科长

我1972年12月去当的兵，那时候政治审查已经比以前松了，只要本人没有什么前科，就能通过审查。和我们一起当兵的战友，他父亲是富农，成分不好，要是再往前几年，是当不了兵的。政审通过以后身体检查，被刷下来基本上都是身体的问题。我初中毕业时招了一次兵，那次招的少，大家都无缘。我们很有幸，到高中毕业刚要动员下乡的时候，听说招兵还没招够，他们就去拖一中招一部分，拖二中招一部分。不过能去入伍的还是少数，我们同学当时走了有将近20个，那时候认为当兵是很光荣的，家里挂"军属光荣"牌，左邻右舍看着眼神都不一样了。

去部队为啥高兴？因为能穿军装。我们初中的时候一搞红卫兵活动，就要求穿军装，但家里哪有军装？有的扯点绿布给孩子做，我们家连绿布也没有，我就自己生闷气哭。邻居有一个老复员军人，他把那种老式黄军装借给我穿，借了两次我母亲都不好意思借了，所以一当兵有自己的军衣了，我就很高兴。再一个是伙食不一样了，我们到北京刚下火车到部队，大木桶做了面条捞着吃，都跟饿死鬼似的。在部队能吃米饭，菜是排着队打一份，主食比如馒头、大米饭随便吃。我是南方人，洛阳供应的米比北方还多一点，到了北方我更舍不得吃米。

到部队之后，拖二中的人被分到空司警卫营，我们拖一中去的这20多个全部搞通讯兵。搞通讯都得培训，当时部队院校还没有恢复正常，所以我们直接住到二高院——空军第二高炮学院。床铺都是大通铺，我们在教室学发报，老师在上面"滴滴答答"教我们，我们戴着耳机听，用铅笔小本子按照发报的字体写，"幺两三四五六拐八钩动"，天天写这个。"一"就是"嘀—答答答答"，"二"就是"滴滴—答答答"，"三"就是"滴滴滴—答答"，"四"就是"滴滴滴滴—答"。培训了三四个月以后我被分到连队，在北京郊区山洞里接发报。那时候电台不是电视上的小电台，都是大柜子，一排全是德国进口的，打字机也是。我们仓库里堆满山东造纸厂造的纸，好几层，中间带印蓝复写纸。我们不知道内容，只管接听，用机器收，打出来以后再交给另一个分队，他们手工发到空军司令部里头，空军司令部收到以后再翻译。实际上我们从头到尾谁也不知道接的是啥内容，大量收下来以后，纸堆积如山。现在这个连队已经取消了。

　　我干了三年通讯兵，本来可以干四年的，但三年也可以走，我就回去了。我们这一批城市兵提干、入党的都很少，因为我们回去以后能分配工作。我们是高中生，很受欢迎，部队动员我们留下来，但是我们不愿意干。农村兵的表现比较好，因为这是他人生唯一的机会，先入党再提干能改变一生，否则回去以后还是农民。为了表现积极，星期天农村兵就去厨房帮忙干活。我们城市兵出去玩，去颐和园、故宫、动物园，那时候第一年津贴是每个月6块，第二年7块，第三年8块，我们不抽烟，部队也不让喝酒，实际上就只买些牙膏牙刷，剩下的我就给家里买了两斤毛线。所以，一个男人一辈子应该当一次兵，这对他一生都有益：一是吃了苦，当兵时搞拉练，在山区下着雪，风呼呼刮着，夜里头行军休息的时候，都跑到公路两边的水沟里面避风，穿着棉大衣躺着睡，睡一会就吹集合号；再一个就是服从，令行禁止，当时的领导不像现在的，那时候基本上都没什么私心；最后一个就是考虑问题从大局出发，想的多一些。

　　我退伍后被分到橡胶厂。橡胶厂是生产轮胎的，计划经济时期国家考虑配套，比如有个拖拉机厂以后，就得有橡胶厂、轴承厂、玻璃厂，都要配套的。我在那干了有两三年，我们拖厂的子弟就找对调。啥叫对调？我橡胶厂的想去拖厂，他拖厂的想来橡胶厂，我俩就可以对调。我1979年对调到拖厂的一装厂，在拖拉机履带装配线，过来以后，现场装拖拉机。我有个爱好，我在学校的时候数理化差得一塌糊涂，但语文比较好，喜欢写东西，看书以后喜欢把优美词句摘抄下来，到了拖厂就开始跟着干点写东西的活，比如通讯报道。车间主任说："小刘，我看你会写，你就把咱们车间的好人好事写一下。"他让我写写车间里头生产如何、完成任务真下功夫、干到晚上10点还不走，领导给介绍，我就给他写。我们拖拉机厂有个报社叫《拖拉机报》，写了以后登到报纸上。每个分厂有个宣传科，属于党委的系统，我们宣传科长就因此注意到我了。工厂的很多技术人员都是学工的，考数理化80分以上的人一抓一大把，但是真正懂语文、会写文章的人就很少了。他注意到我以后也给我找发挥特长的机会，正好我们厂组建电视台叫我去，说调来先干一段时间，结果干了有一年多。

我运气比较好,1983年去的电视台,1985年赶上公司在电大办两个班——一个叫党政干部班,全是管理岗位上的人,基本上都是团委书记一类的;另一个叫汉语言文学班,我去带薪上了两年,毕业了以后拿到了大专文凭——那时候企业开始重视管理人员的文凭问题了。上了两年以后,到1987年七八月份毕业了,我又回到分厂去。教我们语文课的老师王一飞,是《拖拉机报》的主编,可能当时我写了篇作文,被当作范文在课堂上念,他对我印象很深。我在上大专的时候写过一篇文章,上了《人民日报》第1版,叫"今日谈"。回分厂以后,王一飞就让我来报社,但我们书记不同意:"那不行,我好不容易给他送去培养两年,回来了又要走。"最后我就没去成报社,分厂书记就把我提拔到总装车间当书记,因为我原来就在这个车间。我1987年开始当书记,车间主任走了我又兼副主任主持工作。

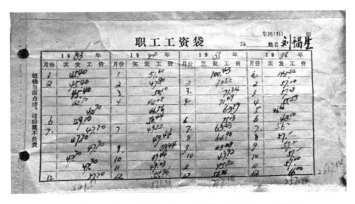

刘福生保留了多年的工资袋(1983—1986)

我在总装车间装配线干了几年,才知道装配工人的辛苦。整个拖拉机厂那时候没有轮拖,全靠履带拖拉机,产量最高的时候一个班产70台车,每天8点钟上班,晚上基本上都干到9点、10点。我在政工部门待了一段时间,比较注重给车间树立一种精神,我到那里就提出了口号,叫"久拖不垮,敢打硬仗"——工作时间长了,如果没有精神支柱,队伍是要垮的。当时我们的工人由三部分组成,一部分是从宝鸡来的一批农村转业兵,一部分是下乡知青,还有一部分就是农村的单身汉。装配线要干体力活,很艰苦,真正的一拖职工子弟都不往这分，都分到工具厂、机器厂、704去，这几个厂文体活动搞得很好，因为"子弟兵"①、学生职工多，有文化。因此，我就提出这个口号，灌输这种口号——要有个精神支柱。

教育的作用至今我都坚信，它是润物细无声的，不可能我今天讲一次话工人们都听，要一点一点地灌输。我当车间主任的时候，要把管理理念灌输给职工，必须让职工知道我想干什么、有什么想法，然后才能实施规划。再一个是对职工的激励，每年年终开大会评先进，有个人先进、集体先进，当场发奖。我们车间得了几种奖，比如安全奖、支部先进奖、生产奖、质量奖，其他车间都是车间主任、支部书记上去领奖，但我不去，我让有代表性的职工去领，因为这些成绩不是我的，是大家的。工人觉得光荣，那效果绝对是不一样的。

我们车间还搞过一个"献绝招"活动，在公司引起轰动。我们叫所有的老工人总结拖带轮装配的经验，写了以后叫"献绝招"。我原来写了一篇文章在全国得了一等奖，叫《牛金宁献绝招》，刚开始在《拖拉机报》登，在《拖拉机报》得了一等奖以后，王一飞总编又给送到《中国机械报》，也得了一等奖，里面写的就是这次事件。牛金宁是装拖带轮的工人，有个密封圈如果装不好会漏油，他用"二次加压法"把这个问题很好地解决了。我让他把"二次加压法"讲一讲，写成文字，全小组的人站到他身边，他现场示范教我们，告诉我们原理——整条线都开展这样的活动。总装工会生产部的部长焦俊茂听说以后，认为这个办法不错，又让我们进一步搞。我记得当时职工写出来经验总结之后我再抄抄，我要给他删繁就简，补充要点，最后叫分厂打字员打出来——那时候还是手敲——然后装订成册，发给职工。

那时候还有个好处就是领导和职工打成一片。你干到晚上10点钟，我也干到晚上10点钟，只要没装完车，公司的生产处调度、主管、生产厂长都到现场来，绝对没有特殊化，挑不出领导的毛病。晚上10点厂里管饭，有时候实在腾不出时间去吃，食堂蒸馒头，弄一大盆咸菜，端到每个人跟前，馒头一掰开，筷子夹点咸菜，一人发一个，拐回来再发一溜，吃个三五个，只要能吃

---

① "子弟兵"即工人是拖拉机厂的子弟。

都行,吃完以后两个黑油手也不洗,我都说"馒头夹咸菜,边吃边干"。军人以服从命令为天职,工人以完成任务为天职,天天在车间干,不管干啥都要装完,他自己也认为应该装完。

这也造就了干群关系很融洽。干部的收入和工人的收入差别不大,那时有设岗,科级干部是 10 岗,分厂副处级是 11 岗,正处级可能到 12 岗、13 岗,岗和岗之间的工资差别是二三十块钱。我们的分厂领导拿 13 岗,装履带拖拉机的工人也拿 13 岗,差别都不是很大。第一,职工和领导收入差别不大,职工就没啥怨气。第二,领导干部的自律能力很强,都是受过教育的。

那时候如果有职工住院了,家属如果无暇护理,车间都得派人护理,如果需要夜班护理,我就给配三个人三班倒,虽然生产本就很紧张,但我得想办法。我首先得到医院看病情程度,问问医生状况,需要派几个人护理,如果逢年过节还没出院,我还得买着慰问品、领着车间领导去看望。那时候工人不说很有地位,最起码工人和干部之间是比较融洽的,干部对工人很尊重。处分工人也要经过工会同意,案子是工会集中讨论的,职代会讨论工人违反了哪一条,从制度上说清楚、拿出证据才能处分。现在领导想处分谁就处分谁,不干就滚蛋,年轻人当了领导以后,都是动不动效益不好就裁员,不去开创、研制新产品,而是减员增效——都是胡说八道,我们在工厂的人知道,减员最后也没增效。

当领导的职责不一样,有活没干出来是工人的责任,找不来活是领导的责任。不下功夫去跑市场,看产品存在什么问题从而改进适应市场,而是成天按指纹、刷人脸,这都是无能领导干的事——要是活多了,工人撵都撵不走。白岩松有一句话:"如果一个企业领导成天把精力放在考勤上去,这个企业离破产已经不远了。"我们以前活多的时候搞计件制,两个人一台床子,上白班的还不走,夜班来我这告状:"凭啥他干那么多?我 5 点过来接班他还不走!"工人就是这样,计件制多劳多得,你绝对不用担心他不来。有时工人星期天还来,我一看这不行,最后怎么办?拉闸。国有企业现在有个弊病,它不是央企,属于省国资委管,没什么标准,比如公司领导、分厂领导的工资没有标准,公司自己定。在国有企业当领导是最舒服的,赔了是大家的,挣了是个人的。只有领导的工资和整个企业的平均工资挂钩,工人多得,领导也能多得,才能搞得好。你看现在,拖拉机厂虽然一步一步衰败,但最多是一把手不提拔了,却一直在这干。

　　我在总装车间干到1991年,书记叫我去宣传科当科长,但厂长不叫走。我爱人也说当车间主任太辛苦,去宣传科以后清净,还能发挥专长。我到宣传科以后,一个是给新闻部门投稿、拍照,再一个就是搞宣传教育。我们那时候每年搞一个主题教育,比如1991年我提了个口号"大干两万台"。为什么提出这个口号?得让职工明白我们社会主义口号不是空喊的,大干两万台就是大干社会主义,把本职工作完成好就是干社会主义。但是光提口号还不中,要配合几项活动,围绕主题教育再去展开,把工人的积极性调动起来。我们党委部门宣传科就起到这个作用,要调动工人的积极性,配合行政部门,把两万台生产任务完成。

　　除了党委文件起草、主题教育方案,宣传科还抓干部的理论教育,管统战,给统战对象理档案、招标,定期讲台湾形势、动向,等等。我每个月制定

2019年1月,黄菡(左)、周海燕在墙上
绘有"大干两万台就是大干社会主义"口号的
一拖青年公寓食堂就餐

下一次班组的学习计划,提供学习资料,哪本书学第几页到第几页都得给规划好,给全分厂党员上党课。1999 年的时候改革,整个党委部门合成一个党委工作部,组织科长、宣传科长只能留一个当党委工作部部长,我就下到车间去了,到大件二车间当书记,干了三年。我 2003 年去小零件车间当主任兼书记,2005 年又到机动科管全厂的设备,干了三年后,内退回家。

三、 我们是最"倒霉"的一代人

我是 2008 年内退回家的。那时候分厂有规定,所有男的中层干部到 55 岁都要回家,工人倒无所谓,想走就走,不想走就不走。中层干部为啥要走?我们 55 岁了,上来的领导都 40 多岁,他不想让你在:第一,不好指挥;第二,一把手都是外调来的,不了解分厂,但你对分厂情况很熟悉,他说的不对老人就想顶撞。所以他要用新人,把老人都撵回家。其实一早就开始论"线",包括现在,都成了一条"线",一条"线"就是一个帮派,不管你哪的,就算祖宗三代都是拖厂的也没用,能力、文凭、业务也无足轻重。好比几个副总各自手下都有一帮人,为了争一个总经理,面和心不和,这个人上台了以后,过去跟他争的人,用不了三年就都被弄走了,跟他混的这些人一个个都调上来,布局就弄好了。即使我在车间当主任,面临手底下的班组长对抗,我也得找一部分言听计从的人,才能把思路贯彻下去。一个人再有本事、有能力,如果总是和你对着干,不听你的话,那有啥用?

内退之后,我的待遇有了几个变化。比如交三金,每年三金的标准从 7 月 1 号开始变化,按照去年人均收入调整交三金的百分比。我内退了以后,虽然收入就 800 多块,但是三金还得按照去年的收入扣,所以一扣掉就还剩 300 多块。等到半年以后,我按照社会最低档交三金,工资就能恢复到 800 多块了。退休之前我能拿到将近 2000 块,内退之后就 800 块左右,差别还是挺大的,而 60 岁真正退休的反而就拿 3100 块了。我们晚年时,厂里的一些做法让人心凉。55 岁让内退回家,给 300 多块钱,吃不吃、饿不饿都没人管了,心很凉。整个一拖装配厂,几乎就是我的青春,到走的时候,即使内退了,却让你自己写辞职信,说是自愿走的——他们都考虑到了,因为程序不合法,就让你自己写个自愿走,打官司的时候就把这个拿出来。但话又说回来,那时候早晚都得走,不走也不给安排岗位,让你很难看。我本来是个车间主任,这会连科长也不给安排,自己觉得很没趣。算了,回家吧! 别到最后弄得不愉快。

内退之后,因为收入少我就到外面干活。但我搞政工的不懂技术,正好大学生实习接待科说:"到这来吧,给学生们上课。"以前大学生毕业实践要单位盖章,学校都给他们安排一次学工,一般都时间不长,大部分是一个星期。过去实践是来实习,给个设备,老师傅带着要上机操作的,现在都是走马观花转一圈,学生跟着转。现在学生不能吃苦,我干了 5 年,对学生太了解了,70%的学生都是混日子的,真正能认真学习的就 30%。以前我们厂的拖拉机学院下设了一个实习接待科,给厂里挣钱,挣多少都交给厂里,所以没积极性;现在实习接待科承包出去了,招聘我们来讲课,但没有编制。他们找了一部分厂里的技术员、工程师给学生讲技术课,我是讲进场须知、安全注意事项、一拖概况的。为了吸引学生,我增加了一项洛阳城市史:洛阳关林为啥叫关林? 白马寺为啥叫白马寺? 给他们讲讲洛阳十三朝古都,学生爱听这个。

我是 2009 年去的大学生实习接待科,一直干到 2014 年,2013 年底 11 月底办了退休手续。我最多的时候一天上七节课,先到这个教室放录像,然后到那个教室去讲,约莫着录像快放完了,我赶快讲完接着放录像,再去那边讲。原来我光当政治老师,如果光讲课是 550 块钱每个月。工程部和保安部这两个部门是一个经理兼着,一个月给他 1000 块钱,后来那个人不干了,就安排我兼起来,一个月给 1600 块。有的老师说这点钱不可思议,我说别不可思议了,他能给我工资,1000 多块能维持生活就行了。现在都知道企业光景不好,但不知道那时候从部队回来分到公安局都不干,非要进厂当工人。多光荣! 现在咱中国有几个孩子愿意当工人? 领导里还有几个当工人的? 现在工厂都是技校里招不来人、技术工人没技术,因此出现了矛盾。

我赶上了计划生育,独生子不能吃苦,进厂干了几年以后不干了——他是大专文凭,到厂里人家不安排管理岗位,弄个搬运工干两年就不干了。他辞职后到培训学校教人家电脑,一个月拿 2000 块钱,私人公司还不给他买三金,我给他交着三金,儿媳妇是她妈给交了三金,孙辈老大的幼儿园费、老二的奶粉钱我都得掏,每个月都给他支付 3000 块钱。他俩都没有正式工作,独生子女的根本问题是不能吃苦。现在这个社会能饿死人吗?农民来这卖菜都买商品房了。只要不能吃苦,学问再大都无济于事,我成天给他讲但没用。现在人家俩商量着创业,开小孩学画画的培训班,跟我要创业费,但我没钱。他们住在原来我单位分配的房子里,我那时候最后一批赶上了,房改房交了 2 万块钱,装修以后给他当婚房,我自己买了一楼的经济适用房养老用。儿子现在生了一个男孩,又生了一个女孩,两间房不够住,我说:"你把我卖了吧,现在买个房子都得七八十万,咱不说别的,就算一算咱厂的职工,一个月 2000 块,一年 2 万块,10 年 20 万,50 年 100 万,五十年不吃不喝吗?"现在的物价已经和老百姓收入脱节了,真正守法守纪的肯定挣不到钱。

我们是最倒霉的一代人,所有咱们国家的倒霉事,我们都遇到了——三年困难时期、"文化大革命",最后计划生育、减员增效、内退下岗。我本人没经过上山下乡,但我同学大部分都经过上山下乡了,那才苦。我们遇到了不公待遇去发牢骚,说来说去还是希望一拖这个厂能够越办越好。早晚出去说还是一拖职工这个名牌,是不是?

刘永乐
一生只为两件事,招工裁员尽奔忙

亲 历 者:刘永乐
访 谈 人:邱　月
访谈助理:张　继
访谈时间:2019 年 1 月 5 日 9:00—12:00
访谈地点:第一拖拉机厂老干部活动中心
访谈整理:张　继

亲历者简介:刘永乐,男,1956 年生,江苏连云港人。1973 年 3 月到洛阳
洛宁县下乡,后入伍去张家口服兵役四年,1979 年 4 月退伍后入一拖人
事处工作,从普通员工开始,一直晋升到集团副总经理、党委副书记,2005
年开始兼任四年工会主席,2016 年退休。

刘永乐在家中

一、"和尚运动"和"废止事件"

我在洛阳出生又在洛阳长大,可以说与"官二代"有点缘分,因为我父亲1949 年前参的军,属于南下干部。当时部队每解放一个县城,就留下一批人在地方工作。1948 年 3 月洛阳解放后,我父亲留在洛阳工作,全国解放后因工作需要在洛阳地区几个县里来回调动,担任过不同职务,直至离休。

1973 年 3 月份,我在洛阳西面的洛宁县上山下乡,随后应征入伍,在张家口当了 4 年修枪修炮的军械修理兵,1979 年 4 月退伍回来到一拖人事处工作。那时"文化大革命"刚结束,各项管理工作都陆续恢复,像充分体现按劳分配原则的劳动定额,在"文化大革命"期间就作为"管卡压"项目被废除了。定额起初分为工艺定额和劳动定额。前者指加工零件时,明确规定用什么样的材料,在多大车床上加工,应该加工几次,每一次的切片量多大;后者指在工艺定额基础上统计工人手动作业时间,这就构成了零件加工的整个时长。假如一个 60 分钟加工成的零件售价 1 元钱,那就能测算出它每小时单价是多少,即单位劳动时间生产的价值,其中应该发给工人多少工资,消耗多少,这就是计算成本。"文化大革命"一结束,类似工作就在企业逐步恢复,我就在企业管理恢复期间进了一拖,并开始在人事处做工人余缺调剂工作:厂里缺员不缺员,缺员后怎么补充? 从哪儿补充? 是内部补充,还是通过招工补充? 这项工作我一直做了三四年的时间,留给我最深刻的印象是工作量太大,因为在我进一拖工作的前一年,发生了一件大事。

1978 年,洛阳的大型企业面临的最主要问题是"和尚运动"。这些企业在"文革"前和"文革"中从农村大量招用男性工人,其中有很多工人都已成婚,但是企业又不能把他们的妻子招来,这就导致丈夫在企业工作,妻子就留在老家务农,等于说二者成分不一样了。同时,客观上又造成了夫妻长期两地分居,容易对彼此的感情和婚姻造成影响,产生不利于家庭稳定的问题。随着企业的发展,单身职工数量越积越多。比如,一拖是"一五"时期落户洛阳的国家七项重点工程之一,初期设想是"两个 15 000",即年产 15 000台拖拉机和定员 15 000 人。这些人除了少数是响应支援内地建设从东北、上海等地过来的职工,绝大多数是从河南各县区招用的。等到 1978 年改革开放时,一拖单身职工数量有五六千人,再加上洛矿、洛轴等单位,比例就非常高了,因此积累了大量的社会矛盾。当时也没有太好的解决办法,只是地方政府每年给企业很少农转非的指标。工人普遍认为农转非的指标过少,解决夫妻分居的措施太单一、力度太小,常会有人联合起来进行罢工,目的是引起地方政府和企业的重视,从而给予解决。

一拖为此采取依据职工个人意愿进行工作对调的措施,把希望调回老家工作的职工调过去,再把那边愿意调过来的职工调进来,有单方愿意调回去的,也有双方对调的。我当时主要承担这项工作,每天都要不停地审查个人档案和发联系函,每天发的联系函多达上百封。在这期间,多数职工都能理解这是历史原因造成的,并非个人行为,当然也遇见极个别情绪激动的员工。

1984 年发生了比"和尚运动"影响更大的事件,当时人称"废止"。那年国家提出废止子女顶替制度,就是父母退休后,子女不再顶替空下来的名额进入父母原工作单位上班。所有职工对此都极为震撼,因为他们早已把子女顶替就业看成一项福利制度,子女就业完全寄托于顶替接班。单身职工反响更强烈,因为他们在农村的家里有父母和小孩,生活条件本来就差,他们又无法把家人接到厂里生活,唯一能够安慰自己的就是等退休后,有个孩子能进厂顶替接班。如果断了这个念想,他就感觉生活毫无希望了。于是洛矿、一拖等厂的职工纷纷走上中州路,举行上万人规模的游行,都手举牌子或红旗。这次风波持续了几个月的时间,我还专门为此事代表一拖给省劳动厅写反映情况的材料。后期鉴于洛阳国企多,问题比较突出,政府采取延期的灵活政策。比如 1959 年参加工作的

1985 年,年近 30 岁的刘永乐
参加了河南省自学考试

职工，执行政策的时间大概朝后延长到1989年，这种缓冲期让职工有一个逐渐适应的过程，事件才得以慢慢平息。

1986年是国家废止子女顶替政策的截止年限，而一拖当年在周口地区就有260多个职工子弟等待退休接班。厂里于是安排我带领十位同志去周口市，到符合条件的每家每户办理接班招工手续，主要是对接班者进行面试。当时招工基本要求是初中文化程度、年满16周岁，但很多家庭让七八岁的儿子参加招工面试，原因是重男轻女的传统观念在农村根深蒂固，为此我们只有放宽年龄。这些孩子干脆办妥招工手续后继续回校上学，等到16周岁再报到上班，在此之前不领取工资，从而90年代后期还有人到厂里要求报到上班。这是特殊时期发生的典型事例，其实当时很多女孩符合招工条件却未能录用，这让人怎么说呢？

这次外出触动我的就是没想到职工的家这么穷，日子那么难。到村里看见谁家的房子最破，上前一问基本上不是一拖的就是洛矿的，而且多数是单身职工家庭。因为那时农村刚实行家庭联产承包责任制，这些职工家里没有男劳动力，收入也就相对差一大截。那时一拖职工月平均工资是四五十块钱，一个单职工吃饭得掏钱吧，不能天天穿工作服啊，总得买点衣服，吃饭穿衣最起码得花一半工资。你说，余下可以寄回家里的钱又有多少呢？

二、　思路一变天地宽

我曾与同事开玩笑说，在一拖工作一辈子我就干招工、裁员两件事。除了为解决上述"和尚运动""废止事件"的问题而招工之外，还有70年代末上山下乡运动停止，大批知识青年陆续返城后，没有就业岗位，政府为解决待业青年就业问题，要求谁家的孩子谁抱回去，意思是谁家的子弟谁负责安置，一拖为此又不断招录很多人。

随着时间发展，一拖职工数从我1979年4月份进厂时的28 000人，发展到1995年最高峰时的53 000人。这涉及两个体制下的用工理念问题：计划经济时期是企业有能力政府就给招工计划，没有全民职工指标，就给集体员

在一拖劳资处工作时的刘永乐

工的指标，基本上是过度就业的政策；等发展到市场经济时期后，人浮于事造成工作效率太低，人力成本越来越高，负担越来越重，逼迫企业想办法裁员。其实裁员是伴随着城市经济体制改革出现的现象，也是国企改革逐步走向市场的关键阶段。1992 年举国上下推行企业改革"砸三铁"①："铁饭碗"是化解职工能干不能干的问题，指企业可以辞退你，你跟企业没关系了；"铁交椅"是解决职工能上不能下的问题，指你从这个岗位转到下一个岗位（转岗），你跟企业还有关系。所谓"砸三铁"，就意味着岗位要能上能下，工资要能高能低，职工要能进能出。

　　裁员遇到的阻力可想而知，但箭在弦上不得不发。我认为，一拖当时很重视竞争理念的宣传，营造岗位竞争是要提升企业活力的良好氛围，让员工逐渐理解企业要参与市场竞争，岗位也要参与竞争的道理。随后，我们采用绩效评价对职工开展考核，评价标准有出勤率、定额完成率等主要指标，根据考核结果实施末位淘汰。为了体现评价的科学性与公平性，在执行过程中，实际上淘汰前还给末位员工一段待岗的缓冲时间，也称"内部待岗"，就是为末位员工提供培训或者调整工作岗位，比如车工调整做搬运工——有时明显不需要某个岗位，但为了缓解矛盾也不得不设置一些岗位。如果员工对调整的岗位不适应，可以申请自愿离职。我记得裁员时有些场面确实很激烈，个别拖二代在办公室谈完话，留给我一张纸条子，上面写着：不求同年同月同日生，但求同年同月同日死——这是玩命的感觉呀！对这种留条子的人，后期再针对他的诉求进行处理和防备，如果诉求合理，就帮他协调解决了；若是无理的诉求，谁都爱莫能助。

　　那时员工离职代价虽然大，但还是能够获取一定的经济补偿金。因为

---

① "三铁"指铁饭碗、铁工资、铁交椅。

1986 年国务院公布改革劳动制度的四项暂行规定，重点是用工、招工制度改革，即国企新招收的工人都要实行劳动合同制。在解除或者终止劳动合同时，单位要给职工按工作年限支付经济补偿金，每满一年支付一个月工资，最长不超过 12 个月，即使 15 年工龄也只支付 12 个月的补偿金，这就导致工龄越长的职工越不满意。这个问题在 2008 年颁布《劳动合同法》之后解决了，因为合同法明确规定多少工龄就支付给多少个月的经济补偿金。一拖当时还采取内部退养的缓冲政策，就是距法定退休 5 年以内的职工可以提前离岗，后来又提前到 10 年。像我爱人，就是 40 岁离岗，每月领取很少的生活补贴。实际上从 90 年代开始，一拖每年至少裁员 10%，那几年大学生的离职率都在 20% 左右，比普通员工离职率高一倍。2000 年是一拖最困难的一年，那一年大量技术骨干流失，对一拖无疑是个巨大损失。

　　职工离开一拖后，绝大多数人进入上海、南京等地的合资企业、民营企业，有自主创业的，有打工的，还有极少数人进了机关，从事什么行业的都有，而且这些人员无论在哪里工作都很出色。因为一拖是传统老国企，职工常年接受企业文化熏陶，具有较强的集体荣誉感、组织纪律性和吃苦耐劳精神，基本职业素养都不错。现在，我跟他们还像朋友一样保持联系，因为彼此间不是组织关系而是个人关系，还是有话题可谈的。

三、 刻骨铭心的艰难时期

　　一拖主要在 1980 年和 2000 年经历了大亏损。前一个阶段是家庭联产承包责任制开始在全国逐步推行，大块儿土地被划分成面条田，小块土地不便采用机械化耕种，人们对大型机械的需求量猛然下降。在此之前，公社、大队的集体田地都是整块连片的，要普遍使用机械化耕田。这就导致东方红履带拖拉机的年产量，由 1979 年的 24 000 台锐减到 1980 年的 8000 台。这段困难时期对一拖所有员工都是刻骨铭心的，因为当时这个产品养活了近 30 000 名员工，而年产量减少到三分之一是什么概念！后期厂里通过深入农村市场调研来调整产品结构，确定生产小型轮式拖拉机的经营思想，这才慢慢走出低谷。

2000年一拖再次陷入困境的主要原因还是产品结构单一。虽然一拖1993年也提出所谓"73111工程"的战略构想:"7"是1993—2000年的七年时间,"3"是构成工程机械、拖拉机和汽车三大产品序列,第一个"1"是收入100亿元,第二个"1"是利润10亿元,最后一个"1"是员工年收入1万元。但后期执行时的力度并不强,导致战略构想化为泡影。一拖以履带和轮式系列拖拉机、农机具等产品为发展重点,当拖拉机特别畅销时,所有资金、材料、人力资源都向它倾斜,而没有把工程机械和汽车放在与拖拉机同等重要的位置上,明显是一碗水没端平,也就造成一拖无力支撑"三条腿"发展的构想。客观上讲,这三大产品在客户、营销方式、运作方式上都有很大区别。汽车和工程机械的资金需求量都要比拖拉机高得多,尤其汽车是大进大出、资本密集型的行业,即使投资上千万元改进一下汽车外形,也看不出多大效果。再说1997年前后整个汽车行业遇到不景气的瓶颈,一拖最终没能顶住压力。2000年汽车基本停产,工程机械也没发展起来,对一枝独秀的拖拉机影响也比较大。七年后,不仅没有兑现收入100亿元、利润10亿元、员工年收入1万元的构想,还亏损了2亿多元,等于说"73111工程"的战略构想宣告失败。

为彻底扭转亏损的被动局面,2000年一拖更换了领导班子。应该说新一届领导班子还是有魄力的,在当时亏损2个多亿的困难情况下,竟然斥资1600万元邀请国际上最知名的科尔尼咨询公司,对一拖提供全方位的管理咨询服务。在一年多的时间里,科尔尼派人驻厂指导,最多的时候有十来个人,多数是留学回来的中国人,总顾问是德国人。他们主要是从加大产品结构调整力度和强化质量管理两个方面进行指导,还成立了八九个小组,其中有个小组负责调整企业的组织架构,就是哪些部门要保留,又要增设哪些部门,说白了就是新增或减少一些部门,再把人员通过重新竞聘的方式调整到不同的部门。这个组的组长是一位二三十岁的留学博士,我是副组长,负责带几个人配合组长工作。对我来说,与他们合作是新课题,我确实是在学习先进的理念和方法。他们只管教方法,大量工作还是我们自己做,比如怎么组织访谈啊,怎么开展头脑风暴啊,我还学会了制作PPT。即使科尔尼离开后，一拖内部开会还在使用PPT，现在一拖制作PPT的技术比任何企业都要好。科尔尼派人驻厂的时间说是一年多，其实真正加起来还不到一个月。在这段时间里，一拖凡是参与这项工作的人都开阔了眼界，管理理念、工具运用方面都得到了提升，也看到了一个国际化的企业是如何组织管理的。

在这期间，一拖经过不断探索和实践，逐渐建立了较为科学的人才培养和管理制度。最早在劳动工资处专设负责职工培训的培训科，每年根据工作需要制定培训计划，切实抓好岗位技能培训。职工只有强化岗位技能培训，才能达到技术等级要求，唯有提高技术等级，才能晋升工资等级，因为工资等级和技术等级是匹配的。与此同时，国家提出打造业务素质和专业技能过硬的职工队伍的要求，厂里长期存在轻视知识的错误倾向逐步得到纠正。一拖积极响应并开展以数理化为主的基础知识教育，鼓励职工利用周日或下班的业余时间参加培训，凡培训合格者发放证书。后期，一拖将培训科改设成职工教育处，教师从清华、北大等名校毕业的职工中择优选拔。这些人既有扎实的理论基础，又具备丰富的实践经验，多数人由兼职渐渐成为专任教师。当时一拖职工教育成效显著，就连从一拖剥离出去的拖二小、二中，目前在洛阳市的学校排名都是靠前的，就是这一批教师奠定了基础。

随着形势发展，职工教育逐渐从业余培训变成脱产教育，为此职工教育处相继开办技校（技工学校）和拖拉机学院（职工大学），挑选优秀的在职职工进入这些学校或学院进行时间不等的脱产教育，培训期间发放工资。

一拖当年不仅自身加强对职工的教育培训，还积极安排大批员工到一汽学习。虽然都是"一五"期间国家重点项目，但一汽从破土动工到投产都比一拖要早两三年，可以说是一拖的"小哥哥"，为一拖培训员工也在情理之中。一拖建厂初期的领导，大多是打仗出身的老革命，迫切需要学习企业管理知识。我当时没有参加培训，因为我在部队服役时是军械修理工，而且80年代我每年都要参加顶岗劳动，就是每年夏收和秋收时，大批单身职工回家抢收粮食，导致车间劳动力严重不足，只有抽调机关干部临时顶岗，所以我的岗位技能并不差。

四、微笑面对时代洗礼

2000 年是一拖员工心理真正发生变化的分水岭：之前的一拖就是小社会，职工生活所需的住房、医疗、教育等福利样样具备，俗称"麻雀虽小，五脏俱全"；而之后职工参加医保后看病费用不再是全额报销。同时，一拖的效益在整个洛阳虽说不是最差的，但也不是最好的，就连原本不如一拖的洛矿，在被中信收购后也比一拖发展得要好。最重要的是，随着企业改革不断深化，国家提出剥离企业办社会后，一拖福利性的东西就慢慢地剥离了。职工的自豪感不再强烈，像 20 世纪 90 年代前谁家的姑娘嫁给一拖的员工，谁家孩子被一拖招工招走了，感觉很荣耀呀。

我先来说说一拖职工在住房、医疗、教育等生活福利方面和娱乐方面的内容。一拖原本有房产处，撤销后又成立东方红置业，实际上是房产开发公司，一拖生活区的楼房都是自己设计的。1994 年前，一拖是分配住房的，比如我分配的第一套住房是 14 平方米，两年后又换成 30 多平方米的套间，因为我当时是劳动工资处调配科的科长。那时企业有不成文的规定：劳动工资处的调配科科长、组织部的干部调配科科长和房产处的房产科科长，都享受副处级住房待遇。大概两年后，我又调整到 57 平方米的居室。1994 年一拖开始房改，职工还是受益的，像我那 57 平方米的住房，房改时就是用 1 万多块钱购买的。

不仅住房有分配，1984 年前一拖还在每个分厂设有食堂、哺乳室、托儿所。女职工在哺乳期可带着孩子上班，为方便持续喂哺母乳，还专门配有母子班车，上班时母子班车开到厂里，孩子放到哺乳室，工作两三个小时后再去给孩子哺乳。可以说每名职工从厂里的医院接生开始，到进入托儿所、幼儿园、小学、初中、高中、职业高中、电大为止，生活、学习、成长都在厂里。参加工作后，住房有分配，看病有医院，退休有保障，甚至死去都有告别厅。真正是从生到死，一拖除了没烧人的炉子，其他各方面福利都非常齐全。

那时一拖职工的业余生活也很丰富多彩。工会每年定期举办运动会、篮球赛等大型集体活动，职工参与度非常高。20 世纪七八十年代，一拖篮球队实力很强,参加洛阳市比赛的成绩基本上是前三名。当年我参加了由整个机关组建的篮球队,大多数队员是小车队的司机,也有工会体委的,整个球队水平可以与厂队媲美。退休后,我对篮球还是情有独钟,一直坚持到身体不允许为止。我年纪大了,打一场篮球就受伤一次,只能与球场告别再去参加绘画协会,学习了半年,闲暇工夫就在家里随意画画。当年关系好的球友都退休了,不过彼此间还有联系。

拖厂的业余篮球比赛常常观者如云

工会还根据个人兴趣成立兴趣协会,发展到现在还保留着田径协会、摄影协会、手工协会、舞蹈协会等20多个协会,开展活动前一般不用汇报,由协会依据管理制度自行组织。近年来,一拖每年都举办一场文艺汇演,基层精心组织参赛节目到总公司去表演。厂里还设有电影院、职工俱乐部等娱乐设施,我谈恋爱时常去看电影,儿子出生后还去看过,那时即使票价昂贵,看电影的人还是络绎不绝。遗憾的是,80年代末拟将俱乐部拆除重建,原计划是和体育馆并排,可惜拆除后因种种原因导致无法再建。

为促进彼此间的交流,工会也曾为单身青年举办过几次联谊会。我在劳资处担任工会主席时,考虑劳资处男青年比较多,财务部都是女孩,就主动联系财务部工会主席来共同举行联欢活动,看看能不能促成几对。奇怪的是,开展几次活动后,竟然一对没成! 类似通过工会组织篮球赛等集体活动找到对象的人也不多,自由恋爱的也不多,主要渠道还是他人介绍组成家庭。七八十年代,一拖职工择偶时一般不选老城区的人,都认为老城规矩太多,比如结婚肯定得陪嫁,男方得有聘礼。外界在医院、学校工作的人都愿意跟一拖职工联姻。洛阳是在新中国成立后新兴的移民城市,尤其一拖所在的涧西区,居民基本上是工业建设全面展开时从全国各地迁移来的,渐渐形成涧西是涧西的文化,老城是老城的文化。如果对那个年代择偶标准排序的话,身份是首选,还看长相、工作,相对而言管理人员和技术岗位也还可以。1979 年我退伍回来被安置在劳资处,党员身份,面貌又好,要条件有条件,毫不夸张地说比较抢手。

刘永乐与同在拖厂工作的妻子王红

那时结婚没有彩礼等繁杂的规矩和讲究,也没有车队接亲。我要结婚时,科长主动到房产处为我争取了一间"多家灶",就是一个单元住四户,共用两个厨房、一个卫生间。婚房有家具和自行车、收录机,后来才有 12 寸的黑白电视。我没有邀请大家吃饭,也没有外出旅游,厂里基本上没有举办婚礼酒席的风俗。只是婚前去民政局领个结婚证,婚礼当天邀请领导说点什么,等于告诉别人自己结婚了,同事也就送一个暖瓶、枕巾啊,等上班时再给大家发点喜糖就完事了。记得有位同事结婚时让我当主持,就在办公室举行一场结婚仪式,请劳资处的同志们吃点儿糖、花生、瓜子,程序很简单。

总体上说,那时人与人之间还是比较单纯的,相处的方式有邻里关系、同事关系、同学关系、老乡关系,还有通过兴趣相识的。邻居关系融洽,上下班时门都敞开着,也不必上锁。如果去干点别的事儿,就把孩子放在邻居家照看,都挺方便。有人找你帮忙啊,也就帮了,总认为是应该的。如有熟人带着人过来,说他有什么事儿,看看能不能帮忙,只要是不违反政策,那也是该帮忙就帮忙，有无熟人介绍意义是一样的。那时跟外界也有接触和联系，像我常去劳动局办事，跟几任局长的关系都非常好——因为政府也需要树立典型企业，我跟他们关系搞好了，就给企业争取了好多优惠政策。

到 2000 年时，随着国企改革不断深化，尤其是国家提出剥离企业办社会后，一拖福利性的东西就慢慢地剥离了。在特定的历史背景下，企业承担了大量本不应承担的社会管理职能，比如厂办教育、医疗等，背负了沉重的包袱，不利于参与激烈的市场竞争。1993 年十四届三中全会后提出建立社会主义市场经济体制，就感觉企业如果还是背着沉重的社会负担，怎么跟人家竞争？我记得经济学家魏杰说，制度不完善的国企像是残疾人，在一起竞争是开"残奥会"；而中国入世后，"四肢健全"的跨国公司逐步深入参与国内市场竞争，"残奥会"无法继续举行，完善中国企业制度体系建设成为当务之急。所以一拖剥离学校、医院等社会职能势在必行。

剥离工作虽说困难重重，但一拖一直在积极摸索并坚定地去做。一拖当时每年在医院、学校、房产处等方面支出大约三亿元——负担沉重啊！2000 年，一拖尝试着把这些单位独立出去，试图让它们模拟市场主体来运行，几乎把所有能量化的都量化，将原本给职工的"暗补"改成"明补"。如原先职工住房是不交纳物业费的，类似费用都由单位支付。实施"暗补"为"明补"后，一拖每月给每位职工 10 元的物业补贴和 15 元的卫生补贴，发工资时再由单位代扣下来。医院在剥离后成为自谋出路、自收自支、自负盈亏的单位。

2001 年时，国家实施债转股，一拖因有近 5 个亿的债权、债务而借助这个机遇剥离非生产性业务，彻底把业务、资产、人员剥离到地方国资委成立的国资公司，这应该说从产权上跟企业没关系了。2005 年，一拖又将小学、中学剥离移交给地方教育局，仅仅移交费就支付 5200 万元，这也是按照政府相关要求缴纳的。学校剥离对一拖子弟上学毫无影响，仍然是按照原来划分的学区就读，即便不是一拖的员工，只要房产在这个学区，就拥有同样受教育的权利。

王振红
我就这样成了劳模

亲 历 者：王振红
访 谈 者：周海燕
访谈助理：赵超越　彭圣钦
访谈时间：2019 年 1 月 10 日 14：00—15：00
访谈地点：第一拖拉机厂老干部活动中心
访谈整理：彭圣钦

亲历者简介：王振红，男，1966 年生，河南南阳人。1986 年一拖技校毕业，分配到一拖第一发动机厂当机修钳工。2002 年参与第一批中功率柴油机的生产，为一拖走出低谷做出了重要贡献。2015 年被评为国机集团首席技师和洛阳市劳动模范，2017 年被评为河南省劳动模范。

劳模王振红（中）和他的徒弟们

一、 我爹背着被子来了拖厂

我们家是河南南阳的,当时我父亲他们家里在农村嘛,很贫穷。我记得我小时候回去都没有煤,只能烧柴,晚上煤油灯都不舍得点,因为穷,煤油都买不起。他们到夏天还要去砍柴,所谓的砍柴——不像南方都是树、树枝——而是蒿草,拿出来晒干去做饭,很艰苦。当时我记得是我在家——我上小学的时候在家待过一个学期——生产队给每个人分口粮,小麦 82 斤,你想一年一个人吃 82 斤啥概念? 其他的都是杂粮,很贫苦。

那时候我爸 30 来岁,拖厂去全国各地招聘——现在叫招聘,那时候就叫招人招工。我奶就跟我爸说:"在家没有出路,去吧! 虽然出去不知道是干啥了,但只要是国家招人了,肯定不会有啥坏事,去吧!"我爸后来给我讲过,他背着一条被子,就从南阳唐河县的大河屯乡出来了,那时天都快黑了。出来以后,拖厂招的人不少,有一些是自己想去,家里不让走,因为都希望孩子在身边嘛,那时候观念比较老,不像现在全国各地都去闯,都害怕孩子出去受苦,不知道外面啥样。一个乡去招人了,弄了两辆带篷的卡车停在乡里面,说几点钟几点钟集合,都要过来。有的跑去了,但都被家里拉回去了,怕孩子出去受罪啊,不知道出去过啥日子。我父亲是晚上去的,就坐着卡车,他也稀里糊涂的不知道往哪去——那时候农村人都没见过世面,不知道哪是哪。车都开了可长时间了,人就问:"去哪了?""去洛阳了。""到洛阳干什么?""不知道。"哈哈哈! 也不知道苏联援建什么的,就迷迷糊糊的听说有饭吃就来了。有些知识分子或者什么,他们消息比较灵,知道是干啥的,但我父亲他们就是懵懵懂懂的。结果到了这以后才知道,建拖拉机厂。那时候他们没有见过拖拉机,咱们大概是 1955 年开始建厂,1958 年基本成型,第一辆拖拉机才出来,招工的时候他们谁会见过拖拉机?

他们进厂没几年,第一台拖拉机往外走的时候戴着大红花,他们都去看。我爸说当时还有国家领导人,刘少奇啊,周总理啊[1],他们都见了——不

---

[1]　此处亲历者的叙述不准确。谭震林副总理参加了 1959 年 10 月 1 日的第一拖拉机厂投产典礼大会,但周恩来总理是 10 天后的 10 月 12 日来视察的,刘少奇主席则是 1960 年 4 月 21 日来一拖视察的。

知道有没有亲眼见过吧，但最起码大家都知道。

我上幼儿园的时候能进厂里，反正也不是特别严嘛，但现在考虑到安全肯定也不让孩子进厂。我父亲带着我去看咱们履带拖拉机的装配线，那时候看觉得很震撼，觉得这一会儿开一台出来了，一会儿开一台出来了，觉得可好玩，还在他们单位听那个锻锤当当响，震耳朵，印象还很深。

刚开始，大概就是1970年前后，我上小学，住的也很简单，我记得当时还是土坯房。下面砖墙，上面土坯，然后抹了泥——那时候还没有水泥，而是用石灰和着水刷一刷。顶上是木头格子，钉完以后用油毛毡铺上，外面是农机砖那种红瓦。条件也差嘛，里面住人，外面一小方格就是厨房。当时都烧煤，因为比较潮湿，你要去加一块煤放进去，拿出来会有小虫子跑出来，你现在想想多么不可思议？但这些都是我的亲身经历。到晚上，你要是去厨房，突然厨房门一开，地下都爬满了虫子，都排成队，那日子……

后来因为我和父亲两个人可以组成一户了，就分到一个小房间。我们也没有买家具，好像那时候有个房产处，房产处有几个简单的家具。啥样家具？床是两个板凳，发个床板，没有床头，柜子也没有，只有箱子，还是去一家寄卖店——不知道你们能不能理解寄卖店，就像现在废旧物资交易那个地方一样——花几块钱买来的。所以家里面东西很少，就那一个箱子，一张床，还有个桌子，也是三斗桌。

那时候我还小，和我爸在一块住，我上小学、初中的时候还是这种日子。房间里没有水龙头，也没有厕所，都是公用的——上面搭个棚，旁边是柱子。还有公用水龙头，类似现在澡堂的那种。冬天冷，水龙头有时候早上都冻住了，还得拿开水去浇，不然没有水。

二、 从好徒弟到好师傅

我1984年高中毕业，毕业以后，考大学比较有难度。当时还有预考，预考完了才正式考。预考成绩出来以后，我差了几分，按当时政策就可以考夜大、电大这些，所以后来我就一直在着手准备考夜大。再后来规定应届毕业生不能考夜大,那我就没有办法,只能考技校。因为准备得比较充足,我考上了一拖技校。因为分数比较高嘛,技校的所有工种可以自己挑选。当时有拖拉机实验和钳工工种,拖拉机实验招的名额比较少,钳工的知识范围比较宽,各方面都有,我们班主任也建议我最好考钳工——当时也没有电工,电工可能更好一些。当时有一句话说,"紧车工慢钳工,吊儿郎当是电工",电工工种比较好。但是当时没有电工,我就选了钳工,上了两年技校就毕业了。当时毕业可以进厂,还是因为需要这方面人才嘛。进厂以后我被分在现在工作的柴油机厂,过去叫发动机厂——"一发""二发"①两个发动机厂。进去以后我到了装备部,也是对口,搞钳工设备的大修。我在技校学过这些东西,包括一些以前上高中学的知识储备比较充足,在工作中间都能用得上。然后就从事设备大修,中间有尺寸链计算啊,那些知识都能用得上,所以上手比较快。一般学徒工是三年,我是技校毕业一年后就出师了——就一年,就不需要师傅来带了。

进厂以后第二年,工会、团委就搞一些技术比武。因为我理论上还可以,就去参加技术比武,连续两年都拿到一拖总公司的技术能手称号。1989年,河南省搞了一个好像叫创业杯的技能大赛。我代表一拖参赛,经过层层选拔,从一拖到洛阳市,当时获得了洛阳市第二名。然后,代表洛阳市去参加河南省的比赛,也一路得到了洛阳市技术能手、河南省技术能手的称号。虽然说我实际经验还不足吧,但是基本功还是比较扎实的。

当时集团公司也很重视技术比武,各个工种都有。我们去参加的团队有车工、电焊工,还有钳工,我们一帮子一块去。能代表

1988 年,刚刚进厂的王振红

---

① 即第一拖拉机厂所属第一发动机厂和第二发动机厂,后来合并为柴油机厂。

一拖去参加比赛,还觉得挺自豪的。

当时好多老师傅都是从南方过来的——建厂的时候南方师傅比较多。因为出师后没有具体的师傅了,就觉得哪个师傅水平高,自己哪一方面有欠缺,我就向师傅请教。当时师傅们也挺好,因为都在一起嘛,都是同事,也就好好地教。我既然是技术能手了,也得对自己要求高一些,有一些在操作中间不好掌握的,就学。比如,钳工专业难度比较大的刮削,平面刮削还好掌握一些,有时遇到曲面刮削,像球面、凹球面刮削就比较难。柱塞泵的缸体都是凹形,我就刮削这些东西。现在,如果泵坏了,一般有人专门去修,或者是换新的。过去,这些泵都要技术工人去修,我们也修这方面的东西。刚开始手法掌握不住,我上了白班,夜班就再去练习,短时间掌握这个技术确实很困难。从学校出来后,我也不知道怎么去做,只是看师傅在那样这样做,但是达不到那个要点,自己体会不了。我练习了一个礼拜,都是下班吃完晚饭就来车间练习了。下午5点半下班,我回去吃完饭,六七点就来了,干到10点多。第二天我问师傅:"我这干得行不行?"师傅说:"你再刮一刮,我看一看。"就这样,师傅手把手地教我,我也尽心一些。虽然这个工作不是自己毕业时想象的那份工作,但是我觉得既然干了这一行,就要去把它干好。后面考技师,再考高级技师,一步一步往后走,都是在这时候打下的基础。

1990 年,进行技术绝招演示的
王振红(中间侧立者)

再说钳工修设备。由于设备太杂了,各式各样——金切设备、磨床这些东西——比较宽,相对来说,我在学校学的东西还是比较少的。咱们离河科大比较近,我经常往那边跑,有一些技术的书,他们那边也比较全。你们上大学可能也都有这方面的经历,就是到毕业的时候好多书、资料呀就不要了,我就去捡回来,又便宜又正版,里面还有一些学生们做的笔记,对我都有用,因为我学的层次毕竟没有那么深。

后来到 30 多岁了，这个时候厂里考技师啥的都推荐我们去。当时推荐考技师还是比较严的，现在好像放松一些，比例大，过去可少。我那个师傅——我们常常是同事也是师徒——第一批的技师，头发都花白了，很有经验，我跟师傅在一块学，有啥东西不懂就问师傅。我发现师傅也有师傅的欠缺：他们实际经验很强，这个东西怎么去修，怎么去处理，跟着他一块去，他能给它修好；但是你跟他修好了，不能说就完事了。我后来也这样要求我的徒弟："不能师傅修好了，你们好像没事似的。你要问他为什么要这么做，是吧？"通过师傅的操作，我就得来考虑这个事，修一回修两回，最后把设备里面的原理图都画出来。通过这个原理，就能在出现其他问题的时候，把它弄通了、解决了。所以说，一定要跟着师傅学有用的，但是自己不能受师傅的局限，还要努力超过师傅，这样才能提高。

比如，一个设备出故障了，我带徒弟一块去维修，如果不是很急，到以后我要问："你觉得啥地方出问题了？"然后我说："按照你的思路，再加上我的思路，咱们再做，做的过程中间，你再体会。"他就开始往下去修，在修的过程中，有可能因为生产节拍比较快，不敢跟他讲那么多。做完了，修好了，我说："你看没完，咱们还有大部分工作都在后面。"我说："今天通过修理，你是咋样看的？思路是咋样走的呢？跟着我思路对没对？你先给我讲讲今天是咋样分析的。"他要给我讲。讲完以后，他如果哪些地方做错了，你不要说"你这个地方不对""不能这样分析"，你要说："既然是这样，为啥这个现象跟你那个思路没有吻合？"他肯定解释不通嘛，然后再跟他说是啥样的原因造成了故障，还有其他原因，他可能没一时记透。后面的总结非常重要，如果他不总结，有些东西没有弄明白，下次再出问题，稍微变一变就不知道了。要常总结，能把那里面的一些原理都搞通。我给徒弟也是这样说，得会总结，总结是个关键，总结了才能提高，光修完了不总结，下次去那儿又不知道是咋回事了。

三、 4125 被割成了废铁

咱们以前是计划经济,主要生产 4125① 柴油机。你看履带拖拉机,现在产量都比较大。我记得产量比较大的时候都达到年产 2 万台,生产出来就有人买,不像现在还要有订单,没有订单了,有生产能力也不行。大概是 2000 年的时候,4125 这种老发动机就有点落后了,又费油又浪费能源。我们是搞柴油机的,也知道它性能是比较好的。但是它比较耗油,而且它用的材料——像铸铁用的比较多,所以自重又大,耗油量很大。当时我是在“发一”②,发一就是做 4125 柴油机的。进厂以后,就因为这个产品老,慢慢地开始准备淘汰,到 2000 年的时候,这个产品的产量就非常少了,遇到了一个瓶颈,没法发展。

那两年工人比较苦,因为那时已经是市场经济了,没有上面来的订单。陷入这个困境以后,工人就开始轮岗,轮岗轮到啥程度? 这个月一半人上班,一半人休息,工资也不高。我记得上班的月薪也就是 400 多块钱,休息的就更少了。为了保证他们有口饭吃,就是这个月休息,下个月上班。上班那个人也没有多少产量,上的班也就是干半个月,半个月就干完了,又没事了。

后来厂里面准备上中功率柴油机,这时候已经到了边缘,再不上这厂就垮了。当时我们处在啥境地? 就是年轻,孩子比较小,刚上幼儿园一个月,孩子上幼儿园是 60 多块钱一个月。我上班全勤,工资能发到三四百块钱。你看,家里面吃的喝的用的,孩子交幼儿园费,这点工资不够呀。除去这些乱七八糟的花销,还要去看父母,所以手头比较紧,都觉得没有活钱,又没有存钱,就总觉得这样下去不是个事儿——产量越来越少,厂里面没希望。后来住房也都开始市场化、商品化了,一看这种情况,有些好的单位都开始买房了,但我们自己生活方面都顾不上。当时遇到这种情况,厂里面人心都比较浮动。

当时 4125 退线以后,里面设备全都退出来了,建新设备,地下都是土坑。

---

① 这是早期一拖赖以生存的发动机型号,主要装配于履带拖拉机上。
② 即前述第一发动机厂。

拆这个设备的时候，看到都是我们平常维修的设备，平时维修的时候都是可小心地擦，煤油清洗好，然后加新机油，给它保养得很好。到后来就是当废铁卖了，直接上气割机割成废铁，用汽车成车成车拉走了。觉得很心疼，觉得……哎呀，这些过去我们都是当宝贝的，现在都给拉走了，都当一堆废铁扔了。当时老苏那些床子上面的标牌嘛——CCCP① 型号啥的——拉走的时候我卸了几个，现在在我家里面。我觉得工作很多年了，床子每一个位置上咋样去调整、咋样去修都很熟悉，突然离开了，觉得也挺心酸。

因为减人，原来的老师傅们都陆陆续续退休，工人减岗，慢慢地都走了——到55 岁或者差一两岁都可以走了，他们都走了……当时也有分厂没熬过来，像过去的 665 分厂，做越野汽车的那个厂，后来就没熬过来，这个产品也不干了，大家就都走了。这个厂人也不少，有千把人吧。

王振红从苏联机床上卸下来保留至今的铭牌

当时我是技术能手——这还是次要的，主要是当时我是党员，觉得这些老师傅家里有老有小的，应该尽量让他们上班，我们就看能不能去外面找点啥来补贴。当时在拖厂周边有一些工作，我也在业余时间去那干过，就是修挖掘机，给他们修液压。干这个比较辛苦，为了不影响上班时间，就下了班去。下午 5 点半下了班，到家吃吃饭，安顿安顿孩子，天都黑了，7 点来钟去上班，上到 9 点多回来。因为这是业余时间，还不敢吭声，好像是自己去干私活了一样。这样一个月能补贴 400 块钱，加上工资 800 块，好多了。就这样干了一段时间以后，咱们旁边高新开发区上了几个民营企业和合资企业。

---

① 　CCCP 即苏联的俄语缩写，全称为 Союз Советских Социалистических Республик；前面亲历者所说的"老苏"就是工人们对苏联的口头称呼。

这些厂当时在《洛阳日报》上招工，因为厂里面效益不好，我就投简历呗。当时有好多人都去南方打工了，到广州、深圳、东莞那边打工，我因为孩子小，还不想离开厂。所以我就业余时间去外面先干着，等厂里面好了就回来。我对拖厂是抱有希望的，因为我觉得我进来以后，和厂里面老师傅们都挺有感情的。当时我的直觉就是国家的大企业不会倒，不景气只是一个时间的问题，尽管时间可能会比较长。

当时我第一次去外面，就听他们说国企不行怎么怎么的。后来我就赌气，我说："国企不行，你们能行？"我就没有去应聘。当时是已经开始做应聘了，基本上第一批招工都可以留下。后来我待了一天就没再去。他们觉得国企不如民营，那时候民营刚开始出来，但我觉得他们也就是小作坊一样。我说："连你们都不如？你们还瞧不起国企？国企这边人才济济，这么多工程师、设计人员比你们强太多了！"

等我去了民企以后我才发现，民企老板好像一天到晚就在那想着咋赚钱。国企的产品好像船大难掉头一样，它不是说我哪边盈利、什么产品盈利马上就能做，因为这个体系比较大，想掉头不容易。换一个产品，所有的设备都要更换，投资也非常大。所以说，国企的灵活性不如民营，它们是只要哪个东西挣钱，马上就上，把钱投到那一块——老板一个人一说就可以了。咱们没有那么灵活，因为比较庞大，就像航空母舰掉头也会非常难。

后来我也出去了，我是2000年国庆节的时候去的顺德。那时候拖厂正没效益，有人介绍我，他说："顺德那个地方需要一个机修钳工，要不你去看看？"当时是在9月份，我在上班，到10月份要轮岗最起码半个月到一个月。当时还有探亲假，加起来基本上有一个月。家里头老婆也是说："看人家都是去外面找份工作，你也不想想家里头，不考虑考虑家里头孩子们小？"这样，我最终还是去了。

那个老板是做打桩机厂的，做那个盖厂房、盖高楼往地下打桩的柴油锤。到那儿他问我是哪儿的，我一张嘴，他说："你不是东北的吧？"我说："不是东北的，是洛阳的。""在洛阳哪？""东方红拖拉机厂，你知道不知道？""知道！""我就是从东方红拖拉机厂来的！""你应聘哪个岗位？""应聘机修钳工。""来来来……"

后来我打听到，前面有一个人是从湖北砂石机床厂来的，也是个机修工。砂石机床厂那时候倒闭了，他去应聘。有人施工、收工，老板给他出了一个故障嘛，没有通过，老板觉得不满意。然后我去了，技师证拿出来，他就说："那你去试一下工吧。"他底下一个主管带着我去。当时有一台刨床正好坏了，可能一直没人修好，我到那就给它修好了。修好以后，老板就直接把前面的那位撵走了，我觉得可不好意思，我把人家给顶走了，呵呵呵呵！

结果我也没干多长时间，我干一个月就想走了。那个私企老板说："一个月没法给你开工资嘛。"我就给他熬着。他是每个月的 10 号开工资，我要到第二个月 10 号才能拿到工资。我要走还没法走，不然就相当于白干了。我跟老板商量，我说："家里有点事，不回去不行。"当时就想着，我回去肯定是不来了，但是也不敢说。他说："那你回去吧，这边岗位给你留着，你啥时候办完事再回来就行了。"我说："可以，我还是打算回来的。"我跟他说："来的时候就没有带多少钱，连路费都不够。"这算是把工资开了，说完事以后就回来。后来他还打电话来，说："王叔你啥时候回来啊？这边挺需要你。"我说："哎呀，再等等，暂时还走不了。"就这样慢慢给他放凉了。他说："你是不是嫌工资低啊？我们这都可以商量。"实际上是高太多了！我在拖厂走的时候工资是将近 400 块钱，到那谈的是 1200 块钱。其实我还是不会谈，我前面被辞的那个人，他的月薪是 1600 块钱。

四、 300 台中功率柴油机全是人力抬上去的

2000 年，4125 不行了以后，就上新一代产品，就是中功率柴油机，个头没多大，马力差不多，是里卡多①的技术。那时候出差比较多，外购设备也比较多。我去长沙、银川等地验收设备，回来以后把柴油机生产线组到一块，基本上到 2002 年这线就都齐了。实际上有些设备还没有回来，就开始加工了，

———————————

① 里卡多(Ricardo)成立于 1915 年，现在是一家全球性工程战略技术咨询公司。

开始生产试制。生产线中间都没有滚道——现在都有滚道自动化往前送——当时都是靠我们几个人抬的。做好以后,我和劳模刘虎豹①——他比我们年龄要大一些,也是河南省五一劳动奖章获得者——两个配合着,一台一台过,加工一台过一台。我们抬上去以后,我管设备,他管调整——他是调整工,我是机修钳工。定住位以后看看位置咋样,不行了还要调整。旁边是操作工,设备没到位,他就没法操作。我们要是加工完、测量完,就可以交给操作工,他可以干下一台。然后设备到第二台工位上,还是这个方向,一台台往前走,不行的话就要调整。这个钢铁件是加工毛坯,有200多斤重。我们就这样一台一台干,白天晚上都去做,因为这时时间非常紧迫了,如果拿不下来,柴油机厂这么1000多号人就没有饭碗了,我们就拼了命干。那时候有个口号"中柴大干一季度,大干300台",这300台都是我们抬上去的。

我们第一批去了19个人,包括操作工、班组长,还有技术工人和我们两个车间主任。我们也就干了三四十天吧,就把这300台干出来了。说是一个多月,其实是白天晚上也没有休息过,礼拜天也没有休息过。月工资还是没变化,还是那样,加班都不算,都没有什么加班费。大家都是义务的,因为厂里头没有效益,不可能工资高。我们这十几个人就没有商量,就是要把这个产品做出来。因为大家都知道,这个要做不成,大家都没饭碗,这厂就要垮。这十几个人,我现在都觉得特别优秀。我们在一块摸爬滚打,还是这几个人,直到现在……

2016年,王振红因为对中国制造业的
贡献获得国务院政府特殊津贴

第一批柴油机是成功了,但是还要验证一下嘛,后续还要进设备,还要完善设备,地基或辅助设施都要上。所以我们就去看装

---

① 刘虎豹,2008年获河南省五一劳动奖章。

备,看有啥问题没有。因为零件刚进去,还有后续服务的问题,看装上以后遇到啥问题没有。咱们在那儿一直盯着看,后来一看都装车了,装成柴油机了,到实验场上去一拉,点着了!大家都可高兴了,第一批中柴成功了!挺高兴的!确实是!

中柴上来以后,产量要往上提还有一个比较缓慢的过程,经过了一年多,销量才基本上来,因为新产品毕竟大家都不知道咋样。中柴上来以后,又过了两三年,工资就上来了,拿到千把块钱了,好多了。我觉着在厂里拿千把块钱,不去外面挣 2000 块钱,觉得很有保障,自己把自己的工作干好,觉得国企还是有保障的。

这个时候我是钳工机修队的一个班长。当时机修队里面有电工、钳工,都由我一个班长带着。这 300 台基本上出来了,这过程中间又招了很多人,我们人员都扩大了,因为设备都到了。机修队里面当时是 14 个人,因为我当班长,记得也比较清楚。

当时这个厂房是新厂房,过去那老 4125 厂房是比较低的,新厂房比较高,有些设备也比较高大,包括空中的天车,他们都没接触过。我带着他们,只要有加班我都在,不管是电器的活还是机修的活,我都在。设备坏了,你不修是不可能的,但是又没有条件,机床很密集,升降平台放不进去,只能人爬上去。要十二三米高吧,那个天车他们不敢上。我说:"不敢上你们扶好,我来上,我上去你们说咋修我咋修。"后来他们一看,说他们也能上。但是我也不放心,我怕他们没上过那么高。我在底下扶着梯子,我安全带挂到那个地方,挂好了再修,一直给他盯着。人爬上去了,因为梯子是软的,所以梯子高了以后,上去忽悠忽悠害怕。后来都是找了外面工程队来做,他们胆子大,踩着钢梁都走过去了,但是这个耗

五一劳动奖章证书

河南省总工会授予 王振红 同志五一劳动奖章。

2017 年,王振红获得河南省五一劳动奖章

费就比较高。

后来我们就发明了一个专利，就是高空照明灯用的自动升降器，由我们自己做的，这在《洛阳日报》上，或者在百度里面搜"一拖王振红"都有。这个升降器当时也是在我们部长的建议下设计的。咱们这个东西太危险、太高，咋修？我就给它想能不能做一个升降器。我在网上搜，当时记得有一家在做，很贵，一套2000多块钱。但是我们把这个做下来，一套600块钱就可以了，现在还在钢铁车间用着。它可以自动放下来，灯坏了在下面修，修完以后，上面有一个插头，上去一插就亮。一批做了70多套，做了好多的改动。

这就是为啥我慢慢能当上劳模，就是在工作中间"双创"（创新创效）这些东西，做的也比较多，机床的改造革新也比较多，慢慢地做，集团公司"双创"发布也比较多，名气越来越大。后来给劳模称号我也很意外，呵呵！我后来做到车间工会主席，2015年被评为国机集团的首席技师和洛阳市劳模，2017年就评上河南省劳模了。虽然说自己贡献不大，但是我觉得我的心操到了。

李宏谋
拖厂是我们可以依靠的山

亲 历 者:李宏谋
访 谈 人:陈昌凯
访谈助理:秦 彧
访谈时间:2019 年 1 月 9 日 14:00—17:00
访谈地点:一拖国贸大厦一楼会议室
访谈整理:陈昌凯 秦 彧

亲历者简介:李宏谋,男,1969 年生,拖二代,现任一拖热处理分厂厂长。进入拖厂后主动申请调到最脏最累的热处理分厂,在几次大型技术改造和攻坚后,于 2016 年被评为河南省劳动模范,这是他自己最珍视的两个荣誉之一(另一个是妻子被评为"最美母亲")。这不仅是对他个人工作的肯定,更是对从父辈到自己两代人为拖厂奉献 70 多年的见证。

李宏谋(左)接受陈昌凯访谈

一、　我喜欢"火热的工作"

　　我父亲是河南三门峡人,在山西太原重工上的大学,1956 年大学毕业后来洛阳参加一拖建设。那个时候都是分配,但是自己报志愿,支援国家建设,比如建设洛阳市几大厂矿。他说那个时候刚解放也没几年,人们思想非常单纯,说这是国家重点建设项目,自己就非常积极地报名了。当时他有机会去北京一个农机口子的机关,还有天津的,但他最后选择了来这里,来了就做技术工作,锻造工艺,做了差不多 40 年。

　　他 1956 年过来的时候,这边太简陋了,出去全都是平房,没有楼的,像咱们这片都是果园。商业也很简单,就是那边的上海市场、广州市场。我父亲刚来时住单身宿舍,那个时候单位里面有很多单身职工都住那里。后来我母亲也来了,实在没办法住了,单位就给了一个 6 平方米的单间,叫家属招待所。再后来我们来也都在小屋里面住。我姐姐没有来,她从老家直接就上大学走了,我和我哥哥来这,四口人了,再加我爷爷、奶奶,我们家三代人住在一起。

　　我们那时候也小,大家一样都非常困难,一家都是三四个、五六个孩子,一个人工资很少。那时候不像现在孩子很金贵,而是散养式,也不像现在功课那么紧张。我们对厂里印象最深的是,一帮小孩子跟大孩子从厂门进去,一直向后面走,后面有一个后勤保障机构,当时应该叫后勤处。因为厂里很多热加工职工在高温下工作,夏天的时候后勤处为他们做酸梅汤——那时候叫冰水。到那以后,房间墙上伸出了两个老式的水龙头,一拧就能接酸梅汤。热加工厂派了一个车来,灌回去给工人们喝。孩子就跟着进来,杯子自己带,跟大孩子们到这儿。那时候家里也没有冰箱,我们也没有见过这玩意儿,就觉得这里面的东西真好喝。那时候就享受这样一个待遇,真是觉得这就是最好喝的东西了!

　　还有一个印象比较深刻的是,那个时候企业也是讲级别的,我们一拖的厂长当时叫齐文川,是个老红军,九级干部,当时应该相当于副部级。那时候长安路中间有个国营公司,夏天大棚子卖西瓜。那时候大家也没有钱买整个西瓜，都是三两个好友合起来一称，吃了西瓜皮一扔就走了。当时人穷，大人也不给小孩钱，小孩想吃西瓜也没有钱买。别人扔的西瓜皮，小孩就捡起来啃啃，有次我们在那，说啃西瓜皮的那个就是齐文川的孙子！现在想想，那是高干的孙子，也在街上啃西瓜皮。那个时候那种平等，就是现在想想也觉得印象深刻！

我们厂里有一个锻锤，十吨重，打击力量非常大，震动也非常大。那个时候我们家在6号街坊住，晚上夜班生产，听到的就是这个锤的声音。那个时候我总感觉比现在安静，能很清晰地感觉到那种震动。刚开始不知道是什么东西，后来老父亲带我去看了一次，工作的人很多，钢铁锻件烧到1000多摄氏度，那个锤把它打成零件。远远地看着那个场面觉得太伟大了，很羡慕当时在那里工作的人，因为这跟农村那种一个人一头牛的工作方式完全不一样，这种集体作业的阵势挺震撼的。

后来慢慢大了以后，学校组织我们到工厂里面参观，当时咱们有一个最早的履带式拖拉机的装配线，看着那个也觉得挺骄傲的。拉过来，东一个东西，西一个东西，出来一个拖拉机，就开下去了，觉得这不得了。那时候都觉得自己是一拖的人了，拖厂这样真不得了，挺自豪的。

当时作为一拖的子弟去厂子工作是真的自豪，小孩子接触的东西少，思想也很简单，一是看咱们一拖生产出来拖拉机挺骄傲，二是那时候一拖又出了两种产品，一种是军用的665越野汽车，当时开过去我们觉得很威风。那时候一拖工人俱乐部想买一个宽银幕，买不来，听说是拿665汽车就换来了。后来和越南打仗，好像说拉炮的也是一拖的665汽车。后来一拖又造坦克。

当时对企业的感觉就是非常向往。在整个社会氛围里面，大家也都普遍非常向往大型的国企，在国企工作基本上是大家首选的。我们上学时候的考试和现在完全不一样，那个时候先是参加高招，录取比例大概在2%，然后就是技校，技校录取比例大概能在6%，但是大部分学生都是连技校也上不了。技校招了以后，开始招工，我那年就是技校以后，工商局、税务局、保险公司才招的，这些单位那个时候都是排在后面的。

当时有一个很简单的现象，比如过去一拖发劳动部的工作服，工人中午回家吃饭，甚至是礼拜天逛街，有很多人就穿工作服，也觉得自己很骄傲。我家里可能前几年还存了一套，现在不知道放到哪了。我穿的第一件劳动服写的"拖技校"，我就挺骄傲，那时候穿这衣服逛街，感觉非常好。你能感觉到周围人的目光，你是拖厂的，就是非常光荣。说不好听的，那时候年轻人找对象，一般咱们单位的都互相之间找，实在不行了，才找小单位的，身体有缺陷或者有其他问题了才找农村的，因为一直到80年代初，户口制度还是挺森严的。这其实是一种大厂光环，有点自豪感，所以大家连衣服都不愿意轻易换掉。

1988年我技校毕业以后，直接就被分配到了厂里面。在技校我读的本来是机械加工，刚开始在厂里面也是做机械加工。后来感到机械加工是需要一个人静静地精雕细琢、慢慢去做的工作，觉得自己的个性不是太适合，我喜欢多人集体配合那种。干了几年以后，1993年，我就调动了一下，去了我父亲的锻造厂那边做热加工了，然后就一直到现在。

我们说我们干的是"火热的工作"，的确是"火热的"工作。因为夏天环境温度在三十七八摄氏度的时候，咱们走到马路上觉得很晒很热，很多人都要在空调房子里。但是我们围着一个七八百摄氏度的炉子，在炉子跟前干活。就这么一个场景，前面是烧红的锻件，后面是工业风扇吹着，真的是"火热的"工作！面对着七八百摄氏度的炉子，千八百摄氏度的铸件，就是这种工作环境。热加工比较艰苦，大多数人不愿意去做热加工。

李宏谋和他喜爱的"火热的工作"

热加工这里面还是有一定的经验成分的，过去像我们这个工种，工件烧红了以后，用钳子夹着放到水里面，从水的震动、放水里的时间就能判断该不该拿出来，早了不行，晚了也不行。你看像过去我们做拖拉机上的螺栓，一般都是一只手拿一个钩子钩五六个,前面一个这么高的水池子,往里一放,感觉到咚咚震动的声音。没经验的人,不是出早了就是出晚了。有经验的夹出来,拿去检验一定是正好的。刚进厂的时候,基础有师傅教,但是真正需要提高的时候,就要靠你自己了,所谓"师傅领进门,修行在个人"。

说起来,周围的同事们都挺好。我先是一线工人,后来大概是在2001年,领导找我谈话,说让我去另外一个小组当副班长,说那个小组现在缺一个人。我说行!做了不到一年的副班长,我们的正班长就去找我们的车间主任,说我们两个换换,他说他要当副班长。我们车间主任当时还不同意,说不行,但最后年底我们俩还是换了。我大概干了四年班长就去做了工长。做班长的时候带领着一个班组干活,一二十个人,做工长的时候那人就更多了。我大概做了有四五年的工长,就去做车间副主任;车间副主任做了两年多,就做副主任兼党支部副书记;大概又过了一两年,就做主任、党支部书记,然后到现在当厂长。

二、　我最珍视的两个荣誉

这些年我在单位获得很多荣誉,但是我最看重的有两个,一个就是劳模这个称号。

为什么我非常看重这个? 我们父子两代人加起来一共为一拖贡献了70多年,两代人都拿到了这个荣誉。我觉得我父母是非常传统的人,像我姐姐她后来在郑州停薪留职经商,已经赚了很多钱,但是我父母对她就是不认同,他们就觉得儿女在单位干得好比啥都好。所以,我拿到劳模证书以后,第二年清明节就去母亲坟前,跟母亲念叨念叨,我觉得这个荣誉可以告慰老人。不仅仅是我拿了奖高兴,能让父母感到荣耀我也高兴。

有时候我觉得真的没做多少工作,做的其实都是自己的本职工作,还能做劳模。有时候大家也在讨论究竟什么是劳模精神,我始终认为劳模精神其实就是两方面:一个是技艺的精湛,技艺精湛,需要你去传经授业,可以带领大家学到更好的技艺;另外一个就是不计较得失、不怕受苦的精神,这种敬业精神甚至在某些时候比技能的传递更重要。

　　给我印象最深的是 2011 年,那时设备还不是太先进,制造零件有一个技术难题我们一直解决不了,下游的用户不满意。当时我的个性还是有点好强,觉得这个事情就是一个结在那儿。那个产品我们一看是设备不行导致的,就到另外一家去制造,另外一家也制造不了,就给我们退回来。又去了一家,整个换了三家,都干不了,都给我们退回来了。后来领导说:"咱们必须得干出来!"已经没余地了,必须得自己干。当时我记得还是个礼拜天,在那里头一天,趴到第二天中午零件试出来了,检验结果出来后,我给领导打了个电话,说问题解决了,我能感觉到电话那头的领导心就放下了,因为当天晚上必须把零件给人家,不然整个生产线都要作废。

　　理论上说,当时做出来确实是不行的,要根据经验突破它,比如温度有要求范围,我突破了这个范围以后,不一定能成功,你要尝试。这不是很简单的事,从工件装进去到出来要几个小时。出来以后,还要剖开,上实验室检验。这个过程比较漫长,做一次调整一次,就要相当长的时间。除非你运气好,调整一次直接成了;如果调整一次不成,再做一个方案再调整,那么又要消耗同样的时间,基本上都要一天。当时失败了两三次,但是我们选的方向基本上还是比较对的,开始根据自己的经验选择的方向略有偏差,但是往后一纠正基本就差不多了。

　　当然,也有过失败。当时有一种产品废品率非常高,我根据热水的工艺原理等做了一种改进,效果的确立竿见影,废品率下降得非常大,但是供给用户以后就出现一个问题,举个例子:街上卖的烤红薯,它搁在里头慢慢烤,拿出来里外都是软的,都是透的;如果红薯烤的时间很短,外面是软的,里面是生的。我把工艺改进以后,产品出来不裂了,但是下游用户一加工就发现,里面没透。用户抱怨,顾客满意度都要受影响。用户反馈后,我心里有点沮丧,本以为自己已经把这问题解决了,但是结果不好,甚至有点自责。我那时候还在车间里面,压力挺大。压力大怎么办? 回家后我也在不由自主地鼓捣这东西。有时候晚上在家睡觉都醒了,又考虑半天。最后又用了其他的办法,我们叫"宝塔式"实验,才把这个问题解决了。

在国企待时间长了，可能骨子里面就刻了一些东西。从我心里来说，如果我觉得有些问题解决不了，都好像没脸见人一样。我们当时设备达不到这个能力，但还要造出这种产品，其实也就是蚂蚁啃骨头——锲而不舍。

我始终认为这点更重要，既然被评选为劳模，我就要对得起这个称号，尽量在这上面让周围的人感受到，免得到时候周围人说："看着单位推的劳模都是啥?!"我觉得这是对咱自己，也是对单位的一种负责。

还有一个奖项，去年母亲节，一拖搞了一个"最美母亲"奖，我妻子被评上了。当时搞颁奖典礼，咱们一拖集团的董事长、书记都去了。领导让我妻子说两句话，我妻子不太善于表达，而且那场面很大，她很紧张，不想上去。我说："那我就说两句。"正好在差不多一年前，在同样的台上，我拿到了劳模这个奖项。其实当时拿到劳模奖项的时候，我真的需要感激我妻子。我妻子这些年对我的工作支持做出了很多，家务事我也顾不上。这些年我的工作很简单，我的生活也非常简单，两点一线。早上7点多钟来上班，晚上7点多钟回去，家里基本上什么都做不了，包括照顾老父亲。老两口不好意思说，但是实际上我心里是很清楚的。她7年只坐过两次出租车，从来都不舍得坐出租车。去年坐了两次，一次是因为我母亲。那天晚上我在医院，我对妻子说："赶快来，我妈可能不行了。"凌晨3点多钟，她害怕，打了个出租车。还有一次是她在新区，我打电话说："你赶快回来，咱爸有病。"这又打了一次出租车。7年打了两次车，从来都不舍得。但是，我父母这些年身体不好，反复住院，我没时间，都是她去交钱，每次去交钱从来都不说什么，花多少掏多少。从心里来说，家人对咱的支持我真的挺感激的。在那颁奖的时候，我就说真的很感谢自己家人对自己工作的支持，本来劳模颁奖的时候，我都想讲给她听一听，看看她家老公拿到这个的时候也有她的成绩，但是因为规定没能请她来。① 而这一次，我说："今天是母亲节，正好又得到了奖项，还是我替她说两句话。"最后我们的颁奖领导问我妻子来了没有，我说来了，在底下坐着呢，就把她给请上来，我觉得挺高兴的。

我妻子原来在洛阳一个小型的国有企业工作，后来企业到二零零几年

---

① 因被访人妻子不是一拖职工，所以按规定无法参加一拖的劳模表彰大会。

不行了，就下岗了，在外头东干西干。她前些年想来一拖，我不让她来。她说："你哪招人不是一样招，你就不让我去？"我说："反正你不能来，影响不好。"确实影响不好，作为一个干部，家里人沾光这不是一件好事，虽然可能就是像她说的，哪招工都是招，她可以就按照这个规定进来，但是也许还是会有人有想法，也许会对我有误会。很多事别人看在眼里，和我自己做的可能不是一样，但是还是会有一种误会。

一个劳模证书能告慰自己的老人，一个"最美母亲"的奖项能颁给自己的妻子，她也觉得这种背后支持得到了一种承认和认可。所以说，这些年我们拿了很多奖，但是我觉得这两个是我非常看重的，都是亲人支持我，我才能有这样的成就，我自己所做的这一点点事能够让他们感觉到一些安慰。

我们夫妻一九八几年结婚，两年以后有了女儿。女儿很小上幼儿园的时候，她爷爷带她到拖厂里玩，到厂房里面一看她就跑出来，她说里面到处都是火，不喜欢。虽然女孩子不喜欢拖厂的工作环境，但有一次孩子说的一句话我觉得挺欣慰的，孩子给她男朋友说："我爸身上就是充满了正能量。"自己孩子对自己的这种认可，让我觉得挺欣慰。

和 80 后、90 后这一代年轻人相比较，你在她眼里可能会显得正统，但不是僵化。比如，有时候对一些事情的处理，完全没有任何的偏斜，等等。她可能觉得她们生活这么丰富多彩，而我天天就是上班下班，她这一代人不一定会让自己像我们这样去做，但是她钦佩，她觉得我能这样做还是值得钦佩的。

三、 我最佩服的人们

我始终认为 20 世纪 80 年代进厂的这一代人的成长，一个靠书本上的教育，还有一个就是靠老职工的言传身教。我们对企业的那种感情，好像已经刻到了骨头里边，首先一定是考虑怎么样把这个工作做好，自然不自然地就这样想。

我那时候调到热加工车间，有一次我们要清一个坑里面的工业渣滓。

那个坑大概有个七八米长、三四米深,下面跟淤泥差不多,非常厚。我们要下去拿锹铲,再甩上去,甩到 3 米多高的地面上去。当时我 20 多岁,身强力壮,但下去一般不到一个小时一定要上来,歇一会儿换换人。我们有个老师傅,当时应该都已经 50 岁了,一个人在底下一直坚持,不让人换。

还有一种担当精神。有一次油槽着火,里面大概有十几吨的油,生产用的。油面着火以后,大家都很慌张,把周边的灭火器全部用上了,但没有扑灭。当时槽子有这么深(比划),油只有这么高(比划,油面远低于油槽口),油面上着了火,我们在高处拿灭火器扑。但泡沫灭火器一定要把火焰和空气隔绝了才行,油槽里面有一些别的设施,泡沫喷下来都喷到棚架上,喷不到油面上,所有的灭火器都不行。当时我们一个师傅说往里面放油,大家都说疯了,"火上浇油"没人敢搞。最后他说放,他说的很简单:"犯法了抓我!"然后就往里面放油。后来我想这个道理是对的,放油把油面给顶起来了,把棚架的物品遮到下面去了,油面露出来,灭火器就上去了。其实想想他文化也不高,但是挺有担当的,要真出事了得抓他啊!这种担当精神,我觉得现在是越来越少了,所以我对这件事真的是印象非常深的。

我是 2002 年入党的,我的一个师傅是党员,他是部队转业以后到单位上来的。他来后我就跟着他,受他的影响比较多一些。我当时什么都不会,师傅什么都会,所以我挺崇拜师傅的。但是现在客观来说,其实我师傅当时的技能水平也就是中等,但他不计较,像白天上了一天班,说临时有事需要加班,哪个人来不了了,一定是他先顶上。有时候顶一个小时,有时候顶两个小时,有时候顶三四个小时。后面这个职工来了,觉得不好意思,发了工资,把这半天的工资给我师傅,但我师傅从来不会要。

在车间里工作的李宏谋(中)
(姜明明、王峰　摄)

我觉得这个品质还是非常重要的,他能让人认可。

当时车间里面干得比较好的、比较受大家尊敬的,基本上都是党员。也就是说,所谓的"骨干职工"基本上都是党员。我觉得今天还是没变,在其他单位我不敢说,但在我们单位依然还是这种传统。遇到事情的时候,党员是冲到最前面的一个。有一年下着大雪,我们需要从工作区域开个叉车转移零件到另外一个区域,这两个区域距离两三公里。在厂子里面,我们工人干活的时候,衣服比较脏,就是现在这个天①,基本上里面光个膀子或者穿个背心,直接一个单衣,然后套一个棉坎,工作时基本都这样穿。气温这么低,开着叉车从这个区域往那个区域转移零件,那得多冷!外面有雪还有风,而且穿着单薄。但当时必须转,不转生产没法联系。谁来转?你想谁愿意转,挑的就是党员!

昨天还遇到一个事。前几天工会组织跑步,当时我们组织 24 个人,工会发了 20 个人的鸡蛋票,少 4 个人的,工会主席来跟我商量,我说:"你先看名单里有几个党员,党员先不要。"

所以,我觉得现在怎么看待党员,实话实说,社会走到这个时候,也有言行还不如普通群众的党员,但在企业里面大多数的党员,从思想觉悟、技能方面,还是能够对得起"党员"这个称号的。其实我觉得与当时我入党一样,现在我们的入党积极分子也是一些干得比较好的员工,相对比较优秀一点。我对社会上情况不了解,最起码在企业、在我的团队里面,我觉得党员还是比较朴素的。所以,这次我们支部又有幸被评为一拖集团的先进党支部,我们都已经连续拿了六七年先进了,这和党员的这种精神密不可分。

我们厂女工很少,就是 10% 左右,她们做的都是辅助性工作,一些填车、维修之类。也有几个女工做得比较艰苦——电气焊。我还挺佩服这几个女工的,蹲在那里,一蹲一天,8 小时,因为我们实行的是计件工资制。她们 4 个人有非常强烈的家庭责任感,因为都是 40 多岁的人了,在那 8 个小时,几乎有效工作时间就是 8 小时,完全是自己命令着自己,就一直蹲到那不停地干活。这个我挺佩服的,别说女同志,就是男同志,你就叫他什么也不干,单

---

① 我们访谈的时候为 1 月,是洛阳冬天最冷的时候。

蹲8个小时,你试试看看怎么样?她们就这样,并且是常年,我佩服她们。她们的家庭条件也是不尽相同,有的比较困难,有些还可以,但是我觉得她们首先就是想通过自己的劳动尽量为家里换取一些收入,这种精神对家庭是非常负责任的,我很佩服她们!

因此,之前我们单位效益不是太好的时候,有时候跟我的上级讨论我们单位职工工资时,我挂在嘴边的一句话,也是很真诚的一句话:"你给我的职工工资尽量高一点,我个人工资你给我低一些都没关系。"我的确也就是这样想的,我觉得大家跟着我干是对我的一种信任,也不容易。我们现在工人工资都不高,我就想让队友们工资高一点,维系这个团队。特别是技术工人的培养不容易,维系这个团队,把工作做得更好一些,其实也是对我的一种支持。在这种时候自己个人工资少点就少点了,反正我觉得到这个年龄了,多点少点没有多大关系。后来我们书记就说:"我们都知道,难能可贵!"

你看,这几年团队一直没变,但是我下面副手换了几个。每一个人来,我跟他们谈的时候,第一条都是:"你们要有思想准备,你来到咱们单位,你的工资一定不是咱们单位最高的,甚至你连前十都排不上。你们要有思想准备,在这个单位当领导,工资一定不靠前,在全体职工里面不靠前。"反正我看大家也都能接受,这可能是咱们这一代人改变不了的性格了。

四、 拖厂就是我们的靠山

对一拖我们就是标准的"二代",对一拖这种感情怎么说呢,就觉得自己背后有一座山可以依靠!

我们这个企业非常特殊,过去计划经济的时候,总部下达的基本计划是多少,我们就干多少。到了90年代以后,慢慢地我所在的厂子有相当一部分富余产能就要向外释放,当时还提出一个"三分四层",就是分兵突围,各个厂下面的二级单位(分厂层面)可以对外开拓经营,增加一些任务量。我们那个时候给无锡柴油机厂生产锻钢曲轴,当时也是费了很多周折,包括生产方式经过了很多次的转变,最后才固定下来。当时我们生产锻钢曲轴在国内应该是最早的,刚开始很费劲,然后才不断地提高产量;走向市场以后,然后再慢慢将范围越扩越大。

刚开始没有揽到活的时候,人家介绍活,单位组织大家出去干,我们的工人给人挖过电缆沟,什么都干过。但那个时候反而很少有人走,不像现在,用工机制也灵活了,社会大环境也变化了。那个时候你进到厂里,好像感觉你这一辈子就是企业的人了,根本很少有人——1000个里头不一定有一个——说我要离开。最多就是调动一下,但还在企业里面,不是离开这个企业,那个时候想主动离开的几乎没有。

进入汽车柴油机市场以后,前面那些年做得还挺好。到了2008年金融危机,咱们国家有个"4万亿政策"出来,国内上了很多和我们有竞争的设备生产线,市场有点饱和了。在这种情况下,像一汽、二汽,这些我们称之为"主机厂"的采购方式也变化了。过去它们采购我们的锻件回去,加工成成品。后来人家转变了,不要我们的毛坯套,直接要成品,但是我们不具备细加工的能力。我们不具备这个能力,而别人家具备,这对我们的产量影响非常大。看到这种情况以后,一拖投资延长产业链,投了几个亿,成立了细加工车间,这样才把产业链整全,现在才能给人家提供成品,才能和别人竞争。

那时主机市场不太好以后,我们就把业务方向进行了调整。正好一拖出了一个"抱团取暖"的政策,大家都不好,叫下游各个分厂都抱团,就是说本来你这个厂的产品对社会采购,现在就不对社会采购了,要买咱们自己兄弟单位的。但是人家也有条件,我社会采购是一块钱,那给我也得一块钱,你不能说叫我买贵了,最后是同等条件、同等价格下优先买本厂的。国有企业负担重,和民营企业在价格、成本上不能比。这时我们叫大家"挤毛巾",想方设法地压缩成本,降成本,降空间,这个里面其实有好多种措施。我觉得工艺的改进和合同管理的改进,起到的效果可能会大一些。

通过我们这几年在这两方面的努力,面对2019年的市场形势,我现在这个分厂的成本不比民营企业高,民营企业一块钱能做的活,咱们九毛都能赚钱。大家都很惊讶,都觉得不可能,我说:"你放心,市场价一块钱不要,你九毛钱给我接回来,我就有奖励,咱们一定赚钱。"其实这就是通过一些工艺、管理的改进来实现的,我觉得工艺的改进更重要一些。只有让成本可控,你才能参与到市场竞争中,只有你参与了市场竞争,你才能得到更多的份额,才能让你的收入等各方面更好一些。

虽然都是这个行业,可能有些人不敢像你这样改,他还以那种传统的方案做,但如果说你心里有底了,改了以后可能同样出来这一个东西,用的能源、成本却可能是它的几分之一。有时候这需要胆量,当然做成了大家都高兴,但是做不成、做报废的时候,你是要担责任的。可能跟个人的性格有关系,我喜欢做一些有挑战性的工作,当然敢做也得是你心里有底,你不能说有百分之百的把握,但是你得有一定的基础与把握,你不能去贸然地做,那不行,那就是莽撞了。

我父亲对一拖的感情比我深,退休以后,他每天早晨起来跟我老母亲在这门口遛弯,就看着毛主席像;每天到早上7点多大家都上班的时候,碰见了熟人,打打招呼可高兴!特别是后来碰到我们单位的人对他说"你儿子干得不错",他更高兴!只要我一回去看他们,一定是问单位的情况,每次必问。"你单位现在什么样?""现在都还有谁?"这是必然要交流的东西,一般我也是给他们报喜不报忧。他们对这个企业的情感从我母亲那里就能看出来,她就感觉自己是在一个小厂,没进到一拖,对大企业有一种羡慕,也有一种遗憾。

老一辈人对国家和企业的那种感情,对我冲击比较大、印象比较深的是毛主席不在的时候,老百姓就在门口毛主席像那儿自发悼念。一是因为一拖"东方红"的名称就是毛主席给起的;二是我感觉一拖建厂,也就是第一个五年计划确定了以后,改变了很多人的命运。一九七几年的时候,四五十岁的人从面朝黄土背朝天的庄稼汉,成了一个技术工人,甚至技术干部,那种变化非常大。大家有切身的体会,所以从内心深处表达对毛主席的尊重和哀思。

我们两代人给一拖工作了70多年,一拖养育了我们两三代人。因此,我觉得从精神到物质,一拖就是自己的靠山。其实实话实说,企业地位现在已经在社会上下滑了很多,但是依然没觉得因为我是一拖人,我抬不起来头,依然觉着我是一拖人还挺自豪,我觉得企业在我的心里头就是这个样:以一拖为荣!

蔡剑川
红拖城里的工人话剧"演员"

亲 历 者:蔡剑川
访 谈 人:邱　月
访谈助理:秦　彧
访谈时间:2019 年 1 月 11 日 9:00—11:30
访谈地点:第一拖拉机厂老干部活动中心
访谈整理:秦　彧

亲历者简介:蔡剑川,1941 年生,祖籍江西南昌,1953 年随父母迁到洛阳。父母为洛阳矿山机器厂工人。1961 年进入第一拖拉机厂工作。工作之余加入一拖话剧团,曾作为主角参演一拖版《红岩》,后又排演过《霓虹灯下的哨兵》《猎狼》等当红剧目,是一拖厂内的文艺骨干。曾随话剧团专门前往上海看戏学习,自己也曾写过宣传计划生育的剧本并下乡演出。

1981 年出演话剧《猎狼》时的蔡剑川(左)

一、厂矿子弟的少年时光

我 1953 年随父母从南昌来到洛阳,进入洛矿,那时候过来是组织上分配的。我父母原来是自己开的店,父亲后来到哈尔滨上财经学院,之后在矿山机器厂待了两三年,又调到洛阳市物资局。

我来洛阳的时候 12 岁,最早在南关上小学,是在老城,就是现在的八路军办事处那里。在那住了大概一年,在南关完小上的三年级。后来厂里在涧西盖了一点房子,是苏联专家在这帮着建的老式房子,我家在 3 号街坊的二楼。后来就到谷水完小上学。说起来谷水这个名字还有个故事。古时候有个秀才叫朱买臣,他家里很穷,娶了一个老婆,但老婆嫌他穷,与他离婚。后来他考上秀才了,他老婆又求着他复婚。朱买臣当时很气愤,说:"复婚可以,我泼一盆水到地上,你把水哭回盆里来,我就和你好。"后来这个地方就叫哭水,老百姓叫串了,就叫作谷水,谷物的"谷",就这么一个故事。我在谷水从三年级读到五年级,读了一年多。那时候矿山厂没有学校,之后拖拉机厂建了一个第二小学,我就去二小了。① 刚来的时候生活不能适应,但年纪小慢慢也就适应了。虽然老城有些话很土,听不懂,但其他的基本上没问题。还有就是小时候没有大米,只能买到小米。小米饭跟大米饭是两回事,总觉得咽不下去,现在倒觉得小米挺好的。

1956 年考初中的时候,矿厂还没有正式开始生产,还在轰轰烈烈地盖厂房。说起盖厂房,我刚来的时候,涧西这一片什么房子也没有,只有很少一部分种庄稼,大部分都是荒地,整片的野草。我们来这的时候看到矿山厂也好,拖拉机厂也好,都是劳改队在搞最初的建设,平整土地,有时候甚至还要挖古墓。我们也经常去看,土地平整好了以后,才开始建厂。那时候都是土路,一走就满地灰尘,大得很,都是牛车铁轱辘,牛慢慢走,那车一过灰有一尺厚,牛就踩着灰里头。

上中学的时候,涧西这边盖了一个第九中学。"反右"期间,有些老师被

① 梁铁峰补充:涧西区原来只有姑沈小学,矿山厂当时没有学校,后来成立二小,就在 6 号街坊。矿山的、拖厂的、电厂的、轴承厂的学生全部在这儿上学。

划成了"右派"，比如美术老师刘老师、语文老师曾老师。我觉得那些老师很不错，讲课很负责任，但不知道怎么划成"右派"的。当时合唱团还有个严老师，大概是新乡师范毕业的，组织我们唱《纺织姑娘》，二声部的，练了好长时间，这是俄罗斯的歌，另外还唱《喀秋莎》。我上初中学的吹口琴——口琴也不贵，就一块多钱——吹的苏联歌比较多，都没有谱子，听到了全凭记忆力去吹；有时候收音机上放，有时候老师也教。

后来"大跃进"期间，我们在学校每天派着去农村里头淘铁砂：把河沙带回来，淘铁砂来炼钢炼铁，淘得很累，也没有什么实在的东西。那时候炼钢炼铁，说起来真是很糟糕。炼钢像小孩子玩似的，弄几块砖头砌起来一人多高，然后里头丢上柴火，再弄上铁砂，就往炉子里倒。炼出来是什么玩意？炼出来不见铁，都是铁渣滓。可以说劳力也浪费了，东西也浪费了，什么也没有。我记得那时候在农村各家各户，门闩、锁、铁锅都给砸烂，谁也不敢说。矿山厂的人也炼，那"大炼钢铁"的口号在"大跃进"时期喊得可凶了，但是没有炼出来一块钢，也没见炼出来一块铁。

"大跃进"以后我就上洛阳市第二高中。上高一的时候选我当班长，第二年就叫我当学校的宣传委员，那期间也没什么活动。1960年以后，粮食不够了，大家都饿得没劲了。家里头看我们年纪小，有了东西，大人都舍不得吃，做好了让我们吃，那时候我们很小，吃了就吃了。做父母的就是这样，可怜天下父母心。

青年时代的蔡剑川

学校也组织过大家唱歌跳舞。我有一张照片，跳的是花伞舞，弹的是吉他；还有拉胡琴、弹琵琶的，都是伴奏唱歌跳舞；我的乐器就是笛子。除了学校里跳，我也去洛阳市跳过。因为那时候文艺生活很贫乏，跳个舞，花花哨哨的活动就很新鲜，看的人也很多，也愿意看。唱歌就唱些《没有共产党就没有新中国》，后来也唱苏联歌曲。在学习之外，年轻孩子们尤其是小姑娘很喜欢唱唱跳跳的。因此，学校一般都有几个会吹拉弹唱的,这就等于组织了一个宣传队。

二、辍学进厂,初登话剧舞台

高中那时我们住校,学校卫生条件也不怎么好。我住校的那一年被毒蚊子咬了,没几天就肿得可大了。后来没办法了就去医院,那时候涧西医院是洛阳市最大的医院。去医院的时候二楼都上不去,都是同学背着我。医生一检查说这很厉害,是脓肿败血症。我就在医院里住了一个多月,好了以后,人家高三已经开学半年多了,我的高三也上不下去了,就休学了,结果1961年就直接进厂参加工作。反正我高三也上不成了,正好拖厂要招收工人,我就进拖拉机厂工作了。其实后来矿山厂也招人了,因为陆陆续续都投入生产了,没有人也不行,但是我就一直在拖拉机厂了。

参加工作以后就住在拖拉机厂。那时候拖拉机厂搞了一个勤俭村,盖的平房,住那里头。屋里有个小厨房,但是既没有厕所也没有水管,做什么都得到外面去洗。外面有大水管、大水池子,在那怎么洗都可以。上厕所也得到外面。后来厂里开始盖楼房,我大概1981年搬过来住到8号街坊,这之前住过6号街坊,也是平房。分房是根据工龄长短进行的,我没住勤俭村简易房就到这边来,但这边也是简易的,没有厨房,没有厕所,都得到外面去洗,还是那样,但是离厂里上班近一些。

我进厂就参加话剧队了。当初看到他们贴的广告,我就去报名参加话剧队,来了好多人,在俱乐部二楼参加考试。有的去了以后演个瘸子或者演个瞎子。那天我也报名了,去了以后,也没演其他动作,就念了一首毛主席的《蝶恋花》,主题是关于杨开慧的。他们说我背得好,可以晚上来。当年只要是哪里有好戏,我们就去看。回来我们专门有个工人导演,年轻的时候从北京来的,他父亲是人艺的,他懂得排戏。那时候从北京来了不少人,都是学生到厂里来劳动,但不扎根,后来也有在这扎根的。

去了就开始排《红岩》。《红岩》话剧最初是在上海演的,我们话剧队就派了几个人专门到上海去看戏。咱们都是自费坐火车去,厂里不掏钱。请假也不是那么好批，因为请假工作就停了，虽然也有人顶替上，但是请假工资不发。那时候有三四个人一起去，好久之后到上海。记得走到南京的时候，长江大桥还没建，火车开到长江边上，我们都下来通过轮渡渡江，然后再上火车。我记得《红岩》是在上海艺术学院演出的，那次我们都很激动，出去一趟看戏就很快乐。看戏的时候也卖力，每一句台词都得记。看的时候也不抄笔记，也没录音机，什么也没有。一个大戏，我们在那看了大概两三天，一天一场。回来以后就抓紧写本子，本子都是根据自己回忆写的。那时候有《红岩》小说，就根据那个写本子。我们导演很有本事，很多台词都是他自己写的，凑出了人家演出的规模。我们一幕戏有五六十个人，都是白天工作，下了班以后再来排练或者演出。

《红岩》是我演的第一个戏，上来就演成岗那个角色，是个主角，戏很重，几乎每场都有，要背很多台词。但是那时候年轻都能记住，看一两遍、两三遍，就很快记住了。话剧队也没有什么训练，只是觉得自己要把戏演好。首先背台词，然后形体上自己琢磨。揣摩角色都是靠自己，要琢磨那些台词怎么说，也要想生活上他应该怎么样——在监狱里头怎么受苦，怎么被烙铁烙了——那些动作都要给做出来。就这样开始去理解，去演，也就是凭感觉。到台上，人家一落座，同台演员的情绪就都能上来。导演也会指导，有时候说哪个动作不对，导演也会自己上来做做，然后我们跟着学学。

1962 年蔡剑川（中）扮演话剧《红岩》中的男一号成岗

第一次正式演出的时间我不记得了，但是记得天有点热，大概是五六月，在我们厂俱乐部演。晚上看的人很多，几乎满座。之后就是白天上班，晚上演出。我们演出的时候，票是厂里包场的。全厂有五六万人，不可能一起都看，就是按照各个分厂发票。这次这个分厂发 1000 张票，下次那个分厂再发 1000 张票,反正是几十个分厂轮着来。有些学生弄不到票,就翻墙过来俱乐部,其他要票的人多了去了,那时候文艺生活很贫乏。《红岩》演了 20 多场,这 20 多个分厂看完了,也就是全厂都看到了,这个戏就等于停了。中间也不是连着演,可能隔个几天或者等礼拜六、礼拜天再演。

然后就是排《霓虹灯下的哨兵》,我们几乎一个礼拜就排完了。也是有人去上海看的,我没去,不是全体都去看,每次就两三个人。我就去过一次上海,其他时候是别人去的,大家轮着来。后来"文革"就不去了,不过在"文革"的时候我们也演了很多戏。"文革"前 1964 年还演《海防线上》,讲"反特务"的故事;1965 年演《山花烂漫》,我演陈冰。《山花烂漫》讲纱厂的事,是说在党的领导下,生活条件越来越好,红红火火的。我们拿着剧本就开始排练、对戏,彩排完了就演。《拖拉机报》也写一些评论。演《山花烂漫》的时候,陈部长来了,他看完了戏就上台接见演员。他当时说了一句话:"你们演得很好,如果有机会,你们也上北京去演。"结果就"文化大革命"了,就再也没机会去了。

"文革"中还演《渔人之家》,我没演。他们演这个戏的时候,拖拉机厂来了阿尔巴尼亚实习生,我们团里头就排这个戏。为了演出效果,演员把头发染成黄的,其实都是中国人。这些人白天上班染着黄头发,上班路上好多人看他们,感觉很稀奇。拖拉机厂话剧团在外头是有名气的。单位里很多人都很看重我们,好像我们这很有才能,都没有人说过难听话。

三、 半生文艺,既是工人又是演员

我在厂里干了 41 年,"文革"中间也没有受到什么冲击。停工停产的时候就在家里待着,在家里也是看热闹。当时在农机学院那有个"816"大楼,"816"是造反派的名字。学校都停课了,这些造反派就在"816"大楼上,后来保守派就把"816"大楼围住。武斗的时候,上面丢砖头、石头下来掼他们,下面就戴着斗笠往里冲。保守派攻上去之后,上面的人一看不行了,下不来,就直接从四楼、五楼往下跳。那年我大概是在勤俭村住,离那近,看到噼里啪啦打得很厉害。看到有人跳下来受伤了，我就上去给他弄起来，背着他往拖拉机研究所跑。拖研所是"造反派"的据点，我给他背到那去。因为当时很乱，"保守派"一看我背着他，也没撵我。当时那人在我背上一个劲儿念叨，就说谢谢你，工人师傅真是好。这是 1968 年。

我那时在冲压车间做修理钳工，修机床的旧设备。我已经成家了，跟爱人是一个厂的，但不是剧团的。我们一个单位，也没人介绍。那时候也没什么要求，两个人合得来，在一个单位很熟悉。谈恋爱就是下了班一起看看电影，出去散散步。她也喜欢文艺，也能唱歌跳舞，但她没参加话剧队，在合唱队。

1964 年蔡剑川（右）出演一拖剧团原创话剧《岗位》

我家有一个儿子和两个双胞胎姑娘。大儿子是 1963 年生的，双胞胎女儿是 1971 年生的。带孩子很辛苦，是我岳母一直带着。1963 年的时候演《霓虹灯下的哨兵》，那时候我老婆也快生了，我不敢耽误演出，吃完饭就去话剧团化妆，化妆以后就上戏了。上戏演到第三场还是第四场，跟"春妮"对话的时候，"春妮"悄悄告诉我："你老婆生了，你快回去吧。"我说："还没演完啊。"她说："一会儿导演来替你，赶紧走。"听了这几句话以后，我连妆也没卸，穿着军装，骑着自行车就往医院跑。到医院以后，跑到妇产科。一进去，那些妇产科护士、医生一看哈哈大笑，笑得拍肚子。因为我一脸的油彩都花了，没有卸妆，她们都笑得不得了。后来护士说别笑了，你赶紧去，给你生了个儿子。我爱人知道我去演戏了，也很支持。排戏她也一点不担心，我在话剧团演男女恋爱的戏，她过来还看一看。我们家里也都很支持我。我岳母人也很好，一直照顾孩子。就连我爸我妈看了以后，都说我演得不错。发演出票的时候我直接拿回家，我爸妈他们就过来看。后来我儿子也参加过一次演出，演小石头。他去参加排练,导演跟他讲戏,他也很机灵,该上台就上台,该说啥说啥。他就只演过小石头,以后就没有演了。

后来我们在"文革"当中还演了《艳阳天》,那时是在 1975 年,好像生产也忙开了,一切又正规起来了。我们也开始恢复排戏。那时候看戏的人也有看得很激动的时候。我们演《艳阳天》的时候有个角色叫马小辫,是个反面人物。演到揍他的时候,他低着头,结果就有小孩拿弹弓打到他头上。演员看了看,也不敢喊疼,因为他演的是反面角色,在台上都不被待见。挨了一弹弓,他不敢再说话了,也不敢骂了,就老老实实在那"是是是"。生活中也有人"小辫""小辫"地叫他。

当时我们演话剧也没有专门的思想学习,当然也在学《毛选》,也背"语录",但不是专门因为哪个戏而学习。一般到剧团里拿了本子以后,就把台词记住,然后再彩排一下。彩排过关了就演,都很快。从拿到本子到正式演出,也就是一两个星期的工夫。

1978 年上演的一拖版《于无声处》同样一票难求

1978 年演《于无声处》,那时候我们听说,上海有一个工人剧团演《于无声处》,当时很受欢迎。我们就想办法去拿剧本——当时还没有拍成电影——剧本是找熟人拿回来的,我们这边的工人当中有上海人,我们话剧团也有上海人,他们有人可以联系到上海的剧团。后来我们拿到他们的剧本,就开始排了。

在打倒"四人帮"以前,我已经到科里当计划员了,一直干到 2002 年退休。计划员主要是负责设备维修。在计划经济的时候就看需要什么,设备上缺什么,就报计划采购什么。后来有的还要自己去买来。因此,我也经常出差去买东西,采购摩擦片、大齿轮的曲轴之类的,不是去供销处,而是到别人厂里直接买。有时候那边厂里的人过来,我们要哪种型号的配件,把图纸给他,他回去生产。

到 1980 年的时候我就演《约会》,主要是讲两个人约会的事情,当然也还有其他角色。我记得那年演《约会》的时候,大概是哪个大学在这包场,下面坐的都是大学生,台下看得高兴得站起来拍掌了。因为那个年代没有这种戏,他们感到很新鲜,很合他们的口味,年轻人看得都很激动,所以那年演这个戏的效果特别好。我演的是个知识分子,光知道念书,生活上其他琐碎事都不知道,跟厂里那些年轻帅气的人完全是两回事。相比起来,好像一个是书呆子,一个是捣蛋鬼,有很多反差的戏。后来演《猎狼》是 1981 年,也是革命故事,是讲国民党快完蛋时的事情。

我们话剧队也自己写话剧,主要是倡导符合生产要求的,比如《岗位》就讲生产。戏要大家喜欢看,就要写生产的故事。生产要盯着岗位,要不就要脱节。我们拖拉机厂生产是一条流水线,从刚开始装底盘,然后再装驾驶室,装方向盘,装车轮,一直到后面开出去,如果前面一道工序下来,到下个工序没有人在,就脱节了,下面就流不下去了。《岗位》讲的就是不能影响生产。比如我们今天要出 100 台拖拉机,到你这流水线流不下去,这 100 台就受影响了。那肯定有原因的,有的人可能是想谈恋爱了,有的人可能是肚子疼了,反正戏里头都是这些事。

《烈火》《岗位》和《检查团到来之前》,这三个故事都是我们本厂自己发生的,故事原型都是当时生产车间的工人。但是这么多年过去了,现在也记不起来是谁了。《检查团到来之前》是讲不要弄虚作假,该怎么干就怎么干。检查团来的时候,你做个正儿八经的样子,实际上又不是按规定的方法干,生产的产品出来不合格。这戏就是说检查团来之前开了个会,讲一定要把住生产这个环节,不要弄虚作假,检查团来了以后一定还按照正规程序生产,就这个意思。之后还有《我为祖国造铁牛》,导演是个大学生,从沈阳调过来的,也很懂得戏。我们那时候不单是在厂里演,洛阳市、河南省的活动都邀请我们去。我们在这边几个大厂的俱乐部都演过,还有铁门水泥厂,离这里有 200 多里路,到处去演,很受欢迎。

另外还有一些小戏,就是演一小段故事,有的十来分钟,有的半个小时不等。小戏是抽空才演的,在空闲时间或者演出完了以后,或者白天没事的时候演一场。基本上是几个小戏凑在一起,等于一小台戏,都有海报,就写名叫小台戏。海报出来,演什么剧都写着。

我自己也写过,但是不像话,不像剧本。搞计划生育的时候,到农村演出,我写了个剧本。讲的是有人结了婚以后特想生个男孩,但是就生了个女孩,他就不愿意了,要跟老婆离婚。反正闹来闹去最后大家教育他,批评他,他知道错了,就这么一出戏。戏比较短,大概半个小时。去农村的时候也演了。主要是洛阳市组织去宣传计划生育,这个戏还得了个二等奖。到 80 年代来看戏的人就少了,如果厂里发票,有些人来看,有些人也不一定来看。

现在我家三个孩子。老大 1981 年去当了海军,当兵回来后在国营也就是全民企业干,后来在摩擦片厂当厂长,这是劳动服务公司的一个厂,干了一两年,不干了,现在搞公司,效益也不错。两个双胞胎姑娘比他小几岁,80 年代中后期进厂。我爱人退休以后就叫我大闺女顶替了,另一个是招工进去,都进厂了。那时候还是愿意她们进厂的,毕竟拖厂是洛阳市最大的厂。后来农业机械赶不上农村需要,就越来越冷了。但是效益不好的时候她们也没有走,想要出去也不敢出去,怕饭碗丢了。刚好女孩到 50 岁退休,今年就退休了。

李芸霞

我曾是拖厂的"文艺女青年"

亲 历 者：李芸霞

访 谈 人：黄　菡

访谈助理：常江潇

访谈时间：2019 年 1 月 6 日 14：00—17：00

访谈地点：第一拖拉机青年公寓

访谈整理：常江潇

亲历者简介：李芸霞，女，1953 年生于河南南阳，自幼随父母迁至洛阳生活。1973 年高中毕业后下乡到河南孟津，1975 年招工入一拖，在机器厂任车工。其间坚持阅读和写作，在拖厂报社实习并发表多篇文章，因表现优秀，1988 年调至二铁分厂办公室搞宣传工作。后调至总厂计划生育办公室，1998 年内退。

李芸霞（右）接受黄菡访谈

一、　要和工人阶级打成一片

1953 年我出生于南阳，母亲家在南阳西峡县比较有名气，是一个很大的地主家庭，南阳的县志、电视剧里都有她爷爷奶奶家的事儿，家里头既有被打倒的，也有参加革命的。我外公是家里的老大，当了保长，但是还没解放就死了。解放后我外婆怕被牵连，跑到深山里去给人家当了后妈。我母亲因为她爷爷被镇压受了刺激，一生都担惊受怕的，十七八岁就带着我姨，把所有东西都交公了，然后被赶到西楼底下，两个人很可怜，只挑了一个没耳朵的铁锅生活，自己砍柴，弄米弄饭。我父亲比母亲大 20 多岁，老家是河南益阳的。他和前妻都是唱戏的，比较开放，感情很好，但是爱人在生小孩的时候死了，孩子也没了，当时他很绝望，就跑到了南阳西峡与栾川的交界，一个叫太平镇的风景区，他有一个好朋友在那儿当医生，他就去了那个村。到那儿之后他就听说了我母亲的事儿，比较体谅她们，经常送些柴、送些米。虽然他比我母亲大了 20 多岁，但我母亲那个时候成分那么高，也没人敢找她，原来说的对象也不要她了；没办法，她看我父亲这个人特别朴实，心肠好，又会拉又会唱的，在当地的工作队表现也挺好，就跟了他。后来在我 3 岁时，我们一家迁到了洛阳。

我是"文化大革命"开始后的第一届高中生。我是校学生会的干部，也是团里面的干部，还担任班长。那时候的学生特别爱学习，老师也非常下劲，课后老师走了，我们几个班干部还领着大家学习，上黑板演算讲题，大家就盼望着那一年能参加高考。但是那一年一直等到最后，都没有等到高考的消息。因为我表现不错，老师说只要有一个指标就会让我留校，我也抱着这个希望，但是到最后，留校也不行，毕业生全部下乡。

于是，1973 年我高中毕业下乡到了孟津。一起下乡的有些是矿山厂的子弟，有些是拖厂的子弟，各个厂矿的都有，而我属于社会子弟。那个时候能感觉到厂矿子弟有一种优越感，我挺羡慕他们能穿上父母淘汰的工作服到农村去劳动，我们那时候能有一件旧的军装、旧的劳动布的衣服就觉得特别美。我曾经弄到一套洗成蓝白色的劳动布工作服，小高领，宽宽的袖子，锁袖口,在农村劳动的时候穿,穿上就不舍得脱,觉得特别光荣。

在公社下乡的时候,有人被推荐去上大学了,我特别羡慕,站在公社门口也想去找领导,但是张不开嘴。我下乡的时候表现不错,是生产队的妇女队长,但是我母亲家庭成分不好,有些同学看我下乡当这当那的可能看不惯,就在公社门口贴了我一张大字报,说贫下中农重用地主小姐了。我倒是也反驳他们了,我说:"我母亲家被打倒的时候她才十七八岁,算不上小姐,我更算不了,因为是新社会长大的。"在农村贴出这个大字报以后,我就有点自卑了。

我们公社管知青的书记,是转业军人招干到公社的,非常能干,年纪轻轻就当上了公社副书记,我们知识青年都可崇拜他。他是第一个亲口告诉我,想跟我建立恋爱关系的人,对我一生影响非常大。有一天公社开完会他留下我,说:"你要不要到公社来,你也挺能干的,大家都比较喜欢你。但是有一点,你要到公社干了,你可能就要留这儿了。你觉得我咋样?我是喜欢你,如果行,咱们就共同在这广阔天地干革命。"听完以后,我当时就愣了,这太突然了,但是我说行或者不行都没法回答他,我就不吭声,感到很羞涩,反正低着头。他就说:"我只是说一说,你考虑考虑,不用这么急回答我。你喜欢看书,这一摞书,我专门给你买的、借的,《钢铁是怎样炼成的》什么的,你拿去看。"他说了这个想法之后,我开始躲着他,也没回过话。之后没过多少天大招工了,他带着公社的人下来巡视,走到我们知青院的时候,一推门看到我在那儿,他就问:"招工的事你知道吗?你有啥想法?我认为我之前的想法有点唐突,农村阶级斗争很复杂,今天好,明天不好,不一定啥时候又怎么了,我觉得叫你在农村肯定不是长久之计,我认为你要是招工,我原先说的话你都不要再往心里记。我认为你也别去上学,遥遥无期的,还是去和工人阶级结合在一起。"所以在这种背景之下,公社书记说我要和工人阶级打成一片、结合在一起,这句话影响了我一生。我虽然很不喜欢这种每天和机床零件打交道的生活,特别不喜欢,光想读书,但是又觉得要批判自己的这种思想,应该跟工人阶级打成一片。之后 1975 年大招工,我就第一批回来了。

我们那一次是大招工,贫下中农推荐,然后大队公社研究定下来,这些定下的人员全部被带到县城的一个大礼堂里头,有拖厂带队的人来宣布你是哪个分厂。当时拖厂带队的师傅正好是我上高中时宣传队的师傅,他一看招工名单里有我也特别高兴,就跟我说:"回来吧,给你安排到最好的分厂,最好的工种,然后两年以后你再去上学。"其实那个时候的人,都特别大公无私,他没有想到走后门,让你给他送什么东西,他是看着你成长起来了,感觉你是那块料吧,他大概是这样想的。我就这么幸运地分到机器厂了,来了以

在毛泽东时代,
《钢铁是怎样炼成的》
是年青一代的"成年礼"

后才知道这是最好的分厂。当时给我分的是仪表工,可是报到的时候,在人事科统一宣布时说我是车工,其实我并不懂什么是车工,我以为是开汽车的,我心想:"哎呀! 我个子小,肯定开不了汽车。"但是想想就服从安排吧。后来从厂房那二层楼一看,有人介绍说这是车床,才知道车工是开车床的,从此以后我就属于第一线工人了。

二、 初入工厂,我就想脱离这个环境

我那个时候其实对工资、待遇方面都不是太在乎,为啥? 心没在这个厂里头,说心里话就是可想出去,不愿意干。工人们叮叮当当和机床打交道,在机床上弄零件,觉得好像没有东西跟你交流。说实在的,我一开始就真的可想脱离这个环境,只知道闲下来就看一些报纸,看看书写写东西。那个时候我订的杂志很多,车间里到了订报的时候,上面行政科的人就下来报刊号,我订《散文选刊》《中篇小说》《报告文学》等,我们车间那些爱看书的人都是管我借的。那个时候年轻人有自己的想法,就是说坐那儿歇着可舒服了,干干净净的可舒服,真正说整天在那儿干活,好像思想觉悟还没到那个

程度。我们一起下乡来的人,也都逐渐出现了分化,像很多厂矿子弟,有门路的,大部分都调到好的地方,科室、后方或者辅助工种,像工具科、保管室,到车间里干一些比较轻松的工作;没有门路的,就留在一线了。

那时候看到别人都离开一线,我也特别羡慕。到可以高考的时候,我就特别想参加,但是厂里有个命令,特别是我们机器厂规定一线的工人不能报名,因为我们的技术含量比较高,是临时画的那种零件加工图纸,不像铸钢厂、配件厂都是机械化自动线流水线。我们的工作是,比如杯子的盖儿没了,你得配一个大小合适的,是临时加工的,是万能机床。所以,他怕你学徒学了几年以后有技术了又走了。而且呢,我们这批从农村招工来的人素质比较高,厂里也不想让我们走,就有命令不让去考,所以那时候我们特别失望。后来大家都不愿意,一直要求考试,我记得好像过了一年后是允许了,我去参加了但没考上。当时复习考试的时候,基本上主动要求上夜班,一个是安静,再一个相对来说活儿少一点。白天在家还能学习,晚上来到厂里也还可以学,还不耽误干家务活。当时上午考得还行,下午化学考得不好就觉得肯定不行了。后来他们帮我查了一下,我的语文成绩特别好,考了七八十分,要是坚持下来,弄不好真能行。可是那时候有点犹豫,不知道能不能去,没坚持,后面几门就放弃了没去考,高考上大学的梦也就算断了。

那个时候单位里头也有这种情况:有了文凭以后也会给你调一下,比如说到办公室来搞管理,在这种情况下,我就想不如通过自学考试拿个文凭。所以,我 1983 年到北京自修大学洛阳分校学习汉语言文学,有洛阳大学的老师讲课,都是业余时间,星期六、星期天或者晚上上课,不影响工作。

三、 报社实习: 延续文学梦

当时我所在的机器厂宣传科特别活跃,有一大批通讯员队伍,经常有优秀的同事去报社实习。因为我经常投稿,《拖拉机报》副刊的编辑就跟我们厂联系,把我要去实习了。

我写过一篇长篇报告文学,写的是我下乡一块儿上来的一个女同学。

她分到了齿轮厂,人长得漂亮,也挺能干的。我把拖厂公安处的一名男同学介绍给了她,这两人成了,但是在准备结婚的时候她出了事故,铣床把她左手的四个手指头铣掉了。我这个男同学是个独生子,他的妈妈就特别不愿意这门亲事。我的朋友是很大气的一个女的,不是那种家庭妇女型的,男方妈妈本身就不太满意我这个朋友,认为不是她理想中的儿媳妇。当时这个事情很大,那感觉就像天都塌了一样,一个女孩子还没结婚就出了事故。我去看她的时候,心里想着他俩的事肯定不行了,但没想到进了病房就看到我那个男同学在床前床后地照顾她,一点都没嫌弃的样子。后来他俩也终成眷属,还去北京旅行结婚了。那个时候我本身也比较单纯,对于理想中的婚姻有自己的想法,特别感动身边的这种爱情故事,就写了一篇大胆的报告文学,名字是《重伤之后》。

平时我会写一些小说,写一些人物通讯稿之类的,总的来说还是有通讯员的水平的。报社编辑很想让我调到报社,也努力了,但最终没能进去。在这样的情况下,我们分厂的车间主任说:"你要是回来我给你安排一个统计员,不用在一线工作了。"我想那也行,报社的梦就终止了。1986 年,我的自修文凭也拿下来了,但实际上我们的文凭和真正自学考试还是有差别的,有一段时间也不太得到承认,不过车间领导、分厂领导都知道了我有这个文凭,知道我有这种业余时间自学的精神,又拿到了这个文凭,所以在一些活动和工作上还是相对重用我,尽力给我安排一些适合的工作。正好当时拖拉机厂因为形势需要,成立了一个新的铸铁自动线,于是我在机修站待了一段时间,很快就调到了机电科当统计员。没干两天厂办又需要人,厂长也知道我这个情况,就给我直接调厂办了。我就是从那时候开始从事管理方面工作的,接触了女工宣传,负责一些板报宣传什么的,还有举办活动时负责总厂和分厂的联系工作,这样在那儿待了两年。

四、 计划生育科:实现人生价值

1990 年的时候,总厂计划生育办公室需要年轻、能写东西、能搞宣传的人手,于是我又调到了总厂。我一去就接了一个任务,要搞一个电视剧宣传计划生育。当时国家比较重视计划生育工作,形势也非常严峻,全国看大企业,包括市里面都是看大企业的,企业稳定住了,不出现计划外的人口,整个洛阳市的生育率就可以保住。拖厂在全国都有影响,所以国家计划生育委员会和河南省计生委也经常和拖厂保持直接联系。这样一来,拖厂就想搞一个片子,介绍拖厂是如何做计划生育工作的。拖厂有很多从农村调来的职工,他们的家属还在农村,这些人是最不容易管理的,这个要是超了计划生育,整个厂的指标就要被否定了——那时候是一票否定制。所以就要搞一个教育片,也是一个展示,展示拖厂怎么做工作,如何关心独生子女,给他们优惠条件,然后对这些单身的男职工,怎么到农村去看望他们家属,在他们家里农活没人干时,厂里如何派一些人员去支援,大概就是这些。

当时我和另外一个老师傅,他也是通讯员,我们俩主笔写的这个剧本,他先写了些,然后主任说不太行,我就开始主力搞了最后的几稿。完成以后也是由我来协调电视台去拍镜头、编镜头,展示我们如何到农村,到独生子女家庭,以及开展一些针对独生子女的活动等等,最后由电视台负责制作。这个电视片叫作《为了明天的今天》。那时候从咱们国家角度来讲,还没有一部这样的电视专题片,所以受到了当时的计生委主任、后来的国务委员彭

从1982年起,计划生育
即被定为基本国策

珮云的肯定,特地来河南看了这个片子。洛阳市副市长马延军负责接待彭主任,带着专题片到省里一起观看。这部电视片起了很大的作用。

到了总厂计划生育办公室后,我觉得发挥了自己的作用,同时各方面的工作能力都得到了很大的提高。在这期间,我们拖厂所有和市里、省里计划生育工作方面的联系都交给我代理,拖厂的资料保管、评先进等工作都由我来准备。我还在河南省计划生育协会里待过半年,当时会里办的《计划生育丛刊》需要人手,

把我借调了过去,但工资还是拖厂发,我主要到各个县去采访,看计划生育实施的状况,回来写稿子。因为有了这段经历,我感觉思想上各方面也成熟了很多。当时写东西、搞剧本多苦多累,都感觉可有意思,不觉得累,那时候我才知道,每个人干自己想干的事情时,就不会觉得累。

五、 内退一刀切:我的人生低谷

在我正干得起劲的时候,拖厂的形势就不太好了,开始精简人员,大批人员下岗。1994 年我在计划生育办公室下去检查时有了一个机遇。我的一名同学是销售处的,要去广州开全国订货会,那时候拖厂订货很紧迫,都是要开计划会的。他说:"你去不去? 去了管吃管住,报销路费。"我想想之前也没占过公家便宜,就去了。回来的路上遇到一位肉联厂的老板,他说:"你还待在厂里干啥? 出来吧,到广东、到南方来干。"我觉得这也是个机会,就办了停薪留职去了南方,第一年挣了不到 2 万块钱,但有了钱凑买房的首付,我是我们办公室第一个买商品房的。当时去了以后才发现,南方人对生意的那种认真劲,一是一,二是二,真的和我们内地大不一样,也学习了很多东西。但是后来我孩子的中学老师打电话跟我说:"你孩子快成学校的'八大金刚'了。"他的成绩在学校本来是前 50 名,我爱人娇惯他,成天随他的性子,成绩落后了很多。我一看这个情况,就想孩子是重要的,还是要以孩子为主。另外,厂里头也开始紧张了,医院人事科科长,包括我们主任说:"你要再不回来的话,就没有岗位了。"我就回来了。

1998 年那次一刀切了很多。当时拖厂宣布了政策以后,很多人都想不通,都哭。我那个时候除了宣传,还管孕检。领导不想让我走,要把我返聘回来。那个时候我才 40 多岁,就是年轻,还想着外面的世界,想出去闯闯,自己做一点事业,就没有接受返聘。我想下海经营一个自己喜欢的店,比如西餐厅,放着音乐,干干净净的有个小面包烤着,喝着咖啡,然后女的来这儿能够聊聊天,特别理想化。当时我们计划生育系统的砍下去了很多人,总厂计生办开了一个欢送会,在欢送会上因为咱们是总厂的,所以要带头,给大家鼓鼓劲，不要难过，不要掉泪。我记得我上去发言的时候说："接受总厂这种命运的安排，减轻咱们厂的负担。我想这也是好事吧，实现自己没有实现的理想，也到外面去闯闯。如果有一天我要是有自己的事业了，会把咱们这些姐妹们再召集到里边，然后咱们再一起干。"其实说到这的时候自己也是很难过。我就这样内退了。

当时我们厂里头开始有人在外边承包酒店。有一个女同事和总厂领导关系挺好，她搞了一个酒店，跟我说："你不如到这儿干，都是咱们厂的客户、各个分厂的领导或者一些单位的人来吃饭。"我记得那家店装修挺好的，有点傣族风格，里边弄的竹林啥的，后来我就去做了大堂经理。我去了以后一看，全都是分厂的团委书记、党委干部什么的来光顾，都是领导。那时候我们酒店女老板就交代我，她说："你可千万不要告诉别人，不要说，这都是工作需要。"那个时候其实隐隐感觉到很多东西都不正常了，心里感觉也很无奈：原来很单纯，把工厂看得像一个大熔炉一样；然后自己又觉得当工人整天就这样干活特别没意思，又想学习，想出来；然后又到了工厂办公室。后来我们计划生育系统合到医院了，穿上白大褂感觉倒挺干净的，走到哪儿就觉得终于自己也有点小地位了。可是还没高兴几天，又突然一刀切，叫"你们都回家吧"，又变成了自己为自己奋斗，上有老下有小，正是中年的时候，什么都没有了，事业没有了，家里的经济来源也没有了，什么都没有了。那时候确实是一下就跌到了低谷，就不知道该咋办了，感到人生很迷茫。

我后来真的搞了一个面包店，也真的雇了以前一起工作的同事。轴承厂大门的主干道上有一个门面房，我看挺好的，正好转让。它是雅香楼的面包店，是洛阳的一个品牌，要 1 万块的转让费。我本来就喜欢这个地方，想有个自己的店，那时候我一个月才拿 200 多块钱，等于是用了我的内退工资和生活费咬咬牙盘下来的。我的面包店旁边是电影院，所以就是熬时间，早上 6 点多，上早班的人买一点，晚上看电影的人 9 点、10 点钟结束买一点，我一个人在那儿不行嘛，我爱人还上着班，当时分厂管计划生育的小杨也是内退在家，我就说："你来干半天，我给你发工资。"她说行，也可高兴。其实那个时候我们办公室的同事还挺羡慕我的，说一出去都有自己的店了，还招了一个小杨，都觉得挺好。但干了两三年也不行了，房租贵，我自己也不会做面包，老是去进人家的货，价格很高，一个面包挣一两毛钱。到了夏天的时候，挣的一两千基本上都交给房东了。我爱人也不想让我干，我们就转让了。但是那几年孩子上学花钱都是通过面包店给的，那个时候我觉得最重要的还是有一种自豪感，就是我想干的，我干了。人家都说内退下岗职工可悲惨嘛，一个是也有点自卑，觉得好像一下子就没工作了，社会不需要你了；再一个是生活确实很拮据，都在想办法去打工。我就觉得我去给别人打工，不如自己先当当老板，就这一点，那个时候觉得还挺自豪的。尽管后来面包店转让了，但感觉人生也还算是有一段这样的经历吧。

六、 退休生活：重拾文学梦

我对婚姻的想象挺浪漫的，就是找一个特别优秀、喜欢文学而且有男子汉气质的人。但实际生活中，自从被贴了大字报以后，我是有点自卑的。我们家兄弟姊妹四个，我是老大，父亲年龄也大，而且我们在洛阳一无亲二无故的。我下乡的时候管知青，农村有很多优秀的孩子想跟我处对象，但我都回绝了，没有那想法。到我该想的时候，我感觉又没有资格去挑了，优秀的人都被我错过了。等我该去谈情说爱的时候，只能为了生活去选择，我们家的负担太多了，我就想挑一个兄弟多的，这样能出力，能干活，能帮帮我家。正好当时我们车间有个男孩子，他父母是从上海来洛阳的，在建筑公司工作。他特别细心，从来没出过废品，师傅的活儿都放心交给他干。再一个，上海人特别干净，讲究穿的衣服每天都干干净净的。北方人不讲究，我们这些人都是油油腻腻的，尤其是洛阳老城本地的这些男孩子，吃完饭，碗就扔桌子那儿了，只有他的饭盒每天刷刷洗洗都可干净了。他的裤子也是自己裁的，当时就觉得这孩子生活能力真强，也不太爱说话，就是会干活。我就心想着，我自己是有点太书生气了，得找一个这样的人。后来我们车工一个小组的男孩，也是上海人，他俩关系好，他通过这个男孩跟我说，我就考虑自己要现实一点，说那行吧。但是处的中间呢，还是被他的一封信打动的，后来才知道，他倒是挺能的，他觉得我爱写文章，文章也写得不错，就让他一个文采很好的初中同学代他写了一封信给我，给我写得心花怒放的。我想："呀，文采这么好，没想到！"其实就是这一封信，那时候就很简单，觉得要现实点，然后一看文章写得还可以，虽然不能拿文章吃饭，但最起码两人有共同语言，在一个车间还能互相照应，就这样同意了。就为了一点点的事情，就选择了这一个人，这样走过来了一生。

结婚的时候我要了一辆飞鸽牌的弯梁自行车、一套衣服和手提包。衣服是枣红色的大翻领，裤子是那时候刚刚兴起的涤纶，带着暗花，可垂可垂了，特别洋气，特别轻，银灰色的包也很洋气，当时觉得就满足了。我们的婚礼办在华山路饭店，那时候能在饭店办婚礼，还算是比较讲究的。我公公是油漆工，他的技术很好，工资还是很高的，所以在那儿请了10桌，一桌100块钱。在那个时候这也不简单了，我很多同学结婚都没有在饭店办婚礼。之后我和他一块儿到上海、杭州旅行，他们家是上海闸北路的，他叔叔、伯伯还都在那儿。车间人知道我要去上海了，很多人让我帮忙带衣服带鞋，那时候上海的皮鞋、衣服比较洋气嘛，包括女式手提包，给她们带了可多东西，给我妈买了很多布料，我妈回来做衣服也挺洋气，什么豆沙色上面加点小暗花，咱们这边都没有的。

新婚的李芸霞和丈夫(前排右二、右一)及公婆(前排左一、左二)

这一生过来,我们俩也为了不够浪漫而有分歧。他是太细心了,太认真了,对孩子和孙子特别溺爱,特别娇惯,也争吵过。但是一辈子走过来,感觉人生就是互补,反正我是爱学习,爱写东西,他喜欢干家务,从来不干涉我参加活动,说你就干你的,我们俩就这样分工。

我面包店转让了以后,孩子也毕业要结婚了,后来又有了孙子。父母年龄也大了,母亲老年痴呆,婆婆也生病,所以一下我就转到家庭事务里头去了,弄得焦头烂额的。我的大弟弟也出现了毛病,脑膜瘤要开颅做手术。我就把大弟弟家的姑娘,四年级起就接到我家。拖厂那时候房子可紧张了,我们家只有30平方米的房子,但是我也得把这个担子挑起来,她就在我那儿生活,一直到她上大学。我母亲就交给我小弟弟照顾,但是我也得管,所以特别苦恼。一直到了2015年,基本上熬出来了,反正还是挺痛苦的,觉得这一辈子好像特别窝囊,啥也没弄成。我妹妹劝我说:"应该解脱出来,写东西,继续去学习,继续提高自己,融到这个圈子里头,把家里的事儿该是谁的,让他们自己承受,不能老是什么都自己扛起来。"我也听了她的劝,开始上网,到"河洛文苑"的一个板块写东西。我从那时候开始,才又重新去写文章。这几年我写了有一两百篇散文,还有一些小说,也得到了专业上的认可,觉得现在确实进步了,和当年写的通讯稿子那是没法比。我现在的业余时间一个就是带孙子,一个就是参加各种活动,比如诗歌朗诵的艺术团、老作家协会、图书馆的读书活动,有些活动是我组织的,有些是我参与,另外主要就是写作,我现在的退休生活就是这样。

内退了以后我就没有进过工厂大院,最多就是后来我们医院计生办合到工会了,要来开证明了,或者有啥事才到厂楼转一下,一般都不到厂里来,觉得挺伤心的。前一段时间"河洛文苑"的一个文友约我去拖厂看看,我们就去转了一转,从报社进到我当年招工刚进的厂房,一直走到我调到二铸铁厂的那个地方,整个一大圈,当时看了以后心里特别悲哀,没想到冷冷清清成这个样。当年我们的那种情境还在眼前,就是看到那棵树,自己觉得还跟它很熟,可是没想到它还在,以前的风光却已经不在了。

王富强

从刨床工人到首席记者

亲历者:王富强
访谈者:陈 佳
访谈助理:赵超越
访谈时间:2019 年 1 月 6 日 14:00—17:00;1 月 8 日 9:00—12:00
访谈地点:第一拖拉机厂老干部活动中心
访谈整理:陈仲阳 彭圣钦

亲历者简介:王富强,男,1956 年生,河南鹿邑人,拖二代。1973 年到伊川县下乡插队,1975 年回城,进入一拖当刨床工人。1985 年通过考试,成为《拖拉机报》记者,此后又接连做过统战工作、报社编辑、记者、广告部主任,后任第一拖拉机厂《拖拉机报》首席记者,2016 年退休。

王富强和妻子在洛阳老城游览

一、放下枪杆，拿起瓦刀搞建设

我父亲大概 1922 年生，河南鹿邑人，现在已经不在了。他 1946 年参军，解放后参加抗美援朝，1951 年他们已经开到了中朝边界。如果战争继续打下去，他们这个部队可能也要进朝作战，结果停战了，不打了，就回来了。

回来时最先到了郑州，然后又到了洛阳，到洛阳以后就集体转业了。当时整个部队上万人的干部、战士都在这里转业、复员了。他们的经历就是放下枪杆，拿起瓦刀搞建设。搞什么建设？就是厂房家属区的建设。我父亲当时是连级干部，转业后分配到洛阳工程局工作。当时洛阳工程局大部分工人是上海调过来的，再加上中国人民解放军建筑工程第八师的全体复员转业人员，统称建八师，为拖拉机厂、轴承厂、矿山机器厂和热电厂等国营大企业施工，规模宏大，纪律严明，在施工中非常认真。

后来，父亲当了瀍河区的工会主席，然后又当洛阳新建的一个塑料厂的党委书记，再后来当龙门矿的武装部部长——那时候正好是 1966 年"文革"武斗期间。实际上，当时我父亲已经被打倒了。我父亲是贫农出身，没有什么污点，但是这样也不行，只要是领导干部就会被打倒，党委都不存在了，矿上的管理机构都砸烂了。谁在掌权？"造反派"掌权。"造反派"让我父亲带领着所谓的"右派"、富农等坏分子 20 多不到 30 人，每天下午在吃饭前或吃饭中，带着这些牛鬼蛇神游街示众，还要说着"我有罪啊，向人民请罪啊"，天天如此。

"造反派"给我父亲定的罪名是说有点土匪作风、霸道，抢了我妈结婚——我母亲跟我父亲年龄相差十多岁，所以别人那么想。实际上没有这回事，但是没有事人家也可以捏造嘛！

为建设洛阳而献身的
建八师将士

20 世纪 50 年代的王富强父母

虽然我父亲被打倒了,但是人家还要叫他指挥,他是武装部长,他得下令把枪拿出来架到桥上去。我亲眼看到,矿工们穿着深腰胶鞋——他们要下井嘛——戴着柳条帽,拿着长矛。后来在双方的僵持阶段,我父亲和矿上一个领导两人一块步行走过桥去谈判。"你们是哪儿的? 你们是干什么的? 为什么要来矿上?"当时据我父亲说,他刚过桥的时候,人家用长矛扎他,他比较有经验,弯了一下腰,弯腰延长了距离,没有扎住他,但是碰了他一下,没有伤到他。

凡是动武器的人都不是头,头都是在后面的。后来父亲跟后面的头谈,结果就不打了,然后就撤走了。具体怎么走的我不知道,我看到的是人们都上车走了。

我父母看我和我姐不能在矿上待了,就让我们离开。我们走过桥之后坐公交车,但不通车了。怎么办呢? 我们就步行走到关林镇,那个地方可能没有武斗,比较安全。龙门到关林有多远呢? 有十多里路,我们俩就那样走过去了。走过去之后,人家不卖票,说:"你们两小孩,没有大人不让你们走。"我姐比我大一岁,比我高一个班,我姐比较机灵,她哭着说:"我非要来洛阳嘞,洛阳有亲戚,家里有急事啊! 我多买一个大人票,带一个小孩。"大人票是 1 毛钱,小孩票是 5 分钱。总而言之吧,我们两个人是坐上了车。坐车到洛阳东站,从东站坐车返回我母亲的家乡——郑州西郊的

襁褓中的王富强(前左)、姐姐(前右)与父母、祖父母

村庄。

这是 1966—1967 年,"文化大革命"最高潮的时候。到 1968 年的时候,父亲又回到拖厂了。他为什么回来了? 那时武斗要结束了,他原来是军队干部,在老百姓心目中有一定位置——这是我的理解。当时是纪登奎带队,带着一些军代表——我父亲实际上是军代表,不是军人,已经退了——一同进入各个分厂。根据一拖的建制,他到分厂就是县级领导了。改革开放后,拖拉机厂设有一个公共关系处,他做了副处长,一直到离休。

二、 扎根农村干革命

1973 年,我 16 岁到伊川县下乡,离这也不远。尽管我初中下乡,但是我一直没有停止学习。我下乡的时候社会正在"批林批孔",我就"扎根农村干革命",给在县里的部队讲"批林批孔"。为啥叫我去讲? 别人说小王讲得好! 那时候我十几岁,但是四处奔忙,到处去跟人家宣讲。给部队讲了以后,连长问道:"知青说得好不好?"战士站起来说:"老鼻子了!"——"老鼻子"的意思就是"很好很好"。

实际上我也不太懂这事——你想想,十几岁,我能懂吗? 我不懂,而且我还念了很多错别字。有一次我念了一个错别字,有一个跟我父亲关系很好的领导,拖一中的校长,和我父亲搭过班子,这个人有文化。他就说我念错了,原字应该是"删改"的"删",我念的反正是错别字。一念错别字,人家指出来了,咱自己也害羞。那就不断学习吧,我最大的特点就是脸皮厚,不怕出丑,出丑了再改过来。

宣讲的时候,好像在县城开了一个剧场,估计没有上千人也不少了,反正可以装满千人的剧场座无虚席,大家都在"批林批孔",当时就是那气氛。我们拿着讲稿上台:"我是哪个队的……林彪对我们……阴谋反党……孔老二……"都是这一类的东西。大家也不知道是咋回事,那时候就是"批林批孔",没有别的事,就讲孔老二怎么回事,林彪怎么回事,大家说得咬牙切齿的。

给我搭班子的还有俩女知青,比我大两岁。她们是高中生,后来一个当了党委书记,一个在玻璃厂学校当老师。那时候她们高中生有一个习惯是订报纸,订了《解放军报》。她们订的报纸我也看,看到自己喜爱的、触动我的,就记下来。所以我看那个报纸写的,再结合咱自己的东西自圆其说。而且我们那时候还写大字报,就贴在我们知青队的墙上。我写了一篇大字报《闯一闯有好处》。

父亲王讯亭(中)1976年在南阳一拖子弟知青点当带队干部

我当时是知青队的司务长,村里到县城大概有三里地,每次我都要挑着面到县城去换成面条,然后把面条拿回来中午做饭吃。我挑着担子,一个人或者唱着歌,或者溜达着到县城,把面往那一放就可以了。老百姓对我挺好,对我说:"你走吧,别管了。一会你过来拿面。"然后我就去买书。实际上那里的书很不丰富,就是卖一些小册子,什么《吉鸿昌》啊,《议论文怎么写作》啊,遇到好的书我就买下来。那时候我认为可能全县城没有几个人去买这书,但是我算是其中之一。

后来过了一段时间,知青都不宣讲了,咱也没有松懈,也一直在学,包括跟村里的"秀才"(有文化的人)一块去乡里和县城附近的厂采访,看怎么收集棉花,怎么降低成本,写了以后交给县广播站,人家广播广播,咱高兴高兴。那时候我才十几岁,就已经开始当记者了。

我们下乡两年之后,政策就有点松动了。别人纷纷找领导,请队长喝酒、送东西啥的——想回厂了!我问人家:"你干啥去了?""去刘队长家了。"我看他平常哪儿也不去,这都去刘队长家了。

三、　我经历过大干苦干的那个年代

我 1973 年下乡,两年多就返回了——一拖子弟下乡两年就可以回来。我 1975 年进厂,干的是三米龙门刨。小刨床是床头转,我这个刨床不是床头转,而是床身动。所谓"三米",就是它床身长三米。

1975—1985 年,我在生产线上干过十年,这是一拖比较火爆的一段时间。工人加班加点,8 点上班——实际上 8 点都不到就来了,可能是 7 点多,都来了——然后本来凌晨 1 点钟下班了,你又干到 3 点钟才下班,那时候忙。尤其是上三班,三班就是 24 小时不停,白天 8 点钟上班到下午 5 点钟下班,5点钟别人接着班了,到凌晨 1 点钟他下班了,别人又接着班了,干到早上 8 点钟。这一天你 8 小时,我 8 小时,他 8 小时,24 小时干满。这个班我都干过,我经历过大干苦干的那个年代。

实际上,大工厂生产的形式就是对人性的一种挑战。为啥?你想想,我们自古以来,日出而作,日落而息。可是大机器生产是怎么回事?三班倒,本来要息的,现在要作。农村四季分明,咱们村民一块下乡劳作了,很愉快很舒服,那肯定是同患难了。可是进工厂就不是这样,哎呀,你认不了几个人。你干一天活,可是活呢?不是说你不尽心,你再尽心都不行。你看我干的活——三米龙门刨——我干这活的时候,这个机床的师傅们已经干了 20多年了,也不换新设备,还在继续使用。可是那设备陈旧,精度保证不了。

我干的活还有个检查员。假如你是检查员,我是操作工,我干成活后,你检查合格,这个活就到下面的工序去了,比如说别的刨、铣啥的,是别人的事了,跟我都没关系了。你盖个章,我这个工序就合格了,可是你就是不盖章。我跟你求情,

王富强母亲孙熙珍在冲压分厂机动科描图室

说："你给我盖个章吧！"你说："不行啊，我给你盖个章，人家说我没有严把质量关。"我欲哭无泪（笑）。这样，干了一天的活又挣不到工时——我一个月要完成 280 个工时——是啥心情？心情很不爽。

我亲眼看到的，工资很低。当时进厂二十几块钱，后来一个月的工资就是 38.3 块，这个工资可以拿个十来年，就这水平。就业状况是什么？"广就业，低收入"。为啥"广就业"呢？中国要解决吃饭问题，不就业你叫他干啥？像我采访过上海来的老职工，可以这样说，如果没有上海技术工人的智慧和技能，拖拉机也不可能出来那么早。但他们就认为他们是"干对了行，走错了门"。为啥呢？"我社会建设，'甘洒热血写春秋'，我愿意。可是我们一比较，就觉得我原来在一汽，你看一汽对人家职工多好多好。可我来一拖了，这也不好那也不好。"一般都是不满意物质待遇问题。上海有个职工群，他们那个群的领导叫卢福来，他是原一发厂的党委书记，拖拉机厂奠基典礼的时候曾作为职工代表发言，在大会上用上海话代表职工表决心，在上海来的职工中间很有威信。我和他有一年同时在青年节上了《洛阳日报》，有他的也有我的照片。我跟他很熟悉，就问他："卢书记，原先你都是春节前召开一个上海职工的小座谈会，大家都反映很好，你现在还整不整？吃饭不吃？"他说："不吃了，我组织他们吃饭，他们一喝酒就发脾气，我怎么控制？"他控制不住，就说人生无非就是三万天，咱们过好每一天，不要这样，不要那样。他就散会，不愿意再扯了。可能他自己有压力，自己是组织者，一旦控制不住，他也不好办。

那时候职工还有所谓的互助组。什么叫互助组？比如咱这个小组有 20 个人，今天从咱们每个人开的工资里拿出 5 块钱，然后就抓阄，你如果抓到 3 号，你就可以第三个月花这 5 块钱；他抓住 1 号，那他当月就可以花了。这个月你花，下个月他花，就是转圈。这个钱你花，可以买个自行车，可以买个缝纫机。什么都紧缺，自行车票也是抓阄才能买的，谁抓住了谁去买，凭运气的。如果抓不住那你就买不了。互助组这个事不新鲜，我们进厂就有，一直持续了很长时间，到了 1987 年、1988 年逐步就没了。原因就是大家的收入高了，谁还稀罕你用这方式买缝纫机、自行车？都不稀罕了！收入也高了嘛,一个月三十几块钱变成七八十块钱。我到报社以后还写了一篇文章叫《互助组的变迁》,就是从互助组的角度看时代的进步。

现在经济形势完全变了,原来四五万职工,现在只有五六千职工。五六千职工要拿下过去的产量,怎么拿下来? 先进的设备! 没有先进的设备你怎么拿下来? 原先我们国家就是刚才我说的那种就业状况,现在就一定要进先进设备,不进先进设备就要被淘汰。所以说将来的趋势一定是机器取代人! 这就是我自己的感觉。

四、 我还是喜欢写作

我自己其实不太想在生产线上干,因为我喜欢写作,下乡时候就喜欢写,也没停止学习。

后来有一个机会,那是快到 1985 年春节了,厂里报纸上发了一个启事,就说宣传部《拖拉机报》招聘报社记者。我看到了,心里很激动,扑通扑通乱跳,我就参加了招聘考试。考试地点在厂部东楼三楼,考了两个题目,一个题目叫《除夕》——记叙文;一个题目叫《论用人》——议论文。我写的文章是《论用人》。后来我了解到《论用人》的议论文几乎没人写。尽管两个题目任你选,但人家都写的是春节回家,原来家里怎么贫穷,现在怎么好,大概都是这意思,记叙文嘛;而我写的是人才的重要性和不同的人才要不同地使用。

我是这样写的:二战德国战败之后,美国要的是德国的科学家,苏联要的是机床设备。若干年过去之后,美国的发达程度远远超过了苏联。这就说明一个问题——人才重要。紧接着我又写人才是不同的,有的擅长这,有的擅长那,也没有废物,合适的人干合适的事儿。

别人说我写得很好,宣传部的领导就去我们单位要人。我所在的单位工具处还不放我:"王富强考试为啥不给我们说?"宣传部回答说:"这次考试是总厂研究决定的,就是不跟你打招呼。如果打招呼,你们让人家考试吗?"但是我干活干得好,用得很顺手,人家为啥放我走? 宣传部的人又来了几次，我们有个领导才说："把机床擦擦，你可以去报到了。"这才放我走。

我那时进去了以后，报社也没有那么多老师，加上我在生产线也干了那么长时间了，就让我自己去采访。作为我个人来说，这是一次难得的机会。有老师了，我就跟着老师学，不能说没有老师我就不前进了。我就自己去找选题。编委会的老领导会布置一个大选题、大框框：如果最近抓安全，你们就多去写一些安全问题；如果最近总厂对质量很不满意，你们就写质量问题；如果说生产任务很紧张，你就表彰一下在生产一线的情况，多写一些现场新闻。可以这样说，当时写现场新闻，哪个人都比不上我。

我们当时有一个口号："两头"就是记者的活动范围。什么是"两头"？就是"上头"和"下头"。"上头"是总厂的精神，"下头"是职工怎么做的，这就是我们工作的范围。我们要始终为总厂服务，比如：在生产过程中谁表现得好？谁解决了关键问题？哪个服务性单位做得好？哪个生产线干得好？只要生产机床开动就有左中右吧，不好的批评，好的表扬，我们的工作说白了就是这个，领导号召啥，我们就写啥，报纸的属性是很确定的。

别人说我某篇文章写得好，实际上就是靠自己的眼光，要用记者的眼光去看这个事。比如有一次领导讲话的时候说了一句话："我们电工现在可不敢吊儿郎当了。"我就说："你把这'不敢吊儿郎当'的原因给我说说。"后来我就联系到原先"大月小月"的问题和现在的变迁——从计划经济到市场经济的变迁——写了篇文章。"紧车工"，车工是最忙的；"慢钳工"，就是说钳工不忙，他到那儿拿个扳子给你搞搞，他也不着急，今天完成不了，下午在这接着再修，不行明天再修；电工也是如此，"吊儿郎当是电工"，你再叫他，他也不搭理你，他停工三天也没关系，工资照发，你这边急得直上火，他那边跟没事一样。为啥改革开放之后有变化了？那可能是将他们的利益又绑在一块了。我这个线停了以后，跟你说了，几分钟后你如果不来，马上就意味着我可以处罚你。怎么处罚？扣钱嘛。工厂的管理就是一个惩罚，这就跟马路上罚你乱停车一样，你的车停得不到位就要处罚，罚到你害怕，你就停好车了。工厂管理也是如此。我让你完成2月份的任务，你说："我就差一点点了，你容我两天就行。"反正这样干那样干，就是要完成任务。完成了就意味着脸上有光,收入也可以。但一到月初就松气了,又是这种循环。不是像我们说的"均衡生产",反正在我眼中,月底就是战天斗地,月初总是吊儿郎当。

这就是我写的那篇文章的大意。原来你敢吊儿郎当,现在你还敢吊儿郎当吗?这就体现了从计划经济到市场经济的变迁,市场那边急需,你敢吊儿郎当?你不来、怠工,我可以惩罚你,可以叫你走人,他就有了压力。当一切往市场看的时候,管理模式就变了。

五、《拖拉机报》是洛阳的第一份报纸①

拖拉机厂在筹建过程中就有《拖拉机报》了,但是不叫《拖拉机报》,或者叫《东方红》,或者叫《简报》,这是它的前身。你想,当时整个洛阳市总共才十来万人,怎么养得起一份报纸?而且多数还属于农民,他们要这报纸干啥?所以这个报纸比《洛阳日报》还早——整个洛阳市诞生的第一份报纸就是我们《拖拉机报》,不是《洛阳日报》。②

有生产需求才有《拖拉机报》。这么大个厂几万人,它要通报生产进度,苏联专家来了什么的,我们的厂房建设的进度、招工状况等,这就应运而生了一张简报,它的受众主要是工厂车间里的职工和领导。简报也不是铅字印刷,估计是油印的。我 1985 年到报社的时候还是铅字印刷,不是激光照排。我从事报业的经历就是报纸印刷技术变化的过程,从铅字印刷过渡到激光照排,从手写字到打电脑,我都经历了。

《拖拉机报》的宣传职能非常强。1985 年我刚进去那会儿,第一版是要闻动态,第二版是生产,第三版是民兵工团,第四版原先是计划生育,后来变成文艺副刊。再后来随着 21 世纪的到来,它的服务职能提高,提供各类信

① 严格来说,亲历者的表述并不准确。其实,早在 1949 年前,洛阳即出现过三份报纸:《河洛日报》《行都日报》和《新洛阳报》。

② 《拖拉机报》的前身是第一拖拉机厂的党委机关报《工作通讯》,创刊于 1954 年 10 月 1 日,1957 年 1 月改为《拖拉机报》。在此之前,1955 年 1 月 1 日,中共洛阳市委创办的《洛阳日报》正式发行。在这个意义上,可以说《拖拉机报》是 1949 年中华人民共和国成立后洛阳诞生的第一份报纸。

息,答疑解惑,服务家庭,甚至还有做饭、美容、穿戴等内容。因此版面又增多了,曾经增加到十几版。十几版也都拿下来了!光我一个人一个月要负责五个版,那时候我一个人的工作量估计就是他们过去一堆人的工作量。为啥?不是我能力强,而是技术先进了,使用激光照排了,人家投稿投的都是电子版了。

原来是铅字印刷,要求你不能写多,像一篇报告文学也就是 1500 字结束。你想想,1500 字写报告文学能写个啥?后来我一写都一个整版,一个整版多少字了?带上照片,一个整版就不能低于 3000 字,大概 3600 或 3400 这个字数。最初大家都不适应,不适应的原因就是说从 1000 多字马上变成3000 多字,而且写了的话就是要有分析。写个劳模要分三个小标题,再写个记者手记或者后记,一个引头——这个事件发生的一个由头。为啥不能低于三个小标题?因为看着好看。刚毕业的大学生来了以后就不能适应,他只有 2000 多字就结束了,他说 2000 字就说完了。我说:"那你就搁那里别管了,我会再给它组织出来。"我要弄一整晚把千把字给弄出来,绞尽脑汁……

1985 年我刚进去那时候,报社处于青黄不接的状态,整个宣传部门都缺人,统战部、宣传部、《拖拉机报》都缺,基本的运作都困难了。老记者就俩,我们去了以后大概又加入了五六个。大概在 1993 年,我们开始考虑把这份报纸市场化,因为那时候一拖已经开始走向市场了。我就是这张报纸的第一任广告部主任,当时叫谁谁都不干。那时候我就是一门心思拉广告,但是我们不具备完全市场化的能力,无论任务完成完不成,工资都是要发的,能拉多少算多少,没啥任务。反正是不管怎么说这条路我走了七年,后来可能是领导对我关心,我又回来干记者、干编辑了。

时代之美:母亲孙熙珍的徒弟郑云英

　　其实我 1985 年去的时候，报纸也算是到了巅峰期了。当时《拖拉机报》也是全国统一刊号，是正规报纸，向全国发行的。到 21 世纪以后就开始走下坡路了，原因就是整个厂都在走下坡路。它为拖厂服务，拖厂下坡了，就没有那么多事写了。大概七八年前，我们把全国刊号转给了《洛阳商报》。当时经济建设颠簸得很厉害，而我们运行得不好。洛阳市认为洛阳的 GDP 达到了 3000 个亿，工厂有多少多少，完全可以再产生一种报纸。但报社的刊号是稀缺资源，很难搞。他们就跟我们商量，我们让出刊号，部分记者也可以去，但是去的话得参加考试。这样他们就把我们那个全国统一刊号征用了。不过现在报纸确实也比较难卖了，互联网冲击得太厉害了，你叫我看报纸我也不看。

　　《拖拉机报》现在还存在，一直维持到现在。虽然我们自己没有刊号了，但我们仍然可以生存——把它当成内部刊物。我估计现在的记者、编辑有七八个人，周一刊。现在整个拖拉机厂的宣传部已经不存在了，被党委工作部取代了。

　　现在就是搞经济建设，不搞那么多别的。总之，政工部门都砍得比较厉害。现在打的旗号就说"有为才能有位"——有作为的有位，没有作为的没有位。这就是社会转型。

田　鹏
在大时代里如何安置自己的灵魂

亲 历 者:田　鹏

访 谈 人:周海燕　陆　远

访谈助理:彭圣钦

访谈时间:2019 年 1 月 6 日下午;1 月 8 日晚

访谈地点:第一拖拉机厂幸福十号书吧

访谈整理:周海燕

亲历者简介:田鹏,1963 年生于河南南阳,1986 年自郑州大学政治系毕业后分配到一拖宣传部从事新闻宣传工作。1998 年一拖经营面临困难,企业把宣传部门下属的《拖拉机报》、电视台、新闻科、印刷厂等剥离出去,成立了东方红(洛阳)文化传播中心,由田鹏执掌,尝试企业文化的产业化运作。经过 14 年的努力,文化中心的年收入从 300 多万元增长到 2600 万元。2013 年,田鹏调任一拖工会主席,并创办名为"幸福十号"的社区服务平台,为城市社区提供现代生活服务成套解决方案,包括亲子、幼教、绿色供应以及阅读、运动、老年大学等增强民众幸福感的社区服务,取得公认的成就。

田鹏(右)与访谈人周海燕谈
一拖副总工程师刘寿荫夫妇的事迹

我家是河南南阳的。我9岁的时候才上学，上学时不学书本上的知识，天天拿着镰刀、锄头学农。学校墙上刷着醒目的标语："学朝农，迈大步，掀起教育革命新高潮。"结果数学满分100分我只得了20多分，理科就是啥都不会。

我爸在上学这件事上很英明，他说："好学生都去理科了，你就报文科吧。"虽然第一年没考上，但我在文科上还是挺有竞争优势的，第二年挺顺利地考上了郑州大学。我本来报了中文系——我作文好嘛——没弄上，被分到政治系。政治系总共录取90个人，只报了30多个人。大部分人都不想学政治。

我爸也不想让我学政治——我爸有阴影。他原来是我们南阳一个中心小学的校长，修水库的时候，觉得修这个水库不合适，就说了一句话，人家就说他反对修水库。老头可倔，他就不在学校干了，去了我外婆的村庄——我就是在外婆村庄上生的——但是你知道一个男人去到老丈母娘的村庄，心理上需要非常大的勇气。

我爸不想让我学政治，我说："你要不让我去政治系，明年能不能考上，绝对不好说。"我们村只有两三个人读过大学。他说："那你去。"所以我就一个人带了个特别大的红箱子，是个木箱子——那时候上大学的人，一个人一个木箱子，没有皮箱之类的东西——没人送，我爸也没送我。那时候我老给我爸写信："郑州楼可高了，都五层。"

我1982年上学，1986年毕业。因为感觉自己在学校待的时间太长，就对学校有一种天然的排斥心理，我不想去学校。老师就说，洛阳五个地方，你就挑呗。我一看名单，听说过东方红拖拉机，就挑了个拖拉机厂。来一拖分到厂内党校，我坚决不去，就开始主动找单位——找到了宣传部——我就去了宣传部。

一、 不产业化，文化没有尊严

前12年我有10年在新闻科工作，当时的梦想是在全国所有的报纸上都发一个头版头条——后来除了《人民日报》和《光明日报》，我差不多都发过。

我在大学时就开始写诗歌，感觉写得还挺好。参加工作后，《中国工业报》的编辑对我说能不能开个专栏呀，我就把农村的那些事——就是我妈给我讲的那些故事——在《中国工业报》上每星期写一篇，名称就叫"田鹏专栏"，这是《中国工业报》第一个以个人名义开的专栏。后来《中国农机化报》看到了，也让我给他们开一个专栏，到后来在我们省的《大河报》副刊上也开了个专栏，叫"宛城故事"，因为南阳古称"宛"。

那时我写稿的动力是挣稿费。到1998年的时候，稿费大概挣了4万多块钱，给我爸妈买了一套50平方米的房子，把他们从乡下接到洛阳住。

企业困难的时候，往往会裁人。我记得第一次是1992年的时候，一拖开始出现困难，开始裁人，大家第一次体验到被裁的滋味，特别是党群部门当时更是被裁的重点。我没被裁，因为当时大学生很少。但是看到大量的人被裁掉，我就感觉到企业经营不好时，员工特别没有尊严。到现在面对企业裁人，我内心就特别纠结。从人性的这些方面去看，我觉得如果你兢兢业业在这干活，却被裁掉了，你回家咋面对你老婆？咋面对你孩子？他唯一能做的就是骂这个企业，实际上对企业的伤害也非常大。

1998年的时候，一拖又遇到非常大的困难。分管宣传的刘炳昭副书记说："现在企业很多非主业的东西都在剥离，能不能把宣传部管理的报社、电视台、印刷厂都剥离出去？想要钱没有，要政策有。"他说的这句话吓到了我——一个干宣传的人，可以非常写意地评价别人，但当自己开始做生意的时候，你会特别担心——因为分离出来，加印刷厂的话，有100多人，要开始给别人发工资了，怎么办？我跑去找胜利油田的电视台台长，跟他商量。我跟他说："我手里有1万多个电视用户……"他说："行了，你们可以自己活下去。"回来后我对刘书记说："行！"

当时有一拖电视台、《拖拉机报》、印刷厂、新闻科等被剥离出去。1999年开始探索着运行，只有300多万的营业额。2000年开始，文化产业化的思路开始比较清晰了。原来一拖每年在新闻上的花费是400万元左右。1999年之后，厂里的宣传报道像商品一样委托我们加工生产，每年出110万元的新闻买断费,缺口部分都靠自己通过产业化运营填补。

文化不产业化,文化就没有尊严。我们的文化中心是全国第二个把宣传部做成一个独立经营的单位——第一个是胜利油田——经过 14 年,从 300 多万元收入,我离开的时候达到 2600 多万元。

在企业做文化产业化很多时候是两难选择。企业的宣传效果与花钱有直接关系:2000 年中国一拖的春节晚会,我们请了中央电视台的主持人、导演和一个技术方面的支撑;2002 年的一个宣传活动,我们请了香港和内地的一些知名演员,这些活动都需要花钱。

企业的文化产业永远挣不了那么多利润,因为挣利润某种意义上也意味着你好多该做的事没做或者没做好。就企业发展来说,有时候利润实际上也是一个黑洞,单纯地追求利润总有一天会让企业万劫不复。我觉得衡量一个单位更重要的是看企业的竞争力:不产业化文化没有尊严,但没有竞争力的产业化,这种尊严不会长久。

二、 要给职工提供幸福感,但又不是 50 年代的福利

我在文化中心做了 14 年。到第 14 个年头的时候,我们书记告诉我,厂里有明确规定,一个领导不能在一个单位工作超过 12 年。于是我就离开了一拖的文化中心,后来通过选举成为工会主席。工会有一个工会资产管理中心,我们的体育馆、游泳馆、职工服务中心,都是它的,这是一个经营单位。我来的时候一年收入是 200 万,亏损 20 万。亏 20 万! 主要是在管理和经营理念上存在很大的问题。我来之后把这些问题解决了,第一年实现了 600 万收入,盈利了 50 万。今年做到一千零几万,利润不太多,也就是 90 万那个样子,因为这个单位新投入了好多东西。原来工会资产管理中心只有十三四个人,现在 50 个人,挖了一大堆年轻人。有些是兼职的,有些是签约的,各种形式都不一样。我们没有想只要拖二代,我们考虑的是他适合不适合干这个事儿。

后来我又创办了一个名为"幸福十号"的社区服务平台,"幸福十号"的

意思是"幸福是好",它面向社会,面向整个行业。我老年大学招的人大概有一半是一拖的职工,还有一半是外面的职工。幼儿园的孩子也是面向社区、面向整个洛阳市招生的——别局限于你是不是一拖的,你是在做社区的一个服务项目——但你需要的是把它给做好,然后让一拖的职工能够从中间享受到实惠,把一拖人的自豪感给体现出来。

一拖人的自豪感就是,能够成为书吧、乒乓球室的会员。只要是一拖的职工,都会有一个非常优惠的一拖职工价,所以好多外面的人都找到一拖,想按一拖职工的待遇享受服务,但都被我们一一拒绝了。这个东西没法不拒绝,否则一拖人的那种幸福感就没有了,幸福感是比较出来的。比如说我可以在书吧借书,可以在这喝水,发个呆,觉得这个地方比别的书吧舒服,这就是你给人家提供的幸福感。幼教中心也是这样。我们幼儿园每月的费用都在 1000 块钱以上,最高时 3500 块钱一个月,明年 3 月份的幼儿园上学名额,现在全预定满了。但所有一拖在职的职工,孩子到这个幼儿园,都能优惠 20%,所以一拖的职工就从这个比较中间感到了自豪感。

但这和 20 世纪 50 年代的企业福利是两码事,不能相提并论,我们也不想回到 50 年代。这是经营,是运营。为啥要给一拖的职工优惠?因为你运营的资产是一拖人创造的,一拖人应该享受到这个优惠。

后勤服务业 90 年代资产剥离出去,当时国家尝试不让企业办后勤——但现在的大趋势,是围绕着人的幸福、健康展开运营……这些产业已经变成红火的产业。

作为一个机构来说,我们不能仅仅对一拖,而应该为整个社区所有的人提供幸福感。只有提供这些东西了,你的业务才可能会逐渐去发展、去壮大。如果你仅仅盯着一拖的话,你这个产业很可能就会萎缩下去。

这个社会变化太快了,但职工总体上没大感觉的——他们只要企业发工资就行了——只要没出现问题,他不是特别知道危险。2001 年的时候,文化中心全体员工做了一次拓展训练,最后有一个环节,就是把所有人的眼都蒙着,只有第一个人眼是睁着的,然后开始一会儿上楼梯,一会儿去过个河、过个桥,给你折腾了半个小时,最后把大家拉到一个黑屋里面,点亮蜡烛,拓展教练说了一段很煽情的话,放音乐。当把蒙眼的东西弄掉了之后,所有的人都哭了——这些人平时天天嬉皮笑脸的——他们觉得在黑暗中,他们经历了很多艰难。

这个东西对我最大的震撼就是,走在最前面那个没有蒙眼睛的人,如果把大家带到山沟里或者是跳河了,你还真不知道。所以做一个企业的管理者,最大的任务就是要让大家知道未来是啥,怎么样去做,这是最重要的。

首先你不能是个蒙眼人,第二你不能走到一个断崖边。你在选择道路的时候,必须得知道这些。以前我们以为是朝阳产业的东西,今天看可能都成了夕阳产业,其中有一个就是做宽带。我那时候管电视台,做网线的时候,首先得抢市场。中心那时候大概有 12 000 个电视用户,我们网络公司的总经理就带着人去抢洛阳的市场,那时候洛阳市有有线电视,有无线电视,我们就抓住人家不注意的机会,抢了 18 000 户。好日子过了十年,4G 来了,传统的产业遇到了真正的挑战,过去成功的案例如果不变革,马上就可能成为反面教材。

现在这个世界变化太快了。马云说手机 5 年后就没了,李彦宏好一点,他说大概可能 10 年。不说他们,我们自己现在研发的拖拉机、柴油机,每年有几十个亿的营业额,但几十年后,如果世界上石油开采完了,我们这么多人研究所做的这个东西有啥意义? 谁知道 5 年之后这世界会变成什么样子?你只能说在你所有的业务里边,小心明天可能出现的陷阱。

大家说工会实际像地主一样,只会把钱给攒起来,这是因为我们不知道明天是个啥。过去我从来没有说过自己看不清未来,但现在有时候不敢展望,真的看不清。当你真的转型的时候,如果一点资源都没有,你会非常痛苦的。所以我们必须立足现在,把我们能看到的当下的事给做好。

三、 花八个月做了农耕博物馆

2009 年 3 月 31 日,习近平到来一拖视察。我们在总部的一楼,把窗户挡着增加空间,给他做了一个科学发展观的图片展。当时河南省委书记徐光春告诉我们董事长："你们一拖这么大个企业,领导来了,连个综合介绍一拖发展的地方都没有,不合适。"东方红农耕博物馆就是在这样的背景下开始建设的。

本来做一个企业展览馆就行了,但如果考虑工业旅游,考虑今后有效的产业化运营,我们就必须把这个博物馆做得跟企业的展览馆不一样:我和大家一起跑了十几个城市去看人家的博物馆,对我触动最大的是青岛啤酒的博物馆,我去的时候已经有差不多5000万的营业额了。

博物馆的第一个板块是华夏农耕。从古代中国人如何渴望从土地上解放出来,并如何持续地探索实践,直到新中国刚成立时,毛主席如何重视农业的根本出路在于机械化。这样,第二个板块就是奠基中国农机工业,毛主席、周总理非常关注中国一拖,当时《人民日报》每一个礼拜都把一拖生产多少拖拉机登在一版上——有生产简报:一汽多少汽车,一拖多少拖拉机——所以要站到那个高度上去。

当时真的是缺少粮食的年代,真的是没饭吃,特别困难,所以党描绘了一幅那么美好的图画——实现共产主义——就是一种梦想和理想。为了实现这种梦想,每一个人都有那么大的干劲。这里面有好多的小目标:我们什么时间把拖拉机给造出来? 在这个过程中间我们要干啥? 分解得非常细致。你想想,我们大厂食堂餐厅的口号,"大干两万台就是大干社会主义",能不细吗? 我们今年干了两万台,就是大干了社会主义,落实得非常细致。

我们五六十年代的学习运动里,当时除了苏联人,除了从东北、上海来的技术尖子,其他的人都不懂技术。那些人只会打仗,然后就开始来学习,跟着师傅们开机床。这些"泥腿子",就是当地的农民,天天夜校,天天在学习,天天晚上都学习到10点。那个时代最伟大的地方就是不管是农民、工人还是军人,都在学习,都在做这些东西——这种使命感! 他们觉得我要学会了这个,就是我人生天大的成功。你知道,如果你不热爱这个东西,不充满激情地去干,你是干不好的,但即使一穷二白,你只要有激情去干,都能干好。

后面一部分内容讲市场。一拖是中国最早进入市场的企业,所以要讲我们怎么进入市场。后面的板块就是改革开放,大概是这样的一个布局。

第一拖拉机集团的东方红农耕博物馆

　　南边留了一块工业旅游区,要卖礼品,因为我知道旅游那时候只能占一半的收入,实际上欧洲的参观是不要钱的,都是卖东西挣钱的。所以我们得把卖东西这一块做出来。

　　二楼的农耕文化,我们做了两条线:一个是从人的诞生,到使用工具,到农业机械的重大历史节点;另一条线是用"东方红"演绎"中国红",讲世界农机发展的趋势、拖拉机和人的生活。

　　策划这些板块之后,从工业旅游的角度,你必须给游客一个花钱来你这里消费的理由,这个问题不解决,你所有的产业化思路就不会变成现实。

　　那时每天晚上下了班之后,我就在空旷的博物馆转了一圈又一圈。我得把所有的东西给想一想,包括哪个地方弄哪个东西,实际上这个是特别费工夫的——就在那转悠、转悠,策划设计。从晚上6点钟开始,最早回家的时候是10点钟,最晚的时候是早上6点钟,等于干一晚上。这种生活大概过了有八个月,天天就在做这些事。

　　这些努力都没有白费,2011年国机集团的董事长任洪斌,现在国务院国资委的副主任,他来参观农耕博物馆时,可激动,他说:"这是我看过的企业最好的博物馆! 欧洲的也没咱好!"

四、 工会主席是我人生中最好的职业

工会主席,这是我人生中最好的一个职业。以前我从来没有见过那么多贫困的人,但是现在我每年都要去送温暖,我理解了这个世界存在的冷暖。

我代表工会做了一件事之后,人家就会对我特别好。有一天我在街上碰到一个老太太,她说:"主席我有个事,你能不能帮我办办?"实际上那个事根本不算个什么样的事,一个电话就完了,但她会觉得这个事是可大的事了。

也有很无奈的时候,老百姓会骂我,比如装暖气的事儿。我们北-5号是个老街坊,暖气一直装不上,老百姓堵厂门、堵马路让我们解决问题。我说:"那我去看看,找几个居民代表,如果人多了,七嘴八舌说不成。"结果一下子来了20多个人。说着说着,大家气上来了,就开始有一句没一句骂街。我说:"你别骂我,你要骂我,我就走。这是不是好多年都没解决的老问题?"他们说"你别走",那就说呗。

说着说着,他们就又把社会上所有的愤恨都转移到我身上,实际上这是一个彼此需要理解的事情。当时一拖也很纠结,暖气热水管要穿过厂区过来,厂中间要挖一个像公路那么宽的沟,然后把两个直径1.2米的大水管排进去。一拖已经建成60年了,地下全是密密麻麻的管道,老化很严重,你要真动了它,可能会出现各种各样的事故或者问题。

会开了好几次,谁也不敢拍板,几个老街坊的暖气安装迟迟得不到解决。所以大家的怨恨是有道理的,大家最在意的实际是你能不能解决问题。

从厂区破土动工难,那有没有其他的办法呢? 如果我们真的站到广大职工群众的立场上,很多时候是能够有创新的办法的。突然有一天,我们想:管道能不能架在空中呢? 和洛阳市热力公司反复沟通后,觉得可以。后来,这个方案虽然花费了上千万元,但解决了职工群众长期的老大难问题。现在我们可以看到,在华山路厂区路边,走在空中的巨大的供热管道,已经成为一道风景。

很多人抱怨工会这个岗位是橡皮图章,说话不算数,实际上现在的主要问题不是你说话不算数,而是你根本就不想去说。所以我们强调的是,工会要发出自己的声音。

发这个声音是有学问的,你不要觉得自己是职工的救世主,这叫道德绑架,把自己推到道德的制高点上。把职工关心的问题反映出来,仅仅是你的工作职责,作为企业的主要领导很多时候比工会更关心这些,我们要调动更多的资源推动问题的解决,这就是你的基本工作。

中国的管理者往往有一种情结,做了好事求感激。你看看古代的折子戏,从皇上到所谓的"青天大老爷",都有这样的故事段子。工会是一个服务组织,一个称职的工会主席内心,必须有职业化的素质去支撑。比如供暖这件事情,有人和我说:"做不成的时候老百姓只知道骂你,做完了之后也没人说你个好。"我说:"凭啥说你好? 人站的位置不一样,想法也不一样。你想的是你在管这个事的时候,你应该去做它,这不就行了?"洛阳热力公司也不是白花钱的,这个管道过来后,一家伙通到其他区域,现在都需要气源——不要用好不好去衡量,正常工作的背后还有很多经济利益,还有市场规律。

工会的工作做多了,你的内心会生出许多柔软的东西,你会关心别人,你看问题的角度不一样了,会变得有情怀有境界。所以我认为,作为一个优秀的经营者,应该具有三个方面的职业素养:一是把握发展趋势,二是尊重自身规律,三是有工会情怀。

五、 职业化就是少一点主人翁意识

国有企业文化中出现频率较高的一个词就是"主人翁"。企业爱说,有一丝真诚,也有占小便宜的心理;职工爱听,有幻想作祟,也有虚荣的成分。反正这个词在各种场合被叫了好几十年。

但现在这个社会,没有资本支撑是没有"主人翁"的,企业与人的关系,本质上是交换。文化中心一名职工找我,说工资太低了。我说:"你一个月5000块钱的工资,你知道意味着什么? 如果营业额的利润率是5%,你需要挣15万块钱的销售收入,才能挣够你每个月的工资和五金,也就是说你一年需要挣180万的营业额才能养活你。你自己反思,你这一年做什么事儿值这么多钱?"这就是交换,听了这个道理,他什么也没说,走了。

很多企业都在强调打造职业化的员工队伍。啥叫职业化?职业化就是少一点主人翁思想,多一点交换意识,这就是职业化。

我们的退休职工这一辈子都在讲主人翁,一辈子以为自己是主人翁,所以当福利一点点社会化时,他们非常气愤。比如把企业分的房改为购买时,他们心理失衡,破口大骂,说:"我干一辈子了,又没那么高的工资,凭啥让我买房?"所以就非常生气。还有就是到医院掏钱,过去我们去医院是不掏钱的,所以他也非常生气。当过去这些福利一点点到最后没有的时候,他突然觉得被骗了,他的一生被骗了,他们感到主人翁是假的,生出了好多负能量。

所以要强调交换,彼此之间清清白白,处理各种问题要遵从物质利益原则,这从道理上容易理解,但做起来很难。

六、 刘寿荫老人的故事

建厂初期的那一代建设者,我感觉他们所有的人都是理想主义者,是一个团队、一个群体。那是一个所有中国人全是理想主义者的时代——因为毛主席是理想主义者。一拖的这种文化基因,就是使命和担当。特别是使命这一块,在我们企业文化中还是占特别重的比例。

第一拖拉机集团公司副总工程师刘寿荫

刘寿荫是我们厂最后去世的一位从国外回来的老人,他去年才去世。他爹原来是西安市的市长。快解放那年,他到美国去上大学。上了硕士之后,他就去美国的拖拉机厂当工程师。这个时候他跟父亲母亲联系上了,他父母亲去了台湾。这时候他就面临着是在美国干活,还是要回到祖国、建设祖国的选择。结果,他选择回国。他妈说:"你为啥非要回国?"他说了那"二牛抬杠"的历史:"我不能叫中国人一直就这样落后。"那个时候在国外他已经开上小轿车了。

他准备坐飞机到日本,再回到中国。但是那个时候日本没有和中国建交,如果他去,肯定是从日本被遣送到台湾。所以他没办法,就跑到西德,和德国奔驰公司签了一年合同——奔驰也做拖拉机——就签了一年,因为他还想回国。

农耕时代的"二牛抬杠"

每天他没事了,就到东西德之间那个柏林墙,看能不能跑到东德去。后来他发现地面上管得可厉害,但是地铁那里没人管——坐地铁随便就过去了。正好他在德国的时候碰见咱们的大使,表达了想回国的愿望,然后就接上了头,他从地下跑到了东德,从东德到莫斯科,然后回国。

四年时间从美国到东德,就为一件事:回国。

最后在满洲里回国。到满洲里的时候,当时正是一个下午,刚下了小雨,看到飘扬的五星红旗,他的眼泪一下子就流下来了——四年就做了这一件事儿。但是就回不去台湾看父母了。后来终于有一天可以去了,可父母全去世了。

他回来了之后参与开发了我国的第一台拖拉机、第一台农用车,还有其他东西。他那个经历,跟李四光一模一样,只是后来没李四光那么有名。

他没有孩子,他爱人一直跟着他,一直骑着自行车,到现在还是两间房,旧房子。他米寿的时候,我们给他做了个生日。

我们问他:"刘总你后悔不后悔?"他说:"我真的不后悔,我回来真的不是来享受的。如果我要享受,我40年代都开上轿车了,我会回这地方吗?"

他说:"我回来就是要造出中国最先进的拖拉机,国际上能看到我们这个水平在逐渐接近,我的目标、我自己人生的这种东西也就达到了。"

他这个人跟政治没关系,目的非常纯粹,就是为中国老百姓办事。他不管其他,只管生产拖拉机。到了快退休的时候,他才入了党。这一代老人热爱过去的那段历史,热爱当时的生活。他们确实是把整个青春、整个岁月,全燃烧到伟大的事业里面去了——他们确实把这个东西当成一个伟大的事业。

但这代人里也有对现在有很多不满的。不满的第一个是他们觉得自己没有得到改革开放这个时代的红利,红利都让别人得了,国家也没把红利更多地转移到他们身上,有种非常大的失落和不满;另外一个就是他们把现在的做法跟他们那个时候相比,觉得自己的理想被深深地亵渎和背叛了。

他们当时也没觉得自己应该拿多少钱。只是到后来,他发现他们创下了这些家业——他们好用"家业"这词,知道吧?——整个国家后来借以改革开放的这一块却跟他们没关系了。从厂长负责制到领导人拿年薪,释放出来这么多红利跟他们没关系了,最多是退休工资涨了一点点——刘寿荫退休的时候才拿几百块钱——他们就对比出来了。

赵剡水

爬坡过坎农机路,奋进致远一拖人

亲 历 者:赵剡水
访 谈 人:周晓虹
访谈助理:王余意　陈仲阳
访谈时间:2019 年 1 月 10 日 15:00—17:00
访谈地点:第一拖拉机厂会议楼一楼接待室
访谈整理:周晓虹　王余意

亲历者简介:赵剡水,男,汉族,1963 年生,山西闻喜人,中共党员,教授级
高级工程师。1979 年秋考入镇江农业机械学院(今江苏大学),1983 年
入第一拖拉机制造厂,历任中国一拖技术员、工程师、副总工程师、副总经
理,2005 年任中国一拖集团有限公司总经理,2011 年任董事长。赵剡水
主攻拖拉机、工程机械产品机电一体化、车辆自动控制等专业技术,先后

主持并组织了履带拖拉机
的改进变型及换代产品的
设计、研制,主持完成东方
红-802RT 型橡胶履带推
土机,主持完成国家技术创
新项目 100 马力轮式拖拉
机技术开发项目。

赵剡水(左)接受周晓虹访谈

一、 感谢伟大的时代没让我耽误一天

　　1979年,我只有16岁,就考入了镇江农业机械学院(今江苏大学)的拖拉机设计与制造专业。当时镇江农机学院的这个专业还是比较硬气的,它属于1949年前中央大学的根系。1952年院系调整,先是从中央大学分出南京工学院、南京农学院,到了1960年后,为了响应毛主席"农业的根本出路在于机械化"的伟大号召,这两所学校加上吉林工业大学的相关专业逐步分拆出来,最后在镇江组成了现在这所学校。

　　1983年毕业时,一开始我分到济南重型汽车厂,人事处长都找我谈过话了,但是后来辅导员一查交通路线,从济南回我老家所在的山西运城很不方便,就请学校到机械工业部给我又要了一个指标——去洛阳。虽然那时候还没有三门峡公路、黄河大桥,但也比济南方便得多。我就这样来到了洛阳,来到了第一拖拉机厂。我被分到设计处,一落定就开始画图。那时,苏联还存在,我们就从原来援建一拖的那个厂——乌克兰的哈尔科夫拖拉机厂买了一台最新款的拖拉机,对这台样机进行全面测绘,也就是拆了拖拉机对一个个部件进行测绘。测绘完了之后,就参与新产品的设计,造出了东方红1002型拖拉机。具体说,100马力的链轨或履带式拖拉机。我刚毕业就有机会参与设计,而且那段时间一直有活干,可以说赶上了一个前所未有的好时机。当时还没用上电脑,我最忙的时候四个绘图仪一起用,上面同时有不同项目的设计图纸。

　　当时我跟着一个老工程师负责总布置,还设计了一款拖拉机的行走系、一款轮式拖拉机的油门,此外还搞了一个链轨板,就是链轨拖拉机的履带板。那时用手工画图非常难,相贯线是需要想象力的,现在使用电脑就简单多了。所以,我当时画图比赛老是拿第一,属于画得比较好的"那个人"。这样一干就是几年,从1983年干到1987年,厂里鼓励我们这些年轻人去考研究生,鼓励大家报考与我们行业相关的那些学校,比如西交大、吉林工大,还有就是我本科就读的镇江农业机械学院,当时已经改名叫江苏工学院。我考的是测绘专业,考完以后感觉不错,厂里一看就主动把我转成委培了。也就是说，我读书，工厂向学校交一些费用，但读完研究生必须回到厂里来。读完研究生回来之后，前面做的1002的设计就整体上马了，等所有的图纸一画完，正碰上厂里要选调100名77—79级三届优秀的青年大学生到车间里去挂职。我那时刚刚28岁，已经晋升工程师，自然就被选中了，而且最重要的是被派去履带拖拉机的装配厂——第一装配厂的装配车间挂职当副主任。

副主任主要管一些技术工作，检查工艺纪律，还有公共安全什么的。当时车间里有一个水平很高的技师，遗憾的是他现在已经不在了，从小就喜欢动手，装过收音机，后来喜欢上了拆电机，反复拆了再装，装了再拆，不断琢磨。我跟着他学了不少东西，学着搞技术革新。比如，那时候的拖拉机还是靠小型汽油机带动柴油机发动的，通过拉绳启动。我们就尝试着革新，反复拆了再装上，看看可以做什么改进。这样，在那里待了一段时间，大概十个月吧，又到了一个机械加工车间待了两个月，那时候厂里的高端设备都在这个车间。本来挂职是一年就回去的，结果我因为下沉得比较深，就不想回去。其他人都回到设计处，我却基本上天天在车间，和工人们一起干活，做技术革新，包括晚上加班。那时候一拖还挺辉煌的，买拖拉机要走后门，所以天天晚上加班赶工。我不想走，一是因为和工人打交道心情挺舒畅的；二是因为装配厂的厂长们，还有一位老革命出身的总工程师，他们的工作热情非常高，感染了我。所以我就留下来了，担任第一装配厂的技术科科长，后来又兼产品开发部的部长。从1991年到1996年，一口气待了六个年头。

在第一装配厂的六年里还有个插曲。1993年初或是1992年底，我有事到设计处去。处里的同志看到我就说："唉，你回来啦，有人正好要找你呢！"找我的是处里的一位清华毕业的老工程师，因为过去被打成了"右派"，所以没当上官，但技术水平很高。他得知这一年国家改革留学生派出政策，原来去国外学校的访问学者都是大学派出的，现在国家人事部开始从企业中选拔。我因为刚到一拖来的时候总在办公大楼的楼顶平台上念外语，给他留下了深刻的印象，所以他告诉我去报名。这样，人教科就同意我报了名。结果我一考，分数过了免培线，不用再去培训外语。其他报名的人有到北外培训的，有到广外培训的，学日语的都到大连外国语学院，我就在厂里一边干活一边等他们一起外派。一直等到1994年9月，才去了日本的北海道大学农学部，这所学校是我自己到北图查资料选的。因为北海道平地多，所以日本的农业机械化水平就体现在北海道，大马力拖拉机都在那里。

要说到在阳台上读外语，给我带来的"回报"可不止出国，连媳妇都和这有关。我不是天天一大早去平台上读外语吗？我来到一拖，就给处里的另一位老同志当助手，到了1986年，我已经跟了他三年。这位上海交大毕业的老工程师是真心欣赏我，就对我说："小赵啊，你这么老念外语怎么行啊？"那时候的老知识分子啊，人很实在，真心想帮你。他说："你看啊，你的自身条件、家庭条件又不好……"确实，那时候虽说我是大学生，但设计处到处都是大学生，我的个子又不高；家在农村不说，父亲早年在农村搞农田基本建设出了事故，只有我妈带着我妹，非常艰苦。所以那位老同志就说："你不能老念外语，你得找对象啊！你想不想找？"我说："想啊！"他就真的开始帮我张罗，非常热心，最后介绍认识了我媳妇。那时候她还在上电大，毕业之后才到一拖的法务部工作。我岳父是北大毕业的，岳母是浙大毕业的，他俩都是1953年去长春一汽的，1955年又到了一拖。我们两家的条件当然一天一地。但是，那位老工程师就是欣赏我：我刚来那几年，每年6月农忙时是要请假回家帮家里收麦的，这在他眼里也成了优点；关键是他说我身高1.72米（笑）！就是这样，和我媳妇没见几次面，先是岳母同意了，1986年元旦，我岳父出国的前一天请我去他们家吃了一顿饺子，岳父也同意了。

还是说出国。我在北海道待了整整一年，回国之前，厂里已经任命我为第一装配厂副厂长了。当时总厂组织部有顾虑，说："他如果不回来怎么办？"我上面提到的那位老革命总工程师这时已经当厂长了，他拍着胸脯说："我打保票，他肯定回来！"所以我1995年10月一回来，就上任了第一装配厂的副厂长。在当时，这是整个一拖最王牌的厂，50年代苏联援建的总装设备都在这里，装配的主力机型是链轨式拖拉机，像802、1002，有2000多名工人。那一年我才32岁。

没想到，我在这个位置上只待了半年。1996年4月，我又被任命为总厂的副总工程师,当然后面有一个括号——"见习"。我的晋升之所以这么快,和当时的机遇有关。最早在 70 年代末 80 年代初,时任农机部副部长的项南就带着队伍去美国考察,回来之后就开始签订引进协议,全面布局,不光一拖,从天津拖拉机厂、上海拖拉机厂到哈尔滨拖拉机厂、沈阳拖拉机厂都有引进项目。项南这样的领导不但是政治家,搞技术也有一套,看得非常准。所以不光美国,欧洲的也包括在内,全面引进。马力从 30 多一直到 200 多,那时 200 多马力已经相当大了。我们和上拖当时引进的是意大利的菲亚特轮式拖拉机,但是,引进以后发现非常费劲,简单说所有的配套根本不行,连橡胶圈、密封圈、橡胶垫、螺钉、螺母都生产不出来。所以,最后消化菲亚特是从齿轮开始的,和宝钢联合进行原材料开发才弄出来齿轮。

这困难也给我们这些年轻人带来了机遇。一拖当年清华的毕业生很多,还有一些从上海、东北来的老工人,加上从国外回来的技术人员,因为"文革"断档,那时候无论是管理者还是技术人员,年纪都已经奔 70 岁了。他们一看菲亚特这件事在自己手上干成有难度,就考虑要培养接班人。那时倡导改革开放,领导层都很有魄力,一下子提拔了包括我在内的四个年轻

2007 年,时任一拖集团总经理的赵剡水(前排左二)
与同事访问国外拖拉机企业

人。三个都是77级的,1955年、1956年生的,我最小,1963年生的,79级,这时不过33岁!而且当时四个人只有一个是从正处级上来的,我们剩下的三个人在原单位都不过是副处级,这一下子都直接当了见习副总工程师,一年后就成了一拖的副总工程师。所以当时我出差闹过好几次笑话:接我的人在车站,我到了之后接了我不走,说是要接的赵总还没到。我说我就是,他们都不信,他们想象着副总工程师头发应该是花白的……

当年由项南拍板引进的那些项目,最后坚持下来的不多,但一拖坚持下来了。所以当后来转为轮式拖拉机的时候,我们在国内的技术就处在领先水平。其实,这两种拖拉机各有优劣。链轨或者说履带式拖拉机,可以在滩涂和沼泽等低湿地上作业,它的接地比压底①,就像人穿上鞋一样;比较而言,在这种湿地上作业,轮式拖拉机的通过性就要差一点,但是它的机动性好,尤其是转场方便。现在农村地面硬化的也多了,为了克服履带对柏油路面的破坏,我还主持开发了橡胶履带拖拉机,这在国内具有填补空白的意义。可以说,这些努力都体现了一拖人的责任感,对民族工业和农业现代化的责任感。

1996年我担任副总工程师之后,第二年又兼任了一拖香港的上市公司——第一拖拉机股份有限公司的副总经理,2000年担任中国一拖集团副总经理。这中间我的职务来回变化了几次:当过香港上市公司的党委书记,也担任过总经理,2005年担任一拖集团的总经理,2010年担任副董事长,第二年就担任了董事长。你看我在一拖的人生轨迹,真可以说拜时代所赐,一天都没有耽误!

---

① 接地比压,即拖拉机的履带或轮子接地面积所承受的垂直荷载。相比而言,履带拖拉机的接地面积比较大,所以其接地比压较低,牵引力大,通过性和爬坡能力强,但缺点是行驶速度慢,转场时不太方便;而轮式拖拉机机动性好,但由于接地比压高,不仅造成轮胎附着性差、转滑率高,而且在犁地作业时,由于后轮始终行走在犁沟中,对土壤的剪切作用大,使耕层土壤结构易遭破坏,耕层下面则会生成硬底层。

二、 在改革开放中爬坡过坎

我在上大学以前，大概 9 岁的时候第一次看到拖拉机。为了看村里的那台东方红拖拉机耕地，我跑了二里多地，当时觉得这玩意太神了！所以后来我上大学，拿到镇江农机学院拖拉机设计与制造专业的录取通知书时，自己觉得挺兴奋，我二伯父拿过我的通知书看了看却说："好娃了。"——山西人说"好娃了"就是说"乖孩子"——"你上大学四年就学个开拖拉机呀？"他以为我学的就是如何开拖拉机，不过我也没想到，我的一生后来会和中国最大的拖拉机企业交织在一起。

1983 年我来一拖的时候，改革开放已经如火如荼。从 1978 年以来 40 年的历史来看，一拖经历了几度风光，也遭遇过几番挫折。一开始，由于 1978 年后家庭联产承包责任制的推行，零散农户对拖拉机尤其是较大马力的履带式拖拉机的需求量降低，一拖的发展受到阻碍。比如，1980—1981 年，拖拉机的产量就从 22 000 余台降到 8000 余台。我有个远房的表舅在我们公社的拖拉机站工作。我暑假回去，他告诉我："分田到户后集体农具也都分给各家了。拖拉机咋分的？你想不到，我们那里拖拉机拆了，论堆儿分了，一家捧一堆回去。"中国社会的这一巨大变迁，使得一拖在计划经济时代曾创下的年产履带式拖拉机 24 000 台的辉煌不复存在。

不过，一拖人并没有气馁。1981 年后，基于农村市场的变化，一拖开始试制小型轮式拖拉机，很快就生产出了东方红 150 型拖拉机，就是后来风靡全国的小四轮。这款又能耕地又能拉货的明星产品，1983 年出产的当年不过生产了 1300 台，第二年就生产了 10 025 台！和当时一拖的主打产品 75 履带式拖拉机产量不相上下。再后来，90 年代初的那几年，一拖的履带式拖拉机又开始复活。当时广东尤其是深圳开发，没有什么像样的工程机械，常用的就是东方红拖拉机前面加一个推土铲，所以那时候一拖生产的履带式拖拉机一年的销售数量又上升到 20 000 多台，其中 70%装着推土铲，这意味着其用途不是农业，而是如火如荼的建筑工程。

不久之后，大概是国企整顿改革的时期，1994—1995 年一拖的发展又一次遇到波折,那两年开始亏损,盈利很低,这波挫折到 1997 年一拖的股票在香港上市的时候才算是过去了。开始上市的几年一拖一直不错,最好的时候利润有 6 个多亿,但是从 1998 年起国家力推国企三年解困目标,不久一拖又陷入了历史低位:2000 年亏损得比较厉害,大概两个多亿吧。当时李克强总理在河南省任省长,后任省委书记,他曾两次亲自过来现场办公,帮助一拖解决问题。2001—2002 年对一拖又是一个关键,当时我们在中国农机行业甚至整个制造业第一次请了科尔尼公司提供咨询服务。很多人想:一个拖拉机厂,又在中原腹地,是不是比较保守? 其实我们在改革开放方面,在许多举措上一点也不保守。咨询完了之后,我们认真消化了科尔尼的咨询建议,提出了一个"三分四层"的改革方案。比如,当时主辅业分离,我们做得是比较主动的。于是,从 2003 年开始企业又逐步往上走,延续了大概有十年的时间,历史最高点是 2006 年,一拖集团的销售收入超过了 100 亿人民币。在这一段时间中,我们的小四轮出尽了风头。不但整个 20 世纪 80 年代东方红 150 型拖拉机一枝独秀,而且 1983—2003 年的 20 年中,这款小四轮整整生产了 120 万台! 2004 年更是到达年产 145 703 台的历史最高值。遗憾的是,因为机械工业部认为小四轮的畅销冲击了农村汽车市场的销售,加上交通安全等方面的考虑,小四轮的生产和使用后来被上了多重"紧箍"(比如不准上公路),这也是我们后来转而适应新的深耕深松的耕作观念,从 90年代末开始开发大轮拖的原因所在。

　　当然,由于国家为了保护农民利益,对拖拉机等农机产品价格控制很严,所以即使 2006 年一拖有 100 多亿的销售额,利润也不过一两个亿。到了2016 年后,又遇到大周期调整,包括一拖在内整个农机行业再度滑入困境。

　　其实,国企的改革每前进一步都带着痛楚,因为每一次都不可避免地遇到裁员问题——它原先的规模或者说包袱太大了。你看,一拖员工最多的时候有 4 万多人,连同家属 10 万人。在上面提到的几次改革中,第一次动作较大的瘦身发生在 2001—2002 年,一次性就减少了至少六七千人。当时的具体做法是三家摊:一拖负责三分之一,洛阳市负责三分之一,省里负责三分之一。负责,就是负责安置。其实很多人就直接回家了,当时说的是等企业好转了以后再回来就业,实际上大部分人后来都没有回来。2001年后,主辅分离的工作一直没停,比如有些物业就是在2002—2003年间逐渐剥离出去的。但第二次比较大的瘦身则发生在2005年我当总经理后的那几年。可以说,一拖是国企的典型,它原先就像是个小社会,基本上什么机构都有。从幼儿园、小学到高中都有,而且小学原先有六七个,中学也有两三个;有医院,有公安分局,大概除了检察院和火葬场外什么都有。其实,虽说没有火葬场,但在职工医院的后面设有吊唁厅,还有冷柜设施什么的,完全可以做到在厂里开完追悼会,然后拉走火葬,等于说是火葬场的前门。2005年后改制,这些机构都剥离给了地方政府,向学校剥离移交就是我签的字。即使这样,2006年后也还剩下2万多人。当然,现在已经没那么多了。

农机行业的大周期调整和农机购置补贴政策的实施有关。按理说,首先,购机补贴政策加快了农业机械化的步伐,它提高了农民和农业组织购置包括拖拉机在内的农机产品的热情,这对一拖以及整个农机行业应该都是利好消息。其次,对我们一拖有利的地方在于,因为我们一直在行业内领先,所以有些农机产品如果要确定一些指标的话,基本上就是依靠我们拟定的参数。但是,这一政策具体实施起来,常常又是一把双刃剑。比如,一开始政府按价格补,有些企业就开始哄抬价格。最典型的就是农用灭蚊灯,原来卖900元一盏,后来抬成了3000元,调研报告上去之后惊动了温总理,总理都有批示。后来换成政府主导政策的实施,为了避免发生上述情况,又出了个新招——按规格补。具体说,拖拉机按马力补,收割机按一次收割几行补。这样的政策忽视了同马力的拖拉机或者说同规格的收割机在技术水平尤其是品质上的差异。这对我们这些有实力、技术比较先进的企业就有点不合适。

一开始消极的影响还不太明显,后来有些企业一看有利可图,就都进入了农机行业。一下子国内拖拉机厂数量直线上升,达到180家以上,作为一种业态来说这种现象肯定不正常。一般来讲,中国再大,有三五家综合性的大型农机企业,再有七八十家特、精、专的中小型企业,就完全够了。那些特、精、专的企业个头可能不大,但在细分市场中占的份额很大,在某一方面有特色就行。现在不要说单一的国家，整个欧美拖拉机企业像样的加起来也不超过十家，典范企业也就三五家：一家叫约翰迪尔；一家叫凯斯纽荷兰，就是原先那个菲亚特，中间经过几次重组，现在叫凯斯纽荷兰；第三家叫爱科，它也是靠并购起家的，所以农机上的一些老品牌现在都在爱科家族中；第四家是赛迈-道依茨，这是意大利和德国合作的品牌，从名字上看就是两家合并起来的；如果包括亚洲，第五家就是日本的久保田。全球现在数得上的农业机械企业也就这么几家。苏联过去大概有14家像样的拖拉机厂，但现在就剩一家能持续经营的，就是白俄罗斯的明斯克拖拉机，连"一五"期间对口援建我们的乌克兰的哈尔科夫拖拉机厂也不行了。

不光一下子出来了180家拖拉机厂，以及农机购置补贴使一拖吃了亏，而且这几年国家又对汽车、拖拉机制定了比较严格的排放标准，也就是"国二"转"国三"。本来严格排放标准是环保的要求，没什么错，但是那些不正规的厂家用小马力、大标号的手法蒙混过关，明明100马力却给标成120、140甚至180马力，它的排放当然不会超标，但我们就不能这样干。另外，一拖适应国际新潮流，将拖拉机的动力系统由原先机械式的转为电控的，一开始用户不习惯，容易出故障。机械的出了故障可以拿扳子、螺丝刀去捅、去弄，电控的一弄就锁死了，用起来麻烦，所以也影响到销售。因此这些新政策、新技术都是双刃剑，它们综合起来影响到了产品的销售，使农机行业进入了大的调整期。不过，从未来的发展来看，却体现了产品转型升级的绝对趋势。比如，我们电动的动力系统机型已经销售1万多台了，正在逐渐被市场接受。所以说，只要我们坚持，一拖的研发、制造优势都是非常明显的，包括产品检测、销售网络和售后服务都是有绝对优势的。

客观地说，国家实行的农机购置补贴政策还是促进了拖拉机等农机的使用，所以目前市场的饱和是局部的、相对的。另外，造成拖拉机销售下降的另一个原因可能是，用户觉得现在不怎么挣钱了。这里的奥秘许多人不知道，像拖拉机这类农业机械资金回笼是很厉害的，一台拖拉机一年最多干100天。最早的时候有的一年就能回本，了不起两年，现在一般也能做到三年回本。所以用户判断："我三年能不能回本？能，这事可以干；不能，那我就不干了。"因为市场相对饱和了,所以现在就看不到过去常见的"南征北战"。最早你买一台收割机收割小麦,可以从河南南边,比如从许昌一直收到内蒙古。行内人都知道,当年这"南征北战"活生生把北京联合收割机厂给弄垮了。垮的原因当然一是因为收割机的质量确实不高,二则是农户"使坏":我买了收割机后就从许昌开始收割,收收收,一直收到内蒙古,就不再往北走了。因为东北太远,麦子种得也不多。所以,在内蒙古一收完麦子,收割机就拉到北京联合收割机厂门口,用户说:"车不行了,退货!"这时候机器还在保修期,甚至标明可以直接退货,用户就钻这个空子。

　　因为局部都饱和了,所以这种"南征北战"的业务现在没有了。不过,现在实际上是已有的机器产品饱和,但还缺了好多类别。这几年农业部提出,九大作物要全面全程机械化。按这个标准我们的差距就非常大,农业耕作机械化水平低,人工花费大,这是导致我们的农作物生产成本高于美国的主要原因。你看,我小时候老家盖房,农村里除了拿瓦刀的人是要付工资的,其他的人都是帮忙,抽根烟,吃块肉,吃白馍,喝点酒,这样就行了。现在,只要出个场,男的都是150元/天以上,女的是80元/天以上,人力成本不断上涨。另外,全面机械化也存在区域差异,首先是黑龙江最高,然后就是冬麦区,比如河北、山东、河南、江苏这些区域。像西南地区或其他丘陵地区,甚至湖南、浙江等地,机械化水平有的还没过半。如果我们能把"全面"和"全程"这两个要求满足了,市场的空间还是非常大的。现在农机市场规模大概在4500个亿,将来要是能够实现"全面""全程",保守一点7000亿,乐观一点八九千亿都没有任何问题。所以说,我干农机还是挺有信心的! 问题当然有,但只是阶段性的,我们正处在转型升级、爬坡过坎的阶段。

　　从这样的角度看,今后几年农机行业会发生重组,这180多家拖拉机厂、农机厂,通过整合和淘汰,最后要减少到二三十家,这也就不少了。一拖就想在这个过程当中再实现异军突起。换句话说,一拖要为中国的农业机械化提供成套解决方案。现在,一拖的拖拉机技术先进,动力化有了,无人驾驶也有了。我们生产的400马力无极变速拖拉机——那是总书记等2017年参观过的新型拖拉机——就是和国外技术同步的农机产品。令我们骄傲的是,展览馆里的"蛟龙号"也好,核电也好,全是模型,只有一拖的拖拉机是实物。可以说,正是因为现在种地的人越来越少,农业机械化才显得更为紧迫。

三、 机械化时代的农耕畅想

正因为实现农业机械化变得越来越迫切,所以国务院去年年底专门为推进农业机械化即实现农机装备产业振兴升级发了42号文。① 这个文件对几大方面都提得非常具体,包括农机企业要开发什么产品,农村经营模式要怎么改变,农机装备产业结构要如何优化,等等,连金融政策都写进去了。国务院为什么要下发这个文?就是国家意识到,没有42号文提及的内容的支撑,乡村振兴战略就是一句空话。今年4月29日,是毛泽东提出"农业的根本出路在于机械化"60周年。农机行业会隆重地纪念这个日子,以此提振我们的行业信心。特别是去年一年,整个行业哀鸿一片,必须要改变这个状态。

就像42号文说的那样,不实现农业机械化,就没办法解决农村和农业的问题。按我自己的归纳,中国的农业机械化经历了三个阶段:第一个阶段是省时,第二个阶段是省力,第三个阶段则需要省时、省力又省钱。第一阶段,省时就是快,换句话说,要比人的效率高。但是第一阶段对人来讲,不管是在力气上,还是在环境的恶劣程度上,一点都没变。比如,你看拖拉机最早在东北耕地的照片,拖拉机在前面开,后面有个人坐在犁上面的架子上,不仅脏兮兮的,还非常颠。当时就是靠后面这个人转一个机关,把犁提起来、放下去。有的时候犁后面就跟着狼,因为土一翻,田鼠什么的都翻出来了,狼也饿呀,就跟在后面抓田鼠吃。所以说,第一阶段只是省时、效率高,但舒适度并不高。第二阶段就是省力了,有助力设备,踩离合器也好,转方向盘

---

① 2018年12月,国务院印发《关于加快推进农业机械化和农机装备产业转型升级的指导意见》(国发〔2018〕42号),指出:"农业机械化和农机装备是转变农业发展方式、提高农村生产力的重要基础,是实施乡村振兴战略的重要支撑。没有农业机械化,就没有农业农村现代化。"

也好,都很轻。最早开履带车就是链轨车,开一天,拖拉机手的后腰和腿都疼呀,到第二阶段就省力了,舒适度提高了。最后,到第三阶段,还省钱了。现在用机械进行农作,综合成本比人工成本低。我前面说到,刚来一拖那几年,每年6月农忙时我都要请假回老家帮家里收割。厂里不但批假,老同志们比如像我的媒人还夸我呢! 现在全变了。前几天开会,一个院士就说道:"70后是不愿干农活,怕累嘛;80后是不想干农活;90后是不会干农活;00后是不谈干农活。"简单说,人们对农业的兴趣越来越低,所以农村现在就剩老头老太太了,但他们将来总有干不动的时候啊! 日本的情况也是这样,所以最后只能靠机械化,甚至智能化解决问题。

赵剡水接待中国第一位女拖拉机手梁军

就拖拉机的智能化来说,一拖是走在前列的。比如,一拖的国家创新中心今年要申报的国家级项目,就是试制智能化拖拉机,包括几种可能的形式:自动辅助驾驶、无人驾驶,还有智能驾驶。智能驾驶,像东北这样的地方可以通过大的拖拉机站实现机群作业。几台拖拉机一起作业,其中一台拖拉机有人驾驶,剩下的拖拉机无人驾驶。另外还有一种智能化系统,可以在大田、大棚、果园里面实现蚁群式作业,并且通过新能源提供动力。就目前的技术(主要是电池技术)来说,在大型拖拉机上使用新能源遇到的现实问题是跑不了多长时间,最多只能跑四个小时,而且田里作业不可能做到匀速作业或者说等负荷。只要负荷一有变化,大概就只能干三小时了。农忙的时候它只做了三小时就去充电? 根本不可能。但是蚁群式作业就可以实现了。单体的蚁群机器人很小,但数量很多,一起在干农活。一会儿你没电了,白天你就出去晒太阳充电,我晚上没电了,就自己去充电桩上充电,就像家里的扫地机一样……这就把问题解决了。大棚作业的工作环境非常恶劣,在里面有些地方直不起腰来,人在里面作业就很辛苦,但蚁群式作业就解决了这些难题。进一步,它还可以实现保姆式看护。也就是说,这种智能化农业机器人不单单会耕地,还会除草、松土、洒水、剪枝、收获……它带有传感器,一看这个需要就可以干这个,那个需要就可以干那个。比如,它负责这一片区的蔬菜,该除草,该灭虫,还是该收获,有什么需要就自动干什么,这就是保姆式服务。英国现在已经有这种装置了,我们一拖也在开发。

再比如说摘草莓,现在我们假日里去体验摘草莓的活,进了园子拿个小筐干一会儿,没问题,但是天天摘草莓就很辛苦。草莓都是趴在地上的,挺难弄的,但蚁群式机器人干这些活就简单多了。所以说,我坚信农业的前景是不得了的,而我们这个农机行业也不是什么第二产业,而是"第六产业"。也就是说,既是第一产业,也是第二产业,还是第三产业,1+2+3=6,所以我们的定位应该是"第六产业"。我们现在应该立意为用户提供一揽子解决方案,也就是一揽子服务。首先,要研究农艺,这是第一产业。其次,要制造拖拉机,这是我们的主业,第二产业。一拖现在致力于第一产业和第二产业的结合,农艺和农机必须结合。再最后,我们还要提供服务,算是第三产业。一拖现在有个精准农业平台,把农资什么的也都拉了进来。我要告诉用户,这个地方你种什么好,你买什么种子,根据你这个地的情况,施多少肥、施什么肥,希望将来可以做到把需要的氮、磷、钾等都测出来,然后告诉农户施哪个肥料比较好。这就不仅是拖拉机厂的概念了,也不是单纯的机械制造业了,也包括服务业在内了。

当然,目前是我们比较难受的一个阶段。要实现真正的转变不容易,因为过去我们的思维一直是工程思维,现在必须转变成服务思维。你和用户谈,你老说拖拉机怎么怎么好,他听不进去。你想一下,将来的农民也和现在不一样了,人家是西装革履,拿个公文包一打开说:"这就是我的地,我要种多少亩,地形、地貌如何,种的是什么,收益情况如何。"他把这些数据交给我们,我们将资料输入电脑之后,第二天告诉他:"给你做了一个调整,按照我们的调整,你的收益可以增加多少;为了实现这个方案,你要买多少机具,要种什么作物,要如何调整机具。比如说,种玉米和种小麦,收割机呀、播种机呀就不一样。你要做调整,我给你拿调整方案。"然后人家一算:"哎,我这么一弄,两年就能收回成本。投!"

　　这当然还是农机行业的远景,但远景的实现建立在一拖 60 余年的奋斗历史上。认真想来,60 多年来一拖对国家最大的贡献,就是推动了中国农业机械化的进程。你看黑龙江农垦局做的宣传片,就说他们是开着东方红拖拉机走出来、把北大荒发展起来的。新疆的农业也不用说,也是靠东方红拖拉机发展起来的。在中国农业机械化方面,可以说一拖做的贡献太大了。具体说,第一方面我们是通过产品——拖拉机在做贡献,第二方面是通过对引进农机产品的影响在做贡献。如果一拖要放弃的话,我们可能现在也能实现机械化,但国家付出的代价就要大许多。你看,从 100 马力的拖拉机开始,我们的产品只要一研制成功,一投放市场,国外的同类产品价格就会立马降 30% 以上。所以,一拖的存在不仅有社会效益,还有经济效益。再说一个真实的案例,发动机的高压共轨技术。原来国内没有掌握的时候,国外的厂家就是不给你技术,当然它给你配套,由它按机型标定。一个机型要收上千万的费用,而且机型或者说马力稍微一变,它就要给你重新标定,重新标定就是重新收钱。最后,国内其他厂家研制如何在道路上实现发动机的高压共轨技术,我们主要研制在非道路上实现这套技术。我们一研制出来,不但标定费不要了,而且高压共轨技术的价格也全下来了。原来谁也不给你配,现在都抢着给你配。所以说,因为有一拖在,国外企业在有些技术上就封锁不了我们了。

　　当然,对我们这一代人来说,压力还是比较大的。你想一想,一拖人这几十年真不容易,真是一代代人前赴后继。当年虽说不全是荒地,但也就是一点果园和农田而已,在 3000 亩地上要建一个现代化的拖拉机厂,相当不容易啊! 当时,包括盖房子,你看那现场的老照片,都是用最原始的手段在弄的,一直发展到今天,终于成为国内唯一能够自主批量生产 17 至 400 马力全系列轮式和履带式拖拉机的农机企业。在这个过程中,一拖人付出的太多!许多人的事迹你听了都是要掉眼泪的。你想想,包括我前面提到的那些老干部、老工程技术人员和老技工，也就是我岳父岳母那一代人，有的是辗转从美国回来的专家，有的是从上海、东北调来的技术人员和高级技工，他们响应国家的号召，来洛阳一拖参加社会主义建设，一生的奋斗经历令人动容！比如，我跟过一个工人工程师，是上海的八级木工，1949 年前在工厂为资本家干，50 年代到洛阳，后来上了一拖自己的拖拉机学院，最后成了从工人成长起来的工程师。相当不容易！当年国家动员的时候说的是来洛阳八年就回上海，结果子子孙孙都留在这儿了。他们这一批人，一辈子毫无怨言呀！其实，现在条件最不好的还就是这批人，因为他们当时来的时候举国支持，条件一开始不错，但是后来形势一变化，反差最大，他们内心的失落也一定是最大的。为这事，我和田鹏主席一起琢磨过，一拖将来要有一个很客观的、比较完整的历史记述放在那里，我们要搞一个年鉴式的大事记留给后人，至少是相当于《上海的早晨》那样的东西。我说你要准备做这个，一退休我们就一起干这件事情。

现在国家提乡村振兴战略，就是我前面说的 42 号文件中提出的目标和任务，这就需要靠一拖这样的企业带头，团结农机行业再出一次力。如果农机行业不支撑起来，乡村振兴战略就会流产。我现在也很关注乡村振兴，一是农业机械化，一是美丽乡村建设，还有就是田园综合体或特色小镇。比如特色小镇，定位挺高。我第一次去看一个小镇，没有想到，山顶上一个小山村里头人家打造什么"慢居十三月"。就是多出一个月要慢慢过，那里消费800 元起步，想不到。现在有些村子整个搬迁了，有些甚至空心化了，就有不少公司在收购这些村子，把腾出来的宅基地重新收拾，我发现他们最终还是想搞这个土地。但是，这些土地光靠建房子不行，我们这一块要是不支撑，农业就发展不起来。所以说我觉得我们的责任依旧很大，一拖的责任依旧很大。

其他参访亲历者简介

（以姓氏拼音为序）

因篇幅所限,以下 31 位参加访谈的亲历者的口述史料未能刊印,但我们同样对他们深怀敬意。

曹林,男,1974 年生,河南孟津人。1997 年退伍后经过武装部培训,分配到一拖集团铸钢分厂,成为在炉前炼钢的热加工工人。1999 年后,工厂开始进行分流整合与人员优化,经历了当时的"背靠背"投票,目睹部分工友的下岗;2003 年晋升为班长;2005 年铸钢分厂解散,转职到铸锻公司,一直担任车间班长并从事造型工作至今。

陈浩然,男,1974 年生,山东烟台人,电焊工高级技师,拖二代。拖技校毕业后进入能源分公司煤气车间工作,2010 年获得国机集团技术比武第一名,2011 年获河南省五一劳动奖章,2018 年被评为 50 位河洛工匠及 10 位河洛大工匠之一。现牵头劳模工作室工作,主要负责焊接培训,提升工人综合能力,另外每年可承接 30—40 项项目。

陈松旺,男,1941 年生,河南漯河人。1956 年 15 岁时便通过招工进入第一拖拉机厂。在拖厂工作的 60 余年中,从一线车间的工人做起,先后担任通讯员、厂长秘书、知青办分党组书记、公安科部科长等职务。在担任公安部科长时期,曾因协助警方抓获逃犯荣立公安战线一等功表彰。现已退休,子女为拖二代。

邓金同,男,1945 年生,河南洛阳人。1963 年入伍,于武汉军区(现属南方战区)空降兵部队服役20余年,1981年转业至一拖保卫处,任警卫大队大队长,后调至一拖自行车专业厂任公安科长,1991年任自行车专业厂工会主席,2005年退休。

董新生,男,1954年生,河南洛阳人。1972年参军前往云南,1979年任作战参谋时参加对越自卫反击战,1986年以副营级级别转业进入一拖,任总厂武装部军训科干事,平时组织民兵训练,抓人民武装工作。此间曾带领一拖民兵参加全省打靶,从130多个连队中胜出,立三等功,被评为总厂先进工作者。1991年任军事科副科长,1992年下球铁厂锻炼,任武装部长,1994年任党办主任,1997年任工会副主席、人事副厂长,2010年退居二线。2013年退休时为球铁厂工会主席、党委副书记,现为退管站副站长。

傅乃方,男,1947年生,浙江绍兴人。1969年服役于福州军区,1979年10月从部队转业至洛阳第一拖拉机厂球铁厂,任工会干事,后调任球铁厂组织科干事,并于1985年进入洛阳工学院(现河南科技大学)参加为期两年的企业干部培训,后历任球铁厂组织科科长、球铁厂党委副书记、球铁厂党委书记,2007年退休。

郭迎春,女,1981年生,内蒙古人。2005年自沈阳大学毕业时招聘进入一拖,最初在车间当工艺员,后调至技术部门搞模具设计,对部门全流程工作内容非常熟悉。2015年获评一拖劳模,2016年获评洛阳市劳模,之后参与组建劳模工作室,负责一对一重大项目,带领十几人的团队攻克企业疑难问题,兼任工会主管。现为一拖(洛阳)弗莱格车身有限公司高级工程师。

何况,男,1989年生,河南漯河人。任大拖装配厂企业发展部部长助理,兼任团委副书记。因本科学习的专业是行政管理,毕业后应聘进入一拖,通过青年骨干培训项目,曾到车间挂职锻炼两年,之后逐渐被提拔到中层管理干部。

何跃辉,男,1977 年生,河南洛阳人。高中毕业后进入拖厂,分配到原第三分厂(现为大设备厂)担任操作工,2018 年因在减少数控刀具磨损方面做出贡献,获评职业化员工。

黄慧明,男,1959 年生,拖二代。1976 年上山下乡,1978 年参军入伍,赴山东威海海军部队服役。1982 年退伍后分配进一拖一装厂工作,先后从事金属切削工、刀具磨锋工、检查员等工作,1998 年辞职。此后在广东、山西、河南等地的民营企业打工。

黄振中,男,1935 年生,湖北武汉人。原为广州财政局办事员,1954 年因工作调动至一拖,先后担任一拖第二行政处党支部书记、分厂团委书记、分厂党委书记等职务;1978 年调至总厂,先后担任宣传部部长、统战部部长职务,1995 年退休。儿子为拖二代。

金振涛,男,1936 年生,河南南阳人。1956 年初中毕业后招工进入拖厂,从事厂房建设的描图工作,同时上夜校(农机学院)继续深造。厂房造好以后,分配到一装厂底盘装配车间磨刀工部从事工具管理工作,历任装配厂秘书、组织科科长、分党委书记,现已退休。

李向,男,1968 年生,河南洛阳人。1989 年毕业于洛阳工学院(今河南科技大学)工业电气自动化专业,毕业后分配到某中专学校当老师,1992 年调入一拖冲压厂(今弗莱格公司)机动科,负责设备维护和管理,后来成为装备部高级工程师。

李秀玲,女,1942 年生,河南许昌人。原在许昌粮食局工作,1964 年随丈夫到一拖,在总厂工会劳保财务部工作,后任工会党组书记,现已退休。

廖珍珠,女,1941 年生,河南洛阳人。1958 年初中毕业后,因父亲生病,为补贴家用而经招考进入拖厂卫生所（后扩展为东方医院）当护士。1958—1973 年在内科科室工作，1973 年因生育转至厂区保健站工作，直至 1996 年退休。退休后在洛阳军分区及其他医院打工十年，2006 年又回到拖厂游泳池当保健医生，现为退管站站长。在任时工作兢兢业业，多次获评总厂先进工作者和优秀党员。

罗廷赞，男，1941 年生，北京人。1960 年考入北京工业大学内燃机专业学习，1968 年毕业分配至洛阳拖拉机研究所，后因为"臭老九"的身份下放劳动，被重新分配至第一拖拉机厂。曾先后担任拖拉机学院院长、工会主席、一拖集团副总经理，现已退休。

马万里，男，1953 年生，河南洛阳人，拖二代。1954 年因父亲支援一拖建设来到洛阳。1966 年小学毕业，1970 年参军入伍至四川宜宾空军第二航校，1976 年退伍后分配至一拖供应处，1995 年调任第一铸铁厂副厂长，2000 年调任通用铸铁厂，主持"退城进郊"工作，2005 年调任战略采购中心党支部书记，后于老干部处退休。

任亚严，女，1978 年生，河南孟津人。铸锻公司质量员，2017 年获河南省五一劳动奖章。

屠守岳，男，1935 年生，上海人。1956 年支援国家重点项目建设，从上海中国纺织机械厂调至一拖，曾任发动机厂团委书记，后调至厂长办公室调研科，曾担任厂长办公室主任，获得高级经济师职称，现已退休。

汪俊昌，男，1939 年生，湖北崇阳人。1949 年参加革命，在武汉革命大学培训学习，先后在湖北公安县县委办公室、中南区团委工作。1954 年中南区解散，为支援国家重点工业建设转至洛阳第一拖拉机厂，先后在工地办公室、工地指挥部担任宣传工作。基建工作基本结束后调回宣传部，后担任统战部科长。"文革"期间曾担任拖拉机厂技校校长,"文革"结束后担任拖厂福利处党委书记兼处长,一直到离休为止。子女为拖二代。

徐振兴,男,1945 年生,上海人。1970 年毕业于北京对外贸易学院意大利语专业,毕业后分配至河北邯郸上山下乡,1978 年调至拖厂,曾任自行车分厂党办副主任、厂长、书记,现已退休。

薛志飞,男,1972 年生,山西运城人。研究生学历,1996 年毕业于吉林工业大学(今吉林大学)拖拉机专业,后分配到一拖技术中心工作。自 2009 年起,先后担任研发三部大轮拖室副主任、主任,拖拉机工程部副部长、部长,现任洛阳拖拉机研究所所长。先后荣获洛阳市五一劳动奖章和中国一拖集团有限公司劳动模范、创新明星等荣誉称号。

严仁义,女,1936 年生,上海人。1956 年为支援国家重点项目建设,从上海中国纺织机械厂调至一拖检验处担任检查员工作,现已退休。

杨桂香,女,1978 年生。毕业于西北农林科技大学拖拉机专业,在西交大招聘会上签约加入一拖。2013 年被评为拖拉机研究所高级工程师。

杨文娟,女,1969 年生,拖二代。大轮拖厂产品部党支部书记。父亲为一拖第二装配厂总工程师,母亲为一拖第二中学高中物理教师。工学院毕业后分配到父亲所在的分厂菲亚特车间任工艺员,1997 年申请调入技术科,因为参加过几次大型技措技改项目,后晋升为科长,兼做思想政治工作。目前主要负责产品研发工作,2015 年被评为劳动模范。

张景梅,女,1980 年生,河南洛阳人。1998 年从拖技校机械加工专业毕业后分配到一拖,先后担任车工、检查工,现为一拖高级技师。曾荣获河南省五一劳动奖章。

张良善,男,1955 年生,河南荥阳人。1973 年初中毕业后上山下乡,1975 年进入一拖,最初在齿轮分厂任维修机床修理工,1981 年调至机动科任办事员。1984 年到总厂房产处做计划分配工作,1990 年调任办公室主任,1993 年回房产处任科长。1997 年第三装配厂成立后,主管人事工作。1998 年成立社保中心后,负责养老保险工作,直至 2015 年退休。

赵纪涛,男,1988 年生,河南周口人。2013 年理工学院毕业进入一拖,后任中小轮拖厂装备部技术员。

周德民,男,1936 年生,河南平顶山人。1957 年高中毕业后考入新乡师范学院,后应聘到一拖质检处工作。1958 年到拖拉机学院教学研究室组织老干部培训。1960 年调至保卫处保卫要害设备,处理破坏生产事故并负责五类分子改造。后在公安处负责刑事侦查工作,也做政治侦查、抓反革命、保护国家安全,其间曾作为团长组织拖厂"浪子回头报告团"汇报改造事迹。现任退管站站长、党支部书记。

朱云莉,女,1953 年生,上海人,拖二代。1956 年因父亲从长春汽车厂调至一拖工作,与母亲、哥哥从上海来到洛阳。1968 年下乡,1971 年进入 665 分厂工作,干了 18 年车间磨工,之后担任 3 年核算员,最后成为第一拖拉机厂 665 分厂工会主席,2000 年内退。

庄萍,女,1966 年生,上海人,中共党员,拖二代。1986 年拖技校毕业,进入一拖球铁厂开铣床,1989 年调到党办做秘书,2007 年从一拖辞职并先后在四个企业担任会计,2011 年开始从事保险业务,现为太平洋保险公司高级理财师,2019 年曾为《保险杂志》封面人物。

后　记

　　自 2018 年末,南京大学"双一流"建设之卓越研究计划批准当代中国研究中心(院)设立"社会学理论与中国研究"重大项目之后,我们就一直在思考如何能够将社会学理论的探索与当代中国社会的研究相衔接。为此,2019 年一开年,即在中华人民共和国成立 70 周年的当年,我们就在当代中国研究领域推出了两项研究计划:其一,新中国工业建设口述史研究;其二,新中国人物群像口述史研究。

　　一如我们在本书前言中所交代的那样,就后一个主题而言,2019 年我们已经完成了为纪念中国社会学重建 40 周年启动的 40 位社会学家的口述史访谈,并正在整理、编撰由上下两卷组成的《重建中国社会学:40 位社会学家口述实录(1979—2019)》。与此同时,我们还开启了知青和女兵两项口述史研究,包括 20 世纪 60 年代中国知青的旗帜性人物董加耕、1968 年参加缅共游击队在萨尔温江(Salween,上游即中国境内的怒江)两岸浴血奋战的十余位云南知青(其中还有几位女兵),都在我们的研究中留下了他们宝贵的口述史料。

　　就前一个主题而言,几乎是在踏进 2019 年的门槛之际,我们就以古都洛阳的两家著名国有大型企业为研究对象,开启了新中国工业建设口述史研究。2019 年 1 月 3 日,新年假期一过,我即与由黄菡、周海燕、陆远、朱义明、谢治菊、陈昌凯、田蓉、曾迪洋、邱月、陈勇等 10 位教师,董方杰、常江潇、王余意、张航瑞、彭圣钦、陈佳、赵超越、原璐璐等 8 位博士研究生,及陈仲阳、张继、肖鸿禹、曲媛媛、秦彧、俞若菲等 6 位硕士研究生组成的南京大学口述史研究团队,前往古都洛阳,入住一拖集团的青年公寓。在接下来的十余天时间里,我们分为两个工作小组,分别访问了第一拖拉机厂(一拖集团)和洛阳矿山机器厂(中信重工集团)两家企业的 130 余位不同历史时期的亲历者,其中最年长的几位是 90 多岁的老人。10 年前的 2010 年 9 月,我带领南京大学社会学院的 10 位教师和 45 位学生去洛阳完成学生们的毕业实习暨社会调查时,就曾访问过其中的高世正、梁铁峰和张成周等多位老人。

　　尽管时隔多年后第二次去已经有了熟悉感,但此番计划严整、规模较大的口述史访谈依旧缺少不了两家企业的大力支持。感谢一拖集团时任董事长赵剡水先生和他的妻子曾晨女士、一拖集团工会主席田鹏先生;也感谢中信重工集团总经理王春民先生和党委宣传部部长任宏军先生;同样也要感谢接受我们访问的 130 余位亲历者,他们对南京大学当代中国研究中心(院)口述史团队的"新中国工业建设口述史"项目给予了大力支持。除了帮助我们联系亲历者(其中许多是已经退休甚至耄耋之年的老人)、安排访谈场地、馈赠各类企业历史文献和历史照片外,两家企业也为我们团队热心安排了食宿的场所,为团队成员讲解了两家企业的完整历史,耐心回答了我们的所有问题,同时还陪同我们参观了东方红农耕文化博物馆、焦裕禄事迹展览馆、洛阳涧西苏式建筑群(包括厂房和家属区,其中的 2 号街坊家属区一个院内便先后住过纪登奎、焦裕禄和习仲勋这些当代中国历史上大名鼎鼎的人物)以及洛阳博物馆。所有的一切都为我们尽可能完整地呈现两家企业的历史提供了有益的帮助。

　　就像我们在本丛书序言中所述及的那样,在 1953—1957 年第一个五年计划实施期间,不仅是新中国工业建设的开局之际,所有的亲历者都报以极大的理想和热情投身其间,而且也因为得到苏联等社会主义国家的大力援助,相对少地受到后来愈演愈烈的"极左"思潮的干扰,这 5 年成为改革开放前 28 年中最富活力和创造力的 5 年,也为新中国工业化奠定了坚实的基础。尽管"一五"期间苏联援建的重点工程有 156 项之多,但由于整个洛阳涧西区是中华人民共和国成立后完全新建的大型工业基地(许多老亲历者都说,当年的洛阳就像改革开放后的深圳),选择第一拖拉机厂和洛阳矿山机器厂作为口述史研究的对象,是反映这一时期新中国工业建设的最佳选择。

　　现在我们能够看到,在洛阳涧西工业区创建的初期,尤其是 1953—1957 年第一个五年计划期间,1949 年中华人民共和国的成立及由此而来的翻天覆地的变化,是如何影响和改变了无数个体或群体的生命轨迹,并成为他们一生的转折时点。所有参加了这两家企业口述史访谈的师生都注意到,这一影响不仅体现为在这些转折时点上发生的那些生活事件受到了过度和反复的强调,还在于它们往往构成了亲历者一生之荣辱的重要标志。比如,在有关第一拖拉机厂和洛阳矿山机器厂的口述史访谈中,20 世纪 50 年代的亲历者们在口头叙事中,无一不详细提及"一五"期间自己怎样参与了作为苏联援建的 156 项大型工业建设项目的建设。从受组织动员落户洛阳,平整涧西区的土地,按苏联哈尔科夫拖拉机厂或斯大林诺城矿山机械厂的图纸修建厂房,去苏联或长春第一汽车制造厂参加培训,第一台拖拉机东方红 - 54 下线或第一台 2.5 米双筒卷扬机研制成功,谭震林副总理参加落成仪式(一拖),刘少奇、周恩来、朱德、董必武、陈云等领导人视察两家企业的荣耀,以及一拖的刘刚、杨立功、马捷和洛矿的纪登奎、习仲勋、焦裕禄这些早期领导者的工作风范与逸闻趣事,一直到几家合住一套苏式单元的类集体生活,数千婴幼儿集体抚育的哺乳室或幼儿园,甚至包括苏联专家的生活喜好等,细致地建构出了社会主义大工业开张时热气腾腾的景象。但是,他们有关 60 年代尤其是"文革"时期的叙事就简略得多,甚至对改革开放后的叙事也比较笼统,以致大多数亲历者的口述史都给人以虎头蛇尾的感觉。究其原因,尽管有政治纪律或社会评价方面的限制,但从根本上说还是 50 年代在这些年长者的个人生涯中留下了深刻的印记,尤其是到洛阳来参加新中国工业建设成了每一个人生命历程中最重要并影响一生的转折点或生活事件。

在我们完成洛阳两家企业 130 余位亲历者的口述访谈后,此后大致的工作程序为:(1)寒假里所有参加访谈的博士和硕士研究生们都参与动手将录音整理成文字,这是一项需要耐心、细致和投入的庞杂工作,感谢所有的博士和硕士研究生为此付出的努力。(2)2019 年春季开学后,每一亲历者的访谈助理再向所有老师和同学介绍自己经手的个案,经讨论最后确定 30 份个案选入《农业机械化的中国想象:第一拖拉机厂口述实录(1953—2019)》、24 份个案选入《工人阶级劳动传统的形成:洛阳矿山机器厂口述实录(1953—2019)》,其余近 80 份个案收入当代中国研究院的口述历史档案,但在两部口述实录中以附录的方式,列出所有被访亲历者的姓名与个人简历以示尊重。(3)分工承担那些选入个案的整理与改写工作,基本的原则是按主题调整口述文本的顺序,可以根据实际内容删减、调整叙事的顺序、增加上下文之间的连接词,但不增添与亲历者的经历、行动、态度与评价相关的任何文字。(4)《农业机械化的中国想象:第一拖拉机厂口述实录(1953—2019)》由周晓虹、周海燕、朱义明担任主编,并最终由周晓虹完成全书的文字修订、细节确认、历史核实和照片插入;《工人阶级劳动传统的形成:洛阳矿山机器厂口述实录(1953—2019)》则由陆远、黄菡、周晓虹担任主编,并最终由陆远完成全书的文字修订、细节核实、历史确认和照片插入。

　　在两部书稿最后的杀青阶段,正逢新冠病毒肺炎突袭而至之时。几天前,在包括南京大学医学院附属鼓楼医院在内的全国数万名医护人员慷慨奔赴湖北之际,我曾写下后来被广为引用的诗句:"吴地悬壶尽入楚,从此白衣做战袍。"人常道,医者仁心。正是他们怀高尚情操、行仁爱之术,我们才有可能获得安静书桌一张,整理录音、修订书稿。唯愿这些历史的记载和亲历者的过往能够以合适的方式留存下去,并成为我们民族代代相传的集体记忆。

周晓虹

2020 年 2 月 14 日

于居家隔离之中

图书在版编目 (CIP) 数据

农业机械化的中国想象：第一拖拉机厂口述实录：
1953—2019 / 周晓虹，周海燕，朱义明主编 . — 北京：
商务印书馆，2022
（新中国工业建设口述史）
ISBN 978-7-100-21092-8

Ⅰ . ①农… Ⅱ . ①周… ②周… ③朱… Ⅲ . ①拖拉机—
工厂史—中国— 1953-2019 Ⅳ . ① F426.4

中国版本图书馆 CIP 数据核字（2022）第 068409 号

新中国工业建设口述史
农业机械化的中国想象
第一拖拉机厂口述实录（1953—2019）
周晓虹　周海燕　朱义明　主编

商 务 印 书 馆 出 版
（北京王府井大街 36 号　邮政编码 100710）
商 务 印 书 馆 发 行
南京鸿图印务有限公司印刷
ISBN　978-7-100-21092-8

2022 年 7 月第 1 版　　　开本 720×1000　1/16
2022 年 7 月第 1 次印刷　印张 27½
定价：118.00 元